Military History of Korea

한국군사사 ⑫

──── 군사사상

기획 · 주간

육군군사연구소
ARMY MILITARY HISTORY INSTITUTE

육군본부

"역사를 깨닫지 못하는 자에게
비극의 역사는 필연적으로 되풀이 된다"

인류의 역사에서 전쟁은 한 국가의 명운을 좌우해 왔습니다. 그렇기 때문에 모든 나라들은 전쟁을 대비하는 데 전 국가역량을 집중해 왔습니다. 한 나라의 역사를 이해하기 위해 군사사 분야의 체계적인 연구가 필요한 이유가 여기에 있습니다.

육군에서는 이러한 군사사 연구의 중요성을 인식하고 1960년대부터 지금까지 '한국고전사', '한국의병사', '한국군제사', '한국고대무기체계' 등을 편찬하였습니다. 이는 우리의 군사사 연구 기반 조성에 큰 도움을 주었지만, 단편적인 연구에 국한된 아쉬움이 늘 남아 있었습니다.

이에 육군은 그간의 연구 성과를 바탕으로 군사사 분야를 보다 체계적으로 연구·집대성한 '한국군사사(韓國軍事史)'를 발간하였습니다. 본서는 2008년부터 3년 6개월 동안 비록 짧은 기간이지만, 많은 학계 전문가들이 참여하여 군사, 정치, 외교 등 폭넓은 분야에 걸쳐 역사적 사실을 새롭게 재조명하였습니다. 특히 고대로부터 근·현대에 이르기까지 전쟁사, 군사제도, 강역, 군사사상, 통신, 무기, 성곽 등 군사사 전반이 망라되어 있습니다.

"역사를 깨닫지 못하는 자에게 비극의 역사는 필연적으로 되풀이 된다"라는 말이 있습니다. 미래에 대한 변화와 발전도 과거에 대한 깊은 이해와 성찰을 통해서 이루어 질 수 있습니다. 이러한 의미에서 우리나라 최초로 군사사 분야를 집대성한 '한국군사사'가 군과 학계 연구를 촉진시키는 기폭제가 되고, 군사사 발전을 위한 길잡이가 되길 기대합니다.

그동안 어려운 여건속에서도 연구의 성취와 집필을 위해 열과 성을 다해 준 집필진과 관계관 여러분의 노고를 치하합니다.

2012년 10월
육군참모총장 대장 김상기

1. 이 책의 집필 원칙은 국난극복사, 민족주의적 서술에서 벗어나 국가와 민족의 생존의 역사로서 군사사(전쟁을 포함한 군사 관련 모든 영역의 역사)를 객관적으로 서술하는데 있다.
2. 한글 맞춤법과 표준어 등은 국립국어원이 정한 어문규정을 따르되, 일부 사항은 학계의 관례를 따랐다.
3. 이 책의 목차는 다음의 순서로 구분, 표기했다.
   : 제1장 - 제1절 - 1. - 1) - (1)
4. 이 책에서 사용한 전쟁 명칭은 다음과 같은 원칙에 따라서 표기했다.
   (1) '전쟁'의 명칭은 다음 기준에 부합되는 경우에 사용했다.
      ① 국가 대 국가 간의 무력 충돌에만 부여한다.
      ② 일정 규모 이상의 대규모 군사활동에만 부여한다.
      ③ 무력충돌 외에 외교활동이 수반되었는지를 함께 고려한다. 외교활동이 수반되지 않은 경우는 군사충돌의 상대편을 국가체로 볼 수 있는지를 검토한다.
   (2) 세계적 보편성, 여러 나라가 공유할 수 있는 명칭 등을 고려하여 전쟁 명칭은 국명 조합방식을 기본적으로 채택했다.
   (3) 국명이 변경된 나라의 경우, 전쟁 당시의 국명을 사용하는 것을 원칙으로 했다.
      (예) 고려-요 전쟁   조선-후금 전쟁
   (4) 동일한 주체가 여러 차례 전쟁을 한 경우는 차수를 부여했다.
      (예) 제1차~제7차 고려-몽골 전쟁
   (5) 일반적으로 널리 알려진 전쟁 명칭은 ( ) 안에 일반적인 명칭을 병기했다.
      (예) 제1차 조선-일본 전쟁(임진왜란)   조선-청 전쟁(병자호란)
5. 연대 표기는 다음과 같은 원칙에 따라서 표기했다.
   (1) 주요 전쟁·전투·역사적 사건과 본문 서술에 일자가 드러난 경우는 서기력(양력)과 음력을 병기했다.
      ① 전근대 : '음력(양력)' 형식으로 병기하는 것을 원칙으로 했다.
      ② 근·현대: 정부 차원의 양력 사용 공식 일자를 기준으로 구분하여, 1895년까지는 '음력(양력)' 형식으로, 1896년 이후는 양력(음력) 형식으로 병기했다.
   (2) 병기한 연대는 ( ) 안에 양력, 음력 여부를 (양), (음)으로 표기했다.
      (예) 1555년(명종 10) 5월 11일(양 5월 30일)
   (3) 「연도」, 「연도 월」처럼 일자가 드러나지 않은 경우는 음력(1895년까지) 혹은 양력(1896년 이후)으로만 단독 표기했다.
   (4) 연도 표기는 '서기력(왕력)' 형태를 기본으로 하되, 필자가 필요하다고 판단한 경우에는 왕력(서기력) 형태의 표기도 허용했다.
6. 외국 인명은 다음과 같은 원칙에 따라서 표기했다.
   (1) 외국 인명은 최대한 원어 발음을 기준으로 표기하는 것을 원칙으로 했다. 단, 적절한 원어 발음으로 표기하지 못한 경우에는 한자음으로 표기했다.

(2) 전근대의 외국 인명은 다음과 같은 원칙에 따라서 표기했다.
　① 중국을 제외한 여타 외국 인명은 원어 발음을 기준으로 표기하고 한자를 병기했다.
　　(예) 누르하치[努爾哈赤]　　도요토미 히데요시[豊臣秀吉]
　② 중국 인명은 학계의 관행에 따라서 한자음으로 표기했다.
　　(예) 명나라 장수 척계광戚繼光
(3) 근·현대의 외국 인명은 중국 인명을 포함하여 모든 인명을 원어 발음 기준으로 표기하는 것
　을 원칙으로 했다.
　(예) 위안스카이[袁世凱]　　쑨원[孫文]
7. 지명은 다음과 같은 원칙에 따라서 표기했다.
(1) 옛 지명과 현재의 지명이 다른 경우에는 '옛 지명(현재의 지명)' 형식으로 표기했다. 외국 지
　명도 이 원칙에 따라서 표기했다.
(2) 현재 외국 영토에 있는 지명은 가능한 원어 발음으로 표기했다.
　(예) 대마도 정벌 → 쓰시마 정벌
(3) 전근대의 외국 지명은 '한자음(현재의 지명)' 형식으로 표기했다.
　(예) 대도大都(현재의 베이징[北京])
(4) 근·현대의 외국 지명은 원어 발음으로 표기하는 것을 원칙으로 하되, 학계에서 일반화되어
　고유명사처럼 쓰이는 경우에는 한자음으로 표기했다.
　(예) 상하이[上海]　　상해임시정부上海臨時政府

본문에 사용된 지도와 사진

- 본문에 사용된 지도는 한국미래문제연구원(김준교 중앙대 교수)에서 제작한 것을 기본으로 하여 필자의 의견을 반영해서 재 작성했습니다.
- 사진은 필자와 한국미래문제연구원에서 제공한 것을 1차로 사용했으며, 추가로 장득진 선생이 많은 사진을 제공했습니다. 필자와 한국미래문제연구원, 장득진 제공사진은 ⓒ표시를 하지 않았습니다.
- 이 외에 개인작가와 경기도박물관, 경희대박물관, 고려대박물관, 국립중앙박물관, 국사편찬위원회, 규장각한국학연구원, 독립기념관, 문화재청, 서울대박물관, 연세대박물관, 영집궁시박물관, 육군박물관, 이화여대박물관, 전쟁기념관, 한국학중앙연구원, 해군사관학교박물관, 화성박물관 외 여러 기관에서 소장자료를 제공했습니다. 이 경우 개인은 ⓒ표시, 소장기관은 기관명을 표시했습니다. 사진을 제공해 주신 분들께 감사드립니다.
- 이 책에 실린 사진 중에서 소장처를 파악하지 못해 사용허가를 받지 못한 사진이 있습니다. 이 사진에 대해서는 저작권자가 확인되는 대로 게재 허락을 받고 통상의 기준에 따라 사용허가 및 사용료를 지불하도록 하겠습니다.

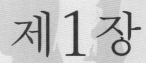

제1장

고대의 군사사상

제1절

고대 군사사상(軍事思想) 서술의 범위

전쟁戰爭은 선사시대부터 현대에 이르기까지 끊임없이 진행되어왔지만, 특히 고대 사회에서 전쟁이 갖는 비중과 성격은 다른 시대와는 달랐다. 이를 잘 보여주는 것이 최고 통치자인 군주君主에 투영된 이념적 모습이다. 즉 고대국가의 최고 통치자인 국왕은 뛰어난 활솜씨와 말타는 능력을 갖추고, 전쟁시에 전략과 전술에 유능한 군사지휘관으로서 능력을 발휘해야 했다. 이러한 고대적 군주의 모습은 중세 이후에 보이는 최고 통치자에 대한 이상적 모습과는 상당한 차이가 있다. 이는 그만큼 고대사회에서 '전쟁'과 '군사軍事' 부분이 갖는 중요성이 높다는 면을 보여준다.

이와 같이 고대에는 정복전쟁이 빈번하게 전개되었고, 전쟁이 국가의 운영과 사회의 변화에 미치는 영향력도 매우 컸다고 볼 수 있다. 그렇다고해서 고대사회에서 '군사軍事'와 관련된 다양한 분야가 독자적으로 발달했다고 볼 수 있는 것은 아니다. 본고에서 검토하려는 '군사사상軍事思想'의 범주도 고대사회에서 전쟁과 군사적 영역이 차지하는 비중과는 달리 아직 그 실체가 드러나 있지 않다. 여기에는 무엇보가 자료적 한계가 크다. 그러나 한편으로는 고대사회에서 군사사상이 독립적으로 전개 발전되었다기 보다는 여러 군사 영역과 통합되어 그 독자성 성격이 결여되었을 가능성도 고려된다. 따라서 고대의 역사에서 군사사상만을 따로 분리하여 그 범주와 내용을 정리하기는 어렵다.

일반적으로 군사사상이란 한 나라의 군사적 실체나 군사조직의 행동, 혹은 군사이론·전략가 등 군사전문가에 의한 군사이론이나 담론 등에 관류하는 무형적 가치체계를 가리킨다.[1] 그런데 굳이 이러한 이론적 체계나 사상적 틀을 갖추지는 않더라도 모든 군사행동에는 나름대로의 군사사상이 투영되어 있었다고 보아야 하겠다. 그리고 '군사사상'이라는 측면이 전쟁 수행과 분리되어서는 생각할 수 없기 때문에 결국 군사력 건설에 대한 이성적 근거와 군사력 운용에 대한 윤리적 정당성 및 군사력 사용 방법에 대한 통일된 판단체계를 가리키는 개념으로 이해하는 견해를[2] 받아들이고자 한다.

따라서 본고에서는 '군사사상'의 범주를 좀더 포괄적으로 다루고자 한다. 즉 전쟁이나 군사와 관련된 당대 인간들의 사고체계, 군사 관련 사회풍속, 국가관, 군주관 등을 모두 포괄하여 종합적으로 살펴보도록 하겠다.

---

1 군사사상, 군사사상사의 개념에 대해서는 『한국적 군사사상의 정립 방안 모색』(제5회 군사학술세미나, 대전대학교 군사연구원, 2009) 참조.
2 진석용, 「군사사상의 학문적 고찰」, 위의 책, 4쪽.

제2절

초기국가의 상무적 기풍과 군사사상

한국사에서 최초의 국가인 고조선은 국가를 방위하기 위한 군사력을 갖추고 있었다. 즉, 고조선의 발전과정에서 중국의 연나라와 군사적으로 충돌하였고, 고조선의 말기의 위만조선 때에는 중국의 한나라의 침공에 맞서 왕검성王儉城을 1년여 동안 방어할 정도의 강력한 군사력을 갖추고 있었다. 따라서 고조선에도 이러한 군사력을 운용하기 위한 군사사상도 의당 있었을 것이다. 그러나 현재 전하는 기록에는 고조선의 군사사상을 짐작할 수 있는 단서를 찾기 어렵다.

그런데 고조선의 사회 풍속으로서 범금 8조 중 3조가 전해지고 있는데, 같은 내용이 부여의 풍속으로 전해지고 있다. 이는 고조선과 부여의 사회기반이나 사회발전 수준이 유사함을 시사하는 것으로 판단할 수 있다. 따라서 고조선의 군사사상이나 이와 관련된 면모에 대해서는 고조선의 뒤를 잇는 주변의 초기 국가, 즉 부여 등의 모습을 통해 간접적으로 미루어 짐작할 수 있을 것이다.

한국사에 등장하는 초기 국가의 사회상이나 풍속에 대한 기록으로는 중국의 역사책인 『삼국지』 위서 동이전, 『후한서』 동이전의 기사가 대표적이다.[3] 이 동이전에는 3세기까지의 부여, 고구려, 동옥저, 동예, 삼한에 대한 가장 풍부한 기록을 담고 있다. 이 기록 중에는 이들 초기 국가의 군사 혹은 상무적 기풍을 짐작할 수 있는 여러 기사

---

3 『삼국지』 권30, 위서 30, 오환선비동이.
　『후한서』 권85, 동이.

가 전하고 있다.

먼저 『삼국지』 동이전의 부여조에는 다음과 같은 기록이 전한다.

> 그 나라 사람들(부여인)은 체격이 크고 성질은 굳세고 용감하며, 근엄하고 후덕하여 다른 나라를 쳐들어가거나 노략질하지 않는다. (중략) 활·화살·창·칼을 병기로 사용하며, 집집마다 자체적으로 갑옷과 무기가 보유하고 있다. (중략) 전쟁을 하게 되면 그때도 하늘에 제사를 지내고, 소를 잡아 그 발굽을 보아 길흉을 점치는데, 발굽이 갈라지면 흉하고, 발굽이 붙으며 길하다고 생각한다. 적군의 침입이 있으면 제가諸加들이 스스로 전투를 하고, 하호下戶는 양식을 운반하여 군사들을 먹였다.[4]

부여에서는 전쟁시에 전투의 주체는 지배층인 제가諸加이며, 일반 백성인 하호下戶들은 전투에 직접 참여하기 보다는 주로 보급을 담당했음을 알 수 있다. 그리고 중앙 권력에 의한 군대는 운영보다는 부여의 지방을 사출도四出道 형태로 지배하는 제가諸加세력들의 군사력에 의존하고 있었다. 여기서 제가諸加는 곧 부여의 각 읍락단위를 지배하는 최고 지배층으로서 이들은 읍락 내부의 상층 주민인 호민豪民들을 동원하여 군사적 기반을 마련하였던 것으로 추정된다.

그리고 위 기사에서 주목되는 점은 전쟁을 하기 전에 하늘 신에게 제사를 지내고, 점을 치는 풍습이다. 제사를 지내는 구체적인 방법을 알기는 어렵지만, 희생에 쓸 소를 죽여서 발굽이 갈라지나 합쳐지나를 살펴서 점을 쳤다. 이와 같이 소의 발굽이 갈라지면 전쟁에서 지고 합쳐지면 이길 수 있다는 관념은 동물의 신체적 특징을 이용하여 전쟁을 승리로 이끌기 위한 종교적이며 정치적인 수단이라고 볼 수 있다.

점복은 개인적·심리적으로 복을 구하기 위해서 출발하였지만, 국가가 형성되고 지배권력이 등장하면서부터는 국가를 이끌어갈 정치적·사회적 목적에 이용되었다. 부여 사회에서는 아직 중앙 권력이 지방의 제가 세력을 통솔하는 지배체제를 갖추지 못했기 때문에 통치자는 점복이라는 종교적 행위를 통해 부여 사회내부의 여겨 세력을

---

4 『삼국지』 권30, 위서 30, 부여.

통합하고 위무하였던 것이다. 이 같은 점복은 아마도 중국 은의 갑골점법과 동일한 성격의 것으로 생각되며, 흉노사회는 물론 고구려·삼한 등 북방 및 동북아시아 일대에서 보편적인 관습으로 행해졌던 것이다.

다음, 고구려의 군사軍事와 관련된『삼국지』동이전의 기사를 검토하자.

> 그 나라 사람들(고구려인)은 성질이 흉악하고 급하며, 노략질하기를 좋아한다. (중략) 그 나라 안의 대가大家들은 농사를 짓지 않으므로, 앉아서 먹는 인구(坐食者)가 만여명이나 되는데, 하호下戶들이 먼 곳에서 양식·고기·소금 등을 운반해다가 그들에게 공급한다. (중략) 그 나라의 말은 모두 몸이 작아서 산에 오르기에 편리하다. 사람들은 힘이 세고 전투에 익숙하여, 옥저와 동예가 모두 복속되었다.[5]

위의 기사를 보면 고구려의 경우도 부여와 크게 다르지 않음을 알 수 있다. 위 기사에서 좌식자坐食者 만 여 명은 농사를 짓지 않은 지배층으로서 곧 고구려의 주요 전사戰士임을 알 수 있다. 아마도 부여의 제가諸加와 호민豪民을 포함하는 지배층을 가르키는 것으로 짐작된다. 그리고 평시에도 하호下戶가 식량을 공급하는 것으로 보아, 전쟁 시에도 부여와 마찬가지로 하호들이 군량의 공급을 담당했을 것이다.

다만 부여인에 대해서는 "체격이 크고 성질은 굳세고 용감하며, 근엄하고 후덕하여 다른 나라를 쳐들어가거나 노략질하지 않는다."라고 우호적으로 기록하고 있음에 반하여 고구려인에 대해서는 "성질이 흉악하고 급하며, 노략질하기를 좋아한다."라고 부정적으로 묘사하고 있는 점이 눈길을 끈다. 이는 당시 중국왕조와 고구려는 정치적으로 적대적인 관계에 있는 반면에 부여는 중국 왕조와 우호적인 관계를 유지하고 있기 때문에 나온 기술일 것이다. 어쨌든 위 기사에서 부여와 고구려 모두 상무적인 기풍이 넘치고 있었음을 짐작할 수 있다.

부여와 고구려와는 달리 상대적으로 국가 발전 수준이 낮은 옥저와 동예, 삼한의 경우를 살펴보도록 하자.『삼국지』동이전의 옥저전에서는 "사람들(옥저인)의 성질

5『삼국지』권30, 위서 30, 高句麗.

고구려 무사(삼실총벽화)

은 질박하고 정직하며 굳세고 용감하다. 소나 말이 적고 창을 잘 다루며, 보전步戰을
잘한다"[6]라고 기록하고 있다. 그리고 『삼국지』 동이전의 예濊전에서는 "그들(동예인)
의 성질은 조심스럽고 진실하며 욕심이 적고 염치가 있어 남에게 구걸하거나 도움을
청하지 않는다. (중략) 길이가 3장丈이나 되는 창을 만들어 때로는 여러 사람들이 함
께 잡고서 사용하기도 하며, 보전步戰에 능숙하다. 낙랑樂浪의 단궁檀弓이 그 지역에서
산출된다. (중략) 또 과하마果下馬가 산출된다"[7]라고 기록하고 있다. 이들 기사를 보면
옥저와 동예의 경우에는 특히 보병전에 능숙하였음을 알 수 있다. 그리고 동예인은
장창을 잘 다루었음도 알 수 있다.

한편 『삼국지』 동이전의 한전韓傳에서는 삼한인三韓人에 대해서 "그 나라 사람들은
성질이 굳세고 용감하다. (중략) 그 나라 안에 무슨 일이 있거나 관가官家에서 성곽을
쌓게 되면, 용감하고 건장한 젊은이는 모두 등의 가죽을 뚫고 큰 밧줄로 그곳을 한 발
쯤 되는 나무막대를 매달고 온종일 소리를 지르며 일을 한다."[8] 라고 기록하고 있다.

---

6 『삼국지』 권30, 위서 30, 沃沮.
7 『삼국지』 권30, 위서 30, 濊.
8 『삼국지』 권30, 위서 30, 東夷, 韓.

위 기사에서 당시 중국인들이 삼한일들이 용감하다고 판단한 등에 나무막대를 매달고 일을 하는 모습은 아마도 오늘날의 지게와 유사한 도구를 사용하는 모습을 전하고 있는 것으로 짐작된다. 어쨌든 읍락공동체의 일에 읍락 구성원 중 젊은이가 모두 참여하여 성곽 등을 축조하는 모습은 공동체 사회의 분위기가 매우 팽배하였음을 엿볼 수 있다. 그리고 읍락을 방어하기 위한 성곽이 있음을 알 수 있다.

그리고 위 기사에서 옥저인이나 동예인, 삼한인들의 품성이 굳세고 용감하다고 기록하고 있는 점에서 이들 사회에서도 전체적으로 상무적 기풍이 넘치고 있음은 부여와 고구려의 경우와 유사함을 알 수 있다.

위의 기사에서 보는 바와 같이, 초기국가에서도 주변 국가와의 사이에 전쟁이 일어나고 있기 때문에 국가적 차원 혹은 읍락단위로 군사력을 동원하는 조직이나 다양한 무기 등을 갖추고 있었다. 다만 위 기록만으로는 초기국가의 군사사상이 어떠한 지는 파악하기 어렵다. 그런데 부여를 비롯하여 고구려, 옥저, 동예, 삼한과 관련된 대부분의 기사는 이들 사회에서 상무적 기풍이 넘치고 있음을 전하고 있다. 따라서 이러한 상무적 기풍이 어떤 사회적 기반에서 나타나게 되는지에 대해서는 잠시 살펴볼 필요가 있겠다.

위의 기사에서는 인용하지 않았지만, 『삼국지』 동이전의 해당 기사 전체를 살펴보면 대부분의 초기 국가에서 전체적으로 읍락단위로 공동체적인 성격이 아직 남아있음을 알 수 있다. 이와 같이 읍락공동체의 기반을 유지되는 단계에서는 공동체의 수호를 위한 공동체 구성원 사이의 결속력이 높게 나타나게 마련이다. 특히 옥저나 예, 삼한과 같이 국가발전 단계가 상대적으로 낮은 사회의 경우에는 위 기사에 보이는 바와 같이 공동체 단위의 집단 의식이 더욱 두드러지고 나타나게 마련이다. 그런데 부여와 고구려의 경우와 같이 상대적으로 국가 발전 단계가 선진적인 사회의 경우에는 계급사회로서 지배와 피지배계층 사이의 사회적 차별이 분명하여 전쟁에 참여하는 전사戰士 집단과 이를 뒷받침하는 하호 계층으로 뚜렷하게 나뉘어지고 있다. 물론 이런 경우에도 초기구가 단계에서는 기본적으로 공동체적인 사회 기반 아래 제가諸加가 주도하는 읍락 단위로 군사 동원과 군사력 운용이 이루어지고 있음을 짐작할 수 있다.

그리고 옥저와 동예, 삼한의 경우에는 전쟁이 일어난다고 하더라도 주로 소국간의 소규모 전쟁이 이루어지는 경우가 대부분일 것이다. 하지만 부여과 고구려의 경우에는 국가간의 대규모 전쟁이 벌어지고 있으며, 군대의 동원도 수 천에서 때로는 1~2만 명에 이르기도 한다. 특히, 고구려는 선진 군사기반을 갖추고 있는 한군현과 지속적인 전쟁을 치르고 있다. 이러한 부여와 고구려는 군사 동원체계와 군사력 운용의 방식에서 초기국가와는 다른 새로운 군사체제를 갖추지 않으면 안되었을 것이다. 이러한 정비된 군사조직의 운영이나 군사 동원체계가 갖춘 이후에야 비로소 군사사상이라는 이념적 장치도 점차적으로 마련되었을 것으로 짐작된다.

제3절

삼국, 통일신라시대의 군사(軍事)와 군사사상

한국 고대국가에서도 군사활동의 이념적 기반인 군사사상이 존재하였겠지만, 현재 남아있는 기록으로 그 실체를 파악하기는 어렵다. 즉 이는 군사사상의 존재 여부 문제가 아니라 전적으로 자료상의 제약에 따른 결과이다. 따라서 본고에서는 좀 다른 시각에서 현재 남아있는 자료를 통하여 삼국시대의 군사사상에 접근할 수 밖에 없을 것이다. 이에 다음과 같은 내용으로 삼국시대의 군사사상을 검토하고자 한다. 먼저 삼국사회에서 정치적인 최고 통치자인 군주君主에 대한 이념적 표상과 군주관君主觀을 통해 삼국시대가 지향하였던 군사사상의 일면을 파악하고자 한다. 다음 삼국사회에서 군사적 능력을 배양하기 위해 마련한 다양한 교육과 사회조직을 통해 그 일면을 추적하고자 한다. 마지막으로 현재 가장 자료가 풍부하게 남아있는 신라의 화랑도 조직과 그 이념을 검토하면서 구체적인 삼국시대의 군사사상의 일면을 살펴보고자 한다.

1. 삼국시대 군주의 표상과 군사사상

『삼국사기』 각 본기에는 삼국의 군주에 대한 여러 가지 기술을 하고 있는데, 대체로 그 체형이나 그 뜻과 품성에 대해 서술하고 있다. 그 중에서 본고에서 주목하고자 하는 군주로서의 무적武的이고 군사적인 성격을 잘 보여주는 기술을 정리하면 다음과 같다.

고구려

주몽왕 : 외모가 영특하니 아니 일곱 살에 제손으로 궁시弓矢를 만들어 쏘매 백발백중이었다. 부여의 말에 활을 잘 쏘는 자를 주몽이라고 하므로 그 이름을 지었다.

대무신왕 : 나면서 총명하고 장성하여 영특하고 큰 지략이 있었다.

차대왕 : 그 사람됨이 용감하여 위엄이 있으나 인자함이 적었다.

고국천왕 : 키가 9척이고 모습이 웅위하고 힘은 큰 솥을 들어올렸다.

중천왕 : 외모가 준수하고 지략이 있었다.

소수림왕 : 몸이 장대하고 웅략이 있었다.

광개토왕 : 어려서부터 체격이 웅위하고 뜻이 고상하였다.

안원왕 : 신장이 7척 5촌이요 도량이 컸다.

평원왕 : 담력이 있고 기사騎射를 잘하였다.

영양왕 : 풍신이 준수하고 제세안민濟世安民을 스스로 임무로 삼았다.

백제

구수왕 : 신장이 7척이요, 위의威儀가 특이하였다.

책계왕 : 키가 크고 지기志氣가 웅걸雄傑하였다.

비류왕 : 힘이 세고 활을 잘 쏘았다.

근초고왕 : 몸이 기위奇偉하고 원대한 식견이 있었다.

진사왕 : 사람됨이 강용하고 총명하며 지략이 많았다.

동성왕 : 담력이 남보다 빼어나고 활을 잘 쏘아 백발백중하였다.

무령왕 : 신장이 8척이요 인자하고 관후寬厚하여 민심이 순종하였다.

성왕 : 지혜와 식견이 뛰어나고 일에 결단성이 있었다.

무왕 : 풍모가 영특하고 지기志氣가 뛰어났다.

의자왕 : 웅위雄偉 용감하고 담력과 결단성이 있었다.

신라

아달라이사금 : 키가 7척이고 코가 크고 골상이 기이하였다.

조분이사금 : 키가 크고 풍채가 아름답다.

실성이가금 : 키가 7척5촌이고 사람됨이 명철하여 멀리 내다보는 식견이 있었다.

지증마립간 : 몸이 크고 담력이 남보다 뛰어났다.

법흥왕 : 신장이 7척이고 사람됨이 관후하고 남을 사랑하였다.

진평왕 : 얼굴이 기이하고 몸이 장대하며 의지가 침중하고 식견이 명철하였다.

진덕왕 : 키가 7척이고 손을 늘어뜨리면 무릎 아래까지 닿았다.

위 기사에서 보듯이 삼국시대 군주들의 풍모에 대해서 많이 서술되는 내용이 키가 장대하다는 점이다. 체격이 크다는 것은 단지 신체적인 특성을 의미하는 것이 아니라 무예에 출중하다는 전제가 되는 조건이다. 실제 위 기사들에는 기사騎射에 뛰어나거나 활을 잘 쏘아 백발백중하였다는 구체적인 능력들을 기록하고 있기도 하다.

고구려의 시조왕인 동명성왕의 경우는 부여에서 활을 잘 쏘는 명궁을 '주몽'이라 불러 그 이름을 지었다는 설화에서 알 수 있듯이 무예가 남달랐다. 특히 말도 잘 길렀다는 기록으로 보아 당시 군사지휘관이나 통치자에게 요구되었던 '기마선사騎馬善射'의 능력이 뛰어났던 면을 엿볼 수 있다. 주몽은 활로 상징되는 군사 능력을 갖춘 시조로서의 이미지가 표상되었던 것이다. 백제의 군주나 지배층 역시 고구려와 마찬가지로 군사적 성격이 강조되는 군주상이 보편적이었다. 예를 들어 백제 고이왕은 사냥할 때에 40마리의 사슴을 쏘아 맞추기도 하고, 다시 한 쌍의 기러기를 쏘아 맞힘으로써 활솜씨를 과시하였다고 한다.[9]

그런데 고구려와 백제와는 달리 신라 왕의 경우에는 '기마선사騎馬善射'의 능력에 대한 기술이 전혀 찾아지지 않는다는 점이 흥미롭다. 고구려의 경우 지속적으로 유목문화와 접촉하고 있으며, 또 건국세력이 본래 부여계 세력이라는 점이 고려되고, 백제 역시 고구려와 더불어 부여계 지배집단이라는 점에서 양국의 군주의 표상이 공통

---

9 『삼국사기』24, 백제본기2, 고이왕 3년, 7년조.

태왕릉(중국 지린성 지안)

되었던 것으로 짐작된다. 이와 달리 신라는 그러한 기마문화적 성격이 상대적으로 약했던 것이 아닐까 추정된다.

또한 담력과 결단성이 있다는 기술이나 지혜와 지략이 있다는 표현 역시 전쟁시의 군사 지휘 능력과 연관되는 왕의 덕목이라고 생각된다. 이와 같이 삼국시대 군주들이 갖는 남다른 신체조건은 최고 지배자로서의 권위를 획득하는 하나의 조건이며, '기마선사騎馬善射'로 대표되는 무예는 통치권자가 갖추어야할 특출한 군사적 능력의 표상이라고 할 수 있다. 따라서 삼국시대 군주들이 갖추고 있는 이러한 군사적 능력과 권위는 그의 통치 기반을 강화하는 조건이 되었을 것이다.

실제로 고구려와 백제의 경우에는 전쟁시에 군주가 직접 군대를 지휘하여 출정한 예를 다수 찾아볼 수 있다. 고구려의 경우 동천왕은 중국 위나라의 관구검 군대의 침공시에 직접 군사를 지휘하여 전쟁을 치루었고, 고국원왕의 경우도 전연의 군대와 전쟁을 벌일 때 직접 군대를 지휘하였다. 백제의 경우도 마찬가지인데, 대표적인 예가 근초고왕이 태자 근구수왕과 3만 군대를 거느리고 고구려 평양성을 공격한 전투를 들 수 있다. 이 전투에서 고국원왕이 전사한 사실에서 당시 백제와 고구려의 국왕은 최일선에서 전투를 지휘하였음을 알 수 있다.

고구려와 백제에서 가장 강력한 왕권을 구축한 고구려의 광개토왕이나 장수왕, 백제의 근초고왕이나 근구수왕의 경우, 왕권강화의 중요한 기반으로 활발한 전쟁을 통한 정복활동의 성공을 들 수 있다.

사실 광개토왕·장수왕대에 전제적 왕권으로 급성장한 것은 기본적으로 소수림왕 이래 정비된 집권체제의 운영에 기반을 두는 것이지만, 두 왕대에 활발하게 전개된 대외 정복활동도 결코 간과할 수 없는 측면이다. 광개토왕이 갖고 있는 군사적 능력은 『삼국사기』 백제본기에 백제 진사왕이 광개토왕이 용병에 능하다는 말을 듣고 감히 맞서 싸우지 못하였다는 기록에서도 짐작할 수 있다.[10] 즉 상대국에까지 광개토왕의 뛰어난 군사적 능력이 알려져 있었던 것이다. 실제 광개토왕비에서 보듯이 광개토왕의 정복활동은 고구려 전시기를 통하여 최대의 성과를 이룬 것으로, 당대 고구려인이 그 시호에 '광개토경廣開土境'을 붙여 칭송할 정도였다. 장수왕 역시 요동지역을 안정적으로 확보함과 동시에 남진책을 추진하여, 백제를 공파하여 한강유역을 차지함을 물론 남쪽 국경을 아산만에서 영덕을 잇는 선까지 확대하였다. 이러한 대외 정복활동에서의 성공은 왕권의 강화에 크게 기여하게 마련이다.

마치 전시체제와도 같이 계속되는 정복활동은 고구려 사회 내부의 긴장감을 높여 왕을 중심으로 지배층을 결속시키게 하였을 것이며, 군사력도 왕권 아래 집중시킬 수 있는 계기가 되었을 것이다. 이 점에서 왕이 직접 전쟁에 나서는 친정親征은 주목된다. 광개토왕비를 보면 총 7회의 외정에서 광개토왕이 직접 군사를 거느리고 전쟁을 주도한 경우가 4회나 된다. 나머지 경우도 영락 8년전은 소규모 부대를 파견한 것이니 차지하고, 10년의 신라구원전에는 직접 참가하지는 않았지만 그 전해에 평양에 순수하여 원정군을 지원하고 있었다.[11] 또 장수왕도 왕 475년의 백제 한성 공격시에 직접 3만군을 지휘하였던 것이다.[12]

이러한 친정親征의 성공을 통하여 왕의 권위는 더욱 높아졌으며, 관념적으로도 고구려왕은 위엄을 사방에 떨치고 나라를 부강케하는 주인공으로 인식될 수 있었다.[13] 또 전쟁의 전리품들을 왕권강화의 기반으로 삼거나, 성과물의 분배를 통하여 귀족세

---

10 『삼국사기』24, 백제본기2, 진사왕 8년조.

11 광개토왕비.

12 『三國史記』 권 18, 高句麗本紀 6, 장수왕 63년 9월.

13 광개토왕비에는 "은택이 하늘에 미치고 위부는 사해에 떨쳤으며, (나쁜무리를) 쓸어없애시니 백성이 각기 생업에 힘쓰고 편안히 살게되었다. 나라는 부강하고 백성은 유족해졌으며, 오곡이 풍성하게 익었다"라고 왕의 훈적을 칭송하고 있다.

력들에 대한 통제력을 강화할 수 있었을 것이다.[14]

앞에서 검토한 바와 같이 삼국시대 군주들이 신체가 장대하고, 뛰어난 활솜씨 등 무예를 갖추고, 또한 군사를 지휘할 수 있는 능력과 과단성 등을 갖추고 있다는 점은 곧 고대사회의 이상적인 인간상의 모습을 국왕을 통해 표상한 것이라고 생각된다.

2. 군사훈련과 군사교육에 나타난 군사사상

삼국의 군주가 갖추어야할 군사적 능력은 구체적으로 삼국시대 국왕들의 정치적인 행위인 '전렵畋獵'으로 나타난다. 먼저 고구려 왕들의 전렵행위는 주로 추·동계에 5~7일간에 걸쳐 수도 부근에 위치한 기사箕山, 질산質山을 비롯한 여러 곳의 왕실어렵지에서 실시되었다. 고구려의 전 기간에 시행된 전렵田獵은 국왕의 중요한 통치행위이자 군사행동의 일종이었다. 특히 국가 성립기부터 기원후 3세기 사이에 집중적으로 나타나는 고구려 국왕의 전렵행위는 그 사회의 특징인 수렵경제적인 현실을 반영하고 있었다. 이미 농경사회로 접어든 고구려였지만 여전히 농경 외에 수렵을 병행하지 않을 수 없는 경제적 현실이 존재하였던 것이다.[15]

또한 고구려 국왕의 전렵에서 주목되는 것은 상서로운 동물의 획득이 나타난다는 점이다. 기록에는 주로 흰사슴과 흰노루가 대

무용총 수렵도(중국 지린성 지안)

14 임기환, 「후기의 정세변동」 『한국사』 5, 1996, 국사편찬위원회, 97~98쪽.
15 고구려 전렵에 대한 서술은 김영하, 『한국고대사회의 군사와 정치』, 고려대학교 민족문화연구원, 2002, 11~34쪽 참조.

상이 되고 있는데, 이는 제천의례와 같은 종교적 행위가 전렵과 밀접한 관련을 맺고 있음을 보여준다. 사슴과 노루가 이 지역에서 널리 서식하는 동물의 하나로서 수렵의 대상이 된다는 점은 부인할 수 없지만, 그것이 흰사슴과 흰노루 즉 백색이라는 점에서 종교적 상징성을 갖고 있다. 동북아시아의 유목 수렵 사회에서 백색은 행운을 상징하거나 천신天神을 상징하는 색이었다. 즉 흰색으로 수식된 동물은 자연히 신성한 동물로서 하늘의 사자로 인식되었던 것이다.

이와 관련된 설화는 이규보의 「동명왕편」의 다음 기록에 잘 나타나 있다.

> (동명왕이) 서쪽으로 수렵을 나갔다가 흰사슴을 잡았다. 해원蟹原에 가두고 저주하기를, "하늘이 만약 비를 내려 비류왕의 도읍을 물에 잠기게 하지 않으면 나는 너를 놓아주지 않으리라. 이 어려움을 벗어나려면, 너는 하늘에 호소하라"라고 하였다. 그 사슴의 구슬픈 울음소리가 하늘에 사무치니 장마비가 이레 동안이나 내려 송양왕의 도읍을 물바다로 만들었다.

위 동명왕과 관련된 설화에서 흰사슴이 하늘에 대한 기원을 매개하는 존재로 등장하고 있다. 이와같이 흰사슴이나 흰노루에 대한 수렵과 이를 희생물로 바치는 천신에 대한 제사 의례는 전렵과 밀접한 관계를 맺는다. 이는 전렵이 단순한 수렵행사가 아니라 왕권이나 통치권을 확인하는 종교적 성격을 동시에 갖고 있음을 보여준다. 이러한 점에서 국왕이 전렵을 통해 드러내는 같은 군사적 능력이 종교적 행위와 결합하여 통치권을 강화하였음을 알 수 있다.

또한 고구려 국왕의 전렵田獵은 현실적으로 국왕의 통치행권을 드러내는 상징성을 지닌 통치행위라는 점에 주목할 필요가 있다. 왜냐하면 이 전렵은 일종의 군사훈련적 성격을 동시에 갖고 있기에, 곧 최고 군사통수권자로서의 국왕의 위상을 전렵행사를 통하여 구체적으로 과시하는 것이기 때문이다.

그리고 전렵을 통하여 뛰어나 인재를 등용하는 사례도 자주 사료에 등장하고 있다. 고구려 후기의 예이지만, 온달과 관련된 다음 기사가 주목된다.

고구려에서는 항상 봄철 3월 3일이면 낙랑의 언덕에 나라 사람들이 모여 사냥을 하고, 그날 잡은 산돼지·사슴으로 하늘과 산천의 신에게 제사를 지내는데, 그날이 되면 왕이 수렵에 나서고, 여러 신하들과 5부의 병사들이 모두 따랐다. 이에 온달도 기른 말을 타고 따라 갔는데, 그 달리는 품이 언제나 앞에 서고 포획하는 짐승도 많아서, 다른 사람은 그를 따를 만한 사람이 없었다. 왕이 불러 그 성명을 물어보고 놀라며 또 이상히 여겼다. 이때 후주의 무제가 군사를 보내 요동을 치니, 왕이 군사를 거느리고 나가 이산肄山의 들에서 맞아 싸울 때, 온달이 선봉장이 되어 날쌔게 싸워 수십여 명을 베자 여러 군사가 승세를 타고 분발하여 쳐서 크게 이겼다. 공을 논할 때에 온달을 제일로 삼지 않은 이가 없었다. 왕이 가상히 여기고 칭찬하여 말하기를 '이 사람은 나의 사위다' 하고, 예를 갖추어 맞이하여 작위를 주어 대형大兄을 삼았다.[16]

즉 고구려 후기에는 평양도성의 경우에 매년 3월 3일에 낙랑의 언덕에서 수렵대회를 거행하고, 사슴과 돼지를 잡아 하늘과 산천에 제사를 지냈다. 하늘과 산천에 제사를 지내는 습속은 일종의 제천행사의 성격을 지니는 것이다. 여기에 왕이 참가하는 것으로 보아 국가 차원의 제의임을 알 수 있다. 그리고 이러한 국가적 수렵의 행사는 다양한 성격을 갖고 있었다. 먼저 이 수렵행사에는 군신과 5부 병사들이 동원되었는데, 이는 중앙군 중심의 일종의 정기적인 군사훈련에 해당한다. 또한 온달溫達의 사례에서 보듯이 무예가 뛰어난 자를 선발하는 인재 등용의 통로로 기능하기도 했다. 온달이 뛰어난 기마선사력으로 출세한 것은 고구려에서 인재 선발의 기준이 군사적 능력의 보유 여부에 있음을 보여주고 있다.[17]

이렇듯 고구려 지배층들이 평소에 수렵을 즐겨 이를 통해 말타기와 활쏘기를 연마하는 모습은 고구려 고분벽화에 자주 등장하는 수렵도에서도 찾아볼 수 있다.[18] 전렵은 그 자체로서는 군사훈련이며 인재 등용의 통로이기도 하는 일종의 통치행위이며, 이러한 전렵을 통해 고구려 사회에 상무적 기풍이 확대되었을 것이다.

---

16 『삼국사기』 권45, 열전5 온달.
17 김영하, 앞의 『한국고대사회의 군사와 정치』, 32~33쪽.
18 임기환, 「지방, 군사제도」, 앞의 『한국사 5』, 182~183쪽.

한편, 고구려의 군사 훈련이나 교육과 관련된 기관으로 경당扃堂이 주목된다. 고구려의 경당에 대해 『구당서』고구려전에는 다음과 같은 기록이 있다.

> 독서를 좋아하여 문지기와 말먹이의 집에 이르기까지 각 거리마다 큰 집을 짓고 경당扃堂이라고 불렀다. 이곳에는 결혼 전의 자제들이 모여 밤낮으로 책을 읽고 활쏘기를 익히게 하였다.[19]

고구려 경당扃堂은 마을마다 길가에 큰 집을 짓고 혼인 하기 전의 젊은이들이 밤낮으로 독서와 활쏘기를 수련하는 일종의 교육기관이다. 경당에 참여하는 신분은 아마도 평민들로 보인다. 경당扃堂에서는 오경을 비롯하여 다양한 경전을 독서하는 동시에 무예의 연마를 겸하고 있었다.[20] 평민 출신이 참여하는 경당은 군사능력을 갖춘 인적 기반을 확대하는 기능을 하였다. 또한 고구려사회에서는 매년 초 대동강에서 왕의 관전 속에서 두 패로 나뉘어 석전石戰행사를 벌이는 등 국가적 군사훈련에 해당하는 다양한 행사가 치루어지기도 하였다. 이와 같이 사회 전반에 넘치는 상무적 기풍은 씨름도·기마도·수렵도·전투도 등 고구려 고분벽화에서 엿볼 수 있다.

한편 『구당서』고구려전에는 "성을 지키다가 항복한 자, 전쟁에서 패배한 자, 사람을 죽이거나 겁탈한 자는 목을 벤다."라고 하여 형벌에 관한 기록을 전하고 있다. 여기서 주목할 것은 성을 지키다가 항복한 자나 전쟁에서 패배한 자를 사형에 처하는 형벌체계이다. 이는 국가를 지키는 전쟁에서 용감하게 싸우지 않은 병사들을 살인죄와 같은 패륜적인 행위와 마찬가지로 사형죄로 취급하고 있다는 점에서, 당시 고구려사회에서 전쟁과 전투에 임하는 상무적 기풍이 얼마나 융성하였는지를 잘 보여주는 사례라고 하겠다. 이러한 상무적인 분위기는 뒤에 서술하는 바와 같이 신라 화랑도의 세속오계 중의 하나인 '임전무퇴臨戰無退' 정신과 서로 맥락이 통한다고 보겠다.

백제의 경우에도 고구려와 그리 다르지 않았다. 『주서』백제전에는 "습속은 말타기

---

19 『구당서』권199 상, 열전149상, 고려전.
  "俗愛讀書籍, 至於衡門廝養之家, 各於街衢造大屋, 謂之扃堂. 子弟未婚之前, 晝夜於此讀書習射."
20 이기백, 「고구려의 경당」『역사학보』35 · 36, 역사학회, 1967, 48~50쪽.

와 활쏘기를 숭상하고, 아울러 경전經傳과 사서史書를 애독한다. (중략) 그 나라의 형벌은 모반하거나 전쟁에서 퇴각한 자 및 살인한 자는 참수하였다."라고 하여 고구려의 상무적 기풍과 매우 유사하였음을 알 수 있다.

그리고 고구려와 마찬가지로 백제에서도 국왕의 전렵이 자주 나타나고 있다. 백제왕의 전렵은 건국 초기부터 실시되었는데, 백제본기 기사에 의하면 주로 봄·여름보다 가을·겨울에 수도 근교의 전렵지에서 5~7일 간에 걸쳐서 실시하는 모습을 보이고 있다. 국왕은 전렵에서 뛰어난 활솜씨를 발휘하였는데, 고구려왕의 경우와 마찬가지로 정치적 권위를 확보하는 수단이었다.[21]

백제에서는 고구려와는 달리 열병閱兵 기사가 자주 보인다. 열병은 전렵보다 뒤늦은 3세기초부터 등장하는데, 전렵과 마찬가지로 국왕의 통치권을 행사하는 기능을 갖고 있다. 열병하는 지역도 전렵과 마찬가지로 수도주위를 벗어나지 않았다. 그리고 국왕들은 전렵과 열병의 운용에 필요한 각기 활쏘기 능력을 키우기 위해 노력하였는데, 고이왕의 '관사觀射', 비류왕의 '삭망 습사朔望習射', '아신왕의 도인습사都人習射' 등이 대표적인 사례이다.[22]

백제의 역대 국왕들은 전렵과 열병을 포함한 대열을 지속적으로 실시하였다. 이러한 전렵과 열병은 일반 사회의 상무적인 기풍을 진작하는 데 크게 기여했을 것이다. 그리고 사료상에는 전해지지 않지만 백제에서도 신라의 화랑도나 고구려의 경당과 같은 청년 군사조직이나 교육기관이 존재했을 것으로 추정할 수 있다.

삼국 중 신라의 경우에는 고구려와 백제와 달리 국왕이 중심이 되는 전렵 기사가 보이지 않는다. 이는 사료의 누락이라기 보다는 실제 전렵행위가 시행되지 않았을 것으로 보이는데, 신라사회는 고구려와 백제와는 달리 수렵경제적 기반과 전렵의 수용이라는 문화적 배경을 갖지 않았기 때문일 것이다.[23]

---

21 김영하, 앞의『한국고대사회의 군사와 정치』41~42쪽.
22 『삼국사기』권24, 백제본기2, 고이왕 9년.
   『삼국사기』권24, 백제본기2, 비류왕 17년.
   『삼국사기』권24, 백제본기2, 아신왕 7년.
   김영하, 위의 책, 54쪽.
23 김영하, 앞의『한국고대사회의 군사와 정치』62쪽.

대신에 신라에서는 열병閱兵 기사가 자주 나타나고 있다. 백제의 경우에도 열병기사가 나타나고 있는데 전렵 기사보다는 그 비중이 적으며, 열병이 갖는 통치행위의 성격도 전렵과 그리 다르지 않았다. 그러나 전렵이 없는 신라의 경우에 열병이 갖는 국왕의 통치행위로서의 성격이나 군사적 의미가 상당히 비중이 컷을 것으로 보인다.

무엇보다 주목되는 점은 고구려와 백제의 경우 전렵 기사가 초기부터 말기까지 지속적으로 나타나 반하여, 신라의 열병기사는 파사왕 때 처음 등장하여 상고기에 8회의 열병기사가 나타나지만, 중고기에는 아예 등장하지 않는다. 기록의 누락이라기 보다는 중고기에는 군사제도가 정비되었기에 열병을 통한 군대 통수의 필요성이 약화된 결과로 파악된다.

어쨌든 신라의 열병은 주로 7, 8월에 실시되며, 열병이 시행되는 장소는 모두 수도 근교에 위치하고 있다. 이 열병을 통해 신라왕은 군사통수권자로서의 위상을 확인하여 왕권을 강화하는 수단으로 삼았다.[24]

한편, 신라에서는 지배층이나 일반 민들의 군사적 능력을 배양하고 상무적 기풍을 함양하는 방식으로서 진흥왕대 이후 화랑도가 운영되었다. 이는 고구려의 경당과 서로 성격이 통하는 것으로 이해된다. 이에 대한 보다 구체적인 내용은 아래 절에서 서술하도록 하겠다.

이상에서 살펴본 바와 같이 고구려는 주로 전렵을 통하여, 백제의 경우는 전렵과 열병을 통하여, 신라의 경우에는 열병을 통하여 군주가 군사통수전자로서의 위상을 확보하고 있음을 살펴보았다. 즉 삼국시대에 시행된 전렵과 열병은 단순히 군사 훈련적 성격에 그치는 것이 아니라 일종의 국왕의 통치행위라고 볼 수 있다. 따라서 이와 관련된 이념적 기반도 갖추었을 것이며, 여기에는 국가관이나 군사사상도 포함되었을 것이다. 하지만 아쉽게도 현재 전하는 사료에서는 그러한 측면을 전하는 자료를 찾아보기 어렵다.

다만 국왕이 주도하는 이러한 전렵이나 열병 등의 통치행위가 이루어질 때에는 아무래도 군주 및 군주로 대표되는 국가에 대한 충성심을 고양하는 의식 등도 함께 시

---

24 신라의 열병에 대해서는 김영하, 위의 책 63~70쪽 참조하여 서술하였다.

행되었을 것으로 추정된다. 왜냐하면 가장 강력한 무력기반인 군사력이 효율적으로 운용되기 위해서는 특정한 국가관이나 군사사상 등에 의해 뒷받침되지 않으며 안되기 때문이다. 이에 대해 고구려와 백제의 경우에는 거의 실상을 알기 어렵지만, 신라 화랑도의 경우에는 약간의 구체적인 자료가 전해지고 있기에 이를 통해 간접적으로 짐작해볼 수 밖에 없다.

3. 신라의 화랑도(花郞徒)와 군사사상

『삼국사기』 신라본기 진평왕 37년조에는 다음과 같은 화랑도의 기원에 대한 기사를 전하고 있다.

> 진흥왕 37년(576) 봄에 처음으로 원화源花를 받들었다. 일찍이 임금과 신하들이 인물을 알아볼 방법이 없어 걱정하다가, 무리들이 함께 모여 놀게 하고 그 행동을 살펴본 다음에 발탁해 쓰고자 하여 마침내 미녀 두 사람 즉 남모南毛와 준정俊貞을 뽑고 무리 300여 명을 모았다. (중략) 그 후 다시 미모의 남자를 택하여 곱게 꾸며 화랑花郞이라 이름하고 그를 받드니, 무리들이 구름처럼 몰려들었다. 혹 도의道義로써 서로 연마하고 혹은 노래와 음악으로 서로 즐기고, 산천을 찾아 노닐고 즐기니 멀리 이르지 않은 곳이 없었다. 이로 인하여 사람의 사악함과 정직함을 알게 되어, 착한 사람을 택하여 조정에 천거하였다.
> 그러므로 김대문金大問은 화랑세기花郞世記에서 다음과 같이 말하였다. "어진 보필자와 충신은 이로부터 나왔고, 훌륭한 장수와 용감한 병졸은 이로부터 생겼다."

위 기사에 의하면 신라 화랑도는 진흥왕 37년에 시작된 것으로 되어 있다. 그러나 사다함이 진흥왕 23년(562)에 이미 화랑이 된 사례를 보면, 화랑도라는 제도의 시작은 진흥왕 초년에 시작한 것으로 보는 것이 타당할 것이다. 화랑도의 시작이 언제냐 하는 것은 그리 중요한 문제는 아니다. 진흥왕대는 앞의 법흥왕대의 국가체제 정비에 뒤이어 사회 각 부문에서 제도 정비와 개혁이 지속되는 시기이다. 진흥왕 5년(544)에 신라 군단軍團의 핵심인 대당大幢 과 삼천당三千幢의 설치 등이 이루어진 점을 염두에 두면, 화랑도의 창설도 이러한 군제의 정비와 연관되어 같은 시기에 이루어졌을 가능성이 높다.[25] 왜냐하면 화랑도 역시 국가적 차원에서 조직화된 일종의 예비군사적 성격을 갖고 있기 때문이다. 특히 진평왕대 이후에는 화랑이 관직을 갖고 전쟁에 참여하는 양상이 보다 두드러지는데, 이는 화랑도가 국가적 동원체계에 편입되어 예비 전사집단으로서의 성격이 보다 강화되었음을 보여준다.

화랑도의 실시 목적과 관련해서는 첫째로 위의 "화랑이라고 이름하고 그를 받드니, 무리들이 구름처럼 몰려들었다"라는 기록에서 보듯이 청소년들을 국가적인 목적에서 조직화하려 하였다는 점을 들 수 있다. 그리고 조직화의 중요 목적은 이들을 "도의道義로써 서로 연마하고, 노래와 음악으로 서로 즐기며, 산천을 찾아 노닐기" 위해서였음을 알 수 있다.

단양 적성비
비문에 화랑 출신인 거칠부의 이름이 보인다.

여기서 구체적인 교육 내용은 알기 어렵지만, 국가적 차원에서 청소년들에게 요구하는 내용이 담겨있었을 것이다. 화랑도가 단지 교육을 목적으로 하는 것이 아니라, 국가의 입장에서는 군사예비군으로서 역할도 아울러 기대하였을 것이기 때문이다. 산천을 찾아 노니는 목적은 심신의 수련만이 아니라 공동행동을 통한 서로 간의 신의를 다지고 나아가 군사 훈련 등과 같은 성과를 추구하였을 것이다. 그리고 "산천을 찾아다니

---

25 주보돈, 1997, 「신라화랑도 연구의 현황과 과제」『계명사학』8, 97~99쪽.

는데 이르지 않은 곳이 없다"는 점에서 일종의 국토 순례와 같은 행위를 통해 화랑으로 하여금 국가의식을 고취하려는 목적도 생각해 볼 수 있을 것이다.

화랑도를 제정한 두 번째 목적은 "사람의 사악함과 정직함을 알게 되어, 착한 사람을 택하여 조정에 천거하였다"라는 내용처럼 인재의 천거였다. 즉 화랑도가 새로운 관료 선발의 수단으로 활용되었던 것이다. 이는 첫 번째 목적과 서로 긴밀하게 연관되는 것이다.

요컨대, 화랑도 설정의 목적은 교육을 통한 인재의 양성과 선발에 있었던 것이다. 당시 신라는 국가적으로 대외 팽창이 진행되고 있었던 시기인 만큼 군사적인 직능에 뛰어난 인물이 대거 필요했던 상황이었고 이를 충족시키기 위하여 화랑도가 제정되었던 것이다. 실제로 화랑도는 그러한 기능을 충실히 수행하였기 때문에, 삼국통일 이후 김대문은 "어진 보필자와 충신은 이로부터 나왔고, 훌륭한 장수와 용감한 병졸은 이로부터 생겼다."라고 신라가 삼국의 항쟁에서 최후의 승자가 된 요인을 화랑도에서 찾았던 것이다.

그러면 화랑도가 그 사회적 기능을 가장 크게 실현하였던 신라 중고기 화랑도의 운영에 대해 잠시 살펴보자.[26]

신라의 화랑도는 화랑과 낭도로 이루어진 집단이었다. 한 명의 화랑 아래에 낭도는 수백 명 혹은 천여 명에 이르는 경우도 있었다. 예컨대 화랑 사다함의 낭도는 1천명에 이르렀다고 한다. 그리고 중고기에는 몇 개의 화랑도가 동시에 존재하였으며, 이를 통제하기 위해서 화랑의 대표인 화주花主가 있었던 것으로 추정된다. 화랑 사이에도 그 지위에 차이가 있는데, 즉 화랑이 국선國仙이 될 경우 그 지위가 달라지게 되었다. 김유신은 15세에 화랑이 되고 18세에 국선이 되었다고 한다.

화랑은 대체로 진골귀족 출신으로, 특히 당대의 가장 유력한 가문인 즉 화백회의에 참여할 수 있는 가문 출신인 경우가 많았을 것으로 보인다. 그리고 화랑도를 운영할 수 있기 위해서는 풍부한 경제적 기반을 갖추고 있어야 했으며, 동시에 학문과 교양 등도 갖추고 있어야 했다. 따라서 화랑이 누구냐에 따라 그 화랑도의 특성이나 역

---

26 화랑도의 운영에 대해서는 다음 글을 참고하여 정리하였다. 주보돈, 앞의 「신라화랑도 연구의 현황과 과제」 및 박남수, 「신라중고기 화랑도의 교육과 출사」 『역사교육』 108호, 99~123쪽.

량이 서로 달랐을 것이다.

한편 낭도는 화랑도의 명단인 황권黃券에 이름을 올리는데, 15세에 편명編名하고 18세 무렵에 양명讓名하였던 것으로 짐작된다. 낭도의 신분적 범위는 왕경의 진골에서 평민까지 모두 포괄하고 있으며, 지방민 중에도 경제적인 여력이 있는 자들을 왕경에 올라가 낭도로 활동하였을 가능성도 있다. 물론 낭도를 진골과 두품 신분에 한정되었다고 보는 견해도 있다.

낭도는 스스로 원하여 낭도가 되었으니, 화랑이 낭도를 모집한다기보다는 낭도가 스스로 화랑을 선택하여 그 휘하에 들어가는 양상을 보이고 있다. 그리고 처음에는 낭도 스스로가 화랑을 선발하기도 하였다. 예를 들어 사다함의 경우 낭도로 있다가 화랑이 양명하자 무리의 추천에 의해 새로 화랑으로 선출된 것으로 보인다.

화랑도의 구성을 보면 화랑 1인, 승려 낭도 1인(혹은 다수), 그리고 다수의 낭도로 구성되었다. 그 중 주목되는 것은 승려 낭도이다. 승려 낭도의 경우는 화랑이나 낭도와 같이 소년이 아니라, 성인일 가능성이 높다. 그리고 승려 낭도는 화랑도에서 문자 교육이나 불교 경전의 가르침, 의식의 주관 등을 담당하였을 것이다. 즉 화랑들은 당대의 유명한 승려를 초빙하여 자신이 거느린 낭도의 정신 교육 등을 담당시켰던 것으로 보인다.

이러한 승려 낭도의 존재를 보면, 화랑도의 운영에서 정신적인 측면이 매우 중시되고 있음을 알 수 있다. 화랑도 운영의 사상적 기반에 대해서 신라말의 최치원은 「난랑비鸞郎碑」 서문에 다음과 같이 기록하였다.

나라에 현묘玄妙한 도가 있으니 풍류風流라 한다. 가르침의 근원에 대해서는 선사仙史에 자세히 갖추어져 있거니와, 실로 이는 삼교三敎를 포함하고 뭇 백성들과 접接하여 교화한다. 이를테면 들어와서는 집안에서 효를 행하고 나가서는 나라에 충성함은 노나라 사구司寇[노자]의 가르침이고, 하였다고 자랑함이 없는 일[無爲之事]을 하고, 말없는 가르침[無言之敎]을 행함은 주나라 주사柱史[공자]의 뜻이며, 모든 악을 짓지 말고 모든 선을 받들어 행하라 함은 축건태자竺乾太子[석가]의 교화이다.

즉 화랑도가 도교와 유교, 불교 등 3교를 모두 아우르는 사상적 기반을 갖고 있었다는 것이다. 이는 동시에 3교적 성격이 화랑도와 결합하였다기 보다는 화랑도가 성립하고 발전하는 과정에서 신라 국가 발전과정에서 수용된 여러 사상 및 이념과 결합한 결과로 보는 것이 타당할 것이다.

사실 화랑도는 승려 낭도의 존재로 보아 불교와 연관이 깊다. 그 중에서도 미륵신앙과 밀접하게 연관되어 있었다. 진지왕대의 화랑 미시랑未尸郞은 하생한 미륵으로 간주되었고, 김유신의 화랑은 "용화향도龍華香徒"라고 이름하였다. 미륵은 용화수龍華樹 아래에 하생한다고 하였으므로, 용화향도란 이름에서 화랑과 미륵신앙의 연관성을 짐작할 수 있다.

한편, 진흥왕 12년(551)에 신라에서는 처음 팔관회八關會를 개최하였는데, 전쟁에서 죽은 사졸을 위로하기 위해서였다. 이는 도솔천에 왕생하기를 바라는 위령제의 하나로 설행設行하는 점을 고려하면, 팔관회와 미륵신앙이 연관되었음을 알 수 있다. 따라서 팔관회를 주관하는 주체가 미륵신앙과 연관된 화랑도일 가능성이 높다. 고려시대의 팔관회는 신라의 팔관회를 계승한 것인데, 이를 주관하는 자를 선랑仙郞이라 불렀는데, 신라의 화랑에서 유래한 명칭이다. 즉 하생한 미륵이라고 믿어지는 화랑이 팔관회를 주관하는 것은 당연한 일로 받아들여졌을 것이다. 이러한 화랑도의 불교적 요소는 기본적으로 당시의 불교가 호국불교로서 기능하고 있었던 점과 연관될 것이다.

다음 화랑도에는 충효적 이념으로 대표되는 유교적인 요소가 많은 비중을 차지하고 있다. 당시 신라에 수용된 북방 불교에는 유교와 불교가 뒤섞여 있었던 만큼, 불교의 미륵신앙이 결합하면서 화랑도에는 전통적인 요소와 함께 유교도 습합된 것으로 이해된다. 화랑들뿐 만이 아니라 신라인들이 지켜야할 삶의 덕목으로 이해되어온 세속오계世俗五戒가 이를 잘 보여주고 있다.

임신서기석壬申誓記石(국립경주 박물관)
비문 내용 중 충성을 맹세하는 내용이 들어 있다.

『삼국사기』 권45 열전 귀산전貴山傳에 다음과 같은 기사가 전하고 있다.

> 귀산貴山은 사량부沙梁部 사람이다. 아버지는 아간阿干 무은武殷이다. 귀산이 어렸을
> 적에 같은 부部의 사람 추항箒項과 친구가 되었다. 두 사람이 서로 말하였다. "우리들
> 이 학문이 있고 덕이 높은 사람과 더불어 놀기로 기약하였으니, 먼저 마음을 바르게 하
> 고 몸을 수양하지 않으면 아마 치욕을 자초할지 모르겠다. 어찌 어진이에게 나아가서
> 도를 묻지 않을 수 있겠는가?" 이때 원광법사圓光法師가 수隋나라에 들어가 유학하고
> 돌아와서 가실사加悉寺에 있었는데, 그때 사람들이 높이 예우하였다. 귀산 등이 그 문
> 에 나아가 옷자락을 걷어 잡고 말하기를 "저희들 세속 선비는 몽매하여 아는 바가 없
> 사오니 원컨대 한 말씀을 주셔서 종신토록 지킬 교훈을 삼도록 하여 주시기 바랍니
> 다."라고 하였다.
> 법사가 말하였다. "불계佛戒에는 보살계菩薩戒가 있는데 그 종목이 열 가지이다. 너희
> 들이 남의 신하로서는 아마 이를 감당하지 못할 것이다. 지금 세속오계世俗五戒가 있으
> 니, 첫째는 임금 섬기기를 충忠으로써 할 것[事君以忠], 둘째는 어버이 섬기기를 효孝
> 로써 할 것[事親以孝], 셋째는 친구 사귀기를 신信으로써 할 것[交友以信], 넷째는 전쟁
> 에 다다라서는 물러서지 말 것[臨戰無退], 다섯째는 생명 있는 것을 죽이되 가려서 할
> 것이다[殺生有擇]. 너희들은 이를 실행함에 소홀히 하지 말라!" (중략) 귀산 등이 "지
> 금부터 받들어 실천하여 감히 명을 실추시키지 않겠습니다!" 하였다.

세속오계에서 첫째와 둘째 계율에서 강조하고 있는 '충忠'과 '효孝'는 어느 사회에
서나 필요한 가치로서, 유교와 불교 모두 존숭하는 덕목이었다. 특히 중고기 신라가
왕권을 강화하고 대외적인 전쟁을 치르는 과정에서 그러한 덕목을 강조하는 것은 당
연한 추세였다. 그러한 사회 분위기에서 원광은 신라 청소년들에게 세속오계를 가르
침으로써 전통적인 이념을 넘어서서 새롭게 국가의식이나 가문의식을 재정비할 수
있는 계기를 마련하였던 것이다.

그리고 '교우이신交友以信'이라는 덕목은 사다함의 예나[27] 세속오계를 받은 귀산과
추항의 사례에서 보듯이 이미 신라사회에 널리 퍼져 있던 덕목을 새삼 강조한 것으로

보인다. 특히 대외전쟁에 참여하는 젊은이들 간의 '교유이신'은 서로를 격려하며 국가에 대한 충忠을 행하는 보완적인 윤리 덕목으로 기능하기도 하였다.

그리고 화랑도의 주요한 덕목은 '임전무퇴臨戰無退'인데, 이는 단지 신라 화랑도에 그치는 것이 아니라, 앞서 살펴본 고구려와 백제의 형율체계에서 보이는 바와 같이 삼국시대에 공통적으로 나타나는 청소년들이 갖추어야 할 규율의 하나였다. 실제로 세속오계의 계율을 받은 귀산과 추항은 진평왕 23년(602)에 백제군과의 전투에서 "내가 일찍이 스승에게 들으니, 선비는 전쟁에 다달아 물러서지 않는다고 하였으니, 어찌 감히 달아나겠는가!"하며 싸우다가 전사하였다.

화랑도 자체가 본래 예비 군사집단적 성격을 갖고 있었기 때문에, 세속오계로 대표되는 국가관과 정신적 기반을 갖춘 화랑들은 위 귀산과 추항의 예와 같이 신라가 장기간의 전쟁기로 접어드는 중고기에서 통일전쟁기에 걸쳐 더욱 그 활동이 두드러지게 되었다. 신라 중고기와 통일전쟁기에 활동한 대표적인 화랑의 예로는 다음을 들 수 있다.

> 진흥왕대 : 사다함,[28] 설원랑[29]
>
> 진지왕대 : 미시랑[30]
>
> 진평왕대 : 김유신, 김흠춘, 근랑[31]
>
> 선덕왕 초년 : 죽지랑[32]
>
> 태종무열왕대 : 관창,[33] 문노[34]

---

27 『삼국사기』 권44 열전 사다함전. "사다함이 전에 武官郎과 더불어 死友가 되기를 약속하였는데, 무관이 병으로 죽자 심히 슬프게 울다가 7일 만에 또한 죽으니, 그때 나이 17세였다."
28 『삼국사기』 권44, 열전 사다함조.
29 『삼국유사』 권3, 미륵선화 미시랑조.
30 위와 같음.
31 『삼국사기』 권48, 열전 검군조.
32 『삼국유사』 권2, 죽지랑조.
33 『삼국사기』 권47, 열전 관창조.
34 『삼국사기』 권47, 열전 김흠운조.

먼저 사다함斯多含의 경우를 살펴보자. 사다함은 진골 출신으로 거느린 낭도의 무리가 1천 명에 이르렀다. 진흥왕 때에 이사부異斯夫가 가라국加羅國을 정벌할 때에 당시 사다함이 종군하기를 청하였으나 나이가 15~6세로 어려 진흥왕이 허락하지 않다가 그 뜻이 확고하여 귀당貴幢 비장裨將으로 삼았는데, 그 낭도郎徒 중에서 따르는 자 또한 많았다고 한다.[35] 가장 이른 시기에 나오는 화랑인 사다함의 사례는 초기 화랑도의 모습을 잘 보여준다. 사다함이 전쟁에 참여하려는 뜻의 배경은 열전의 기록만으로는 불투명하다. 그런데 사다함이 출정하자 그의 낭도들이 자발적으로 전쟁에 참여하고 있는 모습에서 화랑과 낭도가 맺고있는 화랑도 조직상의 일체성을 엿볼 수 있다. 즉 낭도들이 국가에 대한 충성심이나 애국심을 갖고 있던 것으로 해석하기 보다는, 화랑과 낭도 사이의 깊은 인간적인 관계에 의한 것으로 봄이 타당하다.

그런데 진평왕대 이후에는 화랑도에서 보다 강렬한 국가의식이나 충에 대한 인식이 강화되고 있음을 볼 수 있다. '세속오계'가 그러한 동향을 잘 보여준다. 귀산과 추항의 사례는 위에서 살펴보았고, 진평왕대 화랑을 지낸 김유신의 경우에도 화랑 시절부터 충성에 기반한 국가관이 보다 뚜렷하게 나타나고 있다.

> (김유신) 공은 나이 15세에 화랑花郎이 되었는데, 당시 사람들이 기꺼이 따랐으니, 용화향도龍華香徒라고 불렀다. 진평왕 건복 28년 신미(611년)에 공은 나이 17세로, 고구려·백제·말갈이 국경을 침범하는 것을 보고 의분에 넘쳐 침략한 적을 평정할 뜻을 품고 홀로 중악中嶽 석굴에 들어가 재계齋戒하고 하늘에 고하여 맹세하였다. "적국이 무도無道하여 승냥이와 범처럼 우리 강역을 어지럽게 하니 거의 평안한 해가 없습니다. 저는 한낱 미미한 신하로서 재주와 힘은 헤아리지 않고, 화란禍亂을 없애고자 하오니 하늘께서는 굽어살피시어 저에게 수단을 빌려주십시오!"

위 김유신의 맹세를 보면 화랑 시절부터 국가를 자신의 행위의 중심가치로 삼는 뚜렷한 국가관을 갖고 있었다. 그리고 장군이 되어 군대를 거느리고 출정하면서부터는

---

35 『삼국사기』 권44, 열전 사다함조.

화랑도의 임전무퇴의 정신을 일반 군사들에게까지 확산시키는 등 당시 신라사회의 전형적인 화랑과 장수로서의 덕목을 보여주고 있다.

《삼국사기》 김유신전에 전하는 다음 기사를 살펴보자.

> 김춘추가 고구려에 들어간지 60일이 지나도 돌아오지 않자, 김유신은 국내의 용감한 군사 3천 명을 선발하고 그들에게 말하였다.
>
> "내가 들으니 위태로움을 보고 목숨을 바치며, 어려움을 당하여 자신을 잊는 것은 열사의 뜻이라 한다. 무릇 한 사람이 목숨을 바치면 백 사람을 당해내고, 백 사람이 목숨을 바치면 천 사람을 당해 내며, 천 사람이 목숨을 바치면 만 사람을 당해 낼 수 있으니 그러면 천하를 마음대로 주름잡을 수 있다. 지금 나라의 어진 재상이 다른 나라에 억류되어 있는데 두렵다고 하여 어려움을 당해 내지 않을 것인가?"
>
> 이에 뭇 사람들이 "비록 만 번 죽고 겨우 한 번 살 수 있는 곳에 가더라도 감히 장군의 명령을 따르지 않겠습니까?" 하였다. 드디어 왕에게 청하여 군사 출동 기일을 정하였다.

김유신이 말하는 전쟁에서 목숨을 바치는 열사의 도리란 곧 화랑의 계율인 세속오계와 서로 통한다. 그리고 김유신의 출정과 열사정신에 기꺼이 따르는 일반군사들의 행위를 통해 당시 신라사회에서는 화랑도의 계율이 점차 전체 사회로 널리 퍼져 갔음을 짐작할 수 있다.

이러한 진평왕대 화랑과 낭도들이 갖고 있던 충효관이나 국가관 등은 본격적인 통일전쟁기에 신라사회에 점점 확장되고 강화되고 있다. 김흠운, 관창, 반굴 등의 예가 잘 보여주고 있다.

> 김흠운金歆運은 나밀왕奈密王의 8세손이다. (중략) 흠운이 어려서 화랑 문노文奴의 아래에서 놀았는데 당시의 무리들이 아무개는 전사하여 이름을 지금까지 남겼다고 말하자 흠운이 슬퍼하여 눈물을 흘리며 격동하여 그와 같이 되려고 하니 동문의 승려 전밀轉密이 말하기를 "이 사람이 만약 전쟁에 나가면 반드시 돌아오지 않을 것이다." 하였다. 영휘永徽 6년(무열왕 2: 655) 태종대왕이 백제가 고구려와 더불어 변방을 막자 이

김유신 탄생 및 태실기념비(충북 진천)

를 치고자 하여 군사를 출동할 때에 흠운을 낭당郎幢 대감으로 삼았다. (중략) 흠운이
말하기를 "대장부가 이미 몸을 나라에 바치겠다고 하였으면 사람이 알아주고 모르고는
한가지이다. 어찌 감히 이름을 구하랴?" 하고는 꼿꼿하게 서서 움직이지 않았다. 따르
던 자들이 말고삐를 잡고 돌아가기를 권하였으나 흠운이 칼을 뽑아 휘두르며 적과 싸
워 몇 사람을 죽이고 그도 죽었다. 이에 대감 예파穢破와 소감 적득狄得이 서로 더불어
함께 전사하였다.[36]

위 기사에 보는 바와 같이 김흠운은 화랑 문노의 낭도였다. 출정시에 낭당郎幢 대감
이라는 관직으로 받은 것을 보면, 화랑과 낭도가 국가의 공식적인 군사동원체계와 밀
접히 연관되어 있음을 알 수 있다. 그런데 김흠운은 낭도 시절에 이미 전쟁터에서의
명예로운 죽음을 자신의 이상적 가치로 여기고 있었다. 이는 곧 '세속오계'의 '임전무
퇴' 정신과 통하는 것이다. 결국 김흠운은 자신의 뜻대로 전사하였는데, 이때 예파와

---

36 『삼국사기』 권47, 열전 김흠운조.

적득이 동시에 전사하였다는 점도 눈길을 끈다. 예파와 적득이 김흠운과 같은 낭도였는지는 알 수 없지만, 함께 전사한다는 것은 '임전무퇴'의 계율 이외에도 '교우이신'과도 맥락이 통하는 것으로 보인다. 이처럼 전쟁터에서 세속오계에 따른 실천적 행위들이 화랑이나 낭도를 비롯한 신라 군사들의 중요한 덕목으로 등장하게 되었음을 위 김흠운의 사례에서 엿볼 수 있겠다.

이러한 전쟁터에서의 정신적 자세와 덕목은 황산벌 전투에서 전사한 반굴盤屈과 관창官昌의 경우에도 잘 나타나고 있는데, 이들의 경우에는 효와 충이 통일적으로 결합하고 그것이 전투에서 임전무퇴 정신의 기반이 되고 있다는 점이 유의된다.

대표적으로 반굴은 효를 충성의 바탕으로 삼아 전쟁에서 기꺼이 자기 희생을 감당한 인물이었다. 660년 백제 정벌전에 참전한 반굴은 김흠순의 아들인데, 그해 7월 김유신이 지휘하는 신라군이 황산벌에서 계백 장군이 지휘하는 백제 결사대와 전투를 벌일 시에 아버지 김흠춘의 말을 듣고 적진으로 달려가 힘을 다해 싸우다 죽었다.

『삼국사기』를 보면 이 때 김흠춘이 아들 반굴을 불러 다음과 같이 말하였다.

> 신하로서는 충성이 제일 중요하고 자식으로서는 효가 제일 중요하다. 위험을 보고 목숨을 바치면 충과 효가 모두 이루어진다.[37]

같은 황산벌 전투에서 전사한 화랑 관창의 경우에도 충효관의 실천이라는 면에서 반굴과 동일한 양상을 보이고 있다.

> 관창官昌은 신라 장군 품일品日의 아들로 모습이 우아하였으며, 어린 나이에 화랑이 되어 사람들과 잘 사귀었다. 나이 16세 때 말 타고 활쏘기에 능숙하였다. (중략) 태종무열왕 7년(660)에 왕이 군대를 내어 당나라 장군과 더불어 백제를 칠 때 관창을 부장으로 삼았다. 황산黃山벌에 이르러 양쪽의 군대가 서로 대치하자 아버지 품일이 말하기를 "너는 비록 어린 나이지만 뜻과 기개가 있으니 오늘이 바로 공명을 세우고 부귀를

---

37 『삼국사기』 권47, 열전, 김령윤조.

취할 수 있는 때이니 어찌 용기가 없을손가?" 하였다. 관창이 "예" 하고는 곧바로 말에 올라 창을 빗겨들고 적진에 곧바로 진격하였다. (중략) 계백이 잡아서 머리를 베어 말 안장에 매어 보내었다. 품일이 그 머리를 손으로 붙들고 소매로 피를 닦으며 말하기를 "우리 아이의 얼굴과 눈이 살아 있는 것 같다. 능히 왕실의 일에 죽었으니 후회가 없다." 하였다.[38]

관창 역시 아버지 품일이 전선에서 화랑의 덕목을 다하라는 요구에 따라 출정하여 전사하였다. 품일의 "공명을 세우고 부귀를 취한다[立功名 取富貴]"는 말에서 '공명功 名'을 세운다는 뜻은 곧 국가와 왕실에 대한 '충'과 통하는 것이고, 부귀를 취한다는 것은 가문에 대한 '효'와 통하는 것이다. 즉 품일은 아들 관창에게 화랑이 지켜야할 충효관의 덕목을 환기시킨 것이라고 할 수 있다. 실제로 신라 정부는 목숨을 바쳐 국가를 지키고 충을 행한 인물들에게는 모두 관직을 추숭하여 그 명예를 높이고 경제적 포상을 행하였기 때문에, 결과적으로 '충'에 입각하여 목숨을 바치면 자기 가문에 명예와 경제적 보상이 뒤따르는 '효'를 이루게 되는 것이다. 김흠춘과 품일이 각각 아들 반굴과 관창에게 언급한 말에서 그러한 정황을 충분히 엿볼 수 있다.

이와 같이 신라 통일전쟁기에 충과 효가 직접적으로 연관되어 화랑이 갖추어야할 하나의 도덕적 덕목으로 기능한 점은 김유신의 아들 원술元述의 사례에서도 엿볼 수 있다.

당나라 군사가 말갈과 함께 미처 진을 치지 아니한 틈을 타서 공격하니 우리 군사가 크게 패하여 장군 효천曉川과 의문義文 등이 죽었다. 유신의 아들 원술元述이 비장裨將이었는데 또한 싸워 죽으려고 하므로, 그를 보좌하는 담릉淡凌이 말리며 "대장부는 죽는 것이 어려운 일이 아니라 죽을 곳을 택하는 것이 어려운 일이니, 만일 죽어서 성공이 없다면 살아서 후에 공을 도모함만 같지 못합니다."고 하였다. [원술이] 대답하기를 "남아는 구차롭게 살지 않는 것이다. 장차 무슨 면목으로 나의 아버지를 뵙겠는가?" 하

---

38 『삼국사기』 권47. 열전 관창조.

고, 말을 채찍질하여 달려가려고 하니 담릉이 고삐를 잡아당기며 놓아주지 않았다. 그
만 죽지 못하고, 상장군上將軍을 따라 무이령蕪荑嶺으로 나오니 당나라 군대가 뒤를 추
격하였다. (중략) 대장군 등은 슬며시 서울로 들어왔다. 대왕이 듣고 유신에게 "군사의
실패가 이러하니 어찌할까?" 하니, 대답하기를 "당나라 사람들의 모책을 헤아릴 수 없
사오니 장졸들로 하여금 각기 요소를 지키게 하여야 하겠습니다. 다만 원술은 왕명을
욕되게 하였을 뿐 아니라 또한 가훈을 저버렸으니 목을 베어야 하겠습니다." 하였다.
대왕이 말하기를 "원술은 비장裨將인데, 혼자에게만 중한 형벌을 시행함은 불가하다."
하고 용서해 주었다.[39]

위 기사를 보면 원술은 패전시에는 전사하는 것이 효에 합치되는 행위라고 하였으
나 부하의 만류로 전사하지 못하였고, 아버지 김유신은 원술이 패전하고 살아서 돌아
오자 이를 왕명을 욕되게 하는 것과 더불어 가훈을 저버린 행위로 비난하고 있다. 즉
충을 실현하는 행위가 곧 효에 합치되는 행위라는 인식을 통해, 통일전쟁기 신라사회
에서는 충과 효가 하나의 윤리적 덕목이며 실천적 행위규범으로 기능하고 있었음을
알 수 있다.

이러한 충효관이 형성된 배경은 당시 삼국간의 전쟁이 치열해지면서 국가의 존립
이 곧 가문과 개인의 존립 기반이라는 위기의식이 신라 사회 전체에 확산되었기 때문
일 것이다. 즉 삼국 간의 격렬한 항쟁이 지속되면서 국가 및 왕실 중심의 윤리관이 기
타 다른 이념체계보다 우선시 되었음을 알 수 있다. 이러한 국가관 중심의 인식을 잘
보여주는 좋은 예로 원광의 경우를 들 수 있다. 원광圓光은 수나라에 군사를 청하는
걸사표를 짓는 이유에 대해 다음과 같이 말하고 있다.

자기가 살려고 하여 남을 멸망시키는 것은 승려의 도리가 아니다. 그러나 자신이 대왕
의 땅에 살고 왕의 수초를 먹고 사는데 어찌 감히 왕명을 거역하겠는가.[40]

---

39 『삼국사기』 권43, 열전 김유신(하)조.
40 『삼국사기』 권4, 신라본기4, 진평왕 30년.

계백장군 묘(충남 논산)

즉 원광은 비록 불교 승려이지만 신라국의 구성원으로서 왕명에 따라야한다는 당위성을 내세우고 있다. 불교적 신앙보다는 국가관이 선행하고 있음을 알 수 있다.

이러한 국가관과 충효 의식은 신라만이 아니라 백제의 경우에서도 찾아볼 수 있다. 대표적인 예가 황산벌 전투에서 전사한 계백과 백제군 5천 군사이다.

> 계백階伯은 백제인이다. 벼슬하여 달솔達率이 되었다. 당나라의 현경顯慶 5년 경신[백제 의자왕 20년: 660]에 고종이 소정방을 신구도대총관神丘道人摠管으로 삼아 군대를 이끌고 바다를 건너 신라와 더불어 백제를 칠 때 계백은 장군이 되어 결사병 5천 명을 뽑아 대항하면서 말하였다. "한 나라 사람이 당나라와 신라의 대군을 당해내야 하니 국가의 존망을 알 수 없다. 내 처와 자식들이 포로로 잡혀 노비가 될 지 모르는데, 살아서 욕을 보는 것보다는 차라리 쾌히 죽는 것이 낫다." 드디어 가족을 모두 죽였다. 황산의 벌에 이르러 세 진영을 설치하고 신라의 군사를 맞아 싸울 때 뭇 사람에게 맹서하였다. "옛날 구句踐은 5천 명으로 오나라 70만 군사를 격파하였다. 오늘은 마땅히 각자 용기를 다하여 싸워 이겨 국은에 보답하자." 드디어 힘을 다하여 싸우니 한 사람이 천 사람을 당해냈다. 신라 군사가 이에 물러났다. 이처럼 진퇴를 네 번이나 하였다. 그러

나 마침내 힘이 다하여 죽었다.[41]

계백은 출정하면서 국은에 보답하기 위해 목숨을 바쳐 싸울 것을 결사병들에게 강조하였는데 이는 신라 화랑도의 임전무퇴 정신 및 국가관과 통하는 것이다. 그리고 출정에 앞서 패전에 대비하여 가족을 모두 죽인 것은 가부장을 중심으로 하는 가문의식 즉 '효'의식과 연결된다고 볼 수 있다.

계백이 이끄는 5천 명 백제군은 5만의 신라군과 마주하여 네 번 싸워 모두 승리를 거두는 결사의 항전을 치루었다. 하지만 이때 신라의 반굴과 관창官昌의 희생으로 신라군의 사기를 크게 북돋았고 결국 백제군은 패퇴할 수밖에 없었다.

결국 황산벌 전투는 계백으로 대표되는 백제군에서도, 반굴과 관창으로 대표되는 신라군에서도, 고대 무인들의 정신과 덕목, 국가관 등을 상징적으로 집약하여 보여주는 삼국시대의 대표적인 전투라고 할 수 있다.

앞에서 주로 신라 화랑도를 중심으로 통일전쟁기 신라의 무인들이 갖고 있는 정신적 태도와 덕목에 대해 살펴보았다. 신라에서 6세기 중반 이후 형성되기 시작한 국가관과 충에 대한 관념이 7세기에 들어서는 사회 전체의 사상과 이념의 중심적 위치를 차지하게 되면서, 신라국가 구성원의 가장 중심적인 가치관과 실천 덕목이 되었다. 국가관이 가족과 가문의 윤리인 효와 결합하여 충을 통한 효의 실현이라는 덕목으로 발전하는 점도 그러한 결과이다. 즉 충과 효의 일체화는 7세기의 역사적 상황과 맞물려 핵심적인 실천적 윤리로 부상하였던 것이며, 이러한 충효관이 전쟁에 임하거나 전쟁터에서 신라 구성원이 실천해야할 가장 핵심적인 군사사상이며 실천규범이었다.

---

41 『삼국사기』 권47, 열전 계백조.

제2장

고려시대 군사사상

제1절

고려의 대전략

중국사에서 10~14세기는 '한족漢族의 굴욕'으로 평가되는 시기다. 이 기간 동안 유목 민족이 중원을 점령한 '정복왕조'의 시기이기 때문이다. 정복왕조란 북방의 유목 민족이 한족을 점령하고 세운 왕조라는 의미로서, 1949년에 비트포겔 K.W.Wittfogel이 처음 사용한 이후 보편화되었다. 여기에는 한족의 역사를 정통으로 삼으려는 의식이 밑바탕에 깔려있다.

그렇다면 어떻게 '정복왕조'의 시대가 도래했는가? 그것은 약체 송이 초래한 결과였다. 907년 중국대륙에서 당이 붕괴하고 5대 10국이 난립하자 이 틈을 타고 만주 일대에서 거란이 일어났다. 936년에 고려가 통일 왕조를 세우고 얼마 지나지 않아 중원에서도 960년에 통일 왕조 송이 탄생했다.

송이 건국된 이후에도 북방 민족의 우위는 계속되었다. 송은 '중국의 르네상스'로 불릴 만큼 문예가 치성한 시기였으나 군사력은 취약했다. 그 이유는 송 태조가 당말 혼란의 원인을 강성하게 일어난 지방 군벌에서 찾았기 때문이다. 송 태조는 임금과 궁성을 위한 군대를 제외하고는 군벌이 성장하는 상황을 경계했다.

송이 택한 대외 전략은 경제력을 이용해 주변국에 많은 양의 비단과 은銀을 제공하면서 평화를 유지하는 방식이었다. 그러자 유목 민족들은 강한 군사적 우위를 기반으로 송을 위협했고 거란에 이어 여진·몽골도 흥기할 수 있었다. 심지어 몽골이 남송을 멸망시키고 중원을 송두리째 차지해버리는 사태까지 발생했다. 이처럼 고려를 둘러싼 국제 정세는 중원 왕조와 북방 민족의 대결로 요동쳤다. 그리고 이 북방 민족은 서로 약속이나 한 듯이 중원을 차지하기 위한 전초작업으로서 자국의 배후에 있던 고려로 주의를 돌렸다. 따라서 고려시대 군사사상의 형성배경과 특징을 이해하기 위해서는 주변국에 대한 파악과 이해가 필수라고 할 수 있다.

1. 고려를 둘러싼 국제환경

1) 송

10~13세기 송에 대한 이해는 송이 당唐처럼 동북아시아의 패권을 장악한 대국이 아닌 동북아시아의 한 축을 이루는 국가였다는 사실에 유의할 필요가 있다. 960년 중국 대륙에서는 후주後周의 절도사 조광윤趙光胤(송 태조)이 5대 10국을 마감하고 송을 건설하면서 통일 왕조의 시대가 열렸다.

송이 중원을 통일했을 무렵 송 주변에는 강력하고 적대적인 나라가 포진해 있었다. 북쪽의 거란(요)을 비롯해 서쪽과 남쪽 변방에 탕구트黨項族, 토번吐蕃(티베트)이 흥기하고 있어서 대외 환경이 불안정하였다.

송은 건국 직후부터 두 가지 외교 현안에 직면해있었다. 첫째, 연운 16주의 패권을 둘러싼 거란과의 분쟁이었다. 우선 연운 16주란 북경 이북에서 요동 반도 사이에 있는 연주(오늘날 북경)·운주 등 16개 주로서, 936년에 거란이 점령한 상태였다. 만리장성 안에 있는 연운 16주는 송·

송 태조 조광윤

거란 두 나라의 접경 지역으로, 송 입장에서는 반드시 되찾아야 하는 자국의 영토였고 거란 입장에서는 중원으로 향하는 전초기지였다. 그러므로 두 나라 모두 양보할 수 없는 지역이었다. 송은 거란의 지배를 받는 자국 영토를 재탈환하기 위해 호시탐탐 기회를 엿보았다.

송은 건국 직후에 통일 왕조의 명예를 회복하고 고토를 탈환하기 위해 공세적으로 주변국을 침공하였다. 그러나 결과는 전혀 예상치 못한 송의 패배였다. 979년 송은 거란의 지원을 받고 있던 북한을 멸망시킨 후, 그 여세를 몰아 거란을 공격했지만 성공하지 못하였다. 986년 송은 거란이 여진 정벌을 단행하는 틈을 이용해 다시 대규모 원정에 나섰으나 태종이 화살에 맞고 간신히 도망칠 정도로 대패했다.

둘째, 탕구트와 무력 충돌이었다. 중국 서북쪽 변방에서 일어난 탕구트는 중원과 중앙아시아의 교역로를 오가며 중개무역으로 경제 이익을 얻었고 약탈 행위도 일삼았다. 984년 탕구트의 추장 이계천李繼遷은 송이 종주권을 행사하는 것에 반대해 반란을 일으켰고 결국 거란과 동맹을 결성하였다. 이어 1038년에 이원호李元昊가 대하大夏(서하西夏)를 세워 '천자天子'라고 선언하면서 송으로부터 독립했고 송의 서역 무역로를 위협했다.[1] 송은 1040~1042년까지 서하와 몇 차례 전쟁에서 번번이 참패하고 말았다.

이처럼 송은 공세적으로 벌인 몇 차례 전쟁에서 패배했고, 탕구트마저 제압하지 못하고 말았다. 중국 역사상 송은 중국의 르네상스로 불릴 만큼 문예 부흥이 치성한 시기였다. 이에 비해 군사력은 가장 약체라는 평을 받을 만큼 크게 취약했다. 그 이유는 송 태조가 당 말기에 초래된 혼란이 지방의 군벌 세력인 절도사가 막강한 군사력을 행사했기 때문이라고 판단하여, 군벌을 무력화시키는 대신에 문신에 의한 군권 장악에 주력했기 때문이다.[2]

송은 거란(요)·서하의 두 전선에서 후퇴하면서 적대적인 주변의 이민족들을 상대하기 위해 전쟁이나 무력이 아닌 외교술을 적극 개발했고, 송의 눈부신 경제 발전이 이를 뒷받침했다.[3] 그러나 군사력이 뒷받침되지 않은 송의 대외 전략은 결국 국내 사

---

1 룩콴텐, 『유목민족제국사』(송기중 역), 민음사, 1984, 150~152쪽.
2 박한남, 『한국사』15, 국사편찬위원회, 1995, 230~231쪽.

정마저 악화시켜 놓았다.

　송이 해마다 주변국에게 지불한 평화유지 비용은 점차 송의 재정을 압박했다. 송의 경제적 내구성은 극히 저하되었고 인종 대 이후로 재정 파탄의 위기에 직면했다. 이는 결국 신종 대에 왕안석王安石(1021~1086)이 개혁을 추진하게 되는 배경이 되었다. 왕안석은 부국강병을 위한 내정 개혁으로 신법新法[4]을 시행했으나 관리들의 비협조와 반대파[舊法黨]의 공격으로 결국 실패했으며, 송은 국력을 회복할 수 있는 기회를 상실하고 말았다.

　안보에 위기를 느낀 송이 주목한 국가가 고려였다. 송은 거란과 대치하면서부터 고려를 최대한 전략적 후원 세력으로 이용하고자 하였다. 당시 고려의 국력은 송이 기대한 전략적 평가를 훨씬 넘어서고 있었다. 1044년에 송의 관리 부필富弼이 하북지방 방어책 12가지를 제시하면서 "고려가 거란을 섬기고 있지만 거란이 고려를 두려워하므로, 고려를 잘 대접해 거란이 송을 침범하려고 하면 고려로 하여금 거란을 치게 하자."고 건의할 정도로 고려의 군사력은 강했다.[5]

　송의 정책은 실리 외교를 추구한 고려의 대외 전략과도 맞아떨어졌다. 고려는 송의 책봉을 받아 국가 정통성을 확보했고, 북방에서 거란과 대치하면서 거란을 위협할 수 있는 카드로 친송 정책을 즐겨 사용했기 때문이다. 송은 994년에 단교된 고려의 관계가 1071년(문종 25)에 공식적으로 재개되자 이를 계기로 관계 개선에 힘썼다. 송은 1079년에 '고려교역법'까지 만들어 고려에 대한 우대 의사를 적극 표명했다. 그 결과 11세기 후반 이후 송에 도착한 고려 사절단은 서하를 능가하는 대우를 받았으며, 북송 말기에는 거란에 필적하는 대우를 받았다.[6]

　12세기 초 송에게 새로운 기회가 찾아왔다. 송은 거란이 금의 공세 앞에 무기력하게 패하자 무력과 외교를 동시에 앞세운 새로운 대외 정책을 구상하였다. 그것은 거

---

3 룩관텐, 앞의 책, 1984, 135쪽.
4 신법 : 왕안석이 경제 성장과 부국 강병을 위해 시행한 혁신 정책(1069~1076년).
5 강은정, 「12세기초 고려의 여진정벌과 대외관계의 변화」『북악사론』9, 국민대학교, 2002, 155~156쪽.
6 김성규, 「고려 전기의 여송관계-송조 빈례를 중심으로 본 고려의 국제지위 시론-」『국사관논총』92, 국사편찬위원회, 2000.

란과 서하에게 빼앗긴 영토를 재탈환하기 위한 시도였다. 먼저 송은 1115년에 거란에게 '전연의 맹약'을 폐기한다고 통보하고, 의욕적으로 군사를 동원해 서하를 침공하였으나 실패하고 말았다. 송은 1119년에 다시 서하를 공격했으나 역시 참패했다.

이 무렵 금은 연운 16주 지역으로 서서히 남진하기 시작하였다. 송은 거란에 빼앗긴 연운 16주 수복에 절치부심한 나머지 신흥세력 금과 무모한 군사동맹을 체결했다. 송과 금이 거란을 협공하여 승리하면 연운의 땅을 송이 차지하고, 송은 그 대가로 거란에 보내던 은과 비단을 금에 보내기로 한 것이다. 그러나 1122년에 연경을 점령한 금은 동맹을 깨고 거란을 타도한 여세를 몰아 송을 공격하였다.[7]

1127년 송은 수도 개봉이 금에 의해 함락되면서 멸망하였다. 이때 휘종·흠종 두 황제를 비롯해 3천 여 명의 황족과 관리들이 금으로 끌려갔다. 송은 회수 이북의 땅을 금에게 빼앗기고 강남으로 쫓겨 내려와 새 왕조를 세웠다. 1127년에 송 휘종의 9자인 강왕康王(고종)이 귀덕歸德에서 황제로 즉위해 이른바 남송南宋 시대를 열었다.[8] 남송의 영토나 재정 규모는 옛 송에 비해 약 3/4이나 줄어든 상태였다.[9]

1128년에 남송은 금의 재침을 받았다. 남송의 고종은 금의 공격을 피해 이리저리 전전하다가 항주 임안부에 정착하였다. 남송은 전력을 기울여 마침내 금의 군사를 퇴각시켰으나, 결국 매년 은 25만 냥, 비단 25만 필을 금에게 주고 남송 황제가 금 황제에게 신하의 예를 취하는 굴욕스러운 외교 관계를 맺고 말았다.

남송은 국내적으로 군벌 쿠데타의 위험에 시달렸고, 국경 북쪽에는 언제 공격해올지 모르는 금과 대치하는 형세였다. 이후 남송은 금과 회수淮水를 사이에 두고 100여 년에 걸쳐 무력 충돌을 벌였다. 다행히 1165년에 금 해릉왕이 화평 조약을 깨고 남송을 침입했을 때 남송군이 이를 격파해 송·금의 군신관계를 숙부·조카 관계로 재조정하고, 종래 금에 상납하던 은·비단의 양을 은 20만 냥, 비단 20만 필로 줄일 수 있었다.

그러나 13세기 초 몽골이 동아시아 강자로 부상하자 남송은 북송이 금과 군사 동맹을 맺은 실패의 역사를 되풀이하는 우愚를 범하고 말았다. 남송은 금에 빼앗긴 영

---

7 전백찬 편, 『중국전사』(이진복·김진옥옮김), 학민사, 1990, 59쪽.
8 남송이 개창되면서 이전의 송을 남송과 대비하여 '북송'이라 부른다.
9 신채식, 『동양사개론』, 삼영사, 1993, 414쪽.

토를 되찾기 위해 금과 대치한 몽골과 연합하기로 결정한 것이다. 남송은 몽골과 연합하여 쇠약해진 금을 공격한 결과 개봉·낙양 두 도시를 탈환하였다. 그러나 몽골은 1234년에 금을 패망시키자마자 이듬해인 1235년 봄에 남송이 금으로부터 탈환한 지역을 공격하였다. 이로부터 남송은 중국 역사상 가장 강력한 이민족 국가인 몽골(원元)과 대치한 채 충돌을 거듭하다가 1279년에 멸망했다.

2) 거란(요)

거란족은 요하의 상류 지역인 시라무렌[황수潢水] 강 북부 유역에서 유목생활을 하던 종족으로 퉁구스와 몽골의 혼혈족으로 알려져 있다. 거란족이 연, 고구려, 돌궐, 중국 등 주변 국가에 부족 단위로 예속되었다가 정치 질서를 형성하기 시작한 때는 7세기경이었다. 8부部라고 하는 여덟 개 연맹의 형성을 시작으로 부족 사이에 점차 결속력을 강화시킨 거란족은 10세기 초 중국이 5대 10국의 혼란기에서 주춤거리고 있을 때 세력 확장의 기회를 포착했다.

거란족의 통일을 주도한 사람은 야율아보기耶律阿保機였다. 902년에 산서성 지방을 침략하면서 정치 무대에 등장한 야율아보기는 907년에 스스로 천자임을 선언하면서 8부족의 통일을 추진하였다. 이후 강성한 군사력을 발휘하여 만리장성 남쪽 지역까지 여러 차례 진출해 한족 포로를 붙잡아다가 이들을 이용해 생산성을 높이고 경제력을 키워나갔다. 경제적 기반 위에서 군사력을 키운 야율아보기는 916년 거란족의 8부 대인大人(대한大汗) 전원을 암살한 후 텡글리칸[천하한天河汗]으로 등극했다.[10]

군사적으로 급성장한 거란은 영토 확장을 위해 대외적으로 적극적인 공세 전략을 펼쳤다. 먼저 926년에 발해를 멸망시키고 중국 북동부인 요녕 일대를 장악해 중원 진출의 교두보를 확보하였다. 936년에는 야율야보기의 아들 야율덕광耶律德光(태종)이 만리장성을 넘어 석경당에게 군사력을 제공해 후진의 건국을 도운 대가로 연주·운주 등 16주를 장악했다. 이곳은 지금의 북경을 중심으로 하북성 북부에 이르는 지역으로

10 김한규, 『요동사』, 문학과 지성사, 2004, 425~440쪽 ; 최규성, 『한국사』 15, 국사편찬위원회, 1995, 254쪽.

요동에서 중국땅으로 통하는 길목이었다. 거란은 이곳을 장악한 후 농경지역을 확보하고 한족의 문화를 흡수하면서 서진 정책을 추진했다. 드디어 946년에 태종은 후진을 멸망시키고 이듬해인 947년에 후진 수도 개봉開封에 통일 국가인 요遼를 세웠다.

거란(요)은 936년에 연운 16주를 점령한 이후 계속해서 중국대륙 내 크고 작은 분쟁에 가담하였다. 그러나 947년에 태종이 죽은 이후 대외 진출을 주도할 강력한 황제를 옹립하지 못했다. 태종의 뒤를 이어 즉위한 세종은 권력 기반이 취약했고 즉위한 지 5년 만에 죽었다. 뒤를 이어 즉위한 목종은 잔혹하기로 악명이 높아 969년에 시해되었다.

이 무렵 대외 환경도 좋은 편이 아니었다. 960년에 송이 일어나 중원의 분열과 혼란에 종지부를 찍으면서 동북아시아는 새로운 시대로 접어들었다. 거란은 송과 국경을 마주해야 했고, 979년에는 거란이 지원하던 북한北漢[11]이 송에 망해버렸다. 동쪽 변경에서도 여진의 약탈과 반란이 여러 차례 계속되었고, 고려와는 942년 이후로 공식적인 외교 관계가 단절된 상태였다. 거란은 적대적인 송과 고려, 그리고 믿을 수 없는 여진 사이에서 대외 전략을 구상하지 않으면 안 되었다.

대내외적으로 심각한 상황에 처해있던 거란을 성장 궤도에 올려놓은 왕은 성종聖宗(982~1031)이었다. 성종은 부족제에 기초한 거란을 한 단계 성장시킨 왕으로서 고려와 거란 전쟁의 주역이었다. 성종은 거란의 통치 조직을 종래의 부족제적인 전통을 손상시키지 않으면서도 제국을 다스리는 데에 적합하게 탈바꿈시키기 위해 중국의 선진 문물과 제도를 도입했다. 그리고 각종 권농 정책과 황무지 개간, 유민流民 정착, 세금 감면 등 적극적인 부국책과 안민 정책을 추진했다.

국내를 안정시킨 성종이 대외적으로 시선을 돌린 곳은 동북 만주와 고려였다. 거란이 우려한 최악의 상황은 송이 고려·여진 등과 연합해 거란에 적대하는 상황이었다. 따라서 거란의 대외 전략은 송·고려·여진의 연합을 차단하기 위해 먼저 서로 인접해 있는 고려와 여진의 연계를 차단한 후 이들을 차례로 공격하는 것이었다.[12]

---

11 951년에 유숭이 진양(현 산서성 태원현)에 세운 나라. 북한이 후주와 전쟁에 돌입하자 거란은 북한을 원조했다.
12 추명엽, 「고려시기 '해동'인식과 해동천하」『한국사연구』129, 한국사연구회, 2005, 49쪽.

거란이 택한 첫 번째 공격 대상은 여진이었다. 여진은 송 건국 직후인 961년부터 송에 지속적으로 조공을 바치고 있었다. 거란은 여진의 조공 행위가 자국의 배후를 위협하는 요소라고 판단해 984년과 986년 두 차례에 걸쳐 여진을 공략하였다. 또 거란은 986년에 발해 유민이 압록강변에 세운 정안국定安國을 멸망시켰다.

거란은 979년·986년에 두 차례나 침입한 송 군사를 성공적으로 막아내고, 여진을 격파해 송·여진의 동맹 체제를 와해시켰다. 그리고 여진이 송으로 통하는 길목을 차단하기 위해 991년에는 압록강 북쪽인 위구威寇·진화振化·내원來遠에 성을 쌓고 3천 명의 군사를 배치했다.[13] 특히 내원성(의주)의 축조는 한반도 진출의 교두보를 확보했다는 점에서 전략적으로 커다란 의미를 지녔다.[14] 거란은 압록강변에 성을 쌓은 지 2년 뒤인 993년에 고려를 침공했다. 이 전쟁으로 거란은 고려와 공식 외교 관계를 수립했고, 그 대가로 고려에게 압록강 이남에 대한 연고권을 인정해 주었다.

거란은 고려·송의 연합을 차단시킨 바탕 위에서 송과 결전을 벌일 준비를 하였다. 거란은 990년경 송의 배후를 위협하기 위해 탕구트(서하)와 우호 관계를 맺었고, 994년에 남경통군도감南京統軍都監을 설치해 5여 년에 걸쳐 전쟁 준비를 하였다.[15] 거란은 송이 탕구트조차 장악하지 못하는 취약성을 노출하자 999년에 송이 무력 증강을 꾀하기 전에 송을 침략해 큰 참패를 안겼다.

1004년 거란은 다시 송 국경을 돌파해 황하 북쪽의 전주澶州까지 진격하였다. 수세에 몰린 송이 강화를 요청하자 거란은 송으로부터 '전연澶淵의 맹약'을 이끌어냈다. 이 강화를 계기로 거란은 송과 '형제의 나라'라는 새로운 관계를 맺었고 군사적 우위 속에서 평화 관계를 지속시켰다. 그리고 거란은 송에게 평화를 제공하는 대가로 해마다 비단 20만 필과 은 10만 냥을 받아내었다.

거란(요)은 1004년 송과 '전연의 맹'을 맺은 이후로 일약 동북아의 강자로 부상하였다. 이 맹약을 계기로 동북아시아에서 중원 왕조가 차지하던 일원적인 구도가 타파되고, '남조' 송에 대칭하여 '북조'라고 불릴 만큼 강성해졌다.[16] 그러나 그 영광은 채

---

13 김상기, 『신편 고려시대사』, 서울대학교출판부, 1989, 72쪽.
14 김위현, 「서희의 외교」『서희와 고려의 고구려 계승의식』, 학연문화사, 1999, 112쪽.
15 안주섭, 『고려 거란 전쟁』, 경인문화사, 2003, 116쪽.

1백년을 유지하지 못했다.

거란이 내리막을 걷기 시작한 것은 1055년에 도종이 즉위한 이후로 알려져 있다. 거란이 쇠퇴하게 된 가장 중요한 요소는 크고 작은 반역과 모반이 잇따르면서 통치 집단의 반란과 분열이 끊이지 않았다는 점이다. 1055년에 황태자 숙부인 야율중원耶律重元이 그 아들과 반역을 도모했다가 실패했다. 1075~1077년 사이에는 야율을신耶律乙辛 일당이 주도해 황후와 황태자를 죽이는 사건이 발생했다.

도종에 이어 즉위한 천조제(재위 : 1101~1125)는 집권하자 할머니 선의황후와 부모를 참사로 몰아넣은 야율을신 일당을 무자비하게 숙청했다. 천조제는 즉위 후 아버지 야율준을 황제로 추봉追封하고 남은 잔당을 억압하였다. 1111년 이후로 거란 조정은 황후 원비元妃·문비文妃 계열이 정권을 장악하면서 권력 다툼이 치열해졌다. 결국 거란은 반세기 이상 내분을 앓다가 천조제를 끝으로 망해버리고 말았다.

대외적으로 거란에 커다란 암운을 던진 존재는 여진이었다. '전연의 맹'이 체결된 이후 여진은 거란의 강력한 지배를 받았다. 거란은 여진을 미개한 야만인 집단으로 취급해 압박하고 가혹한 약탈을 일삼았다. 특히 사치가 극심한 시기로 알려져 있는 천조제 재위(1101~1125) 기간에 거란이 자행한 여진에 대한 수탈은 극에 달했다.

하지만 11세기 말 완옌부 여진이 두각을 나타내면서부터 거란에 대한 여진의 반란이 서서히 준비되고 있었다. 거란이 국내 문제로 국력을 낭비하고 있는 12세기 초에 거란의 세력권 안에 거주하던 숙여진은 생여진과 군사적으로 결합했다. 이 새로운 연합전선이 단합하여 힘을 발휘했을 때 거란은 그들이 가장 미개한 민족이라고 억압하던 여진(금)에 의해 1125년에 붕괴되었다.

3) 여진(금)

여진족은 일찍이 중국 선진시대에 '숙신'이라는 이름으로 실체를 나타내기 시작했다. 그 후 중국 한대와 삼국시대에는 읍루, 후위시대에는 물길, 수·당시대에는 말갈

---

16 『송사』 권313, 열전, 왕증. "(송은)···매년 거란에 사자를 파견해 국서를 보낼 때에 남조라 자칭하고 거란은 북조라 불렀다."

등으로 불리다가 거란이 발해를 멸망시킨 이후로 '여진'으로 통용되었다.[17] 발해 멸망 후에는 통일 국가를 이루지 못한 채 부족이나 지역 단위로 송화강을 중심으로 서남 및 동북 일대에 흩어져 있었다.

요동지역에 자리한 여진은 통일된 나라를 이루지 못했으나 지리상 거란(요)과 고려의 중간에 끼여 있었으므로 거취를 결정해야만 하였다. 그 결과 일부는 거란에 편입되어 거란의 지배를 받은 숙여진熟女眞이 되었고 일부는 거란의 지배를 피하여 부족 생활을 영유하는 생여진生女眞이 되었다.[18]

「고려사」 여진 기사

『고려사』에서 '여진'이란 명칭이 처음 나오는 시기는 948년(정종 3) 9월이다.[19] 거란이 여진을 자국의 복속 여부에 따라 숙여진과 생여진으로 부른 것과 달리 고려에서는 동여진과 서여진으로 구분하였다.[20] 동여진은 함경도와 간도 및 수분하 유역 등에 분포하면서 부락 단위로 생활했다. 서여진은 압록강 북방과 만주 서부 및 요동 일대를 근거로 하여 거란의 지배를 받았다.

여진은 초기에 고유의 문자도 없이 산이나 들에 흩어져 살면서 유목 민족과 농경 민족의 특성을 동시에 갖고 있었다. 여진은 부락별로 분산된 채 통일되지 못하고 거란이나 고려를 섬기면서 필요한 물자를 조달받는 한편 고려와 거란 사이에서 충성과 배반을 반복했다. 여진은 거란에 해마다 공물을 바치면서 복종했으나 다른 한편으로 크고 작은 군사를 일으켜 저항했다. 고려에 대해서도 마찬가지였다. 여진은 고려를 부모 나라로 섬기고 교역하면서 집단적으로 귀화했으나, 변방의 방비가 허술한 곳을 뚫고 국지적으로 침략했다.

---

17 유재성, 『한민족전쟁통사Ⅱ-고려시대편』, 국방군사연구소, 1993, 163쪽.
18 최규성, 「고려초기 여진문제의 발생과 북방경영」『백산학보』 26, 백산학회, 1981.
19 『고려사』 권2, 세가2, 정종 3년 9월.
20 『고려사』 권4, 세가4, 현종 12년 9월 을미 ; 『고려사』 권4, 세가4, 현종 21년 5월 을묘. 동여진은 "三十姓部落"이라고도 불리었고 "흑수말갈"과 혼용해 쓰였다. 서여진은 '압록여진'이라고도 한다.

960년에 송이 등장하자 여진에도 새로운 변화가 찾아왔다. 여진은 961년에 송을 방문하여 신하의 예를 갖춘 이래로 963년까지 매년 조공을 바치면서 생존의 길을 모색했다. 이 무렵 고려는 혜종~경종 대까지 내부적으로 정치적 진통을 겪었고, 거란 역시 성종이 즉위할 때까지 권력 쟁탈을 둘러싸고 국내 사정이 복잡했으므로 이 틈을 타고서 송을 이용해 독자성을 강화하려고 시도한 것이다. 특히 말 무역은 그 원동력 가운데 하나였다.[21] 송에서 말의 증식에 관심을 기울이자 여진이 송에 수출한 말은 연간 1만 필에 달했다.

여진의 대외 전략은 성공한 듯했으나 거란에서 982년 성종이 즉위하면서 오히려 여진을 압박하는 결과를 초래했다. 거란은 자국의 배후를 교란하는 여진의 행보를 중지시키기 위해 여진을 공략해 986년에 포로 10여만 명과 말 20여만 필을 노획했다.[22] 여진은 고려에 도움을 요청했으나, 오히려 고려는 991년에 여진을 압록강 주변에서 쫓아내는 조치를 취했다. 거란과 고려의 압박을 받은 여진은 991년 송에게 거란 정벌을 요청했다가 거절되었다. 마침내 여진은 거란에 종속된 채 혹심한 핍박을 받았고, 12세기에 동북아시아에서 독자적인 세력을 갖기까지 1백여 년을 기다려야 했다.

고려·거란에 복종하던 여진이 동북아의 한 축으로 성장하기 시작한 것은 11세기 말 완옌부 여진이 두각을 나타내면서부터였다. 완옌부 여진은 1115년에 금을 건설한 부족으로, 거란(요)을 멸망시키고 그 기세를 몰아 북송 시대를 마감시키는 주역이다.

완옌부 여진이 흥기한 지역은 북만주 송화강의 지류인 아르치카[阿勒楚喀河] 유역으로 알려져 있다. 완옌부 여진은 흑수말갈에 기원을 둔 생여진의 일부였다. 완옌부 여진은 송화강의 지류를 따라 남쪽으로 내려와서 두만강 중상류 즉 백두산 북쪽지역으로 들어왔던 것으로 추정된다.[23]

생여진으로서 숙여진 지역으로 이동해 거란의 지배를 받은 완옌부 여진은 초기에 독자적인 정복 사업을 수행할 수 없었다. 그런데 거란이 국내 문제로 정치 상황이 복

21 추명엽, 앞의 논문, 2005, 49쪽.
22 『요사』 권11, 본기11, 성종2 통화 4년 정월 병자.
23 김구진, 「윤관 9성의 범위와 조선 6진의 개척-여진세력 관계를 중심으로」 『사총』 21·22, 1977, 210쪽.

잡한 틈을 타서 완옌부 여진은 점차 거란의 영향권에서 이탈했다. 완옌부 여진은 다른 여진 부족에 비해 거란과 빈번한 교역을 가지면서 주변 사정에도 밝았다. 또 철을 획득하게 됨으로써 군사력 증강에 박차를 가할 수 있었다.[24]

여러 기록에 따르면 완옌부 여진의 시조 함보函普는 고려인이며,[25] 세력을 키우기 시작한 것은 11세기 말 추장 우구나이[烏古迺] 때였다. 우구나이는 거란 도종에게 태사라는 칭호를 받았고 이를 토대로 기반을 확대시켜 나갔다. 그 뒤를 이어 우구나이 아들 잉거[盈歌, 재위기간 1094~1103]는 세력을 더욱 확장해 오늘의 간도 지방을 거쳐 고려와 인접한 가란전[曷懶甸][26]까지 남하하면서 세력을 부식하였다. 따라서 완옌부 여진의 등장과 성장은 11세기말 이후 동북아시아 정세를 이해하기 위한 핵심 요소라고 볼 수 있다.

12세기 초 만주지역에서 일어난 주목할 만한 변화는 금의 건국과 거란의 멸망이었다. 11세기 이후 거란에게 폭압적인 지배를 받던 여진이 반기를 든 것은 1114년이었다. 완옌부 여진의 추장 아골타는 주요 전투에서 거란의 원정군을 격파해 승리했고 마침내 1115년 정월에 황제로 즉위하여 국호를 '대금大金'이라 하였다.[27]

1123년에 아골타가 죽고, 그 동생 태종[吳乞買]이 즉위하면서 금의 대외 정책은 이전보다 더 공세적으로 운용하였다. 금은

누르하치

---

24 이동복, 「생여진사회의 성장」 『동북아세아사연구-금대여진사회의 구성』, 일조각, 1986.

25 『금사』 권1, 세기. 『신록기』에는 신라인 해포를 완옌부 여진의 시조로 기록했다(김한규, 앞의 책, 2004, 459쪽).

26 오늘날 갈라전 위치에 대해서는 ① 길주 이남에서 함흥 이북 지역, ② 마천령 이남과 정주 이북 지역, ③ 두만강 이남의 함경도 지방으로 비정하는 등 이견이 많다.

27 『금사』 권2, 본기2, 태조 수국 원년 정월.

송과 연합해 1125년에 거란(요)을 멸한 후, 그 여세를 몰아 군사를 남으로 돌려 송의 수도 변경汴京을 함락하고 황제 휘종·흠종을 비롯해 종실과 관료들을 만주로 잡아 갔다. 금은 건국한지 불과 10여년 만에 거란과 북송을 멸하고 중국 영토의 절반을 차지하는 대제국으로 발전했다.

금은 중국 영토의 절반을 점령하자 거대한 국가를 통치하기 위해 중앙집권체제로 통치 체제를 바꾸고 정복지에는 5경을 설치했다. 1153년에 금은 정복 왕조 최초로 그들의 본거지를 떠나 중국 본토 연경(북경)에 도읍하였다.[28] 금은 정복 왕조로서 건국 후 백년 가까이 중국의 본토 깊숙이 들어와 북중국을 지배하면서 중국 문화의 영향을 받았다. 그 결과 여진족 고유의 풍속이 한족의 문화에 동화되는 현상이 초래되었다. 이는 거란이 스스로 기마 민족임을 자처하면서 수도를 상경 임한부에 건설하고 중원에는 연운 16주를 차지해 경영하던 태도와 사뭇 다른 것이었다.[29]

금은 거란과 달리 몽골 지역의 진출에는 그다지 관심을 보이지 않고 화북 진출을 서두른 나머지 몽골 및 만주 지역에 대한 방어 체제를 구축하지 못했다. 금은 몽골이 출현하자 종주 관계를 수립하고 과도한 공물을 요구했다. 그러자 몽골은 1209년 금에 보내던 공물을 중단하고 1211년부터 금을 공격하기 시작했다. 중앙 스텝지대로부터 몽골의 침입을 받은 금은 심각한 위기에 빠졌고, 이로부터 3년 후에 금 영토의 북쪽 절반을 몽골에 내주고 말았다.

1214년 금은 몽골의 위협을 피해 수도를 남쪽 변경(옛 북송 수도 개봉)으로 옮겼으나 주변 정세는 이미 악화된 상태였다. 1215년 몽골은 금의 옛 수도 북경을 점령했고, 1216년 거란족은 금이 약화된 틈을 타서 대요수국大遼收國을 수립하였다. 1217년에는 금 장수 포선만노蒲鮮萬奴가 쇠퇴한 금에 반기를 들고 두만강 유역에 동진국東眞國을 세웠다. 마침내 1233년 몽골은 금의 새 수도 변경을 함락했고, 이듬해에 도피 중이던 금의 마지막 황제 애종이 자살하면서 금 왕조도 역사에서 막을 내렸다.

---

28 『금사』 권10, 본기5, 해릉 정원 원년 3월.
29 궁기시정) 저, 『중국사』(조병한 편역), 역민사, 1983, 281쪽.

몽골초원과 말

4) 몽골

13세기에 혜성같이 등장한 몽골은 세계 역사상 가장 넓은 제국을 건설한 정복 국가였다. 아무도 주의를 기울이지 않던 초원지대에서 몽골이 부상한 것은 역사의 이변이었다. '몽골'이라는 국명은 1206년 칭기즈칸이 나라를 세운 직후부터 1259년 헌종이 재위할 때까지 사용되었고, 1260년에 쿠빌라이(세조)가 즉위하면서 '원元'으로 국호를 바꾸어 사용하기 시작하였다.

몽골은 처음부터 강대국으로 등장한 것이 아니었다. 몽골은 당唐 시절만 해도 작은 부족에 지나지 않았다. 몽골은 지금의 내몽골 자치구 동북쪽의 오르콘강 상류에 흩어져 살다가 9세기 중반에 위구르제국이 붕괴되면서 몽골초원으로 남하하였고, 9세기 후반에서 10세기 전반에 오논강·케를렌강·톨라강 등의 상류 초원지역으로 이주하였다. 이 무렵 몽골의 각 부족은 주도권을 장악하기 위해 분쟁을 거듭하였다. 11~12세기에 접어들면서 중국 서북 방면 초원지대의 몽골 고원에는 케레이트·나이만·메르키드·타타르 등 수십 개 몽골 부족들이 대립했고, 1167년경 타타르 부족이 초원지대의 주도권을 장악했다.

거란(요)·금(여진)의 지배를 받던 몽골이 동아시아에서 강자로 부상한 계기는 테무친[鐵木眞, ?~1227]이 등장하면서부터였다. 12세기 말 초원지대의 수많은 부족 가운

오고데이

데 하나인 보르지기드 부족의 추장 예수게이가 타타르에 대항하다가 독살된 후, 그의 장남 테무친이 적에게 쫓기면서 세력을 규합해 몽골 지도자로 성장하였다.[30] 1206년에 몽골 부족들은 전체 지도자 회의인 쿠릴타이를 최초로 개최해 테무친을 '황제 중의 황제'라는 의미를 가진 칭기즈칸[成吉思汗]으로 추대해 몽골국을 건국했다.

건국 이후에도 유목민의 전통을 버리지 않은 몽골은 생존에 필요한 물자를 획득하기 위한 정복과 약탈을 대외 정책의 기조로 삼았다. 이것은 1260년에 쿠빌라이(세조)가 즉위하기 전까지 몽골의 일관된 정책이었다. 칭기즈칸이 몽골 부족을 통일했을 무렵 중원의 남부에는 남송이, 북부 및 만주에는 여진의 금이 있었고, 몽골 서쪽에는 탕구트의 서하가 있었다. 몽골의 일차적인 관심은 금을 어떻게 장악하느냐에 집중되어 있었다.

칭기즈칸은 중국 대륙을 장악하기 위해 먼저 1209년 서하를 공격했다. 이때 몽골이 벌인 공성 작전은 기마 전법에 의존하던 몽골 전술에 변화를 가져오는 계기가 되었다.[31] 칭기즈칸은 1211년에 금에 대한 침공을 개시하여 1214년 5월에 수도 중도中都를 함락시키고, 1227년에 서하를 멸망시켰다. 또 칭기즈칸은 교역을 위해 중동의 콰레즘 제국에 보낸 몽골 사절단이 술탄(무함마드 2세)에 의해 무참히 살해되자 그에 대한 보복으로 출정하여 1222년 무렵에는 오늘날 칼라바그 부근인 인더스강 연안까지 진출했다.

칭기즈칸의 뒤를 이은 오고데이[窩闊台:태종, 재위 ; 1229~1241]는 정복 위업을 계승하여 중원 정복을 완료하기 위한 침공을 재개했다. 1231년에 고려를 공격했고, 1233년에 동진국東眞國을, 1234년에 금을 멸망시키고, 1235년에는 남송을 공격했다. 중원 정벌을 일단락지은 오고데이는 중동으로 눈을 돌려 콰레즘 제국을 재침하여 아르메니아까지 점령했다. 이후 오고데이는 동유럽으로 진출하여 러시아 블라디미르

---

30 테무친의 출생연도는 정확하지 않으나 1155년에서 1167년 사이로 추정된다.
31 룩콴텐 저, 앞의 책, 1984, 192쪽.

를 함락시키고 서쪽으로 폴란드와
발틱 연안의 군소국을 거쳐 이탈리
아까지 침략하여 세력을 뻗쳤다.

3대 대칸 구육[貴由:정종, 재위 ；
1246~1248]가 재위 3년 만에 죽
자 뭉케[蒙哥:헌종, 재위 ： 1251~
1258]가 4대 대칸이 되었다. 뭉케
는 중원을 공략한 후에 서남아시

몽골 역사 조형탑(몽골 울란바토르)
몽골 전성기의 영토를 보여준다.

아까지 진입해 아프가니스탄으로부터 이란·메소포타미아 지역에 할거해있던 투르크
제후들을 차례로 정복하고, 1258년에 명목상 이들의 종주국으로 자처하던 바그다드
의 사라센제국을 멸망시켰다.

몽골의 강인한 기마 군사들은 놀라운 속도와 파괴력으로 동서 각 방면에서 본격적
인 정복 전쟁을 전개했다. 그 결과 몽골은 국가를 출범한 지 50년이라는 단기간에 중
국 서북부와 만주 그리고 중앙아시아 등을 차례로 정복해 아시아의 패권을 차지하고,
동유럽까지 진출하여 거대한 제국을 건설했다.

14세기에 동북아시아에서 패권을 장악한 국가는 원 제국이었다. 몽골은 세조 쿠빌
라이(1215~1294) 시대에 수도를 오늘날 북경으로 옮기고 국호도 중국식으로 고쳐 '대
원大元'이라 했다. 원 세조는 "하늘의 끝, 땅의 끝을 정복하지 않고서는 멈추지 않는"
제왕으로 표현될 만큼 왕성한 정복 활동을 펼쳤고, 치세 35년 동안 원 역사상 최고의
융성기를 구가했다.[32] 원 세조는 1279년에 중국 대륙의 일부를 차지하던 남송마저 공
격해 멸망시킨 후에 드넓은 중국 대륙을 독차지했다. 이로서 원은 최초로 한족이 아
닌 이민족으로서 중국 대륙 전체를 차지하는 나라가 되었다.

원은 대외적으로 팽창 정책을 펼친 세조가 죽자 얼마 지나지 않아 쇠락의 길을 걸었
다. 원의 몰락을 부추긴 원인은 황족 사이에 제위 계승을 둘러싸고 일어난 분열이었다.
황제 자리를 놓고 쟁탈전이 거듭되자 왕조는 빠른 속도로 쇠망의 길로 달리기 시작했

---

32 중국사연구실 편역, 『중국역사』 하, 신서원, 1993, 170~179쪽.

다. 관료들은 황족의 정쟁과 암투가 끊이지 않는 틈을 이용해 직권을 남용해 사리사욕을 일삼고 백성에게 과중한 세금을 징수했다. 심지어 원 국교인 라마교 승려까지 수탈을 일삼았고 황실의 낭비와 사치도 정도를 넘어섰다.

원 조정은 정치적 혼란이 계속되면서 재정 확보가 순조롭지 못하자 부세를 확대하고 상업을 권장했으며 통화通貨를 남발했다. 그 피해는 고스란히 백성에게 전가되어 농민들은 농업 생산 감소로 인한 타격과 동시에 계속되는 인플레이션으로 큰 고통을 받았다. 특히 "가난은 강남에서 극한 상태에 이르렀고 부富는 만리장성 이북에 몰려있다."고 하듯이 양자강 유역의 백성들이 주된 착취 대상이었다.[33] 이러한 상황에서 혹심한 자연 재해가 북중국 일대를 휩쓸었다. 1323년부터 가뭄·홍수·지진이 해마다 거듭되면서 백성들은 기근에 시달렸고 국가의 존립 자체를 위협하기에 이르렀다.[34]

국내 상황이 악화일로를 걷는 상황에서 마지막 황제인 순제(1333~1367)가 즉위하면서부터 전국 각지에서 산발적인 농민 반란이 일기 시작했다. 농민 반란은 14세기 이후 대규모의 조직적인 무장 봉기로 표출되었고, 급기야 국가 기틀을 크게 위협하기에 이르렀다. 반란의 중심지는 남부 지방이었고 1360년대 중반 이후로 북부 지역으로도 급속히 파급되었다.

원 지배층은 농민 봉기가 거세지고 국내 정치가 수습될 전망이 불투명해지자 북경을 제외한 나머지 지역에 대한 통치를 포기해버렸다.[35] 중앙 정부의 통치력이 황하이남 지역에 미치지 못하자 원에 반대하는 반란 세력들 사이에 남부 지방을 쟁탈하기 위한 전쟁이 거세졌고 여러 군웅들이 할거했다. 결국 황제 계승 문제로 야기된 지배층의 분열은 정치의 부패와 무능으로 이어졌고, 더 이상 온전한 국가로 회복하기 불가능한 상태로 치닫게 했다.

---

33 중국사연구실 편역, 위의 책, 1993, 197~198쪽.
34 유재성, 앞의 책, 1993, 328쪽.
35 룩콴텐 저, 앞의 책, 1984, 372쪽.

2. 고려의 대전략

1) 해동천하(海東天下)의 지향

943년(태조 26) 태조 왕건은 죽음을 앞두고 왕업의 번창을 위해 후손에게 10가지 유훈을 남겼다. 그것이 오늘날 우리에게 잘 알려져 있는 〈훈요10조,訓要十條〉다.[36] 이 중 태조의 대외 인식을 잘 보여주는 조항이 제4조다.

> 우리 동방은 옛날부터 중국[당]의 풍속을 본받아 문물과 예악禮樂 제도를 그대로 준수해 왔다. 그러나 지역이 다르고 사람의 성품도 각각 같지 않으니 반드시 억지로 같게 하려 하지 말라. 거란은 우매한 나라로서 풍속과 언어가 다르니 그들의 의관제도를 아예 본받지 말라!

이 조항에서 인상적인 점은 태조가 중국 대륙과 거란에 대해서 고려의 독자성을 강조하고, 거란에 대한 적대감도 숨기지 않았다는 점이다.

10세기 동북아시아에서 중원 왕조의 위상은 예전 같지 않았다. 당 멸망 직후 만주 지역에서 거란이 혜성과 같이 등장하면서 동북아는 중심 국가없이 다원적인 관계 속에서 각국의 생존을 모색해야 했다. 만약 중원 왕조에서 강력한 천자가 버티고 있었다면 북방에서 또 다른 제국의 건설은 가능하지 않았을 것이다. 당시 5대 10국은 분열된 채 패권 다툼에 골몰했으므로 북방에서 새로 일어나는 제국을 견제할 힘과 열정을 가질 수 없었다.

태조는 외교 면에서 상대국의 부침 상황을 적극적으로 활용했다. 그래서 국제 정세에 촉각을 세우고 국익 우선이라는 원칙에 따라 냉정한 판단을 내렸다. 중원 왕조는 동아시아의 중심축으로서 여전히 고려가 공을 들인 대상이지만 예전만큼 강한 영향력을 발휘할 수없었다. 중원 왕조에 대한 당당한 태도는 이러한 배경에서 기인했다고

---

36 『고려사』 권2, 세가2, 태조 26년 4월.

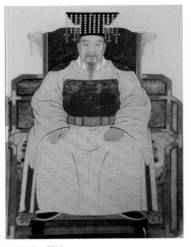
고려 태조 왕건

본다. 이것이 기존 역사서에서 태조의 외교 정책을 '실리주의實利主義'라고 평가하는 이유다.

〈훈요10조〉는 태조가 견지한 중원 왕조에 대한 정책 기조를 단박에 나타내준다. 그것은 자주성이었다. 태조는 고려가 중원 왕조와 풍토가 다르고 사람도 다르니 반드시 그 나라의 문물 제도를 따를 필요가 없다는 자신감을 내보이고 있다. 이것은 국제적으로 고려의 외교 선택권이 넓어졌기에 가능한 태도이나, 중원 왕조의 문물을 일방적으로 받아들이던 기존 태도에서 크게 탈피했음을 엿볼 수 있다.[37]

태조의 실리적이면서도 자주적인 대외 정책은 이후 고려가 몽골의 부마국이 되기 이전까지 일관되게 관철되었다. 예컨대, 10세기 말 고려의 대외 환경은 북방에 거란(요)이 웅거하고 있고, 고려와 거란 사이에서 여진이 늘 국경을 교란했다. 중원을 통일한 송은 고려와 직접 국경을 맞대고 있지 않으나 거란을 위협하는 배후 세력이라는 측면에서 고려의 외교에 큰 비중을 차지했다. 이처럼 고려의 대외 정세는 북방의 거란, 서방의 송과 어떤 관계를 맺느냐에 따라 향후 전망이 달라지고, 이 못지 않게 송과 거란 두 나라 관계도 큰 변수였다.

고려는 송과 우호 관계를 유지하면서 거란을 견제하고 북방으로 진출하려는 목표를 달성하려 하였다. 고려가 송과 외교 관계를 맺은 것은 962년(광종 13)으로, 송이 건국하자마자 사신을 보내 사대 관계를 맺었다. 고려가 송에 조공하고 송의 연호를 사용하자, 송은 고려왕을 책봉했다. 이는 전근대 동아시아 사회에서 관행적으로 시행된 외교 형태였다.

고려는 송에 사대하면서도 국익을 저해하는 상황에 이르지 않도록 했다. 송은 건국 직후부터 거란의 지배를 받는 자국 영토인 연운 16주를 재탈환하기 위해 호시탐

---

37 노명호, 「고려시대의 다원적 천하관과 해동천자」 『한국사연구』 105, 1999, 27~28쪽.

탐 기회를 엿보았다. 979년 송은 거란의 지원을 받던 북한을 멸망시킨 후 그 여세를 몰아 거란을 공격했으나 참패였다. 985년(성종 4) 송 태종은 다시 거란을 정벌하기에 앞서 사신 한국화韓國華를 고려에 파견해 원병을 요청했다.

그러나 고려는 984년 거란이 여진 정벌을 단행하고 발해 유민이 세운 정안국마저 노리고 있자 송의 요청을 거절했다.[38] 송에 원병을 파견해 거란과 불필요한 마찰을 일으킬 필요가 없다고 판단했기 때문이다. 고려의 판단은 틀리지 않았다. 986년 송은 거란이 여진 정벌을 단행하는 틈을 이용해 다시 원정에 나섰으나 송 태종이 화살에 맞고 간신히 도망칠 정도로 대패했다.

고려는 993년에 거란이 침공하자 이듬해인 994년에 송으로 사신을 파견해 거란의 침공을 알리면서 원병을 요청했다. 송은 고려 사신을 융숭하게 대접했으나 군사 요청 건에 대해서는 냉담한 태도를 보였다. 고려와 송은 이 일을 계기로 외교 관계가 단절되었다.

이 시점은 고려가 거란의 승인 아래 압록강 주변에 성곽을 건설하던 때였다. 아마도 고려는 거란 전쟁 이후 송과 외교를 단절한 명분을 찾다가 송이 군사 요청을 거절할 것을 미리 예상하고 원병을 요청했는지도 모른다. 어쨌든 고려 입장에서는 송과 외교를 단절할 명분을 얻은 셈이었다.

그렇다고 하여 고려가 거란과 밀월 관계를 맺고 있던 것은 아니었다. 오히려 그 반대였다. 요동을 사이에 둔 고려와 거란의 관계는 단순한 국경 접촉이 아니었다. 고려는 북방 영토의 확보와 거란의 남하를 견제하는 과제에 당면해 있었고, 거란 또한 영토 확장 및 후방 지역의 안전 확보라는 타협할 수 없는 문제를 안고 있었다. 태조는 〈훈요10조〉에서 거란의 위험성을 후손들에게 거듭 환기시켰다. 태조의 유훈을 받든 후대 임금들은 태조 말년에 끊어진 외교 관계를 재개하지 않은 채 거란을 적대국으로 간주했다.

한편, 여진은 국가 체제를 갖추지 못했으나 고려와 북쪽의 국경 지대를 공유했다. 그래서 고려는 여진에 대해 이중적인 입장을 취했다. 거란에 대한 견제와 완충지대로

---

38 『고려사』 권2, 세가2, 성종 4년 5월.

서 여진의 협력이 필요한 반면, 북진 개척을 위해서는 이들을 북쪽으로 더 내몰아야만 했다. 이 때문에 고려는 여진에게 유화책을 쓰는 동시에 여진 거주 지역에 성곽을 축조하고 군대를 파견하면서 여진을 한반도에서 내몰았다.

이처럼 10세기 후반 고려의 대외 정책에는 영원한 우방도 적국도 없었다. 고려는 친송·반거란이라는 대외 정책의 기조를 유지하면서도 거란·송의 군사 대립에 개입하지 않았다. 송·거란·여진 사이에서 국제 정세에 따라 탄력적으로 대처하면서 한쪽과 관계를 유지하거나 단절하는 외교정책으로 국익을 확보해나갔다. 고려는 국가적으로 치명적인 타격을 피하기 위해 대외 정세 변화에 탄력적으로 대처하면서 실리 외교의 전형을 밟아나갔다.

> 송은 매번 왕을 칭찬하는 글을 보내왔고 거란은 매년 왕의 생신을 축하하는 의례를 치렀으며 동쪽에 있는 왜국에서 바다를 건너 보배를 바쳤고 북쪽에 있는 여진들도 관문에 들어와서 토지와 주택을 받았다.[39]

위에서 소개한 인용문은 11세 후반 동북아에서 고려가 차지하던 높은 위상을 잘 나타내주고 있다. 송과 거란이 고려와 친밀한 관계를 유지하고, 일본과 여진이 고려에게 선물을 갖다 바치던 정황은 고려의 위상이 꽤 높았음을 알려준다.

1044년에 송나라 관리 부필富弼이 하북 지방의 방어책 12가지를 제시하면서 "고려가 거란을 섬기고 있지만 거란이 고려를 두려워합니다. 그러므로 고려를 잘 대접해 거란이 우리를 침범하려고 하면 고려로 하여금 거란을 치게 하자."고 건의할 만큼 송은 고려의 군사력을 높게 평가했다.[40]

금의 제4대 임금 해릉海陵(재위기간 1149~1161)이 등극한 후 넓어진 금의 영토를 보고 의기양양해하자 한 신하가 "본국은 강토는 넓지만 천하에 군주가 넷이옵니다. 남에는 송, 동에는 고려, 서에는 서하가 있어 이를 통일해야 진정 넓다 하겠습니다."고 대답했듯이 고려는 동북아의 중심축이었다.

---

39 『고려사』 권9, 세가9, 문종 37년 7월 이제현찬.
40 강은정, 앞의 논문, 2002, 155~156쪽.

송은 994년에 단교된 고려의 관계[41]가 1071년(문종 25)에 공식적으로 재개되자 관계 개선에 적극 나섰다. 송은 1079년에 '고려교역법'까지 만들어 고려를 우대했고, 11세기 후반 이후 송에 도착한 고려 사절단은 서하西夏를 능가하는 대우를 받았다. 그리고 북송 말기에는 거란에 필적하는 대우를 받았다.[42]

고려는 거란 전쟁이 끝난 11세기 이후 대외 위상이 최고조에 달했다. 고려의 국가 제사 가운데 하나인 팔관회에 송 상인이나 여진, 일본 사람들이 참여한 것도 고려의 달라진 위상을 잘 보여준다. 한마디로 표현하면 '해동천하海東天下'의 시기였다고 할 수 있다. 고려가 해동천하를 지향하면서 펼친 대외 전략은 영원한 적도 영원한 우방도 없는 말 그대로 실리 정책이었다.

> 서화西華는 이미 기울어가고
> 북새北塞는 아직도 혼몽한데
> 문명의 아침을 앉아 기다리노니
> 동녘 하늘이 붉게 타오르려 하네

이 시는 고종 대에 이규보와 함께 문명을 날리던 진화陳澕가 서장관書狀官 자격으로 금에 가면서 지은 것이다.[43] '서화' '북새' '동녘 하늘'은 각각 송, 금, 고려를 지목한 단어로, 기울어가고 혼몽한 두 나라에 비해 고려는 붉게 밝아오는 아침을 맞고 있다는 자부심이 가득하다.[44]

---

41 고려는 993년 8월에 거란이 침공하자 994년 6월에 송으로 사신을 파견해 거란의 침공을 알리면서 원병을 요청했다. 송은 고려 사신을 융숭하게 맞이하고 접대했으나 군사 요청에 대해서는 냉담한 태도를 보였다. 고려는 이를 이유로 송과 외교 관계를 단절했다.

42 김성규, 「고려 전기의 여송관계-송조 빈례를 중심으로 본 고려의 국제지위 시론-」『국사관논총』 92, 국사편찬위원회, 2000.

43 최자, 『보한집』 상.

44 노명호, 앞의 논문, 1999, 39쪽.

2) 불교의 이데올로기

우리는 흔히 고려를 불교의 나라 또는 불교의 시대라고 말한다. 그렇다면 불교의 시대란 무엇을 의미할까? 불교는 조선에서도 민간에서 여전히 신앙으로 존재했는데 유독 고려를 불교의 시대라고 표현하는 것은 무슨 이유일까?

이와 달리 오늘날 고려가 불교의 시대가 아니라 다원적인 종교의 시대였다는 설이 크게 설득력을 얻고 있다. 대표적으로 국가행사에서 불교뿐만 아니라 도교, 유교, 제천의식을 아무 거리낌없이 거행되었다는 사실이 이 주장을 뒷받침하고 있다. 또 고려시대 성행한 팔관회는 신라시대에는 전쟁에서 죽은 군인들을 위한 제사였으나 고려시대에는 하늘과 명산대천에 대한 제천의식으로 변화되었다고 한다.[45] 고려 태조는 〈훈요 십조〉에서 팔관회에 대해 천령天靈과 오악五嶽, 명산名山, 대천大川, 용신龍神을 섬기는 것이라 하면서 이를 잘 지킬 것을 당부했다.

그럼에도 불구하고 고려시대 불교가 정치, 사회, 사상적으로 큰 비중을 차지했다는 점을 부인할 수 없다고 생각한다. 거란 전쟁 및 몽골 전쟁시 대장경大藏經의 조성으로 대표되듯이 고려에서는 큰 전쟁이 발발했을 때 불력에 의지하여 국난을 돌파하고자 했다. 이와 달리 임진왜란과 병자호란을 겪은 조선에서 적군을 몰아내기 위해 의병은 봉기했으나 대장경을 조성했다는 이야기를 들어본 적이 없다. 고려와 조선의 이러한 차이를 설명하기 위해서는 고려시대 불교가 갖는 위상이나 특징을 이해해야만 한다.

무엇보다도 태조 왕건은 사상적으로 불력을 이용해 후삼국을 통일하고자 했다. 태조가 참모이던 최응에게 "옛날에 신라가 9층탑을 만들고 드디어 통일의 위업을 이룩했다. 이제 개경에 7층탑을 건조하고 서경에 9층탑을 건축하여 현묘한 공덕을 빌어 여러 악당들을 제거하고 삼한을 통일하려 하니 그대는 나를 위해 발원문을 만들라." 고 하자 최응이 글을 지어 바쳤다고 한다.[46]

태조가 말한 신라의 9층탑이란 선덕여왕이 가상 적국 아홉나라를 상정하여 불법으로 퇴치하고자 하는 염원을 담아 만든 거대한 탑이었다. 태조 역시 삼한의 통일이란

---

45 박종기, 『5백년 고려사』, 푸른역사, 1999, 218~220쪽.
46 『고려사』 권92, 열전5, 최응.

도탄에 빠져있는 백성을 구제한다는 의미와 명분을 부여했으므로 선덕여왕처럼 개경과 서경에 탑을 건축하고자 했다.

고려의 기틀을 다졌다는 성종成宗(981~997)은 유교 정치 이념에 입각한 중앙집권 정책을 추구한 국왕이다. 성종은 정쟁을 억제하면서 국가 체제 및 문물을 정비하는 데에 주력했다. 성종은 전국 12개 큰 읍에 목사를 파견해 임금이 지방을 통치하겠다는 의지를 천명했다. 최승로崔承老로 대표되는 일군의 학자들로 구성된 두뇌 집단을 운용하고, 최승로가 제안한 〈시무 28조〉를 바탕으로 유교 이념에 입각한 중앙집권적인 정치를 지향했다.[47]

성종은 왕실의 존엄을 높이기 위해 종묘宗廟를 세우고 정월에 원구단圜丘壇에서 친히 기도하는 의식을 치루었다. 불교 제전을 통한 집단 의식의 성장을 견제하기 위해 연등회와 불교 색채가 농후한 팔관회를 폐지하고, 12목에 경학박사經學博士를 파견해 유교 교육을 강화했다. 사회적으로도 충을 강조하고 효를 권장하기 위해 전국의 효자·절부 등을 발굴해 포상했다.

하지만 고려의 왕 가운데 유일하게 불교를 억제하던 성종도 거란이 993년(성종 12)에 침입해오자 국민의 호응을 유도하기 위해 기존의 불교에 대한 정책향을 수정해야만 했다.[48] 다음은 993년 거란이 침공해오자 전前 민관어사民官御使 이지백李知白의 건의이다.[49]

> 국토를 경솔히 적국에 할양하는 것보다는 차라리 선대로부터 전해오던 연등, 팔관, 선 랑仙郎 등 행사를 다시 거행하고 다른 나라의 색다른 풍습을 본받지 말아서 국가를 보 존하고 태평을 누리는 것이 좋지 않겠습니까?

『고려사』에는 "당시 성종이 중국 풍습을 즐겨 모방했는데 나라사람들이 이를 달가워하지 않던 까닭에 이지백이 이 문제를 언급한 것이다."고 설명해 놓았다. 성종은

---

47 『고려사절요』 권2, 성종 1년 6월.
48 허흥식, 『한국중세불교사연구』, 일조각, 1994, 165쪽.
49 『고려사』 권96, 열전9, 윤관.

'나라사함들'의 여론을 고려하여 이지백의 건의를 받아들여 "옳게 여겼다."고 한다.

1010년(현종 1) 11월부터 1011년 1월까지 약 2개월 보름 동안 치러진 2차 전쟁은 거란의 침공 중 가장 위협적이었다. 993년 1차 침공 이후 17년만으로 거란 임금 성종이 직접 군대를 이끌고 온 친정親征이었다. 고려는 거란군의 파상적인 공세로 수도 개경이 함락되고 현종이 나주로 피신하는 난국을 맞았다.

현종은 1010년(현종 1) 윤2월에 연등회를 다시 열었으며, 11월에 거란의 선전포고를 받은 직후 놀랍게도 팔관회를 개최했다.[50] 팔관회는 11월 보름에 시행하는 의례를 겸한 축제로서 위령제 성격을 지닌 불교의 팔관계八關戒와 전통 축제인 제천의식을 결합한 행사였다. 현종은 이 축제를 통해 민의 사기를 진작시키고 통일된 정신력을 이끌어내려고 시도했다. 곧 현종은 전쟁을 앞두고 우왕좌왕하지 않고 종교적인 색채를 띤 이 축제를 통해 전쟁을 성공적으로 이끌겠다는 국왕의 의지를 천명하고, 자연스럽게 민의 자발적 분전을 유도했다.

사자빈신사지 석탑(충북 제천)
거란족의 침입을 불법으로 막기위해 현종13년 세워진 탑이다.

고려가 불력에 의지해 국가의 난제를 헤쳐 나가려고 한 시도는 여진 정벌 때에도 마찬가지였다. 1104년(숙종 9) 1월초 완옌부 여진의 부대가 정주관 밖에서 진을 치자 숙종은 즉각 군대를 편성하여 동북면으로 파견했다. 그러나 고려의 정벌은 실패했다. 고려의 실패 요인에 대해서 『고려사』에서는 임간이 여진을 얕보고 적진 깊이 들어간 것이 패인이라고 진단하였다. 『고려사절요』에는 임간이 전공을 탐낸 나머지 제대로 훈련되지도 않은 군대를 급히 동원해 싸우다가 패했다고 분석하였다.[51]

---

50 『고려사』 권4, 세가4, 현종 1년 윤2월 ; 『고려사』 권4, 세가4, 현종 1년, 11월.
51 『고려사』 권94, 열전7, 윤관 ; 『고려사절요』 권7, 숙종 9년 2월.

고려는 여진에게 패한 후 심한 충격에 휩싸였다. 숙종이 "원하노니 신명께서 도움을 내려 적을 소탕하게 해주시면 그 땅에 사찰을 창건하겠나이다."[52]라고 기원할 정도로 재정벌 의지를 강하게 표출했다.

한편, 대장경의 조성도 눈여겨 볼만하다. 고려시대에는 북송판 대장경이 전해진 이후 거란의 침략에 맞서기 위해 첫 번째 대장경이 조성되었다. 이것을 초조대장경이라 부른다. 초조대장경 이후 만들어진 대장경이 몽골 침략 때 조성한 팔만대장경이다. 대장경을 조성한 배경에는 전쟁이 불교를 모르는 야만족의 소행이라 비난하면서 종교를 이용해 민족적 분노를 폭발시키고 호응을 유도해 국가를 지키려는 의도가 반영되었다.[53]

고려는 전쟁에 대한 성찰 없이는 온전한 이해가 불가능하다고 말할 수 있을 만큼 '전쟁의 시대'였다. 10~14세기 동아시아는 격동의 시대였다. 936년 고려가 후삼국의 분열시대를 마감하고 통일 왕조를 형성한 지 얼마 지나지 않아 중원에서도 5대 10국의 뒤를 이어 960년 송이 건국되었다. 북중국에서도 916년 거란이 국가를 건설하면

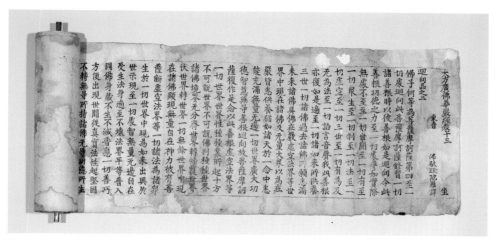

초조대장경(국립중앙박물관)

---

52 『고려사』 권96, 열전9, 윤관.
53 몽골 전쟁 당시 대장경의 조판 배경에 대해 국가의 위기를 불교 신앙으로 극복하려는 데 있었으나, 그 이면에는 최씨정권에 대립적인 사회 계층과 연결된 불교 세력을 통합, 통제하기 위한 의도가 있었다고 보기도 한다(채상식, 『고려후기불교사연구』, 일조각, 1991, 21쪽).

서 동아시아의 새로운 강자로 등장했다. 이같이 10세기 중반 이후 동아시아 세계는 송·거란·고려 등 강력한 통일 왕조가 형성되면서 동아시아의 패권을 놓고 각축을 벌이기 시작했다.

이 때문에 고려는 새롭게 일어나는 거란, 여진, 몽골과 차례로 전쟁을 수행해야만 했고, 이런 속에서 불교는 전쟁에 승리하고 외적을 격퇴하기 위한 힘이 되었다. 우리는 이러한 불교의 성격에 대해 일반적으로 '호국불교'라고 표현해 왔다. 하지만 '호국불교'라는 용어에는 그저 지난한 '외침'을 극복했다는 의미만 부각되어 있어 고려시대 불교에 대한 온전한 이해를 방해하고 있다.

하지만 고려라는 시대를 조금만 들여다보면 불교의 성격을 '호국불교'라는 용어로 처리할 수 없다는 사실을 알 수 있다. 중국대륙의 북부에서 일어난 거란·금·몽골이 제국을 형성하는 과정에서 궁극적으로 지향한 곳은 중원이었다. 그러나 이 유목 민족들은 서로 약속이나 한 듯이 중원을 먼저 공략하지 않았다. 중원을 차지하기 위한 전초 작업으로서 자국의 배후에 있는 주변국으로 주의를 돌렸고 고려는 그 한 가운데에 있었다. 따라서 고려가 전개한 이민족의 전쟁은 중원의 왕조와 북방의 유목 국가 사이에 벌어진 패권 다툼과 깊은 연관을 맺고 있었다. 그러므로 고려의 국왕들이 북방 민족과 전쟁을 벌일 때마다 불교를 되살려낸 것은 종교를 넘어 '이데올로기'로서 각별한 의미를 지니고 있다고 보여진다.

제2절

국토방위전략

1. 북진전략

1) 북방 영토관

(1) 고려 초 국경선

고려가 건국될 무렵인 10세기 초 동북아시아는 중심축을 이루던 당이 무너지면서 격동의 시대로 돌입했다. 중국 대륙에서는 50여 년간 5대 10국이 흥망을 거듭하면서 힘의 공백 상태가 발생했다. 이와 때를 같이해 몽골 유목지대에서 패권을 장악하던 튀르크[돌궐突厥] 족도 동서로 분열했다. 이 틈을 타고 북중국의 만주 일대에서 일어난 거란이 동아시아의 새로운 강자로 등극했다.

10세기 초 동북아시아는 거란이 부상하면서 파란이 일었다. 그리고 그 변동의 파고는 한 세기로 끝나지 않고 여진, 몽골로 이어지면서 약 460년간 동북아시아를 중화 민족과 북방 민족의 각축장으로 변모시켰다.

10세기 말 이후부터 13세기까지 한반도에서는 크고 작은 전쟁이 되풀이되었다. 여기서 유의해야 할 사항은 고려가 상대한 대상이 거란·여진·몽골 등 북방에서 크게 일어난 민족이라는 점이다. 이 점은 매우 놀랄만한 공통점으로서 동북아에서 일고 있던 변화의 파고가 고려까지 미쳤음을 단박에 짐작할 수 있다. 곧 고려가 전개한 이민

팔공산(대구)

족 전쟁은 주로 중국 대륙 및 북방에서 일어난 국가들 사이에 벌어진 갈등과 깊은 연관성이 있다.

여기서 근대 역사학자 최남선崔南善(1890~1957)의 견해를 경청할 필요가 있다. 최남선은 『고사통故事通』에서 고려·거란 전쟁의 주요 요인으로 고려의 북방 진출을 꼽았다. 이 지적은 고려가 대외 전쟁을 수행한 근인이 태조 이후 추진된 북진 정책과 밀접한 연관성이 있음을 의미한다. 다시 말하자면 고려와 북방 민족이 충돌한 배경으로 고려의 내부 사정 즉 고려의 의지도 주목해야 한다는 의미로 읽을 수 있다.

태조는 건국 직후부터 고구려의 전통을 이어받아 고구려 영토를 되찾겠다는 강한 의지를 드러냈다. 국호도 '고려'로 정한 태조는 북진 정책을 대외 정책의 기조로 삼아 중원 왕조와 북방 민족의 충돌과 경쟁을 적절하게 이용하면서 정책을 추진하였다. 후삼국 통일 이후 국내 정세가 안정되자 태조는 전략적 관심을 북방 영토 개척에 집중시켰다. 그렇다면 태조가 고려를 건국할 당시 고구려의 고토는 어떤 상황에 놓여있었을까? 이 상황을 이해하려면 통일신라 말까지 거슬러 올라가야 한다.

927년 12월에 후백제의 임금 견훤은 태조에게 한 통의 편지를 보냈다. 견훤은 이 해 9월에 신라의 수도 경주에 침입해 친親고려로 돌아선 경애왕을 타도하고 경순왕을 옹립했다. 왕건은 이 소식을 듣자마자 기병 5천을 이끌고 백제군을 추격해 공산[대구 팔공산]에서 전투를 벌였다. 그러나 크게 패해 신라 왕실에 대한 복수는 커녕 왕건 본인만 간신히 탈출하는 치욕을 당했다.

견훤은 이 승기를 놓치지 않고 태조를 압박했다. 그리고 "내가 기약하는 것은 평양의 다리 위에 활을 걸고 패강(대동강, 浿江)의 물을 말에게 먹이는 것이다."[54]라는 편지

---

54 『고려사』 권1, 세가1, 태조 10년 12월.

를 보내 평양까지 공략하겠다는
자신감을 드러냈다. 평양까지 진
격하겠다는 견훤의 이 통첩은 당
시 고려의 세력이 평양까지 뻗어
있음을 알려준다.

포석정(경북 경주) 견훤이 경애왕을 살해한 곳이다.

그러나 평양이 처음부터 고려의
영역 안에 있던 것은 아니었다.
676년 신라가 삼국통일을 달성했
을 무렵 신라의 영역은 서북으로
는 대동강, 동북으로는 원산 부근으로 알려져 있다.[55] 하지만 신라가 이 지역에 실질적
인 영향력을 행사하기까지는 통일 후 1백여 년을 기다려야 했다.

신라가 대동강 이남 지역을 경략하기 시작한 때는 경덕왕(재위기간 742~765) 시절
이었다.[56] 이 지역은 고구려 멸망 이후 당의 지배에 놓여 있었다. 그러다가 발해가 흥
기하면서 점차 당이 점차 후퇴하자 신라가 점진적으로 손을 뻗쳤다. 8세기 중엽부터
9세기 초까지 황해도에 군사 기지를 세우고 평산에 국경 수비의 본영으로 패강진浿江
鎭을 설치하면서 명실상부하게 신라의 영역이 되었다.[57]

신라 정부가 의욕적으로 추진한 북방 개척은 신라 하대가 되면서 후퇴했다. 신라
말에 중앙의 통치력이 경주 일대를 제외하고 전국에 미치지 못하자 평안도 일대는 방
치된 채 어느새 여진들의 천국이 되어 미확정 국경 지대로 변모했다. 그러므로 고려
가 건국한 직후 통치권이 미친 지역은 사실상 패강진이 자리한 예성강 이남이라고 말
할 수 있다.

---

55 노계현, 『고려영토사』, 갑인출판사, 1993, 23~24쪽.

56 김광수, 「고려건국기 패서호족과 대여진관계」『사총』 21 · 22, 1977, 136쪽 ; 방동인, 『한국의 국
    경획정연구』, 일조각, 1997, 52쪽.

57 방동인, 앞의 책, 1997, 52쪽.

(2) 북방 고토에 대한 인식

최승로는 〈시무 28〉의 첫 번째 조목에서 다음과 같은 발언을 했다.

> 대체로 마헐탄馬歇灘으로 경계를 삼음은 태조의 뜻이요, 압록강변의 석성石城으로 경
> 계를 삼음은 대조大朝가 정한 것입니다. 원컨대 장차 이 두 곳에서 성상의 마음으로 판
> 단하여 요충지를 가려 강역疆域을 정하고 토착인으로서 활쏘기와 말타기에 능한 사람
> 을 뽑아서 방수에 충당하소서.[58]

위의 내용은 경군京軍이 북쪽을 방수하는 고충을 해결하기 위한 시무책으로 해당
지역의 토착인을 활용하자는 논의이다. 현재 마헐탄이나 대조에 대해서는 이견이 분
분한 편이다. 마헐탄이 청천강이라는 설과 압록강 중류라는 설이 있다. 대조는 중국
대륙의 왕조를 가리킨다고 보는 견해가 있는가 하면 당시 고려 국왕인 성종을 가리킨
다고 보는 설도 있다.[59]

마헐탄이나 대조가 어느 쪽을 의미하건 이 내용에서 주목을 끄는 부분은 태조 대에
이미 고려의 강역에 대한 인식이 있었다는 사실이다. 이와 관련하여 원의 만권당에서
10여 년 동안 인질 생활을 하던 충선왕의 발언도 눈길을 끈다.

> 우리 태조는 왕위에 오른 뒤에 아직 신라왕이 항복하지 않고 견훤도 사로잡기 전이었
> 지만 누차 평양에 거둥하고 친히 북방 변경을 순찰했으니 그 뜻은 동명왕의 옛 땅을 우
> 리의 귀중한 유산으로 여겨 반드시 석권하려고 한 것이었다. 그러니 어찌 다만 계림을
> 취하고 압록강을 칠 뿐이었으리오?[60]

---

58 『고려사』 권93, 열전6, 최승로.
59 이기백·노용필·박정주·오영섭 공저, 『최승로상서문연구』, 일조각, 1993, 79쪽. 이 책에서는 마헐
   탄을 청천강으로, 대조는 고려 성종으로 보았다.
60 『고려사』 권2, 세가2, 태조 26년 5월 이제현 찬.

태조가 동명왕의 옛 땅을 반드시 석권하려고 했다는 충선왕의 지적은 고려인들이 갖고 있던 고구려의 고토에 대한 인식을 단적으로 잘 말해준다. 고구려가 차지하던 북방 고토에 대한 인식은 거란 전쟁 당시 서희에게서 다시 확인할 수 있다.

993년(성종 12) 제1차 고려 거란 전쟁이 발발하자 고려 조정은 봉산성 전투의 충격이 채 가시기 전이었으므로 소극적으로 대응했다. 신하들은 서로 힘을 결집시키지 못한 채 사분오열되어 다투었다.[61] 한 쪽의 의견은 "임금께서 개경의 대궐로 돌아가서 중신을 시켜 군사를 거느리고 항복을 애걸"하자는 것이었다. 즉 거란군의 요구대로 항복하고 화친하자는 의견이었다.

다른 쪽 의견은 "서경 이북의 땅을 거란에게 떼어주고 황주에서 절령(황해도 서흥군 자비령, 岊嶺)까지 국경으로 삼자"는 것이었다. 곧 거란에게 영토를 떼어주자는 할지론割地論으로 국초부터 공들여 개척한 평양은 물론 북쪽 지역을 포기하자는 의견이었다. 절령은 북계北界에서 개경으로 향하는 길목에 있는 요충지였다.

성종은 치욕스러운 항복보다는 영토를 떼어주자는 할지론에 마음이 기울었다. 그러자 서희가 나서 할지론을 강하게 비판했다. 서희는 "거란의 동경東京에서 한반도 안북부에 이르는 수백 리 땅은 모두 생여진이 점거했다가 광종이 이를 차지해 가주·송성 등의 성을 쌓았습니다. 지금 거란이 온 의도는 이 두 성을 빼앗으려는 데 지나지 않습니다. 거란이 고구려 옛 땅을 차지하겠다고 큰소리치는 것은 우리를 겁주려는 계책입니다. 지금 거란군 기세가 강성해 보인다고 하여 서경 이북의 땅을 떼어 주는 것은 좋은 계책이 아닙니다."[62]고 주장했다.

이어 서희는 거란에게 대동강 이북 땅을 떼어주면 그들이 또 삼각산 이북을 요구하는 등 또 다른 영토를 요구하리라고 판단했다. 결국 성종은 서희의 설득으로 조건부 강화로 방침을 바꾸고 서희를 파견해 소손녕과 강화회담을 추진했다.

> 세상에는 한갓 송에 구준과 부필이 있었다는 사실은 알고 있으나, 고려에 서희가 있었다는 사실은 알지 못한다. 만약 당시 서희의 계책이 아니었다면 절령 이북의 땅을 어찌

61 『고려사절요』 권2, 성종 12년 10월.
62 『고려사』 권94, 열전7, 서희.

보존이나 했겠는가?[63]

서희 신도비

이 글은 17세기 학자 유계兪棨(1607~1664)가 1차 거란 전쟁에서 활약한 서희를 평가한 대목이다. 구준과 부필이 거란의 침략을 받은 송을 위기로부터 구해 낸 충신이라면 여기에 필적한 만한 인물로 고려에는 서희가 있다는 평이다. 서희가 강화 회담을 위해 거란 진영에 머문 일수는 무려 7일이었다. 서희와 소손녕 사이에 오고간 회담 내용을 재구성하면 아래와 같다.[64]

소손녕 : 너희 나라는 신라 땅에서 일어났다. 고구려 땅은 우리 소유인데 왜 이를 야금야금 침범하는가?
서 희 : 우리 고려야말로 바로 고구려를 계승한 나라다. 그래서 나라 이름을 '고려'라 하고 평양에 수도를 정했다. 영토의 경계를 따진다면 귀국의 동경(요양)까지도 우리 국경 안에 들어와야 하니 어찌 야금야금 침범했다고 하는가?"

소손녕이 힘주어 역설한 사항은 고려의 북진 정책이었다. 그러자 서희는 거란 측의 의심과 불안을 해소시키기 위한 구체적인 답변을 내놓았다. 고려는 고구려를 계승한 나라로 나라 이름도 고려라 하고 평양에 수도를 정했다는 것이다. 고구려 땅은 고려의 땅으로서 고려는 거란 땅을 침범한 적이 없다고 답한 것이다. 이처럼 고려는 건국 직후부터 고구려의 고토가 고려의 영토라는 인식을 견지했다. 북방 고토에 대한 인식은 결과적으로 태조 왕건의 북진 전략을 거쳐 고려 말 요동정벌론이 제기되는 사상적 기반이 되었다.

---

63 『여사제강』 권3, 성종기 계사 성종 12년.
64 『고려사절요』 권2, 성종 12년 10월.

2) 북진전략의 실재

(1) 태조의 북진전략

태조의 북진 정책은 중·고교 국사 교과서에 태조의 업적으로 반드시 거론되는 사항이다. 하지만 그 북진 정책이 한국사에 어떤 영향을 미쳤는지 그리고 그 의미가 무엇인지 제대로 설명된 적은 없는 것 같다. 더구나 태조가 추진한 북진정책은 얼핏 시시해 보이기조차 하다. 북쪽 지역에 성곽을 쌓고 진鎭을 구축한 일이 고작이기 때문이다.

거듭 강조하겠지만 한반도에서 성곽의 가치는 아무리 강조해도 지나치지 않다. 동서양을 막론하고 군사 규모가 크지 않고 무기가 제한적인 시대에 방어는 공격보다 훨씬 강력했고 여기에 한몫을 한 것이 성곽이었다. 더구나 한반도처럼 험준한 산지와 협곡이 즐비한 지형을 가진 곳에서 성곽은 최고의 방어 수단이자 공격 수단이었다.

이런 상황에서 태조가 고구려 고토 회복을 현실화하면서 북방 영토 개척에 나선 이유는 무엇일까? 당시 동북아의 정세는 당 멸망 이후 거란이 태풍의 눈으로 부상하면서 지각 변동을 예고했다. 또 이미 고려 건국 이전부터 평안도 일대에 흩어져 있던 여진도 고려의 국가 안보에 큰 장애물이었다. 따라서 북진 정책은 거란의 남진에 대비하는 동시에 여진족을 한반도 밖으로 구축하기 위한 장기적인 포석이었다.

여기에다가 북진 정책이 후삼국통일 과정에서 추진되었다는 점을 고려해보면 국민 총화를 이끌어낼 수 있는 호재이기도 했다. 건국 당시 고려의 구성원 중에는 고구려계 유민이 차지하는 비중이 높은 편이었다. 태조는 후삼국통일을 달성하기 위해 이들의 지지가 절실했고, 고구려 유민의 염원인 고구려 고토 회복을 국가 이념으로 내세워 국력을 결집시키고자 한 것이다. 요컨대, 북진이란 후삼국통일 과정이나 이후 거란과 대치 상황을 고려해보면 고려의 생존과 직결된 잠시라도 유보할 수 없는 현안 과제였다.

그러면 태조가 즉위 후 고구려 고토 회복을 주창하면서 북방 영토 개척에 적극 나선 이유는 무엇일까? 앞서 지적한 대로 동아시아 정세는 당의 멸망 이후 거란이 무서운 기세로 성장하면서 무력 충돌의 위기감이 고조되고 있었다. 그리고 고려 건국 이

전부터 평안도 일대에 흩어져 거주하고 있는 여진도 고려의 북진 정책에 큰 걸림돌이었다. 따라서 북진 정책은 대외적으로 여진족을 구축하고 거란의 남진에 대비하기 위한 장기적인 포석이었다.

또 북진 정책은 대내적으로 국민 총화를 이끌어낼 수 있는 중요한 과제였다. 고려가 '고구려'라는 국호를 계승한 데에서도 잘 드러나듯이 태조는 고려를 건국하면서부터 고구려 고토 회복을 표방했다. 궁예가 실각한 중요한 요인도 고구려계 유민의 민심을 잃었기 때문이었다. 왕건이 고려를 건국할 당시 백성 가운데 고구려계 유민이 차지하는 비중이 높았다. 왕건은 후삼국통일을 달성하기 위해 이들의 지지가 절실히 필요했고, 고구려 유민들의 염원인 고구려 고토 회복을 국가 이념으로 내세워 국력을 결집시키고자 한 것이다.

북진 정책은 이처럼 대내외적으로 국가 안보와 직결되어 있었고, 이런 측면에서 확대된 의미의 전략으로서 '상위전략'에 해당한다. 태조가 구상한 북진 정책은 두 가지 주안점이 있었다. 북방 민족의 남진에 대비하고, 영토를 확장하는 것이었다. 두 정책은 상호 긴밀한 연관을 맺고 있으나, 전자가 대외적으로 전쟁의 방지와 억제를 위해 정치·외교 및 감시 능력을 최대한 활용했다면, 후자는 국경선을 실제적으로 확장하기 위한 전력 증강과 군사 활동을 동반했다는 차이가 있다. 태조는 후백제와 직접적인 충돌을 지양하면서 고려의 전투력을 보존했고, 후삼국 통일을 달성하자 북방 영토의 개척에 진력할 수 있었다.

태조는 건국 이후 중원 왕조와 북방 민족과의 긴장 관계를 적절하게 이용하면서 그 틈새를 포착해 독자적인 북진 정책을 구사했다. 태조가 북진 정책을 추진하기 위해 가장 먼저 추진한 일이 평양 개척이었다. 평양은 옛 고구려 도읍지로서 고구려 고토를 되찾겠다는 태조의 북진 정책 이념과 부합되는 전략적 가치를 지닌 곳이었다. 태조는 평양을 전진기지로 삼아 압록강 이동의 여진족을 포섭하거나 무력으로 토벌하였다. 동북쪽으로도 여러 여진 부족을 공략하여 안변 이북의 땅을 확보하는 가시적 성과를 거두었다. 이 지역에도 군사 거점 도시를 건설하여 중앙군을 주둔시킴으로써 영토로 고착시키는 정책을 추진한 것이다. 그 결과 태조 말년에 고려 국경선은 서북으로 청천강 유역인 안주까지 확장되었으며 동북쪽으로는 덕원德源·영흥까지 북상할 수 있었다.

다음으로 태조는 평양을 전진 기지로 삼아 대동강 이북에서 청천강 이남의 북계 지역에 성곽을 쌓고 진을 구축했다. 청천강 이남은 평야가 넓게 형성된 지형이므로 적이 청천강만 건넌다면 터진 물꼬처럼 남진을 막기란 쉽지 않았다. 태조가 청천강을 주방어선으로 하여 축차적으로 성곽을 구축한 이유도 이 때문이었다.

특히, 안북부(안주)는 태조가 상당히 공을 들인 곳이었다. 안북부에서 평양까지 직선거리는 불과 70km이다. 이 곳은 거란 전쟁·몽골 전쟁은 물론 홍건적의 침입 때에 적이 남진하는 길목이었다. 그래서 고려 조정은 이곳에 사령부를 두어 전군을 지휘하게 했고, 고려를 침입한 적국 역시 고려 침략의 교두보로서 사령부를 설치한 곳도 안북부였다. 그래서 이 지역의 전략적 가치를 인지한 태조는 안북부에 몇 번이나 성곽을 쌓고 수리하면서 이 지역을 공고히 다졌다.

태조가 구축한 북계의 성곽들은 이후 거란은 물론 북방 이민족의 침략으로부터 고려를 지키고 이민족들을 격퇴한 초석이 되었다. 협곡과 산지가 많은 한반도의 지리적 특성을 전략적 이점으로 최대한 전환시켜 놓은 태조의 혜안으로 적들은 북계 성곽에서 고전을 면치 못하고 쓰러져나갔다.

이와 함께 태조가 북진 정책을 추진하는 과정에서 발해 유민을 활용한 점도 주목할 필요가 있다. 태조가 표방한 북진 정책은 북방 민족에 대한 대처와 영토 확장에 주안점이 있었다. 그러므로 태조가 북방 정책을 추진하기 위해서는 현실적으로 거란과 여진의 침공을 차단하고 억제할 방책을 모색해야만 했다. 특히 변경에 자주 출몰해 약탈을 일삼던 여진은 고려의 북방 안보에 커다란 긴장감을 유발시켰다. 또 고려는 평양 이북에서 청천강 이남의 신개척지를 효과적으로 장악하기 위해 이곳에 도시를 건설하고 백성을 이주시키는 정책도 시급했다.

그러나 고려인만으로는 넓은 지역을 채우기에 역부족이었고 후백제와 크고 작은 전쟁을 벌이고 있는 국면에서 남쪽 백성을 이주시킬 수도 없었다. 결과적으로 고려는 거란에 대한 적개심에 불타는 발해 유민을 수용해 거란 방비는 물론 고려의 신개척지를 채울 수 있는 인적 자원을 확보하는 데에 성공했다. 이 점은 고려 태조의 전략적 판단 능력이 매우 돋보이는 부분이 아닐 수 없다.

결론적으로 태조 왕건이 실시한 북진 정책은 송·거란 등 강대국의 틈바구니 속에서 고려의 군사 역량에 기초해 독자적인 생존 방식을 모색했다는 점에서 매우 탁월한 혜안이었다고 여겨진다. 이 정책 덕분에 고려는 거란 전쟁을 승리로 이끌면서 고려를 강대국 대열로 이끄는 쾌거를 이룰 수 있었다. 이것이 태조의 북진 정책을 위대하다고 평가하는 이유다.

(2) 윤관의 9성 축조론

고려는 1104년(숙종 9)과 1107년(예종 2) 두 차례 여진 정벌을 단행했다. 당시까지 여진은 국제적으로 주변부적 존재였다. 여진은 생존을 위해 이해관계에 따라 거란과 고려 그리고 송 사이에서 충성과 배반을 반복했고 그만큼 위협적인 존재가 아니었다. 그래서 완옌부 여진의 등장과 성장은 일대 사건이자 충격이었다.

고려는 완옌부 여진이 천리장성 부근까지 출몰해 군사 시위를 벌이자 큰 충격을 받은 것으로 보인다. 이미 완예부 여진은 오늘날 간도 지방을 거쳐 고려와 인접한 가란전 지역까지 남하해 세력을 부식해나갔다. 고려는 오랫동안 귀순주 정책을 통해 고려의 지배권으로 확보한 가란전 지역을 완옌부 여진이 넘보자 그대로 묵과할 수 없었다.

고려는 가란전 지역을 지켜내고 자칫 대등한 관계로 발전할 수도 있는 완옌부 여진에게 타격을 가할 필요가 있다고 판단했다. 그러나 정벌 결과는 제1차, 제2차 모두 실패로 끝났다. 1차전에서 고려군은 오히려 역공을 당해 화의를 맺고 귀환했으며, 2차전도 윤관이 여진 지역에 9성까지 축조하는 쾌거를 올렸으나 결국 빈손으로 철수했다.

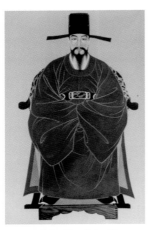

윤관 초상(한국학중앙연구원)

정벌이 실패로 끝났음에도 불구하고 윤관이 여진 지역에 축조한 9성은 북진 전략과 관련하여 살펴볼 필요가 있다. 제2차 여진 정벌은 1차와 달리 고려 전역에서 병사를 징집하고 준비한 총력전이었다. 총사령관 윤관은 1차 정벌의 실패를 교훈삼아 단기 속결의 기습 전략을 선택했다. 여진의 집요한 반격을 피해 군사 목표를 달성하기 위해서는 장기간 전투는 바람직하지 못하다고 판단한 것이다. 고려군이 2차 정벌 때에도 최후 공격 목표로 잡은 지점은 병목[瓶項]으로서, 윤관은 병목까지 신속히 북상한 후 그곳을 점령, 차단한 후 군사 기지를 건설해 여진의 준동을 초기에 제압한다는 기습 전략을 구상하였다.

이 작전은 대단히 성공적이어서 고려군은 1107년 12월에 큰 승리를 거두었다. 고려군의 전과는 총 135개 촌락을 없애고 5천여 명에 가까운 적군을 죽이고, 포로 5천을 사로잡았다.[65] 아래의 글은 윤관의 지시로 영주英州 관청의 벽에 새긴 승리의 글 가운데 일부분이다. 1차 정벌 때에 당한 설욕을 말끔히 씻어버린 고려가 승리의 기쁨을 만끽하고 있는 순간이다.

> "아! 여진의 우둔함이여! 세력의 강약과 병력의 다소를 헤아리지 않고 이같이 스스로
> 멸망의 길로 들어섰도다."[66]

이어서 윤관은 여진이 전열을 가다듬기 전에 전과를 최대한 극대화시키기 위해 2단계 작전에 돌입했다. 그것은 확보한 영역을 영구히 고려 영토로 만들기 위해 방어진지를 구축하는 작업이었다. 성곽의 축조는 숙종이 "적경賊境에 성을 쌓고 절을 세워 불교를 보급시켜야 하겠다."고 했듯이 이미 개전 당시부터 입안된 것이었다.[67]

윤관은 길주 이위伊位에서 승리를 거둔 후 일단 전진을 멈추었다. 윤관은 여러 장수들을 각 방면으로 신속히 파견하여 국경선을 확정했다. 이 때 획정된 경계는 동쪽으로 화곶령, 북으로 궁한이령, 서쪽으로 몽라골령이며, 이곳에 각각 성을 쌓아 화곶령은 웅주, 궁한이령은 길주, 몽라골령은 영주라고 불렀다. 오립금촌에도 성을 쌓고 복주라고 하였다.[68]

성곽을 쌓아 국경선을 확정하는 일은 이듬해 초까지 계속되었다. 1108년 2월에 함

---

65 『고려사』 권96, 열전9, 윤관. 윤관이 이끄는 부대가 37촌 격파, 사살 2120명, 포로 500명이었고, 중군에서 35촌 격파, 사살 380명, 포로 230명이었고, 좌군에서 31촌 격파, 사살 950명이었고, 우군에서 32촌 격파, 사살 290명, 포로 300명의 전과를 올렸다.
66 『고려사』 권96, 열전9, 윤관.
67 『고려사』 권96, 열전9, 윤관 ; 『고려사』 권13, 세가13, 예종 4년 5월.
68 『고려사』 권96, 열전9, 윤관.

주(함흥)와 공험진公嶮鎭에 성을 쌓고, 3월에 의주(함남 덕원, 宜州), 통태(함남 함주, 通泰), 평융(함남 함주, 平戎)에도 성을 쌓았다.[69] 그리고 북정의 전말을 자세히 기록한 비석을 공험진에 세워 고려 국경으로 삼도록 했다. 이로써 동북면에 총 9개의 성곽이 구축되었으니 이것이 곧 '윤관의 9성'이다.[70]

윤관의 조치는 9성의 축조에서 끝나지 않았다. 이곳에 방어사를 파견하고 남도 주민들도 이주시켰다. 첫 이주 대상자는 총 6,466정호丁戶로서 적지 않은 규모였다.[71] 이주 지역은 토지가 비옥하여 농사에 적당한 함주·영주·웅주·길주·복주·공험진 등 6성이었다. 곧 이어서 다시 이주가 실시되어 그 규모만 무려 6만 9천호에 달하였다.[72] 따라서 9성 개척의 목적이 국내 농토 부족을 보충하기 위한 목적도 있었다는 주장도 설득력이 있다고 판단된다.[73]

고려 조정이 동북면 지역을 확보하기 위해 윤관과 함께 추진한 이 정책은 몇 가지 예상치 못한 결과를 초래했다. 완옌부 여진이 이 지역의 여진과 연합하여 반격을 가해오면서 고려의 원대한 시도가 좌절되었다. 당시 고려의 지휘관들 중에는 축성에 반

---

69 『고려사절요』 권7, 예종 3년 2월 ; 『고려사』 권13, 세가13, 예종 3년 3월. 여기서 한 가지 의문점은 1108년 3월에 성을 쌓은 지역이 선주·통태·평융이나, 1109년 7월에 시행한 9성 철수 당시에는 선주·평융 두 성이 없고, 숭녕·진양·선화의 3성이 기록되어 있다. 그래서 『고려사』를 편찬한 사관들도 "……이는 가히 의심스러운 것이라."고 적고 있다(『고려사』 권58, 지12, 지리3, 동계, 함주대도독부).

70 당시 축조된 9성의 위치는 지금까지 논란이 끊이지 않고 있다. 문제는 9성 가운데 가장 북쪽에 위치한 성이 공험진으로, 윤관이 여기에 '고려지경'이라 새긴 비석을 세워 국경으로 삼았다. 그러므로 공험진의 위치가 어디인지에 따라 고려군이 진출한 지역의 범위가 달라지는 셈이다. 조선시대 편찬된 각종 관찬서나 지도에는 공험진의 위치가 두만강 북쪽으로 표기되어 있다. 이른바 '두만강 북쪽 7백리설'로서 고려 말 조선 초에 명과 두만강 일대를 놓고 영토 분쟁이 일었을 때에 조선에서는 이 논리를 기반으로 연고권을 주장해 두만강 일대를 조선의 영토로 확정할 수 있었다. 그러다가 일제 강점기에 일본인 학자들은 9성의 위치를 이보다 훨씬 남쪽으로 내려잡아서 함흥평야 일대로 보았다. 이 설은 한국의 국정교과서에 실리기도 했다. 최근에는 공험진이 두만강 하류에서 수분하 일대 연해주에 설치되었다는 두만강 이북설이 설득력을 얻고 있다(최규성, 「북방민족과의 관계」 『한국사』 15, 국사편찬위원회, 1995, 327쪽 ; 김구진, 「공험진과 선춘령비」 『백산학보』 21, 1976, 112~113쪽).

71 『고려사절요』 권7, 예종 3년 3월 ; 『고려사』 권96, 열전9, 윤관.

72 『고려사절요』 권7, 예종 3년 3월 ; 『고려사』 권96, 열전9, 윤관.

73 김구진, 「윤관 구성의 범위와 조선6진의 개척-여진세력 관계를 중심으로」 『사총』 21·22, 1977, 224~226쪽 도표.

대한 사람도 있었다. 중군 사령관 김한충金漢忠은 무리하게 성곽을 축조하는 것에 반대했고, 병마부사 박경인朴景仁 역시 "적지 깊숙이 성지를 쌓는 것은 지금 성공한다 하더라도 앞으로 지키기 어렵다."고 하면서 반대 의사를 표명했다.[74]

9성 축조를 반대하던 장수들의 예상은 틀리지 않았다. 고려가 군사 목표 지점으로 잡은 병목은 사통팔달한 지역으로 고려의 예상과 아주 달랐다. 그래서 윤관은 여진 왕래를 차단할 수 있는 곳을 찾아 당초 계획보다 더 북상해 적진 깊숙이 들어갔던 것이다.

조선여진분계도, 고려국경과 선춘령이 표시된 지도
(『해동지도』, 18세기, 규장각한국학연구원)

그곳에 구축한 9성은 "지나치게 넓고 거리가 멀 뿐만 아니라 골짜기가 깊고 수목이 무성하여"[75] 여진들이 매복하면서 고려군을 공격하기에 용이한 지역이었다. 고려군은 영토를 지키기가 사실상 어려웠고 만약 여진이 협공이라도 편다면 퇴로가 없는 상황에서 배수진을 친 채 총력전이라도 치러야 할 상황이었다.

또 고려 조정이 실시한 주민 이주 정책은 이 지역에 살던 여진 입장에서는 고구려 멸망이 후 몇 백 년 동안 지속된 삶의 기반을 강제적으로 박탈당하는 위기였다. 당시 고려인의 이주 규모는 남도의 고려인이 여진과 평화스럽게 공존하면서 살 수 있는 인원이 아니었다. 누군가는 그 지역에서 물러나야만 거주가 가능한 숫자였다.[76] 이 때문에 고려에 우호적이던 여진인들조차 자신들의 터전을 되찾기 위해 고려를 적으로 삼

74 『고려사』 권95, 열전8, 김한충 ; 『고려사』 권95, 열전8, 박인량 부 경인.
75 『고려사절요』 권7, 예종 4년 5월.
76 이정신, 『고려시대의 정치변동과 대외정책』, 경인문화사, 2003, 81쪽.

아 필사적으로 항전할 수밖에 없었다.[77]

이는 고려가 외형적인 성공에 힘입어 여진의 군사력을 과소평가하고 적국 깊숙이 들어가면서 자초한 위기였다. 여진은 강온 양면 작전으로 한 치의 양보도 없어 저항 했고 고려군은 결국 확보한 지역을 되돌려 주고 귀환할 수밖에 없었다.

9성 철수가 완료되자 고려에서는 정벌군 사령관 윤관과 오연총에 대한 문책이 뒤 따랐다. 예종의 반대에도 불구하고 대신들 사이에서는 작전을 수행한 윤관에 대해 죄 를 물어야 한다는 여론이 비등했다. 결국 윤관은 관직을 박탈당하고 고향에 돌아갔다 가 1111년(예종 9)에 생을 마감했다. 고려가 9성을 여진에게 넘겨준 지 불과 2년만의 일이었다.

(3) 요동 정벌론

고려는 중국 대륙에서 1368년에 명이 건국되자 신흥 국가의 동향을 예의주시했다. 명은 건국 후 10개월이 지난 1368년 11월에 고려에 사신을 보내 명의 건국과 홍무 제의 즉위를 알렸다. 명은 비록 원이 북쪽으로 쫓겨 갔으나 북원北元을 세워 명의 변 방을 위협했으므로 고려의 도움이 필요했다. 고려 역시 국내적으로 원의 영향에서 벗 어나기 위해서 명의 지원이 절실했다.[78]

고려는 1369년(공민왕 18) 7월부터 명 연호인 홍무를 사용했고 고려와 명은 정식 으로 국교를 맺었다. 이에 따라 고려의 반원 정책도 한층 가속화되어 1369년 11월에 원이 점령하고 있던 요양의 동녕부 정벌을 시도해 1370년 8월 동녕부를 정복했다.[79]

그러나 고려의 반원 정책은 1374년에 고려의 자주를 주창하던 공민왕이 피살되면 서 위기에 봉착했다. 이 무렵 대외적으로 신흥 국가인 명의 국력이 요동 방면으로 뻗 어오고 있었으나 북원은 아직도 요서·요동 방면에서 상당한 세력을 유지했다. 우왕의 즉위로 권력을 장악한 이인임은 이 무렵 명 사신이 친원파 김의에 의해 살해되는 사 건이 발생하자 친명외교노선을 철회했다.

77 김구진, 앞의 논문, 1977, 212~213쪽.
78 박한남, 「공민왕대 왜구침입과 우현보의 '상공민왕소'」『군사』 34, 국방군사연구소, 1997, 54쪽.
79 『고려사』권41, 세가41, 공민왕 18년 11월 ;『고려사』권42, 세가, 공민왕 19년 8월 기사.

공민왕릉(개성, © 유수)

　이인임은 중대한 시국에 대처하기 위해 북원과 정식으로 외교 관계를 회복하고
1377년(우왕 3)에는 북원의 연호를 사용하는 조치를 내렸다. 고려는 북원과의 관계를
통해 명의 과도한 요구를 간접적으로 견제하고자 했다. 그러는 한편 고려는 명 황제
의 의심을 풀기 위해 명에 국서를 보내 고려의 결백을 주장하며 1378년 9월에 다시
명의 연호를 사용하는 방식으로 명과 북원 사이에서 등거리 외교를 수행했다.

　명은 고려의 태도가 분명치 못하자 불만을 품었다. 고려는 명의 의심을 완화시키려
는 노력을 게을리 하지 않았고, 1385년(우왕 11) 7월 우왕은 명으로부터 고려국왕으
로 책봉받는 데에 성공했다.[80]

　그럼에도 불구하고 명은 의심의 눈초리를 거두지 않은 채 과중한 공물을 요구하는
등 횡포가 끊이지 않았다. 고려에 여러 모로 압박을 가해오던 명은 1388년 2월에 철
령 이북의 땅이 원에 속하던 영토이므로 다시 회수해 철령위鐵嶺衛를 설치하겠다고
통보한 후에 3월에 철령위를 설치했다.[81] 명은 중원을 제패한 후에 원의 영역을 그대

80 김성준, 「고려말의 정국과 원·명관계」『한국사』20, 국사편찬위원회, 1994, 377쪽.
81 『고려사』권137, 열전50, 우왕 14년 2월 ;『고려사』권137, 열전50, 우왕 14년 3월 ;『고려사절
　요』권33, 우왕 14년 2월 ;『고려사절요』권33, 우왕 14년 3월.

최영 장군 묘(경기 고양)

로 물려받으려 했다. 이에 최영은 명과 일전을 각오하고 요동 정벌을 주장했다.

그 무렵 고려의 국내 상황은 1374년에 공민왕이 암살당한 후 고려 정국은 후계자 계승 문제로 혼란스러웠다. 이 때 이인임 일파가 10세의 어린 나이인 우왕을 국왕으로 옹립하였고 이후 정국은 이인임이 최영·경복흥 등 보수적 무장 세력의 협력을 얻어 이끌어가는 형태가 되었다.[82] 이 때문에 우왕은 왕권의 기반이 취약했을 뿐만 아니라 독자적인 무력 기반도 거의 만들지 못했다.[83]

이에 비해 권문세족과 신흥 무장 세력들은 사병을 거느리고 있었다. 중앙 정계의 실력자들은 걸핏하면 사병을 배경으로 우왕을 협박했다. 게다가 친명파들은 우왕을 신돈 아들이라고 중상모략까지 했다. 게다가 이인임과 그 일파들은 권력을 장악한 이후 온갖 전횡을 서슴지 않았다. 이런 상황에서 우왕은 1388년(우왕 14) 1월에 대표적인 무장 세력인 최영·이성계와 손잡고 자신을 왕위에 오르게 한 이인임 일파를 숙청했다.

최영(1316~1388)과 이성계(1335~1408)는 뜻을 합쳐 이인임 일파를 숙청했으나

---

82 박용운, 『고려시대사』(하), 일지사, 1987, 561~565쪽.
83 이성무, 『조선왕조사』, 동방미디어, 1998, 77쪽.

정치적으로 매우 상이한 입장을 견지했다. 최영은 전통 있는 귀족가문 출신이었으나 이성계는 신흥 무장에 지나지 않았다. 특히 두 사람은 명에 대한 정책을 둘러싸고 큰 이견을 보였다.

최영은 우왕의 전폭적인 지원으로 총사령관이 되어 전투병력 38,830명 및 보급병력 11,634명, 말 21,682필을 동원해 요동 정벌을 단행했다. 이때 좌군도통사 조민수와 우군도통사 이성계도 함께 출정했다. 요동 정벌군은 1388년 4월에 평양을 출발했고 바로 3일 후에 홍무 연호를 정지했다.[84] 이 조치는 자주 정신의 발로이자 요동 정벌을 완수하겠다는 굳건한 의지를 천명한 것이다.[85]

이에 비해 요동으로 출정하기 전에 이성계는 네 가지 이유를 들어 요동 정벌을 반대했다. 작은 나라로서 큰 나라를 치는 것, 농번기인 여름에 군사를 동원하는 것, 거국적인 원정의 틈을 이용해 왜구가 침입할 우려가 있다는 점, 여름철에는 활의 아교가 녹아 전쟁 수행에 지장이 있고 군사들도 전염병에 희생될 수 있다는 점이었다.[86] 이 내용은 고려군이 요동 정벌을 위해 출정한 후 우군도통사로 출정한 이성계가 좌군도통사 조민수와 함께 우왕에게 올린 글에 자세하다.

> 대사를 당하여 말할 일을 두고 침묵함은 곧 불충不忠이니 어찌 죽는 것을 두려워서 잠자고 있겠습니까? 대체 소국이 대국을 섬기는 것은 나라를 보전하는 도리인바 우리나라가 삼한을 통일한 이후 근실하게 대국을 섬겼으며 공민왕이 홍무 2년에 명나라에 신복臣服할 때 그 글에 '자손만대로 길이 신하로 되겠다'라고 했으며 그 정성이 사실 지극했습니다. 전하도 그의 뜻을 계승하여 매년 조공하는 예물을 한결같이 황제의 지시대로 보내었으므로 특별히 현릉에게는 시호를 주고 전하의 작위를 봉하여 주었습니다. 이것은 종묘사직의 복이며 또 전하의 성덕입니다. 이번에 유지휘劉指揮가 군사를 영솔하고 와서 철령위를 설립한다는 말을 듣고 밀직제학 박의중을 파견하여 명나라 황제에

84 『고려사』 권137, 열전50, 우왕 14년 4월 정미 ; 『고려사』 권137, 열전50, 우왕 14년 4월 임술 ; 『고려사』 권137, 열전50, 우왕 14년 4월 을축.
85 김성준, 앞의 논문, 1994, 382~383쪽.
86 『고려사』 권137, 열전50, 우왕 14년 4월 을사.

게 서면을 제출하였으니 이 대책이 대단히 옳았습니다. 그런데 이제 그 회답도 기다리지 않고 갑자기 대국을 침범하니 이것은 사직과 생민의 복으로 되지 못할 것입니다. 하물며 지금은 여름 장마철이라 활은 풀리고 갑옷은 무거워서 사람과 말이 모두 다 피로합니다. 이 군사를 몰고 견고한 성벽 아래에 가서 싸운다면 반드시 승리하리라고 기대할 수 없고 성을 공격하더라도 반드시 함락시킬 것이라고 기대할 수 없습니다. 이런 시기를 당하여 군량 공급이 부족하여 가도 오도 못할 궁지에 빠졌으니 어떻게 처리하겠습니까? 전하는 특히 회군의 명령을 내려 전국의 기대에 부합되게 하기를 바랍니다.[87]

최영은 이성계의 반대에도 불구하고 1388년 4월에 요동 정벌을 강행해 평양에서 요동 지역으로 진군했다. 그러나 이성계는 압록강 하류에 있는 위화도에서 군대를 돌려 최영을 제거하고 우왕도 강화도로 내쫓고 창왕을 세웠다.

이후 이성계는 실권을 장악한 후에 사전私田·농장 혁파 등 개혁 정치를 폈으며, 1392년에 고려왕조를 무너뜨리고 새로이 조선을 건국하였다. 이성계는 귀양을 떠나는 최영에게 다음과 같이 말했다.

이와 같은 사변은 나의 본의가 아니오. 그러나 요동 공략은 정의에 거슬릴 뿐만 아니라 국가를 위태롭게 하고 민을 괴롭혀 원성이 하늘에 사무쳤으므로 부득이한 일이었소. 부디 잘 가시오.[88]

요동 정벌은 이성계의 위화도 회군으로 실패했으나 고려가 시행한 마지막 북진 정책이라는 점에서 의의를 찾을 수 있다. 정권 장악에 성공한 이성계는 다시 명의 홍무 연호를 사용하고 원의 의복과 변발을 금지하는 등 친명정책을 시행했다.

---

87 『고려사』 권137, 열전50, 우왕 14년 4월 을사.
88 『고려사』 권113, 열전 26, 최영.

2. 성곽론

1) 성곽의 기능

한국사에서 전쟁사는 늘 방어의 역사에 치중되어 왔다. 방어의 역사에서 빠지지 않고 등장하는 전술이란 산성 방어와 청야입보淸野入堡였다. 그래서 성곽이 방어 시설에 불과하다는 일반적인 인식은 그리 놀라운 일이 아니다. 하지만 화기가 전쟁의 주요 무기로 부상하기 이전의 시대까지 '거점' 곧 군사 요새의 유무가 승패를 좌우했다는 사실을 상기한다면 한반도에서 성곽의 중요성은 아무리 강조해도 지나치지 않다.

전통시대에 전쟁은 한번 발생하면 오랜 기간 지속되었으나 실제 결정적인 전투는 간헐적으로 이루어졌다. 군사 규모나 무기의 성능이 제한되었으므로 공격하는 쪽에서도 전투 상황이 벌어지면 손실을 최소화하기 위해 조심스러울 수밖에 없었다. 동서양을 막론하고 군사 규모가 크지 않고 무기도 제한적인 시대에는 방어가 공격보다 훨씬 강력했다.

여기에 한 몫을 한 것이 성곽이었다. 성곽은 공격하는 쪽에서 불충분한 무기나 수단으로 공격하면 수 개 월씩 걸리기 십상이었다. 공성전의 어려움에 대해서는 『손자

독일 하이델베르그성

병법』에도 잘 나와 있다. 손무孫武는 "전쟁하는 최상의 방법은 적국의 계략을 근본적으로 좌절시켜 승리를 거두는 것이며, 차선책은 외교수단을 통해 적의 동맹관계를 단절시켜 적을 굴복시키는 것이며, 그 다음은 무력을 사용하여 야전에서 적군을 격파해 승리를 거두는 것이며, 이보다 하책은 성을 공격하는 것이다."[89]고 단언했다. 그리고 아래와 같이 설명했다

> 성을 공격하는 것은 어쩔 수 없을 때에나 해야 한다. 성을 공격하려면 거대한 방패나 수레를 수리하고 공성용 장비를 준비하는 데 3개월이나 걸리며, 또 적의 성안을 넘겨보는 흙산을 쌓는데도 3개월이나 걸린다. 그동안 장수가 초조와 분을 이기지 못하고 앞서 말한 준비도 없이 그저 사병들을 적의 성벽에 개미떼가 달라붙듯이 기어오르게 한다. 그 결과 병력 3분의 1이나 죽게 하고서도 그 성을 함락시키지 못한다. 이런 까닭에 공격을 해서 재앙을 초래하는 것이다.

11~14세기 유럽의 경우 공격 무기나 포위 공격 기술은 그다지 진보하지 못한 반면에 군사 건축물은 더 튼튼하게 지어졌다. 12세기에 프랑스나 잉글랜드의 지방에서 바이킹에 대비해 언덕 위에 튼튼한 요새를 즐비하게 세운 것도 방어 전술이 공격 전술보다 더 유리하다고 여겼기 때문이다.[90]

한반도도 예외가 아니었다. 한반도 북쪽은 협곡과 산지가 많은 지역이다. 게다가 역대로 한반도 주변은 중국 대륙을 비롯해 기마騎馬을 장기로 하는 북방 민족이 포진해있었다. 이들과 맞서 싸울 때 평지에서 전투를 벌이는 것보다는 성곽과 같은 시설을 이용하는 것이 유리했다. 방어가 곧 공격인 셈이었다. 더구나 한반도 북쪽처럼 험준한 산악이 즐비한 곳에서 성곽전은 최상의 공격이자 방어였다.

성곽은 쌓는 위치와 기능에 따라 도성都城·읍성邑城·산성山城·진보鎭堡 등으로 나눌 수 있다.[91] 이 가운데 한반도는 산지가 많아 산성이 많이 축조되었다. 존 키건John

---

89 손무, 『손자병법』 「모공」(『무경칠서』, 국방부전사편찬위원회, 1987, 13쪽).
90 버나드 로 몽고메리 지음, 『전쟁의 역사(A History of Warfare)』(승영조 옮김), 책세상, 1995, 248쪽.

Keegan은 유럽의 요새 건축에서 화약이 도입되기 이전까지 약 8천년 동안 '성벽', '해자垓子', '망루' 3가지가 방어 장치의 모든 것이었다고 보았다.[92] 하지만 한반도는 이와 판이하게 달랐다. 한반도의 성곽은 대부분 산의 자연적인 지세를 최대한 활용해 능선을 따라 꾸불꾸불 펼쳐진 산성으로서 해자나 높은 망루를 건설하지 않았다. 이 점이 한국 성곽의 중요한 특징으로서 한국의 전통시대 군사전략에 접근하기 위한 기초적인 요소이다.

선화봉사 『고려도경』

한반도의 산성은 중원 국가와 북방 민족들에게 위협적인 전설이나 불패의 신화가 가득한 공간이었다. 일찍이 당 태종이 고구려를 치기 위해 여러 신하들에게 계책을 묻자 고구려는 산을 의지해 성을 쌓기 때문에 함락하기가 쉽지 않다는 답변이 돌아왔다.

고려시대에도 거란군과 몽골군이 고려군과 싸울 때 성곽전에서 고전을 면치 못했던 것도 이러한 특징을 잘 보여준다. 예컨대, 거란이 고려를 치려고 하자 거란 신하가 "고려인들은 산성의 새처럼 산성에 깃듭니다. 대병력이 가서 공격하다가 성공을 거두지 못할 뿐 아니라 자칫하면 제대로 돌아오지도 못할 것입니다."[93]했다는 지적은 고려시대 성곽의 위용과 역할에 대해 많은 시사점을 던져준다.

실제로 1123년(인종 1) 송 황제 휘종이 파견한 사절단이 고려의 수도 개경에 도착했다. 사절단은 한 달 남짓 체류한 후에 고국으로 돌아갔는데 그 중 서긍(1091~1153)이 그동안 수집한 정보들을 망라해 『고려도경』(1124년)을 세상에 내놓았다. 일종의 사행 보고서였다. 아래의 글은 서긍이 『고려도경』에서 고려의 산성에 대해 남긴 글이다. 매우 간단한 묘사이나 고려의 군사 정보에 민감하던 송 사신의 기록이라는

91 손영식, 『한국성곽의 연구』, 문화재관리국, 1987, 49~84쪽.
92 존 키건, 『세계전쟁사』(유병진 옮김), 까치, 2010, 207쪽.
93 유성룡, 『서애선생문집』, 권15, 잡저, 산성설.

점에서 신뢰할 수 있는 정보라고 판단된다.

> 조정에서 사신을 보내 고려 강역으로 들어가면 성곽들이 우뚝우뚝하여 실로 업신여길
> 수 없다.[94]

이처럼 한반도에서는 예로부터 국토를 보존하고 적을 방어하는 데 산성을 유리하게 이용했고 외적이 두려워 한 것도 산성이었다. 조선 숙종 때 박세채朴世采 (1631~1695) 역시 "우리나라는 옛날부터 산성이 장점이라 할 수 있습니다. 안시성에서 당나라 병사를 물리쳤고 영원산성에서 거란군을 방어했으며 구성龜城에서 몽골군에 항거했으니 이러한 사실에서 잘 알 수 있습니다."[95]고 하여 고대는 물론 고려시대에 산성을 잘 활용했음을 지적했다.

2) 태조의 성곽론

태조 왕건은 고려의 건국자로 잘 알려진 인물이다. 고려를 건국했다는 사실 자체가 고려시대 가장 위대한 전략가로 꼽을 수 있다. 태조 왕건은 건국 직후부터 성곽을 건설하는 데에 관심을 가졌다. 북쪽 지역의 전략 요충지에 성곽을 축조에 방어력을 집중하는 것이었다.

건국 직후에는 성곽을 간헐적으로 축조하다가 평양 개척이 궤도에 오르는 925년 이후로 힘을 쏟아 부었다. 그 결과 북쪽 지역에 성곽들이 우뚝우뚝 세워졌다. 초창기 성곽이 축조된 지역은 용강현龍岡縣, 함종현咸從縣, 운남현(평북 영변, 雲南縣)이었다. 용강과 함종은 서경 아래쪽 서해안에 위치한 지역으로 수로를 통한 보급이나 서경을 방어하기 위한 성곽이었다고 보여 진다.

925년 이후로 축성된 지역은 성주(평남 성천, 成州), 탕정군(평북 구성 북쪽, 湯井郡), 진국성(평남 숙천, 鎭國城), 안정진(평남 순안, 安定鎭), 영청진(평남 영유, 永淸鎭), 안수

---

94 서긍, 『고려도경』 권3, 성읍.
95 이유원, 『임하필기』 권13, 문헌지장편 철옹산성.(민족문화추진회 간행본, 1999, 3책 171쪽).

(평남 개천, 安水), 흥덕진(평남 순천, 興德鎭), 연주(평남 개천, 漣州), 안북부(평남 안주, 安北府), 조양진(평남 개천, 朝陽鎭), 마산(평남 개천 또는 안수진, 馬山), 통해현(평남 평원, 通海縣), 숙주(평남 숙천, 肅州), 순주(평남 순천, 順洲), 영청현(평남 영유, 永淸縣), 양암진(평남 양덕, 陽岩鎭), 평원平原, 대안주(평남 순천, 大安州), 은주(평남 순천, 殷州) 등이었다.[96]

태조가 일궈놓은 군사 요새로서 성곽과 함께 주목해야 할 대상이 진鎭이다. 진이란 군대를 주둔시킨 요해처를 말한다. 이 시절 진과 성곽은 동전의 양면과도 같아 진이 설치된 곳에 성곽을 축조하거나 성곽이 축조된 지역에 진을 설치했다.

진이 설치된 지역은 골암진鶻岩鎭, 안북부(평남 안주, 安北府), 통덕진(평남 숙천, 通德鎭), 안정진(평남 순안, 安定鎭), 안수진(평남 개천 또는 마산, 安水鎭), 흥덕진(평남 순천, 興德鎭), 강덕진(평남 성천, 剛德鎭), 통해진(평남 평원, 通海鎭) 등이었다.[97] 이밖에도 영청진, 순주, 양암진(평남 양덕, 陽岩鎭), 대안주(평남 순천, 大安州) 등지에도 진을 설치하였다.[98]

진이 설치된 지역을 보면 대부분 성곽이 축조된 지역과 일치한다. 곧 태조 대에 설치된 진은 원래 독립된 성을 진으로 개편하거나 새로 성을 쌓아 만든 것이었다. 그러므로 축성 사업은 진 설치의 토대가 되었다. 진에는 개정군開定軍[99] 등 군대를 파견해 주둔시키고 지휘관으로서 진두鎭

도선국사(선암사 성보박물관)

---

96 축성 기록은 주로 『고려사』, 『고려사절요』의 태조 연간 기록을 참조했다. 이밖에 『고려사』 권82, 지36, 병2, 진수 성보조 등도 참조했다. 〈표〉에서 진국성의 축성 시기가 『고려사』 진수조와 『고려사절요』는 태조 11년(928)으로, 『고려사』 성보조에는 태조 8년으로 되어있다. 『고려사』 성보조의 기사는 태조가 탕정군에 쌓은 성을 보고 "진국성에 옮겨쌓게 했다."고 되어있어 이때부터 쌓기 시작해 928년에 완성된 것이 아닌가싶다. 또한 윤무병은 대안주를 慈州로 파악했는데, 순천일 가능성도 배제하지 않았다(윤무병, 「고려북계지리고(상)」 『역사학보』 4, 1953, 47쪽).

97 『고려사』 권82, 지36, 병 2, 진수.

98 이기백, 「고려 태조시의 진」 『고려병제사연구』, 일조각, 1968, 236쪽.

99 개정군의 실체는 명확하지 않으나 태조 대에 동계·북계의 방비, 또는 후백제와 맞닿은 국경지대 수비라는 특수 목적을 갖고 파견된 중앙군으로 추정하고 있다(이기백, 「고려 경군고」 『고려병제사연구』, 일조각, 1968, 52쪽).

頭를 두었다.

태조 왕건과 도선道詵(827~898)의 인연은 매우 깊다. 왕건의 탄생을 예언한 사람도 도선이었고 왕건이 성장하자 "그대는 세상을 구제할 운명을 타고 났다."는 예언과 함께 진법陣法을 비롯해 지리, 천문, 산천의 도움을 받는 법 등을 전수한 사람도 도선이었다.

왕건은 이에 보답이라도 하듯 천하를 통일했고, 〈훈요10조〉에서 도선이 정한 곳에만 절을 짓도록 당부할 만큼 도선을 신뢰했다. 태조가 도선에게 전수받은 이치들이 구체적으로 무엇인지 알 수 없으나 적어도 성곽이나 진을 구축한 지역을 살펴보면 한반도 지형을 꿰뚫어 보는 탁견과 전략적 혜안에 절로 감탄이 나온다. 중요한 특징을 정리해보면 아래와 같다.

첫째, 태조가 진을 설치하고 성곽을 집중적으로 축조한 지역은 대동강 이북과 청천강 이남의 북계에 집중되어 있다. 동북면에 설치한 골암진(함남 안변, 鶻岩鎭)을 제외하고 대부분 북계에 설치한 북진北鎭이었다.

926년 발해가 망하고 928년에 거란이 괴뢰국 동란국을 요양의 동경부로 옮긴 점을 고려할 때 태조가 지향한 목표는 한반도 북서쪽을 위협하는 거란임을 잘 보여준다. 더구나 북진이 설치된 지역은 비교적 평야지대이므로 방어선을 튼튼히 하려면 성곽을 쌓고 진을 설치해야 했다. 최승로崔承老의 표현대로 "서북이 오랑캐[융적戎狄]와 인접해 있어서 수비할 곳이 많은 까닭"이었다.[100]

둘째, 태조 대에 완성된 성곽들은 서경을 기점으로 북쪽으로 청천강을 주방어선으로 형성하고 있다. 청천강 이북에 쌓은 성은 운남성(영변) 하나다. 태조는 북계를 순시하다가 구주龜州 북쪽에 위치한 탕정군[101]에 쌓은 성을 보고 진국성으로 옮겨 쌓게 했다. 구주 쪽에서 숙천으로 내려와 성을 쌓은 이유는 정확하지 않으나 청천강 아래로 축성을 집중하려는 의도로 보인다.

태조는 서경에 성을 쌓은 뒤 서쪽 아래인 용강과 함종, 동쪽으로 성천에 성을 쌓았다. 그리고 북상해 청천강 중류에 인접한 안주에 성을 축조했다. 안주에서 평양까지

---

100 『고려사』 권82, 지36, 병2, 진수.
101 이근화, 『고려전기 북방정책의 전개연구』, 경희대학교 박사학위논문, 1988, 18쪽.

의 거리는 직선으로 약 70km 정도에 불과하다. 그래서 태조는 중간 지점인 숙천, 순천, 영유, 자산, 은산 등지에 성을 쌓아 축차적인 방어선을 구축했다. 또 청천강 상류인 개천에도 성을 쌓아 청천강 방어선을 공고히 했다.

셋째, 북쪽 지역에 진을 설치하고 성곽을 쌓는 일이란 대동강 이북에서 활동하던 여진들을 구축하지 않고서는 이루어질 수 없으므로 곧 영토 확장이라는 의미를 띠었다. 서경에서 시작되어 청천강을 경계로 축차적으로 성을 쌓고 진을 설치한 태조는 군대를 파견해 이 지역을 확실히 장악한 것이다.

920년(태조 3) 골암성에 개정군 3천 명, 928년(태조 11) 안북부에 개정군 7백 명을 파견했다. 그리고 929년 안정진(순안)에 언수고彦守考, 안수진(평남 개천)에 흔평昕平, 홍덕진(평남 순천)에 아차성阿次城, 930년 마산에 흔행昕幸, 강덕진(평남 성천)에 평환平奐, 통해진(평남 평원)에 재훤才萱 등을 진두로 파견했다.[102]

후고구려를 연 궁예도 예성강 이북에서 대동강 이남 지역에 진 13개를 설치한 적이 있으나 군대는 파견하지 못했다. 군대를 파견하지 못했으므로 실질적으로 장악했다기보다는 상징성만 갖고 있던 셈이다. 이에 비해 고려 태조는 진을 설치한 후 군대를 주둔시킴으로써 명실상부하게 그 지역이 고려의 영토임을 분명히 했다.

요컨대, 태조는 평양을 발판으로 북쪽으로 성곽이나 진을 설치해 북진의 초석을 마련했다. 태조는 고려의 영역을 동북으로는 안변에서 영흥 부근까지, 서북으로는 청천강 하류까지 확보하는 성과를 거두었다. 태조의 업적을 바탕으로 후대 임금들은 청천강을 넘어 압록강 유역까지 북상하는 성과를 올릴 수 있었다. 그리고 북계의 성곽들은 이후 거란은 물론 북방 민족의 침략을 격퇴하는 초석이 되었다.

3) 청야입보론

(1) 청야입보

한반도에서 성곽이 갖는 의미는 무엇인가? 앞서도 언급했듯이 동서양을 막론하고

---

102 『고려사』 권82, 지36, 병2, 진수.

제한된 무기와 군사를 갖고 싸우던 시대에 방어 수단은 공격 수단보다 적에게 더 큰 타격을 입혔다. 더구나 한반도 북쪽처럼 산지와 협곡이 많은 지형에서 성곽전은 최상의 공격이자 방어였다.

한반도에서 산성을 잘 활용한 이면에는 청야입보 전술이 적절하게 구사되었기 때문이다. 역대로 한반도 주변에는 강대국 중국을 비롯해 기마를 장기로 하는 거란·여진·몽고족이나 창이나 칼 등 단병短兵에 능한 일본이 포진해 있었다. 이들을 상대로 싸울 때 평지에서 대적하는 일을 수적인 면에서나 기술적인 면에서 패배를 자초하는 일이었다. 그보다는 산성 같은 방어시설을 이용한 방어 겸 공격이 더 유리했고 이때 자주 구사한 전술이 '청야입보'였다.[103]

적이 침입하면 군사들과 주민들은 일단 인근의 성으로 이동해 성을 굳게 지키면서 장기전으로 돌입했다. 이때 그냥 성으로 피신만 하지 않았다. 성으로 들어갈 때에는 가옥을 불태우고 각종 창고나 들판에 있는 모든 양식을 성으로 옮기거나 소각했다. 그래서 적이 침입했을 때 양식이나 물자를 현지에서 확보할 수 없도록 했다. 청야입보를 병행한 성곽 방어는 전통적으로 삼국시대 이래 한국의 기본적인 방어개념이었다.

간혹 청야입보에 대해 하찮게 여기거나 전술도 아니라는 식으로 평가하는 사람들이 있다. 그러나 이것은 한반도에서 청야입보가 얼마나 큰 위력을 발휘했는지 잘 모르고 하는 소리다. 성곽은 공격하는 쪽에서 충분한 무기나 수단이 없다면 성을 공략하기까지 수 개 월씩 걸리기 십상이었다. 또 성곽전은 평원의 전투와 달리 정규 군사 이외에 주민들의 전투력과 노동력을 조직적으로 활용해 싸울 수 있는 이점이 있었다. 조선의 사례이지만 정유재란 때 한 일본군은 조선의 청야전법이 큰 걱정거리라고 평했다.

> 왜장들은 매번 조선이 청야 작전을 써서 산성으로 들어가고 곡식들을 다른 곳에 옮겨 저장하는 것이 걱정이다. 물길에서 가까운 지역의 산성이라면 10년 세월이 걸리더라도 식량 운반이 편리하고 군량을 계속 마련할 수 있으니 기어코 함락시킬 수 있다. 그러나

---

103 이장희, 「임난중 산성수축과 견벽청야에 대하여」 『부촌신정철교수정년퇴임기념사학논총』, 1995, 637쪽.

만일 아주 궁벽한 지역에서 성곽을 튼튼하게 마련해 식량을 쌓아두고 청야작전으로 막 아내면 들에는 노략질할 것이 없고 뒤로는 계속되는 군량이 없어 격파하기 어려울 것 이다.[104]

고려군이 거란 전쟁에서 초반 열세를 딛고 최종 승리를 쟁취한 요인도 성곽을 근거지로 한 농성전이었다. 고려군의 기본 방어 형태는 양계에 주둔한 주진군과 시간적 여유를 갖고 올라온 중앙군의 유기적 결합으로 수행되었다.

곧 주진군이 북계 요진에서 수성전을 펼쳐 적의 남진을 지연시키는 동안, 고려 조정은 중앙군을 북계로 급파해 반격을 가하는 형태였다. 이 때문에 한반도 내륙으로 침입한 적은 북계의 주진군과 중앙군의 협공을 받아 번번이 무너졌다.

『요사』에는 "항복한 고려의 여러 성들이 다시 배반했다."[105]고 기록했다. 거란 임금 성종이 고려 침공을 선언하자 소적열蕭敵烈이 "고려의 성벽은 완고해 이겨도 위엄을

구주성(ⓒ 정창현)

104 『선조실록』 권88, 선조 30년 5월 무신.
105 『요사』 권15, 본기 15, 성종 6 통화 29년 정월 을해삭.

떨치지 어렵고, 만약 실패하면 후회를 남길까 두렵습니다."는 의견을 개진했다.[106] 곧 고려의 성곽이 견고해 이긴다하더라도 대승을 거두기 힘들다는 지적이었다.

고려와 몽골 전쟁에서도 몽골군이 고려군에게 고전을 면치 못한 곳은 대부분 고려의 수성전이 빛을 발한 곳이었다. 대표적으로 박서朴犀의 구주성 전투, 최춘명崔椿命의 자주성 전투, 이세화李世華의 광주성 전투, 김윤후金允侯의 처인성과 충주성 전투, 송문주宋文胄의 죽주성 전투, 송군비宋君斐의 입암산성 전투, 안홍민安洪敏의 한계산성 전투 등이다.

이 중 대표적인 사례로 구주성 전투를 꼽을 수 있다. 1231년 몽골군은 고려를 침입해 4개월이 넘도록 누차樓車, 성 아래 굴 파기, 포차砲車 등으로 맹렬히 공격했으나 실패하고 말았다. 고려군은 운제雲梯(구름다리)를 이용해 성을 공격하는 몽골군에 맞서 대우포大于蒲도 사용했다. 대우포는 큰 칼날[刀]이 달린 병기라고 하나 구체적인 모양을 알 길이 없다. 기록에 따르면 "대우포로 맞받아치니 다 부서져버려 몽골군이 운제를 가까이 대지 못했다."[107]고 되어있다.

실제로 이 전투에 참여한 70여 세의 몽골군 노장수가 전투가 끝난 뒤에 구주성 주변에 흩어 있던 공성 기계와 성 주위를 둘러보며 "내가 어려서부터 종군해 천하의 무수한 성을 공격했으나, 일찍이 이렇게 맹렬한 공격에도 끝내 항복하지 않는 성은 처음 보았다"[108]고 할 정도였다. 고려가 장기간 몽골의 침공에 대처하면서 유효한 일격을 가할 수 있던 것도 청야입보를 바탕으로 한 수성 능력이 있었기 때문이다.

(2) 성곽전에서 사용한 무기들

처음에 성곽은 순수한 방어 목적으로 활용되었다. 싸울 준비가 되어 있지 않는 백성의 피난처이자 무장을 제대로 갖추지 못한 군사들의 의지처였다. 성곽은 대부분 고지 위에 조성되었으므로 적들이 접근하기 쉽지 않았다. 그러다가 점차 적의 포위 전술에 장시간 대처하기 위해 성 내부의 시설을 발전시켰다. 군량 창고는 물론 군사시

---

106 『요사』 권88, 열전, 소적열.
107 『고려사』 권103, 열전16, 박서.
108 『고려사절요』 권16, 고종 18년 12월.

고창읍성(전북 고창) 옹성

설물을 발전시켜 성두城頭나 차성遮城, 겹성, 여장女墻 등을 마련했다.

이 시대 성곽들은 흙이나 돌로 쌓았는데 고려의 성곽 가운데 20~25%가 토성으로 쌓았다고 한다.[109] 대표적인 군사시설물로는 성두와 차성을 꼽을 수 있다. 성두는 성벽의 일부를 돌출시켜 쌓은 시설물로 보통 치雉 또는 치성雉城이라고 하며 곡성曲城이라고도 불린다. 이미 삼국시대부터 중시된 시설물로서 성두의 정면 또는 측면에서 성벽에 접근하는 적을 조기에 관측하거나, 전투가 벌어졌을 때에 성벽에 접근하는 적을 손쉽게 격퇴할 수 있었다.[110]

차성은 이중 성벽이나 옹성甕城처럼 성벽 본체에 딸린 보조 성곽으로 파악된다. 성두와 마찬가지로 이미 삼국시대부터 성곽의 중심 성문을 보호하는 시설물로서 중시되었다. 적이 성문을 뚫으려하면 문루門樓와 차성에서 사방으로 협공할 수 있는 구조로 되어있었다.

이 밖에 925년 성주成州에 쌓은 성에는 첩원堞垣이라는 시설물도 보인다. 첩원은 여장이라고도 하는데 본체 성벽 위에 쌓은 낮은 담장으로 적으로부터 몸을 보호하는

---

109 김명철, 「고려토성의 축조 형식과 방법」 『조선고고연구』 제78호, 1991, 33쪽.
110 손영식, 『한국성곽의 연구』, 문화재관리국, 1987, 206쪽.

쇠뇌, 투구, 화살(개성, 고려박물관)

기능을 했다. 여장은 보통 석성에 설치했
는데 고려시대에는 이 성에만 유일하게
나타나므로 일반적인 시설물은 아니었다
고 본다.

1123년(인종 1) 송의 사절단이 고려의
수도 개경을 방문했을 때 사신들을 맞이
한 고려의 기병과 보병들은 활·화살, 칼,
창과 극戟 등으로 무장했고, 높이가 2척이
나 되는 모자를 써서 위용 있는 모습을 만
들었다고 전한다.[111]

고려군이 사용한 주무기는 활이었다.
고려군의 병종을 보면 경궁硬弓·정노精
弩·강노剛弩·사궁射弓[112] 등 활과 노弩와
관련된 군사가 많아 궁수·노수의 비중이
높았음을 알 수 있다. 이 점은 거란 전쟁
이 끝난 후 고려에서 노의 개량 및 노수의 양성과 훈련에 상당한 노력을 기울이던 상
황에서도 잘 드러난다.[113]

고려군이 성곽에서 사용한 무기는 쇠뇌[弩]·검차劍車·석포石砲 등이었다. 쇠뇌는
중국 전국시대에 출현한 무기로 활틀 위에 활을 장전한 후 손이나 기계를 이용해 활
시위를 당기고 방아쇠를 이용해 발사하는 무기다.

활에 비해 쇠뇌는 기계를 이용하므로 누구나 쉽게 쏠 수 있으며 사거리가 길고 화
살 힘도 세서 관통력이 우수했다. 북계의 주요 성곽에 쇠뇌 부대[弩隊]를 배치한 것도
빠른 속도로 공격하는 기병부대를 원거리에서 제압하려는 목적이었다.

검차란 수레 위에 방패를 설치하고 앞쪽에 여러 개의 창검을 꽂아 돌출시킨 무기

---

111 서긍,『고려도경』권11, 장위 1 ; 서긍,『고려도경』권12, 장위2.
112 『고려사』권81, 지35, 병1, 병제, 별호제반.
113 임용한,『전쟁과 역사(2)-거란·여진과의 전쟁』, 혜안, 2004, 82쪽.

다. 『육도六韜』에 따르면 "적의 보병과 기병을 공격하고 궁지에 몰린 적을 요격하며 패주하는 적을 차단"[114]하는데 사용하는 무기로 강조康兆가 거란 전쟁에서 그 위력을 입증했다.

석포는 포차砲車라고도 하는데 글자 그대로 돌대포다. 성에 고정시켜 놓고 수십 근 무게가 나가는 돌을 장착해 날리는 도구로서 성에 접근하는 적군에게 결정적인 타격을 가하는 무기다. 1032년(덕종 1)에 뇌등석포雷騰石砲를 제작했다는 기록이 있으며, 1135년(인종 13) 묘청의 난 때에는 화구火毬(오랫동안 불타는 둥근 물건)를 장착해서 사용하기도 했다. 몽골 전쟁 때에도 석포는 박서가 이끄는 군대가 구주성에서 몽골군을 물리치는 원동력이 되었다.

---

114 『육도직해』 권4, 호도, 제31 군용.

제3절

군사이론과 병법

고려(918~1392)는 조선 왕조 만큼이나 5백여 년이라는 유구한 기간 동안 장기 지속한 왕조였다. 고려가 건국되던 10세기 무렵, 국제 정세는 한반도의 고려, 중원의 한족, 만주 지역의 거란·여진의 호족이 동아시아 패권을 둘러싸고 각축을 벌이고 있었다.

12세기 초반까지 고려와 송·요[거란]가, 1125년에 거란이 망하고 1126년에 송이 멸망한 후에는 고려와 (남)송·금이, 1234년 금이 멸망한 뒤에는 고려와 (남)송·원이 다원적인 국제 질서를 형성하였다.

10세기 이래 중국대륙에서 패권이 요[거란], 금[여진], 원[몽골]으로 옮겨가면서 고려는 이민족과 크고 작은 마찰이 많았고 큰 전쟁도 치렀다. 대표적으로 큰 전쟁만 꼽아보면, 993년(성종 12)~1019년(현종 10)까지 거란과 전쟁을 했고, 1231년(고종 18)~1256년까지 몽골과 싸웠다. 또 1274년(충렬왕 즉위년)·1281년에 두 차례 일본 원정을 수행했고, 1359년(공민왕 8)·1361년에는 홍건적의 침입을 받았다.

이렇듯 중원의 한족, 만주지역의 거란·여진·몽고 등과 치열한 각축을 벌인 고려는 실리 외교를 바탕으로 군사력을 지속적으로 강화했다. 따라서 고려시대에는 전략·전술이나 전투법, 병법을 포함한 군사 이론에 관한 연구가 심도 있게 진행되고 병서 간행도 활발했으리라고 추정된다.

1. 군사이론에 대한 이해

1) 군사이론

중국은 B.C. 2700년 경의 황제黃帝 시절에 『악기경握機經』이라는 병서가 나올 정도로 병학의 역사가 오래되었다. 그리고 한반도에서 고구려, 백제, 신라가 각축을 벌일 때에 중국에서는 『손자』, 『오자』, 『육도』, 『삼략』, 『사마법』 등의 병서가 널리 퍼져있었다.

현재 삼국시대의 병서로서 남아있는 책이나 전해지는 서명이 없으므로 자세한 내용은 알 수 없다. 그렇지만 『삼국사기』나 『삼국유사』에 병법兵法에 대한 내용이 등장하므로 삼국에서 각국의 실정에 맞게 전법을 발전시켜나갔다고 보여진다.

특히, 674년(문무왕 14) 9월, 문무왕은 영묘사靈廟寺 앞길에 행차하여 열병식을 거행하고 아찬(阿湌, 6품) 설수진薛秀眞의 육진병법六陣兵法을 관람했다는 기록이 있다.[115] 육진병법은 육화진법六花陣法으로 당나라 이정李靖이 제갈량의 팔진법八陣法에 의거해 만든 병법이다. 이 육화진법은 오행진법五行陣法에서 사용한 방方·원圓·곡曲·직直·예銳의 진형이 명칭으로 나타나 있으므로 신라에서 오행진법을 구사했을 가능성이 높다.

이처럼 이미 신라에서 진법에 대한 지식이 있었다면 고려도 중국의 선진 병법에 기초하여 독자적으로 개발하고 발전시킨 군사 이론이 풍성했으리라고 여겨진다. 대표적인 사례로 1091년(선종 8) 6월에 송 황제 도종道宗이 고려로부터 구하고자 한 서적 목록이다. 송 황제 도종은 고려에 좋은 판본이 많다는 말을 듣고 비록 권수가 부족하더라도 꼭 베껴서 보내줄 것을 요청하였다.

이 가운데 병서로서 주목되는 책으로 『제갈량집諸葛亮集』 24권, 『병서적요兵書摘要』 7권, 『유흠칠략劉歆七略』이 있다.[116] 제갈량(181~234)은 고대 병법의 진형陣形들을 발

---

115 『삼국사기』 권7, 신라본기 제7, 문무왕 하.
116 『고려사』 권10, 세가10, 선종 8년 6월 병오, "李資義等還自宋奏云 帝聞我國書籍多好本命館伴書所求書目錄授之乃日 雖有卷第不足者亦須傳寫附來 百篇尙書 荀爽周易十卷 京房易十卷 鄭康成周易九

전시켜 팔진八陣을 만드는 등 군사 전략에 뛰어난 인물로 유명하다. 팔진은 전통시대 중국이나 한국에서 진법의 기초로 활용되는 매우 중요한 진형이다. 『병서적요』는 내용을 알 수 없으나 중국 위魏나라 무제武帝가 펴낸 병서로 알려져 있다. 『유흠칠략』은 유향의 아들 유흠의 저서로서, 칠략이란 집략輯略, 육예략六藝略, 제자략諸子略, 병서략兵書略, 술수략術數略, 방기략方技略을 뜻한다.

따라서 위의 기록으로 보아 제갈량의 병서가 고려시대 또는 그 이전에 한반도에 수입되었음을 알 수 있다. 또 송에서 중국대륙에서 편찬되었으나 이미 없어진 책을 거꾸로 고려에서 구하고자 한 정황으로 볼 때 고려가 중국의 병서를 소장하면서 병학 연구를 활발하게 진행했음을 충분히 짐작할 수 있다.

『고려사』에는 병학이나 병서에 관한 기록이 종종 등장하고 있어 이러한 추론에 힘을 실어준다. 먼저 『고려사』에는 간수군看守軍이 등장하는 데 이 가운데 '병서장兵書藏'이 등장하고 있어 병서가 보관된 창고를 지키는 군사가 있었음을 알 수 있다.[117]

다음으로 병서에 능통했다는 표현도 자주 등장하고 있어 군사이론서에 대한 지식이 공유되었다고 여겨진다. 당시 이름난 명장이나 용병에 관심이 있는 식자들은 무경칠서武經七書를 숙독하고 활용한 것으로 보인다.[118] 예컨대, 궁예의 신하였다가 태조에게 귀순한 윤선尹瑄은 "병법[도령韜鈐]에 정통하였다."[119]고 한다. 고려 전기에 김부金傅는 "육도와 삼략에 정통하였고 적을 치는 데 승패를 마음대로 하는 도략을 가졌다."[120]는 평가를 받았다.

공민왕 대에도 정세운鄭世雲은 1362년(공민왕 12) 홍건적을 격퇴한 직후 행재소에 머물고 있던 공민왕에게 보고서를 올렸다. 그 보고서에는 "지난 해 11월에 물밀듯이 달려든 강적을 만나니 그 기탄없이 감행하는 악독한 행동으로 말하면 사나운 야수도 그보다 더 할 수 없었고 그 전술을 보아도 손무孫武와 오기吳起가 맞서기 어려울 것이었습니다."[121]고 지적했다.

卷…諸葛亮集二十四卷……兵書摘要七卷……."
117 『고려사』 권83, 지37, 병3, 간수군.
118 박한남, 「공민왕대 왜구침입과 우현보의 '상공민왕소'」 『군사』 34, 1997, 70쪽.
119 『고려사』 권92, 열전5, 왕순식 부 윤선.
120 『고려사』 권2, 세가2, 경종.

고려말 태조 이성계 역시 병법에 능통했던 인물로 보인다. 이성계가 병법에 의거하여 전투를 했던 기록이 남아있다. 이 기사를 보면 "태조는 사음동舍音洞에 주둔하면서 척후병을 파견하였다. 척후병이 차유령까지 가니 적들이 산에 올라가서 나무와 풀을 채취하는 자가 대단히 많았다. 척후병들이 이것을 보고하니 태조가 '병법에 의하여 약한 데를 먼저 공격하여야 한다.'고 말하고 명령을 내려 쳐서 거의 모두 생포하고 베어 죽였으며 자신은 정병 6백 명을 데리고 그 뒤를 따라 차유령을 넘었다."[122]고 한다. 이성계가 어떤 병법을 사용했는지 알 수 없으나 병법을 거론할 정도로 병법에 조예가 깊었다고 여겨진다.

고려의 군사이론서와 관련하여 주목되는 사항은 병서에 관한 연구나 교육이 시행되었다는 점이다. 1076년(문종 30) 녹제祿制에 나타나는 무학박사武學博士는 무학을 교습하던 교관으로 병서에 관한 연구나 교육을 담당하는 관리로 추정된다. 또한 북방 여진족과 긴장이 고조되면서 1109년(예종 4)에 7재齋의 하나로 강예재講藝齋(무학재武學齋)를 두어 무학을 전문적으로 실시하기도 했다.

고려 말에는 병서 및 병학에 대한 이해가 심화되었던 것 같다. 고려시대 병학의 발전과 관련하여 주목할 임금은 공양왕이다. 공양왕은 1390년(공양왕 1)에 십학十學을 설치했는데 여기에 병학兵學을 두어 군후소軍候所에서 담당하도록 했다.[123] 그리고 그 이듬해에는 문·무 한쪽을 폐할 수 없다는 도평의사사의 건의에 따라 무과가 시행되었다. 여기서 주목되는 점은 무과 선발에서 병서 및 무술에 정통한 사람을 동시에 선발했다는 점이다.

공양왕 2년(1391) 윤 4월에 도평의사사에서 아뢰기를 "문·무의 두 길은 그 어느 하나도 폐지할 수 없는 것인데 우리나라에서는 다만 문과만 보고 무과는 보지 아니 하였으므로 무예에 통달한 사람이 적습니다. 마땅히 인년寅年과 신년申年과 사년巳年과 해년亥年에는 무과 시험을 실시하기로 하되 그 고시관考試官은 양부兩府 이상 관원 중에서

121 『고려사』 권113, 열전26, 정세운.
122 『고려사』 권40, 세가40, 공민왕 11년 7월.
123 『고려사』 권77, 지31, 백관2, 제사도감각색.

한 명을 선정하고 동고시관同考試官은 3품·4품 중에서 문관·무관 각 한 명씩을 선정하며 시험 선발과 패牌(합격증)를 주는 것도 전부 문과 의식과 같이 할 것입니다. 그리고 1등은 3명으로 하되 모든 병서兵書를 다 통달하고 또 무술에 정통한 사람을 뽑을 것이며 2등은 7명으로 하되 대강 무술을 학습하고 병서에 통달한 사람을 뽑을 것이고 3등은 23명으로 하되 혹은 병서를 통달했거나 또는 한 가지 군사 기술에 정통한 사람을 뽑는 것을 영구한 규정으로 할 것입니다."라고 하니 왕이 이 제의를 좇았다.[124]

이처럼 병서에 대한 지식을 구체적으로 요구한 것은 고려 말의 국내외 상황이 달라졌다는 것을 의미한다. 곧 고려시대에 줄곧 북방 민족과 전쟁을 벌이다가 이때에 와서 남방의 왜구와의 전투에서 가열되면서 새로운 전법이 필요했기 때문이 아닌가 싶다.[125] 이 점은 군사 이론이란 불변의 법칙이 아니라 시대가 요구하는 전법을 새롭게 개발하고 익혀야 하는 학문임을 의미한다.

2) 진법

진법陣法이란 한 마디로 대열을 짓기 위한 방식이라 할 수 있다. 한 명의 보병이 힘을 발휘하기 위해서는 일정한 숫자를 확보하여 단체로 뭉쳐야 한다. 뭉치지 못하면 바로 적에게 밀리게 되므로 대열을 유지하는 것이 지상과제라고 할 수 있다. 또 병사들이 공포에 휩싸인 채 우왕좌왕하지 않도록 사기를 진작시키기 위해서 대열을 짓는 것이다.[126]

예컨대, 손무가 오왕의 앞에서 궁녀들을 동원하여 진법을 보여주었다. 손무는 궁녀들과 미리 "앞이라 하면 가슴을 보고, 왼쪽이라 하면 왼손을 보고, 오른편이라 하면 오른손을 보고, 뒤라고 하면 등을 본다."[127]고 약속했으며 명령 전달은 북소리로 했다.

---

124 『고려사』 권74, 지28, 선거2, 과목2, 무과.
125 윤훈표, 「조선초기 무경강습제」 『역사와 실학』 32, 2007, 역사실학회, 2007, 386~387쪽.
126 이희진, 『전쟁의 발견』, 동아시아, 2004, 263~267쪽.
127 『史記』 권65, 손자오기전.

여성도 대열을 짓고 약속에 따른 훈련을 한다면 훌륭한 군사가 될 수 있다는 것을 보여준 사례라고 할 수 있다.[128]

대열의 힘은 병사들을 한 단위로 운용하는 데에 있다. 그렇다면 어떻게 대열을 지은 병사들을 하나처럼 움직이게 할 수 있을까? 바로 지휘관의 명령이다. 곧 밀집된 군사들을 북, 징, 나팔 등 신호에 따라 종대·횡대 대열로 질서있게 움직이게 해야만 적과 맞붙어서 승리를 이끌 수 있다. 이는 평상시 꾸준한 제식훈련이 있어야만 가능하며, 유사시 병사들이 공격 개시 신호에 맞추어 일사불란하게 움직일 수 있다. 진법이란 현대적 의미에서 대열을 짓고 제식 훈련을 하는 방식이라 할 수 있다.

『고려사』에도 이미 진법과 관련한 내용들이 등장하고 있다. 문종(재위기간 1046~1083)이 즉위하자 시중 최제안崔齊顏 등이 아뢰기를 "병서에 이르기를 만 명이 되는 군대는 3천 명을 뽑아서 기奇로 하고, 1천 명이 되는 군대는 3백 명을 뽑아서 기奇로 한다 하였으니 청컨대 6위군 가운데 장군 1인이 영솔한 부대에서 각각 2백 명씩 뽑아 선봉군으로 조직해야 합니다."[129]고 하니 왕이 허락하였다고 한다. 최제안이 병법에 따라 선봉군을 조직하는 방안을 제시하고 있는데, 여기에는 나오지 않았으나 선봉군들이 진법에 따라 훈련되었으리라는 점을 짐작할 수 있다.

고려시대에 진법에 관한 기록은 고려 말에 집중되어 있다. 먼저 김인경은 몽골군 진법을 정찰하기 위해 자원했는데, 손자 및 오자의 병법에 근거한 진법에 대한 지식이 있었음을 알 수 있다.

> 고종 초년에 조충趙冲이 강동성江東城에서 거란병을 공격할 때 김인경을 선발하여 판관으로 삼았다. 그때에 몽골 원수 합진哈眞과 동진 원수東眞元帥 완안자연完顔子淵이 군량을 청했다. 그래서 조충이 그들의 군정을 탐지해 보려 하였으나 적임자를 얻기 어려웠다. 이때 김인경이 자원하여 가려 하니 조충이 말하기를 "막중幕中에서 작전을 계획하며 참모로 일하는 것이 그대의 직책이다. 위험을 무릅쓰고 정찰하는 것은 그대의 익숙한 일이 아닌지라 어째서 감히 가겠다고 자원하는가?"라고 물었다. 이에 "일찍이 듣

---

128 서영교, 「나당전쟁기 唐兵法의 도입과 그 의의」 『한국사연구』 116, 2002, 40쪽.
129 『고려사』 권81, 지35, 병1, 병제, 문종 즉위년.

건대 몽골은 포진布陣할 때 손오병법孫吳兵法에 의거하여 작전한다고 하는데 나도 젊었을 때 병서兵書를 읽어 그 내용을 약간 알기 때문에 가보려고 합니다."라고 했다.[130]

또한 임박은 "원질元質인데 안동부安東府 길안현吉安縣 사람이다. 공민왕 9년에 과거에 급제하여 개성 참군參軍으로 선발되었다. 그 다음 해 홍건적이 개성을 침략하니 원수 김득배金得培가 임박이 병법에 정통하였다 하여 자기의 부하로 두고 그와 함께 작전 계획을 세웠다"[131]고 한다.

그러면서 고려군이 사용한 전법에 대해서 "이번에는 전단田單(전국시대 제齊나라 사람)의 화우火牛 같은 단순한 기습奇襲을 모방하지 않았으며 제갈량의 팔진과 같은 심오한 전술에 의거했습니다. 이소李愬(당 장수)가 눈이 내리는 밤에 공격하여 채주蔡州를 탈취하고 한신韓信이 배수의 진을 치고 조벽趙壁을 격파한 것은 사건은 비록 다르나 그 이치는 상통했습니다."[132]고 보고했다.

고려말 우현보禹玄寶(1333~1400)도 진법과 관련하여 주목되는 인물이다. 우현보는 유학에 관한 서적뿐만 아니라 『관자』, 『오자』, 제갈량, 무경칠서 및 진법 등과 같은 각종 병서를 통독한 사람이다. 우현보는 충정왕 이래 계속된 왜구에 대한 소극적인 방어체계에 대한 비판을 가지고 이에 대한 전략을 여러모로 생각했던 것 같다.

백성을 훈련시키지 않고 전쟁에 내보내는 것은 곧 백성을 버리는 것이라 했습니다. 더욱이 전쟁은 위험한 일이어서 한 번 이기고 한 번 지는 것은 국가의 존망을 좌우하느니만큼 신중히 하지 않을 수 없습니다. 국가에서 평소 예비가 없고 백성은 전투를 알지 못하는데 갑자기 변고를 만나서 혼란에 빠진 다음에야 비로소 사람을 몰아서 군대를 편성한다면 그들은 싸움을 시작하기도 전에 적의 기세만 바라보아도 쓰러지게 됩니다. 이렇게 해서야 어찌 승리할 수 있겠습니까. 비록 손무와 오기를 장수로 삼는다 해도 어쩔 수 없을 것입니다. 마땅히 장수를 뽑고 미리 병졸을 모아서 훈련시켜 가르치고 익혀

---

130 『고려사』 권102, 열전15, 김인경.
131 『고려사』 권111, 열전24, 임박.
132 『고려사』 권113, 열전26, 정세운.

서 귀는 북소리와 징소리에, 눈은 깃발에 익숙하여 모두 전투를 두려운 일로 여기지 않게 하면 비록 강적을 만나도 모두 용감히 싸울 것이며 낭패와 혼란을 가져오지 않을 것입니다.[133]

우현보는 고려군이 평소 훈련되지 않은 오합지졸로 멀리 오는 왜적을 멀리 바라만 보고도 도망가는 실정을 비판하면서 아무리 훌륭한 장수가 와도 이들을 호령할 수 없다는 것이다. 따라서 우현보는 백성이 비상사태에 대비하여 일반적인 호령에 익숙해진다면 적에 응전할 때와 산성 입보 등에 규칙적으로 대응함으로써 그 피해는 최대한 줄일 수 있다고 보았다. 그리고 진법에 익숙한 장수들의 호령은 군의 사기를 높이고 싸움을 승리로 이끌 수 있는 확률도 그만큼 높을 것으로 보았다. 우현보는 우왕 대에 국가기무를 담당하는 밀직사密直司를 계속 역임하고 있어 군사전략이나 병법에 대한 관심이 높았음을 짐작할 수 있다.

정도전도 진법교습의 목적에 대해 "금고金鼓와 기휘旗麾의 절차를 밝히고 나아가는 것과 물러가는 것, 치는 것과 찌르는 것을 익히면 군사는 장수의 뜻을 알고 장수는 군사의 실정을 알아서 전진할 수 있으면 전진하고 후퇴할 수 있으면 후퇴하고 수비하면 반드시 견고할 것이고, 공격해 싸우면 반드시 승리할 것이니 이는 평소 훈련한 바가 있기 때문이다."[134]고 하면서 군사 훈련의 중요성을 역설하였다.

고려 말 진법과 관련된 병서의 출현은 왜구의 침입과 밀접한 관련을 맺지 않았

정도전 동상(충북 단양 도담삼봉)

---

133 『고려사』 권115, 열전28, 우현보.
134 『조선경국전 하』, 정전, 교습, "明金鼓旗麾之節, 習進退擊刺之宜. 兵識將意, 將識士情, 可以進則與之偕進, 可以退則與之偕退, 守則固, 戰則勝, 此教之有素也."

을까 추측할 수 있다. 즉 고려 말에는 중국의 역대 진법을 설명한 서적이 용병에 관심을 갖는 식자들 사이에 널리 참고되었으며, 이러한 분위기에서 진법서가 간행되어졌다고 보인다.

2. 군사이론서

1) 병서의 현황과 종류

'병서'는 말 그대로 '병兵'에 관한 내용을 전문적으로 담고 있는 책이다. '병'은 중국에서 대체로 무기, 군인 또는 군대, 싸움 또는 병법이라는 의미로 사용되었다. 『설문說文』, 『광운廣韻』, 『주례周禮』에서는 병기, 『사기史記』나 『한서漢書』에서는 군인 또는 군대, 『예기禮記』나 『전국책戰國策』에서는 '싸우다' 또는 '병법'이라는 뜻으로 썼다. 이처럼 '병'은 무기에서 점차 군인·군대·전쟁·병법 등으로 의미가 확장되었다.[135]

따라서 병서란 군사 문제에 관하여 기술한 서책을 뜻한다. 구체적으로 군대 편성과 운용, 무기, 진법(전투대형)과 군사 훈련, 공격 및 방어법 등을 서술한 책을 말한다. 이런 측면에서 병서는 과거의 전쟁에서 축적한 경험의 토대에서 전쟁의 양상, 군사 작전이나 전투법, 병기 운용, 명령법 등 각종 전략·전술을 비롯해 촌철살인의 지혜가 응축되어 있다. 나아가 이러한 군사 이론이나 병법을 당대 군사 현실이나 전쟁·전투에 실질적으로 적용하려는 방책들이 담겨있다. 이 때문에 병서에는 당시 사회상이 여실히 반영되어 있다.

현재까지 고려시대의 병서로 알려진 책은 그다지 많지 않다. 정종(재위년 1034~1046) 대의 『김해병서金海兵書』, 우왕(재위 : 1374~1388) 대에 정도전의 『팔진삼십육변도보八陣三十六變圖譜』 등이 전부이다. 더구나 이 책들은 모두 현전하지 않은 채 존재만 알려져 있다.

---

135 백기인, 『중국군사사상사』, 국방군사연구소, 1996, 13쪽 ; 노영구, 『조선후기 병서와 전법의 연구』, 서울대학교 박사학위논문, 2002, 1쪽.

오늘날 고려시대 병서의 존재를 알려주는 자료는 대표적으로 『연려실기술』과 『증보문헌비고』이다. 이 두 자료에는 공통적으로 고려시대의 병서로 『김해병서』를 소개하고 있다. 또한 조선 후기 학자 성해응成海應(1760~1839)의 문집 『연경재전집硏經齋全集』에도 『김해병서』가 소개되어 있다.

『연려실기술』과 『증보문헌비고』 및 『연경재전집』에는 모두 『김해병서』에 대해 "고려 정종 때에 서북로 병마사가 아뢰기를, ' 『김해병서』는 무략武略의 핵심이니 연변沿邊의 여러 고을과 진에 각각 한 벌씩 하사하소서.' 하고 청하므로, 그 말을 따랐다."[136]고 기록되어 있다.

실제로 『고려사』에서 1040년(정종 6) 서북로 병마사西北路兵馬使가 "『김해병서』는 무략의 요결이니 연변의 여러 고을과 진에 한 권씩 하사하소서."하고 청하므로 왕이 그대로 시행했다는 기록[137]이 있으므로 그 존재를 확인할 수 있다. 『김해병서』는 저작 연대가 불분명하나 이 내용으로 보아 아마도 1040년 또는 그 이전에 간행되어 무장들이 수시로 보던 병서로 추측된다.

『김해병서』가 배포된 시기는 고려가 거란과의 전쟁을 끝내고 여진이 자주 노략질을 일삼는 동계지역에 축성 사업을 시작할 무렵이다. 동계와 북계를 연결하는 천리장성은 1033년에 시작해 1044년 무렵에 완성되었다.

거란 전쟁(993~1019)이라는 값비싼 교훈을 바탕으로 북쪽 군사 요충지를 동서로 잇는 장성 축조의 첫 삽을 뜨게 된 것이다. 천리장성은 한 번에 이루어진 사업이 아니었다. 덕종과 정종 대에 걸쳐 장기간 추진되었고 동북부를 개척하는 사업과 맞물리면서 이루어졌다. 1차적으로 완성된 장성은 압록강에서 동해안까지 이르렀으나 동계 지역은 취약한 상태였다.

정종은 1044년(정종 10)에 장주長州와 정주定州 및 원흥진元興鎭에도 성을 축조했다.[138] 즉 오늘날의 정평 일대에도 성을 쌓았다. 이 사업으로 동북면의 장성은 금진천

---

136 이긍익, 『연려실기술』 별집 권14, 문예전고 병서류 ; 『증보문헌비고』 권115, 병고 7 병서 ; 성해응, 『연경재전집』 외집 권58, 필기류 ; 동국병서.

137 『고려사』 권81, 지35, 병1, 정종 6년 8월.

138 『고려사절요』 권4, 정종 10년 10월.

을 따라 정평을 거쳐 원흥진까지 연결되었고, 고려가 여진과 접경한 전초 기지가 화주(영흥)에서 정주까지 북상하게 되었다. 이로써 1033년에 시작된 축성 사업은 1044년(정종 10)까지 12년 동안 진행되었고 사업을 마쳤을 때 고려의 북방에는 압록강에서부터 동해안 도련포까지 이어지는 대장성이 위용을 드러냈다.

역사적으로 동아시아에서 장성은 한 국가가 특정 지역에서 정치·군사적 통제권을 주장할 수 있도록 전략적 요새를 구축할 목적으로 세워졌다. 장성은 방어뿐만 아니라 공격 면에서도 중요하였다. 산길이나 강여울을 장악하면 전진하는 적군을 막고 아군의 통로를 보장할 수 있었기 때문이다.[139] 그러므로 천리장성의 축조는 북방의 기마민족에 대한 방어 체제를 강화했음을 의미한다.

이런 시기에 서북로 병마사가 무략의 요결로서 『김해병서』를 여러 읍진에 배포하자는 건의는 의미심장하다. 곧 『김해병서』는 거란 전쟁을 통해 나온 전술 경험이나 무략과 무관하지 않다고 보인다. 하지만 병서의 내용에 대해서는 전혀 알려진 것이

이제현 초상(국립중앙박물관)

없어 더 이상의 내용을 알 수 없다.

다음으로 『김해병서』와 함께 주목할 병서가 정도전이 지은 『팔진삼십육변도보』이다. 저작 연대가 불확실하나 1385년(우왕 11) 이전으로 추정된다.[140] 권근은 이 책에 대해 "8진을 기초로 하여 36변의 계보를 만들었다."고 설명했으며, 변계량卞季良은 "습진훈련의 대강만을 말하였다."[141]고 평했다. 8진이란 제갈량이 고안한 8가지 전투대형으로, 동당洞當·중황中黃·용등龍騰·조비鳥飛·호익虎翼·절충折衝·악기握機·연형連衡이 여기에 해당한다. 따라서 정도전이 제갈량의 8진을 토대로 하여 고려의 실정에 맞는 독자적인 병법을 만든 것으로 보인다. 이 병서에 대해서는 아래에서 자세

139 니콜라 디코스모, 『오랑캐의 탄생』(이재정 옮김), 황금가지, 2005, 190쪽.
140 한영우, 『왕조의 설계자 정도전』, 지식산업사, 1999, 109쪽.
141 정도전, 『삼봉집』, 「삼봉집서」(권근) ; 변계량, 『춘정집』 권5, 진설문답.

히 분석할 예정이다.

이밖에 서명은 전하지 않으나 이제현李齊賢(1287~1367)이 지은 병서도 확인된다. 이러한 사실은 변계량이 쓴 「진설문답陣說問答」에 나와 있다. 아래의 글에서 보듯이 이제현이 지은 진법서가 존재했으며 이 진법서가 조선 초기에 다른 진법서에 큰 영향을 끼쳤음을 알 수 있다.

> 삼봉三峯(정도전)의 진법은 습진훈련의 대강만을 말한 것이며, 호정浩亭(하륜)의 진법과 이번에 병조에서 새로 지은 진법은 모두 익재益齋(이제현)의 진법과 비슷하다.[142]

여기서 한 가지 주목할 사항은 고려 말에 간행된 병서가 진법에 관한 내용이라는 사실이다. 이 점은 당시 군졸에게 전투대형과 작전술을 훈련시키는 일을 중시했음을 보여주는 증거라고 할 수 있다. 앞서 소개했듯이 공민왕 대 관료 우현보나 정도전 역시 군사 훈련의 중요성에 대해 강조했다.[143]

이상의 내용을 정리해 보면, 고려는 5백여 년이라는 장구한 기간 동안 대내외적으로 크고 작은 전쟁을 끊임없이 겪었다. 특히 고려 왕조가 활약하던 시기는 중국 대륙에서 한족과 여러 이민족이 패권을 둘러싸고 자웅을 겨루던 시대였다. 이 때문에 고려에서는 실리 외교를 바탕으로 끊임없이 군사력을 키워왔고 이와 더불어 병법도 발달했으리라고 본다.

현재 고려시대 병법을 담은 책으로는 『김해병서』와 『팔진삼십육변도보』라는 서명만 알려져 있고 실물도 남아있지 않다. 하지만 중국 송 황제나 이제현의 사례에서 보듯이 고려시대에 다양한 전법이 연구되고 병서가 간행되었을 가능성은 매우 높다.

---

142 변계량, 『춘정집』 권5, 「진설문답」.
143 『고려사』 권115, 열전28, 우현보.

2) 정도전의 군사사상과 병서

정도전이 고려 말에 지은 것으로[144] 알려진 『팔진삼십육변도보』는 권근의 설명에 따르면 "8진을 토대로 하여 36변의 계보를 만들었다"[145]고 한다. 8진이란 제갈량이 지은 병법으로 정도전이 이를 기초로 하여 병서를 만들었다고 보인다.

정도전은 "지금 강무하는 법을 보면 금고와 기치를 가지고 나아가고 물러서고 앉고 서는 절차만 자세히 가르치고, 창칼, 활, 화살을 가지고 치고, 찌르고 활쏘고 말달리는 기술은 연습하고 있지 않지만 이것은 생략하자는 것이 아니고 가르치는 데 순서가 있어서입니다."[146]고 했다.

정도전은 1392년 7월 개국 직후에 『오행진출기도』를 만들어 태조 이성계에게 올렸다. 이 병서는 『주례』의 사마수수법司馬蒐狩法과 진晉 문공文公의 피로지수被盧之蒐, 제齊 민공湣公의 기격법技擊法, 위衛 혜공惠公의 무졸武卒, 진秦 소공昭公의 예사용병법銳士用兵法, 양저穰苴·이정李靖·사마무후司馬武后 등의 병법을 절충 참작해 만든 독자적인 병서이다. 정도전은 『오행진출기도』와 같은 때에 『강무도講武圖』를 짓기도 했으며 이 이후에 『진법』을 편찬한 것으로 추정된다.[147]

정도전은 군사 훈련에서 중요한 사항은 개인의 기술이 아니라 진형 및 그 운용법이 더 중요함을 역설하고 있다. 다시 말해서 단순히 개인 기술의 우수성이 전승을 가져다 주는 것이 아니라 보다 중요한 것은 전군의 전투 대형의 훈련과 작전술임을 지적하고 있다. 따라서 고려 말에 정도전이 전투 대형을 중시하여 편찬한 『팔진삼십육변도보』는 조선 개국 후에 편찬한 『진법』과 매우 유사했으리라고 추정된다.

정도전이 고려 말부터 진법을 중시하여 병서의 간행에 심혈을 기울인 이유는 무엇일까? 조선 개국에 참여한 사람으로 정도전(?~1398)만큼 우리에게 잘 알려져 있는 인물도 드물다. 반면에 정도전의 생애에 대해 구체적으로 아는 사람도 그다지 많지

---

144 송규빈의 생애에 대해서는 백기인, 『조선후기 국방론 연구』, 혜안, 2004, 23~41쪽 참조.
145 정도전, 『삼봉집』, 「삼봉집서」(권근).
146 정도전, 『조선경국전』, 진법 정진.
147 허선도는 『진법』의 편찬 연대를 1397년(태조 6)으로 파악했다.

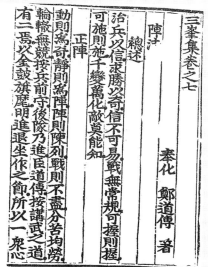

정도전의 『삼봉집』에 수록된 진법

않은 듯 하다. 다만 태조 이성계를 도와 조선 개국에 열정적으로 참여한 사람 정도가 아닐까 싶다.

정도전은 명성에 걸맞지 않게 출생연도나 출생지가 확실하지 않다. 본관은 봉화本化이며 매우 한미한 가계로 알려져 있다. 조상들이 대대로 봉화 지방의 향리를 지냈고 아버지 정운경鄭云敬(1305~1366) 때에 비로소 중앙의 관리로 진출하기 시작했다. 어머니 우씨禹氏 역시 혈통에 노비의 피가 섞여있다는 논란이 끊이지 않았다. 이러한 혈통상의 하자로 인해 정도전은 벼슬 초창기부터 사후에까지 노비가 혹은 서얼가로 폄하되어 정적들의 공격을 받기도 했다.

정도전이 한미한 혈통과 경제적 빈곤을 뚫고 사대부 대열에 오를 수 있던 것은 총명한 자질 덕분이었다. 어려서부터 많은 책을 읽은 정도전은 유학자로 명망이 높던 이색의 문하에서 공부했다. 이색은 아버지 정운경의 절친한 벗인 이곡李穀의 아들이다. 그후 1360년(공민왕 9)에 19세의 나이로 성균시에 합격하고, 2년 후인 1362년에 진사시에 합격해 관직에 발을 들여놓았다. 1363년에 충주의 사록司錄, 1364년에 전교주부典校主簿(종7품), 1365년에 통례문지후通禮門祗候(정7품), 1371년에 예의정랑禮

儀正郎(종6품) 등의 벼슬을 역임하면서 순탄한 출세길을 걸었다.

그러나 이후 정도전의 삶은 시련의 연속이었다. 1374년 공민왕이 시해되고 우왕이 즉위하면서 권력은 이인임李仁任·염흥방廉興邦 등 권문세족에게 돌아갔다. 이들은 공민왕이 추진하던 개혁정치를 원점으로 돌리면서 친원반명親元反明 정책을 주장했다. 그러나 정도전은 새로이 세력을 떨치는 명나라를 멀리하는 외교는 현명하지 않다고 판단하고 이인임·염흥방 등에 반발했다. 결국 정도전은 1375년(우왕원년)에 전라도 나주로 유배되었다.

1377년에 정도전은 귀양살이가 완화되어 고향으로 돌아왔다. 이후 영주·삼봉 그리고 삼각산·부평·김포 등지를 전전하면서 6년 동안 유랑 생활을 했다. 당시 고려는 내우 외환이 절정에 달한 시기였다. 왜구의 잦은 침략으로 사회가 불안했고 권신의 발호로 민생은 피폐했다. 정도전은 유배지와 유랑 생활 속에서 고통받는 민중의 생활을 직접 눈으로 확인했고 자신도 경제적 빈궁과 외로움 속에서 힘겨운 생활을 했다. 정도전이 『경제문감』(1395년)에서 "민은 국가의 근본으로 통치자의 모든 행위나 명령·법제 등이 하나같이 민을 위하고 민을 존중하는 것이 아니면 안된다."고 주장한 것도 당시 체험과 무관하지 않다.

유랑 생활을 하던 정도전에게 인생의 중요한 계기가 찾아왔다. 그것은 1383년에 함경도로 여행을 갔다가 동북면 도지휘사를 맡고 있던 이성계를 찾아간 일이다. 당시 이성계는 왜구 토벌로 명성이 높은 무장이었다. 이 때 두 사람 사이에 어떤 결의가 이루어졌는지 알 수 없다. 다만, 이듬해인 1383년에 정도전이 다시 벼슬길에 오르고 이후 이성계의 추천으로 출세가도를 달리기 시작한 것으로 보아 두 사람 사이에 긴밀한 관계가 형성되었다고 여겨진다.

정도전이 벼슬에 다시 나간 지 얼마 뒤에 정국은 급변했다. 1388년에 이성계는 요동 정벌에 나섰다가 위화도에서 군대를 돌려 최영을 제거했다. 실권을 장악한 이성계는 우왕을 폐위하고 창왕을 옹립했다. 이듬해인 1389년에는 창왕 마저 폐위하고 공양왕을 옹립했다. 그리고 마침내 1392년 7월 17일, 이성계는 고려왕조를 폐하고 새 왕조 조선을 창건했고 왕으로 추대되었다.

정도전은 급진적인 이상주의자였다. 혁명을 달성한 후 정도전은 조선의 건국 사업에 혼신의 힘을 바쳐 정력적으로 참여했다. 사병私兵 혁파, 한양 천도와 도성 건설, 궁궐·도성문 이름 짓기, 요동 정벌 운동 등을 주도하면서 정치적 실권과 병권을 장악했다. 숭유억불 정책을 이론적으로 뒷받침하고 조선 헌법의 기초이자 정치이론서인 『조선경국전』을 지었다. 또 인정仁政과 덕치德治를 강조하면서 민심에 부응하지 못하는 군주는 바꿀 수 있다는 민본정치를 주창한 정치가였다.

이처럼 조선의 기초를 다지기 위해 온몸을 투신한 정도전은 불행한 최후를 맞는다. 왕권을 둘러싼 정쟁의 와중에서 1398년 8월에 이방원(태종) 일파에 의해 살해되었다. 이때 정도전 나이 채 60세도 되지 않았다고 한다.

그렇다면 정도전이 병서 편찬에 많은 노력을 기울인 까닭은 무엇일까? 그것은 병권의 중앙 집중화와 요동 정벌이라는 대내외적 과제를 헤쳐나가기 위해 정예화된 군사가 필요했기 때문이다. 정도전은 조선 개국 후 중앙집권체제를 갖추기 위해 병권의 중앙 집중화를 추진했다. 이 과정에서 왕실과 중신들이 보유하던 사병과 병권을 국왕의 통수권 안으로 흡수시키는 일이 당면 과제로 떠올랐다.

태조는 1393년에 병권의 중앙 집중을 위해 의흥삼군부義興三軍府를 설치해 최고책임자로 정도전을 임명했다. 의흥삼군부는 군무를 총괄하는 핵심 본부로서, 정도전은 군사 감독권과 지휘권을 의흥삼군부에 귀일시키는 한편 조심스럽게 진법 훈련을 추진했다. 정도전은 전국적으로 통일된 중앙 집중식 군사 훈련을 통해 군사권의 통제를 꾀하고자 했다. 태조가 1395년에 『진도陣圖』와 『수수도蒐狩圖』 등을 간행하고 훈련관訓鍊觀에서 여러 병서를 강습하도록 지시한 것도 이러한 맥락에서 이해할 수 있다.

조심스럽게 진행되던 병권의 집중화는 1396년(태조5) 외교문서[표전문表箋文] 사건으로 조선과 명의 관계가 악화되면서 구체적으로 진행되었다. 대명 관계의 악화를 계기로 정도전은 태조의 지원 하에 1397년부터 오랫동안 숙원 사업이던 요동 정벌을 주창했다. 그리고 이의 기초 작업으로 병권의 집중화에 박차를 가하는 동시에 군사 훈련을 강화시켰다. 정도전의 『진법』은 명과 전쟁 직전까지 치닫던 분위기 속에서 탄생한 작품이었다. 『진법』이 공격적·전투적이면서 실용성을 띤 간략한 내용으로 구성된 것도 이 때문이다.

『진법』의 구성은 특별한 체재없이 27가지 항목이 나열되었고 내용도 간략하다. 항목의 제목은 총술總述·정진正陣·결진십오지도結陣什伍之圖·오행출진가五行出陣歌·기휘가旗麾歌·각경가角警歌·기정총찬奇正總讚·금고기휘총찬金鼓旗麾總讚·논장수論將帥·무사졸오혜撫士卒五惠·용군팔수用軍八數·삼암三闇·삼명三明·오리五利·삼용三用·사법四法·요적제승사계料敵制勝四計·사격四擊·삼료三料·삼석三釋·오란五亂·오리五理·십일필전十一必戰·육필피六必避·공수삼도攻守三道·사공四攻·오수五守이다.

이 가운데『팔진삼십육변도보』와 관련이 있을 항목은 정진·결진십오지도가 아닐까 싶다. 〈정진〉에서는 군사훈련에는 크게 두 가지가 있다고 강조했다. 하나는 병사의 마음을 하나로 뭉치게 하기 위해 북·징·깃발 등을 이용해 좌작진퇴坐作進退(나가고 물러서고 앉고 일어서는 동작)를 밝히는 법이고, 또 하나는 병사의 힘을 하나로 뭉치게 하기 위해서 창검과 궁시를 이용한 공격법이다.[148]

〈결진십오지도〉에서는 평상시 전투에 대비해 부대 편제를 하여 결진하는 법을 잘 익혀두도록 했다. 군사 편성은 5인을 오伍, 2오를 십什 또는 소패小牌, 5십을 중패中牌, 10십을 총패總牌로 편성하고 총패 곧 100명을 전투의 기본 단위로 삼았다.[149]

현재 정도전이 고려 말에 지은『팔진삼십육변도보』의 내용은 알려진 사실이 그다지 많지 않다. 다만 정도전이 조선 개국 후에 편찬한『진법』에서 그 원형을 찾을 수 있을 뿐이다.

『진법』은 왕실과 중신들의 사병 기반을 혁파하고 요동 정벌의 달성이라는 대내외적 조건 속에서 만들어졌다. 그래서 여러 세력권에 흩어져 있던 각양각색의 군사를 하나로 통합시키는 한편, 요동 정벌을 위해 빠른 시간 안에 제대로 훈련된 군사들을 확보해야 했다. 이런 배경에서 만들어진『진법』은 자연스럽게 전투력 증강에 초점을 맞추어 장수나 병사들이 늘 상기해야 할 기초 전략을 중시했다. 아마도『팔진삼십육변도보』의 의도 역시 이와 비슷했다고 여겨진다.

---

148 정도전,『삼봉집』권13, 진법, 正陣.
149 정도전,『삼봉집』권13, 진법, 結陣什伍之圖.

조선시대 군사사상

제1절

조선의 대전략

조선시대 군사 사상이나 이론이 다양한 논의를 거쳐 꽃피운 시기는 17세기 이후다. 무신에 대한 전기傳記가 등장하고 무신이 직접 저술한 군사서적들이 간행되면서 군사 사상은 이전과 달리 비약적으로 발전하기 시작했다. 그렇다면 이러한 변화의 원동력은 어디에서부터 시작된 것일까?

조선시대에 국가의 모든 일을 실제적으로 담당한 사람은 문신과 무신으로 구성된 양반이었다. 그런데 문치주의 사회이던 조선에서는 칼을 든 무신보다 붓을 든 문신이 우위를 차지하였다. 이것을 현대식으로 바꾸어 표현하면 문신에 의한 '문민통제 civilian control'라고 할 수 있다.

조선이 지향한 문치주의는 군사 전반에도 그대로 투영되었다. 조선은 농업을 위주로 한 사회이므로 평상시 많은 군대를 기를 수 없었다. 문신 입장에서도 군대가 힘이 강하면 쿠데타가 일어날 위험이 높으므로 달가운 일이 아니었다. 그래서 문신은 무신의 정치적 성장을 억제하는 여러 가지 제도들을 고안해 냈다. 군대는 왕권 안보에 치중했고 전쟁이 일어나면 국민 총동원령을 내려 대응하였다. 대외 관계에서도 군사보다는 문文으로 하는 외교술을 발달시켰다.

무신에게 새로운 기회가 찾아온 것은 1623년 인조반정이었다. 반정으로 정국을 장악한 서인의 핵심들이 군영의 조직과 운영을 대부분 전담하면서 자연스럽게 무신의 역할과 권한 또한 증대되었다. 이후 숙종 대에 5군영이 완성되고 무신이 군영대장을 역임하면서부터 정치적으로 영향력 있는 무신이 등장하고 무반가문도 생겨났다. 이러한 변화는 조선-일본 전쟁 이전에는 찾아볼 수 없는 중요한 특징이었다.

무신은 여전히 왕권이나 문신 세력을 뒷받침하는 역할에서 벗어나지 못했으나 무신의 역할이 부각되면서 무武에 대한 인식도 변모하였다. 이것은 문치주의에 위축되어 제대로 목소리를 내지 못하던 무신이 자신의 소임을 자각하면서 영향력을 증대시켜나간 결과였다. 따라서 17세기 이후 군사사상이 꽃필 수 있는 배경에는 무신이나 군사전문가들이 문치주의의 덫을 극복하고 군사 분야를 발전시켜 나간 토양이 있었기에 가능했다고 할 수 있다.

1. 조선을 둘러싼 국제환경

1) 명과 청

(1) 명

1368년 중국대륙에서는 한족이 세운 명明나라가 건국되었다. 14세기 중엽 중국대륙에는 큰 파란이 일었다. "하늘의 끝, 땅의 끝을 정복하지 않고서는 멈추지 않는" 원元이 쇠퇴의 길로 들어서고 새로운 세력이 등장한 것이다.

원 말기인 14세기 중엽 중국대륙의 허베이성河北省 일대에는 한족漢族을 주축으로 한 대규모 농민 반란이 발생했다. 이 중 원을 뒤흔들면서 새롭게 떠오른 집단이 있었으니 바로 홍건적이었다. 이들은 중국대륙의 동쪽에 자리한 안후이성[安徽省] 영주潁州에서 봉기한 유복통劉福通·한산동韓山童, 그리고 중부에 자리한 후베이성[湖北省] 황주黃州에서 봉기한 팽형옥彭瑩玉·서수휘徐壽輝 등이 주축이 된 농민군들로서 머리에 붉은 두건을 둘렀으므로 홍건적紅巾賊 또는 홍두적紅頭賊이라 했다.[1]

---

1 여기서 '홍건적'이라는 용어에 대해 짚고 넘어갈 필요가 있다. 중국의 전통 사관인 춘추필법(에 따르면, '적'이란 정통을 넘보거나 어지럽힌 무리를 지칭하는 용어로서 지배층이나 당대 역사가들의 평가를 담고 있다. 그래서 최근에는 '적' 대신에 객관적인 입장에서 '홍건군'이라는 용어를 사용하

홍건적이 큰 세력으로 성장한 배경에는 당시 유행하던 비밀 종교결사인 백련교白蓮
敎가 있었다. 백련교는 페르시아의 마니교摩尼敎를 수용, 발전시켜 12세기에 하나의
종파로 성립된 종교로서 미륵불이 현신해 세상을 구한다는 미륵신앙의 일종이었다.
백련교 조직을 이용한 홍건적은 미륵불을 신봉하고 향을 피워 대중들을 모았으므로
향군香軍으로 불리기도 했다.[2]

홍건적은 수많은 전투를 거치면서 황하 유역에서 양자강유역에 이르는 광대한 지
역에서 위세를 떨쳤다. 팽형옥·서수휘 등이 이끄는 홍건적은 삽시간에 호북·호남·강
서·안휘의 남부 및 절강성 서북부를 장악했으며 국호도 '천완天完'이라 정했다. 그러
다가 팽형옥이 전투 중에 사망하고 서수휘도 부하에게 살해되면서 내부 분열을 겪다
가 세력이 약화되었다. 그러다가 1359년 홍건적 주력부대가 머물고 있던 변량이 관
군의 공격을 받아 함락되자 본거지를 상실한 채 세력이 급속히 약화되었다.

하지만 결과적으로 홍건적의 존재는 제국 원을 대분열의 시대로 이끌었고 14세기

주원장

후반 명을 건설하는 기폭제 역할을 했다.
원은 세조 쿠빌라이 이후 외형적으로 전통
적인 한족의 제도나 문물을 채택하면서 최
초로 초민족적인 정부를 표방했다. 그러나
내부적으로 행정 관료는 중요 직위부터 몽
골인, 유럽인과 페르시아인을 포함한 각종
중앙아시아인, 한족 순서로 기용했다. 곧 몽
골의 전통을 고수하면서 한족漢族을 억압·
차별했던 것이다. 이러한 정책은 원 말기에
반란 세력들이 몽골 정권 타도와 함께 한족
의 재건과 부흥을 주창하는 빌미로 작용했다.

마침내 홍건적에 몸담은 적이 있던 주원
장朱元璋(1328~1398)이 영도하는 반란세

　기도 한다. 고려의 기록에는 '홍두적'으로 되어있다.
2 전백찬 편, 『중국전사』(하)(이진복 · 김진옥 옮김), 학민사, 1990, 121쪽.

력이 원 수도를 향해 진군했다. 1368년 주원장은 비틀거리는 원에 최후의 일격을 가해 쓰러뜨리고 명明을 건설했다. 북벌 단행 시 주원장이 내건 구호는 "오랑캐를 몰아내고 중화를 회복하자!" "기강을 바로잡고 이 나라 백성을 구제하자!" 등으로 민중 백성들의 광범위한 지지를 얻었다.

명을 건설한 주원장은 평민 출신으로 황제가 된 인물이다. 중국 역사상 무명의 빈민이 당대에 황제의 지위에 오른 사례는 매우 드물다. 중국대륙에서 몽골 세력을 추방하고 한족의 주권을 회복한 명 태조는 국내정치에 대한 개혁을 추진하는 한편 대외적으로는 새로운 왕조의 탄생을 알리는 외교사절을 해외에 파견하여 외교 정책을 공표했다.

명은 개국 후에 대외정책으로 조공무역 즉 일종의 쇄국주의 정책을 실시하였다. 이것은 주변국 국왕들이 명과 무역을 바란다면 명의 속국이 되어 조공을 할 경우에만 무역을 허용한다는 방침이었다.[3] 조공이란 명 황제가 주변국 통치자보다 우위에 있다는 전제아래 주변국의 외교나 통상을 규제하는 제도로서, 주변국 국왕이 황제에게 공물을 바쳐 경의를 표하면 황제는 이에 대한 보답으로 물품을 하사하고 무역의 길을 열어주는 것이었다. 그러면서 주변국이 명의 국제질서에 반할 경우 무력으로 응징하겠다는 의지도 함께 피력하였다.

(2) 청

중국대륙에서는 1644년에 명이 망하고 청淸이 등장하였다. 청은 명조가 멸망한 1644년부터 중화민국이 탄생하는 1912년까지 중국대륙에 군림한 최후의 통일왕조이다. 명조 붕괴 직후에 북경으로 천도한 후 1680년대 전반에 중국내지를 평정하고 1750년대 후반에는 현대 중국으로 직접 연결되는 최대 판도를 형성하였다.

명은 성조成祖가 사망한 15세기 중엽부터 여진에 대한 통제가 느슨해졌다. 명의 세력이 약화되자 몽골 세력이 북쪽에서 여진족을 압박하기 시작하였다. 16세기 초에 여진족은 몽골족에 저항하는 과정에서 민족적 자각을 하기 시작했다.[4] 이 가운데 백두

---

3 宮崎市定, 『중국사』(조병한 편역), 역민사, 1983, 336쪽.
4 장학근, 『조선시대 군사전략』, 국방부군사편찬연구소, 2006, 198~199쪽.

산의 북서 방면에서 발흥한 건주여진建州女眞은 1589년부터 급속한 성장을 보이면서 중국 동북지방(만주)의 여진 부족을 차례로 통합했다. 그러나 누루하치는 명에 정면으로 대결하지 않고 일시적으로 복종하는 자세를 보였다.

누루하치는 1616년 1월에 후금국을 세우고 헤투알라(홍경노성興京老城)에서 제위帝位에 올랐다. 그가 곧 후금의 태조太祖다. 후금의 건국 과정에서 팔기八旗는 군사, 행정면에서 대단히 중요한 요소였다. 팔기의 성립 연대에 대해서는 여러 이설이 있는데 청의 역사서에는 1615년 무렵으로 기록되어 있다. 팔기는 누르하치가 칸의 자리에 오른 후 권력의 기반을 다지고 지배의 강화, 유지, 안정을 도모하기 위한 과정에서 성립되었다.

팔기란 '구사gusa'라는 군단 여덟 개로 이루어진 군사조직이다. 각 구사가 여덟 종류의 깃발을 표식으로 사용한 것에서 한자로 팔기라고 표시하였다. 구사의 기반을 이루는 것은 니루(화살이라는 뜻)이다. 3백 명으로 1니루를 편성하고 5니루로 1잘란을, 5잘란으로 1구사를 편성하였다. 따라서 1구사는 7천 5백 명으로 구성된다. 다만 1니루의 구성인원은 2백 명 또는 150명 등 시대에 따라 달랐다.[5]

세력을 확장해가던 누루하치는 1618년 4월에 무순撫順·청하淸河 등 명의 변경 요새지를 점령하였다. 이에 명은 10만의 원정군을 일으켜 후금을 제압하려 했으나 사르호[薩爾滸山]전투에서 대패하면서 크게 타격을 입고 말았다. 이후 누루하치는 1626년 영원성寧遠城 전투에서 명 장수 원숭환袁崇煥에게 패한 후 우울증으로 사망하였다.

1626년 누루하치가 죽자 뒤를 이어 태종太宗 홍타이지(1623~1643)가 제2대 한han이 되었다. 홍타이지는 조선을 침공한 주역으로 여진족의 발전과정에서 중요한 분수령을 일군 인물이다. 홍타이지는 팔기제를 팔기만주, 팔기몽골, 팔기한군의 형태로 정비하여 만·몽·한 세 민족으로 구성되는 체제를 확고하게 하였다. 누루하치의 자식들 가운데 유일하게 글을 읽을 줄 알던 홍타이지는 명 제도를 모방한 관료제도를 만들었다. 그리고 누르하치의 뒤를 이은 지 10년 후인 1636년에 국호를 '대청大淸'으로 정하고 황제의 지위에 즉위하였다. 홍타이지는 만주인의 한han이 아니라 만주·몽

---

5 이시바시 다카오, 『대청제국 1616~1799』(홍성구 옮김), 휴머니스트, 2009, 105~106쪽.

골·한족을 아우르는 천하의 지배자로서 황제가 된 것이었다.

홍타이지의 뒤를 이어 즉위한 사람이 세조世祖 순치제順治帝(1644~1661)로서 당시 여섯 살이었다. 순치제가 즉위하던 해인 1644년 3월에 이자성은 40만 대군을 이끌고 북경에 입성하였다. 당시 산해관 밖에서 청군과 대치하던 명의 장군 오삼계吳三桂는 이 소식을 듣자 청군과 강화하고 이자성의 토벌을 요청하였다. 누르하치의 아들이자 순치제의 숙부이던 도르곤[多爾袞]은 요청을 받아들여 군대를 이끌고 북경을 함락하였다. 그리고 1644년 9월에 순치제가 북경에 입성해 황제로서 새로이 즉위식을 거행하고 연호를 순치順治라고 정해 북경 천도를 선언하였다. 이로써 청 왕조는 명 왕조를 이은 중국의 정통 왕조임을 공표하였다. 이와 함께 수 십 만의 만주인이 북경으로 이주하였다.[6]

순치제의 뒤를 이은 강희제는 처음으로 북경에서 태어나 한족식 이름을 가진 황제였다. 강희제는 삼번의 난을 평정하고 중원의 반청 및 명 잔존 세력을 일소하면서 국내 정세를 안정시키고 청의 기초를 다졌다. 이후 청조는 강희제康熙帝, 옹정제雍正帝, 건륭제乾隆帝로 이어지는 최고의 번성을 구가하였다. 옹정제는 한족의 중국이라는 개념을 깨고 다른 민족도 포함하는 국가론을 주창하였다. 건륭제는 만주, 대만, 내몽골, 외몽골까지 영토를 확장했다. 여기에는 만주족, 몽골족, 한족, 티베트족 이외에 이슬람 세계의 일부인 위구르족까지 포함되었다.

그러다가 가경제嘉慶帝(재위 1795~1820) 때 발생한 백련교도의 난으로 점차 쇠퇴의 길로 접어들었다. 이어 도광제道光帝와 함풍제咸豊帝로 이어진 청조는 열강과 불평등조약을 맺으며 반

강희제

---

6 기시모토 미오·미야지마 히로시, 『조선과 중국, 근세 오백년을 가다』(김현영·문순실 옮김), 역사비평사, 2003, 210~213쪽.

식민지화의 길을 걷게 되었다. 결국 1912년 청조는 신해혁명으로 멸망하였다.[7]

2) 일본과 여진

(1) 일본

14세기 말 조선이 건국되기 직전 일본은 역사상 최대 혼란기라 불리는 남북조시대였다. 남북조시대란 일본 천황가가 북쪽 교토의 천황인 북조北朝와 남쪽 요시노의 천황인 남조南朝로 나뉘면서 이 두 개의 조정을 합쳐서 부른 것이다. 남북조시대가 탄생한 배경을 알아보려면 저 멀리 가마쿠라[鎌倉(1192~1333) 막부까지 거슬러 올라가야 한다.

1192년 일본에서는 미나모토 요리토모[源賴朝]가 가마쿠라에서 일본 최초로 막부幕府를 열고 쇼군[征夷大將軍]으로 취임했다.[8] 막부란 말 그대로 '천막 정부'라는 의미로서, 요리토모가 겐페이[源平] 전쟁(1180~1185) 동안에 간토[關東]의 변두리에 위치한 조그마한 어촌인 카마구라에 설치한 군 사령부였다.[9] 전쟁 이후에도 임시 진지이던 막부는 철폐되지 않고 정치 기관으로 탈바꿈하면서 무가武家 정권을 일컫게 되었다.

가마쿠라 막부가 성립된 이후 일본은 지방분권적 성격이 강한 봉건사회를 이루었고 천황이 설치한 관료 기구는 유명무실해졌다. 이는 천황의 관료 기구가 지방 사회의 안녕과 질서를 보장하지 못한 결과이기도 했다. 13세기 말엽에 원(몽골)이 두 차례에 걸쳐 일본을 정벌하면서 가마쿠라 막부에게 결정적인 위기가 찾아왔다.(1274·1281년) 쇼군에 직속된 무사인 고케닌[御家人]들은 원이 침략하자 막대한

---

7 이시바시 다카오, 앞의 책(홍성구 옮김), 2009, 46~48쪽.
8 일본 역사학계는 막부의 성립 시기와 관련하여 ①막부를 지방정권으로 해석하여 1180년으로 보는 설 ②기존 국가권력과의 접촉을 중시하여 1183년으로 보는 설 ③정치기구가 정비된 1184년으로 보는 설 ④지토(地頭) 설치를 계기로 전국적인 지배 기반을 이룬 점에서 1185년 설 ⑤막부 본래의 뜻에 충실하여 1192년으로 보는 설 등이 있다(동경대 교양학부 일본사연구실 편, 『일본사개설』(김현구·이언숙 역)(1961년 초판), 지영사, 1994, 108쪽).
9 피터 듀스, 『일본의 봉건제』(양필승·나행주 옮김), 신서원, 1991, 77~78쪽.

전쟁 비용을 부담하고 인력을 동원했고 그 대가로 큰 포상을 기대했다.

도쿠가와 이에야스

그러나 가마쿠라의 통치자들은 참전한 무사들에게 나눠줄 만한 아무런 전리품도 얻지 못한 상태였다. 원과 수행한 전쟁은 일본 영토에서 외세를 막아낸 전쟁이었으므로 전리품이 있을 리 만무하였다. 그 결과 많은 희생을 감수하면서 전쟁을 치른 고케닌들은 쇼군에게서 아무런 포상도 받지 못하자 경제적으로 궁핍해졌고 막부에 대한 불신도 높아갔다.[10]

이 무렵 고다이고[後醍醐] 천황은 쇼군과 고케닌이 전후 보상 문제로 주종 관계에 균열이 생기자 이를 천황통치체제를 부활시킬 적기로 판단하고 마침내 1334년에 가마쿠라 막부를 타도하고 정권을 장악하였다. 그러나 새로 수립된 천황 정권은 무사들의 호응을 얻지 못하였다. 이러한 상황에서 가마쿠라 막부를 타도하는 데에 공이 컸던 아시카가 다카우지[足利尊氏](1305~1358)가 신정부 타도의 기치를 올렸다. 아시카가는 1335년에 군사행동을 개시해 1336년에 황제가 있는 교토[京都]를 완전히 평정한 후 새 황제를 옹립하고 스스로 쇼군이라 칭하면서 무로마치[室町](1336~1573) 막부를 열었다.[11]

그러나 고다이고 천황은 사태가 불리해진 상황에서도 자신의 야망을 포기하지 않았다. 남쪽 요시노[吉野]로 피신해 새로운 조정을 만든 것이었다. 이로 인해 일본 천황가는 교토의 천황과 요시노의 천황[南朝]으로 나뉘게 되었고, 무사들도 두 왕조를 따라 분열하면서 혼전을 거듭하였다. 두 조정은 권력의 정당성을 확보하고 무사들의 지지를 얻기 위해 치열한 싸움을 벌였으나 대세는 북조 쪽으로 기울었다. 결국 1392년 남조 천황이 북조 천황에게 황제 자리를 물려주는 형식으로 남북조 화합이 성립되었고 60년간의 혼란 상태도 마감되었다.

---

10 민두기, 『일본의 역사』, 지식산업사, 1976, 69쪽.
11 구태훈, 앞의 책, 2002, 126쪽.

1598년 일본은 도요토미 히데요시[豊臣秀吉](1536~1598)가 병사하자 도요토미의 잔존 세력과 새로 등장한 도쿠가와 이에야스[德川家康](1542~1616) 사이에 권력 다툼이 일어났다. 1600년 세키가하라[關ケ原] 전투에서 도쿠가와 세력이 도요토미 세력을 격퇴하면서 일본에서는 도쿠가와 막부 시대가 열렸다. 도쿠가와 막부의 통치체제는 천황과 쇼군[將軍]이 정점에 위치하고 쇼군 아래에 한 번藩의 지배를 승인한 다이묘[大名]를 배치하였다.[12] 이것이 이른바 '막번체제幕藩體制'다.

쇼군은 도쿠가와 시대에 일본의 실질적인 최고권력자로서 정권 안정을 위해 폐쇄적인 봉건체제를 지향하였다. 다이묘들에게 영지 및 세금징수·법령공포·징병·재판 등 권력의 일부를 넘겨주어 반란의 싹을 억제하였다. 이 대가로 다이묘들은 오오메츠케[大目付]·메츠케[目付]로 대변되는 감찰기구의 사찰을 받아야하고, 1년 교대로 쇼군이 머무는 에도의 막부에서 강제로 근무하거나 잦은 영지 변경에 시달려야 했다.[13] 쇼군은 유교를 관학官學으로 권장하고, 대외적으로 쇄국정책을 실시해 새로운 사상이나 문화의 침투를 철저히 통제하였다.

도쿠가와 막부의 군사조직은 쇼군이나 번藩 모두 사무라이 가신단家臣團에 의존하였다. 쇼군은 군대 통수권자로 호위 병력을 보유했고 다이묘도 어느 정도 군사와 무기를 보유할 수 있었다. 그런데 일본 역시 오랫동안 국내반란이나 대외 전쟁이 없었으므로 사무라이 군사들은 쇼군의 성을 지킨다거나 국내반란에 대비하기 위한 전략적 요지에 수비대로 파견되는 정도였다. 또 17세기 중엽부터는 막부가 다이묘들의 발호를 막기 위해 군사기술의 개발을 저지하였다. 그 결과 19세초 일본의 방위력이란 군사력과 무관하게 막부의 존립을 유지하는 존재가 되었다.[14]

하지만 18세기 후반 이후 도쿠가와 막부는 대내외적으로 어려움에 봉착했다. 사무

---

12 박영준, 『명치시대 일본군대의 형성과 팽창』, 국방군사연구소, 1997, 11~13쪽. 쇼군은 원래 천황이 12세기 말 전국을 제패한 무장에게 수여한 직위였다. 그 후 1600년 세키가하라 전투에서 도쿠가와 세력이 도요토미 세력을 격퇴하고 승전하자 천황은 1603년에 도쿠가와 이에야스에게 정이대장군의 칭호를 부여하였다. 이를 계기로 에도에 거주하는 도쿠가와 가문이 쇼군직을 계승하게 되었다.

13 박영재·박충석·김용덕, 『19세기 일본의 근대화』, 서울대학교출판부, 1996, 34쪽 ; 藤原彰, 『일본군사사』(엄수현 역), 시사일본어사, 1994, 21쪽.

14 피터 두으스, 『일본근대사』(김용덕 역), 지식산업사, 1983, 41쪽.

라이 계급의 증대와 비생산성, 상인계급의 증대, 화폐경제의 증가, 농업의 자급자족 붕괴, 농민반란의 증대 등 내부 문제뿐만 아니라 외국 세력의 도래와 그에 대한 적절한 대응책의 미비로 균열이 생기기 시작했다. 특히 에도시대 후반에 격화된 농민폭동은 막부 군사력의 무력화를 여지없이 드러내었다. 이에 막부나 각 번은 군사력 재건을 위해 군제개혁의 필요성을 절감하였다.

(2) 여진

조선 건국 후에 조선이 북방 영토를 개척하는 과정에서 가장 큰 골칫거리는 여진족이었다. 만주 일대에는 200여 여진 종족이 거주했고 이 가운데 80여 종족이 조선의 북방과 인접한 지역에 살고 있었다. 조선에서는 여진족을 혈통에 따라 크게 토착여진과 오랑캐[兀良哈]·우디캐[兀狄哈]로 구분하였다. 명에서는 거주지를 기본으로 건주여진建州女眞, 해서여진海西女眞, 야인여진野人女眞으로 구분하였다.

토착여진은 고려시대 이래 두만강 이남으로 남하해 6진 개척을 전후한 시기에 조선으로 귀화한 여진족이다. 오랑캐는 압록강과 두만강 유역의 농경 지역에서 촌락을 이루면서 농경 생활을 했다. 오랑캐 중에서 건주위建州衛와 오도리吾都里 또는 알타리 斡朶里의 세력이 컸다. 우디캐는 흑룡강·아무르강·송화강·모란강·수분하綏芬河 일대에서 수렵과 어로, 유목 생활을 했다.

조선에서는 여진을 '야인野人'이라고 통칭하였다. 그리고 여진에 대해 "본래 야인은 승냥이나 이리의 종족으로 인의仁義로 감화시킬 수 없다."[15]고 평한 것처럼 금수에 가까운 종족으로 파악하였다.

여진족은 생활필수품의 확보와 군사적 보복을 목적으로 조선의 변경을 자주 침입했고 그때마다 사람과 물자를 약탈해갔다. 이들은 200~500명 내외의 소규모 병력으로 기동력을 이용해 조선의 북방 지역을 교란했다. 조선 건국 후에 옛 영토의 회복이라는 기치 아래 북방 경략에 적극적인 태도를 보인 조선 조정에서는 여진족 침입에 대항해 회유책과 강경책을 병행했다. 여진족에게 동화 정책을 쓰면서 귀화를 유도하

---

15 『세종실록』 권65, 세종 16년 8월 3일(정미).

는 한편 내부를 분열시켜 세력을 약화시켜 나갔다. 또 성을 쌓거나 군사력을 증강시켜 적극적으로 토벌 원정도 강행했다.

특히 세종 중반기부터 영토 개척이 활발하게 진행되면서 여진족과 크고 작은 충돌이 많아졌다. 세종 연간에 여진족이 침입한 횟수만도 29회나 되었다. 이처럼 여진족과의 잦은 마찰 속에서 영토 개척에 진취적 의지를 보인 세종은 여진족 토벌을 위해 1차 정벌(1433.4.10~4.19)과 2차 정벌(1437.9.7~9.16)을 단행했다. 또 한편으로는 확보한 북방 영토에 백성을 이주시키는 조치도 강력히 시행했다. 농지를 확보하고 인구를 늘리는 데 주안점을 둔 이주 정책은 이 지역을 조선의 영토로 확정짓고 최전선 군사기지로 만들기 위한 조치였다.

2. 조선의 대전략

1) 문치주의(文治主義)

(1) 무(武)에 대한 인식

조선시대에 문과 무는 항상 수레바퀴의 두 축을 형성하는 요소로 인식되었다. 중종은 "옛 무사는 자신의 본업을 버리지 않아서 재상이라 하더라도 활과 화살을 가지고 활 쏘는 것을 익혔는데 요즘도 이러한지 알 수 없다."[16]고 하면서 "문과 무예는 아울러 권장해야 할 일"이라고 했다. 연산군이 "국상 중이더라도 무예의 일을 폐지하지 않는 것이 우리나라의 전례"[17]라고 언급한 것도 무의 중요성을 알려준다.

무의 중요성에 대해서는 원론적으로 조선의 지식인들도 동의하였다. 윤휴尹鑴(1617~1680)는 "문文과 무武는 임금의 두 가지 통치술이다. 문은 무엇인가? 교화에 힘쓰고 백성을 편안하게 하는 것이다. 무는 무엇인가? 위엄 있는 정치를 권장하고 화란을 막는 것이다. 일문일무一文一武는 때에 따라 쇠하고 성함이 있는데, 숨기면 밝혀

---

16 『연산군일기』 권8, 연산 1년 8월 9일(기미).
17 『중종실록』 권88, 중종 33년 10월 3일(계묘).

지지 않고 남용하면 위엄이 없어지는 것이니, 어느 한 가지도 폐할 수 없다."[18]고 하였다. 홍대용洪大容도 "군사력이란 100년 동안 쓰이지 않는다 하더라도 단 하루라도 논하지 아니할 수 없다. …… 화평한 때에 이를 논하면 간사한 사람들의 엿봄을 끊을 수 있고 화란의 싹을 막을 수 있다"고 단언하였다.

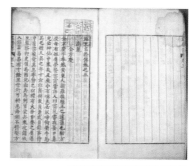

해동영장전(한국학중앙연구원)

하지만 문과 무가 수레바퀴의 두 축이라는 원론은 현실에서 그다지 큰 힘을 발휘하지 못하였다. 조선후기 지식인 관료인 홍양호洪良浩(1724~1802)는 1794년에 우리나라 애국 명장들의 전기집인 『해동명장전』을 펴냈다. 홍양호는 이 책 서문에서 "우리 민족은 대체로 무력으로 국가를 세우고 싸움을 잘하는 특장이 있다. 그러므로 강적을 무찔러 잘 막아내고 기묘한 전략으로 변란에 잘 대응하는 인물이 끊이지 않았다"[19]고 하면서 삼국과 고려시대에는 유명한 장수들의 활약으로 한 치의 강토도 적에게 빼앗기지 않았다고 자부하였다. 그래서 "세상에서는 우리나라를 강국이라고 불렀다."고 적고 있다.

그러나 홍양호는 조선에 이르러 강토는 옛날과 똑같고 백성 수도 줄지 않았으나 병력과 전공戰功은 이전에 비해 많이 뒤떨어졌다고 비판하였다. 또 조선에 도학道學·문장·절의 등으로 뛰어난 인물은 많지만 나라를 지키는 방패가 될 장수의 재목은 오히려 삼국시대보다도 못하다고 하면서, 무재를 갖춘 인물을 도외시하고 양성하지 않은 조선의 현실을 개탄하였다.[20]

홍양호의 지적은 다소 격앙된 어조를 띠고 있으나 적어도 무신이나 무장이 사회적으로 육성되지 못하고 위축되어 있던 현실을 함축적으로 전해주고 있다. 그렇다면 조선에서는 왜 무신의 정치적 성장을 제한하고 장수나 무인을 제대로 대우하지 않는 일이 벌어진 것일까?[21]

---

18 윤휴, 『백호집』 권24, 잡저, 「만필상」.
19 홍양호, 『해동명장전』 서.
20 홍양호, 『해동명장전』 서.

창덕궁 품계석

오늘날 경복궁 근정전이나 덕수궁 중화전을 가보면 임금이 다니는 어도御道 좌우로 품계석品階石이 놓여 있다. 남쪽을 향해 앉는 임금을 바라보고 오른쪽(동쪽)에 있는 품계석이 문신이 서는 자리였고 왼쪽(서쪽)이 무신이 서는 자리였다. 그래서 문신을 동반東班, 무신을 서반西班이라고 했으며 이 둘을 합쳐 양반이라 불렀다.

조선시대에 국가의 모든 일을 실제적으로 담당한 사람은 양반이었다. 문신과 무신을 나누는 중요한 기준은 문과로 관직에 첫발을 내딛었는가 무과로 첫발을 내딛었는가였다. 그런데 문치주의 사회이던 조선에서는 칼을 든 무신보다 붓을 든 문신이 우위를 차지하였다. 이것을 현대식으로 바꾸어 표현하면 문신에 의한 강력한 '문민통제 civilian control'가 이루어졌다고 할 수 있다.

문치주의는 신라가 7세기 후반 삼국을 통일한 이후 당으로부터 중앙집권체제를 적

21 조선시대에 문·무에 종사하는 사람을 호칭하는 단어는 문신과 무신, 문반과 무반, 동반(직)과 서반(직), 문관과 무관 등 다양하다. 이 단어들은 유사한 의미도 쓰이기도 하며 강조하는 사항에 따라 특별한 의미를 갖기도 하나, 이 책에서는 이해를 돕기 위하여 문신과 무신으로 통일하여 사용하였다. 이 책에서 사용하는 문신의 개념은 문과에 급제한 사대부 관리로서 정치·사회적 특권을 부여받은 사람을, 무신은 무과에 급제하였거나 '무'를 본업으로 하여 관직에 진출한 사람을 지칭한다. 그리고 무신에는 5위나 5군영 및 지방군 조직에서 품계를 가진 사람도 포함하였다.

극 받아들이면서부터 형성되었다. 신라는 삼국의 통일 과정에서 군사력으로 중국대륙을 상대할 수 없다고 판단하였고 이에 생존의 방편으로 중국화의 길을 택하였다. 이후 지식인 관료가 정치 주체가 되는 중앙집권적 문치주의는 고려를 거쳐 조선 초기에 이르러 제도적으로 확립되었다.

조선이 지향한 문치주의는 당연히 군사 전반에도 지대한 영향을 끼쳤다. 조선은 건국 이후 병농일치를 원칙으로 군사제도를 정비하였다. 이것은 중앙집권체제 속에서 농민을 징발·편성해 일정 기간 동안 군대에 복무하게 하는 국민개병제의 성격을 띠었다. 군역 대상은 양반에서 양인에 이르기까지 16세 이상 60세 미만의 남자였다.[22] 그런데 개병제에 기초한 조선의 군대는 이념상 대외 침략에 대비한 국토방위를 내세웠으나 실제 역할을 검토해보면 국방군 개념이 모호하였다.

조선은 농업을 위주로 한 사회로서 경제력이 단약했으므로 평상시 많은 군대를 기를 수 없었고, 문신들 입장에서 군사가 많으면 쿠데타가 자주 일어나 문치주의 국가를 유지할 수 없었다.[23] 이 때문에 조선에서 군대의 운용은 왕권 안보에 치중하였고 전쟁이 일어나면 국민 총동원령을 내려 대응하였다. 그리고 대외 문제 역시 군사보다는 문文으로 하는 외교술을 발달시켜 외교력으로 대처하였다. 곧 '부전이승不戰而勝'이라 하여 싸우지 않고 이기는 것을 최선으로 보았다. 그리고 인조반정 이후 조선-청 전쟁(병자호란, 1636년)을 거치면서 이념적으로 표방한 전全 국토 방어 정책마저 포기한 채 왕권 보위와 도성 방위에 치중한 군사력 운용을 더욱 강조하였다.

문치주의의 지향은 무신이나 무장에 대한 인식에도 큰 변화를 수반하였다. 그 가운데 하나가 '유장儒將'의 선호다. 중국 전국시대의 명장 오기吳起(BC 440(?)~BC 381)는 『오자吳子』에서 장수의 요건으로 문·무 자질의 겸비를 으뜸으로 꼽았다. '용감'은 장수의 여러 요건 중 하나일 뿐이며 단순히 용맹스럽기만 한다면 전군을 지휘할 장수가 될 수 없다고 설파하였다.[24] 이렇듯 장수의 자질로서 문무겸전文武兼全을 중시하는 풍조는 조선에서 더 강조되어 장수를 논할 때 필수 덕목으로 거론되었다.

22 정만조, 「양역변통론과 균역법의 시행」『한국사』 32(국사편찬위원회 편), 1997.
23 이성무, 「조선시대사 서설」『역사학보』 170, 336쪽, 2001.
24 『오자』, 論將.

오위장 김춘영 가옥(남산 한옥마을)

조선의 제7대 국왕 세조世祖는 장수의 자질을 조목조목 열거하면서 "항상 활쏘기와 말쏘기를 일삼고, 겸하여 유학을 공부하는 자가 상품上品의 인물이다."[25]고 하였다. 문무겸전의 중시는 『삼국지』에 나오는 제갈량諸葛亮에 대한 조선인의 인식에서도 찾아볼 수 있다. 『이위공문대李衛公問對』에서는 제갈량을 중품中品의 장수로 분류했으나,[26] 조선에서는 달랐다. 책략은 무신이 아닌 문신에서 나온다고 여긴 조선의 위정자들은 제갈량을 문무를 겸비한 이상적인 인재로 파악하였고 조선시대 내내 중국의 그 어느 장수보다도 추앙되었다.

이뿐만이 아니었다. 장수의 자질로서 학문적 소양을 중시하는 분위기가 무르익자, 선비 가운데 장수의 자질을 갖춘 사람을 선발하여 무예를 권장하는 '유장천儒將薦'도 하나의 전통으로 자리 잡았다.[27] 심지어 권무청勸武廳을 설치하여 사족 자제를 권무군관勸武軍官을 양성하거나 회유나 강압적인 방법을 동원해 무신으로 진로를 변경시키

25 『어제병장설』, 논장.
26 『무경칠서』「이위공문서 하」, 국방부전사편찬위원회, 1987, 419쪽.
 무경칠서란 『손자』, 『오자』, 『사마법』, 『울료자』, 『이위공문대』, 『삼략』, 『육도』를 말한다.
27 『승정원일기』274책, 숙종 5년 12월 5일(14책 560다), "(許)積曰, 文士之間, 差圖帥云者, 亦是矣, 古者, 數抄文將, 名以儒將薦, 故被薦之人, 不得不勉勵, 今亦抄薦儒將, 似可矣. 上曰, 依爲之."

는 사례도 빈번하였다. 대표적인 사례가 구문치其文治와 신여철申汝哲이다. 구문치와 신여철은 효종의 명으로 특별히 무신으로 양성된 인물로서 두 사람 모두 사족으로서 무과에 급제해 군영대장을 몇 차례나 역임하였다.

이런 분위기에서 무신이 사회적으로 정체성을 형성하고 발언권을 갖기란 쉽지 않은 일이었다. 조선후기 어느 무신의 탄식은 문치주의의 덫이 무신을 어떻게 옥죄었는지를 단적으로 말해준다.

> 오늘날 문관으로 무관처럼 생긴 사람은 으레 경멸을 받고, 무관은 서생처럼 행동해야 세상에 용납을 받게 되었다. 만일 무관으로서 말달리기를 좋아한다면 사람들은 반드시 광망하고 패악하다고 지목하니 이런 풍습은 참으로 부끄럽기 짝이 없다. 오늘날 선비처럼 생긴 무관에게서 어찌 싸움터에서 힘을 얻기를 바랄 수가 있겠는가?[28]

요컨대, 조선에서 확립된 문치주의는 전통시대에 행해진 문민통제의 또 다른 표현이라 할 수 있다. 삼국통일 이후 무신의 지위는 이전시기보다 퇴보했으며 고려를 거쳐 조선시대에는 고유의 정신과 문화마저 쇠퇴 양상을 보여주었다. 그러므로 문치주의는 조선시대 군사 사상의 특징을 검토할 때에 반드시 고려해야 할 중요 요소이다.

(2) 무신에 대한 차별책

조선의 문신은 사회 정치적 엘리트로서 문신과 무신이 수직적 관계를 형성하도록 여러 가지 제도들을 고안하였다. 문신은 전쟁은 정치의 도구로서, 군인은 정치가의 하위 동료라는 상호 공감대를 형성하면서 문신과 무신의 갈등을 차단하는 방안을 강구하였다. 그리하여 문치주의 사회 조선에서 무신은 제도적으로 여러 가지 차별정책에 직면해 있었다.

고려시대에 비해 무신의 사회적 위상은 안정되었으나 그 속을 들여다보면 여전히 무신의 정치적 성장을 억제하는 불리한 요소들이 있었다. 이는 중국 송 대에 당 말기

---

28 송규빈, 『풍천유향』.

에 초래된 혼란이 지방의 군부세력인 절도사가 막강한 군사력을 행사했기 때문이라고 판단하여 문신에 의한 군권 장악에 주력하던 정책과 유사하다.

첫째, 가장 두드러진 현상은 서반 품계에 2품 이상을 두지 않았다는 점이다. 그래서 무신으로 2품 이상의 직위에 오를 때는 문신의 품계인 동반 품계를 빌려 써야 하였다. 곧 문산계에는 9품에서 1품까지 19단계의 품계가 있었으나 무산계는 9품에서 정3품 당상관까지 15단계만 있어 종2품부터는 문산계를 사용하였다. 이것은 조선시대 숭문崇文 정책의 제도적 표현이었다.

둘째, 조선시대에 권력을 장악할 수 있는 핵심 관직(청요직淸要職)도 문신에 치우쳐 있었다. 문신은 의정부·이조·병조·사헌부·사간원·홍문관 등에 핵심 관직이 다수 포진된 데 비해 무신의 청요직은 도총부와 선전관으로 제한되어 있었다. 더구나 도총부의 최고 책임자인 도총관(정2품)과 부총관(종2품)은 겸임직이었고 선전관도 문신이 겸하는 자리가 따로 배정되어 있어 문신이 참여할 수 있는 길을 열어놓았다.[29]

1466년(세조 12) 공조판서 구종직의 발언은 문신이 무신을 어떻게 바라보고 있는지를 극명하게 보여준다. 곧, "옛날에 창을 손에 쥐고 왕궁을 숙위宿衛하는 일이 사대부의 직책이었는데, 진·한 이래로 이 제도가 폐지되어 방패를 들고 섬돌 밑에서 지키고 창을 쥐고 호위하는 일을 혹 사람을 때려 죽여서 파묻어 버리는 어리석고 사나운 무리로 둘러서게 했으니 진실로 개탄할 만한 일입니다. 지금 도총관과 위장衛將·부장部將이 모두 사대부의 직책을 겸하고 있으니, 이것은 삼대三代 이전의 훌륭한 법입니다."[30]고 하여 무신들을 어리석고 사나운 무리라고 치부하였다.

셋째, 두 번째 특징과 관련 있는 사항으로서 문관이 군권을 장악하는 구조를 꼽을 수 있다. 이는 전략이 전술보다 우월하다는 분위기에서 문관이 무신의 최고위직을 점유하거나 무력화시키는 방식으로 이루어졌다. 조선전기 오위도총부의 사령관 도총관과 오위장五衛將은 겸직으로 운용하였고, 조선후기 오군영 가운데 궁궐 및 도성 수비를 담당한 삼군문三軍門인 훈련도감·어영청·금위영도 대장(종2품) 위에 도제조(정1품)와 제조(정2품)를 두었다. 주로 병조판서가 겸임하는 도제조와 제조는 당연직이었

---

29 『경국대전』 권4, 병전, 경관직, 정이품아문 오위도총부, 정삼품아문 선전관청.
30 『세조실록』 권39, 세조 12년 7월 7일(병자).

으나 적어도 무신이나 장신將臣들에게 최고 권한을 맡기지 않는다는 국가 의지를 나타낸 조치로 읽힌다.

또 문관의 최고위직이라 할 수 있는 의정부는 명실상부한 실직實職인 데 비해 무관의 최고위직인 중추부中樞府는 직무가 없는 문·무 당상관의 대기직으로 활용되었다.[31] 의정부의 정승들이 자리에서 물러나면 이곳으로 옮겨와 즉시 정1품직 판사判事에 임명되었던 것이다. 군정기관인 병조의 관원과 군사 통수권조차도 문관이 차지하는 것이 보통이었다. 지방도 마찬가지여서 각도의 병마절도사(종2품)와 수군절도사(정3품당상관) 2~3자리 가운데 한 자리는 관찰사가 겸임하였다.

넷째, 무신에 대한 차별은 관직 규모에서도 뚜렷하게 드러난다. 『경국대전』에 따르면 문반과 무반의 실직 수는 5,605자리가 있었다. 그 가운데 문신의 실직은 1,779자리, 무신의 실직은 3,826자리였다. 겉보기에는 무신이 많아 보이나 운용 시스템을 검토해보면 사정이 전혀 달랐다. 실직 가운데 녹봉을 받지 못하는 무록관無祿官, 3개월~4개월 정도만 녹봉을 받을 수 있는 체아직遞兒職, 다른 직책에 있는 관리가 겸직하는 겸임직을 제외하면 문신의 정직은 1,579자리, 무신의 정직은 821자리에 불과하였다.[32] 실제적으로 관리들이 정규적으로 녹을 받을 수 있는 자리는 문신들의 규모가 훨씬 컸던 것이다.

특히, 무신의 관직은 오늘날 개념으로 본다면 비정규직이라 할 수 있는 체아직이 3,005자리나 되어 전체 서반 관직의 79%를 차지하였다. 그나마 조선후기에는 체아직마저 절반 이하로 대폭 줄고 말았다. 18세기에 1,511자리로 감소했다가 19세기에는 1,387자리로 줄고 말았다.[33] 조선후기에 서반직은 순조 대에 삼도통제사(1), 삼도통어사(1), 각도의 병사兵使(8)와 수사水使(5) 등 15자리 정도 늘었지만,[34] 체아직의 감소폭이 워낙 크기 때문에 조선후기 무신에게 할당된 관직수는 조선전기에 비해 대폭 하향된 규모였다.

---

31 이성무, 『조선의 사회와 사상』, 일조각, 2004, 143쪽.
32 이성무, 『조선초기양반연구』, 일조각, 1980, 125~126쪽.
33 『속대전』 권4, 병전, 경관직, 정삼품아문, 오위 ; 『대전통편』 권4, 병전, 경관직, 정3품아문, 오위 ; 『대전회통』 권4, 병전, 경관직, 정삼품아문, 오위.
34 홍순민, 「정치집단의 구성」 『조선정치사』(상), 청년사, 1990, 209쪽.

다섯째, 사회적으로 무신이 받는 차별은 교육기관의 운용에서도 찾아볼 수 있다. 문신의 경우 서당·향교·성균관 등 예비교육기관이 있어 어린 시절부터 유학자로서 소양을 닦거나 과거시험을 준비할 수 있었다. 더구나 사대부 중에는 자제들을 위하여 가숙家塾을 세워 5~6세 때부터 교육을 시작하는 열성을 보이기도 하였다.

반면에 무신을 위한 예비교육기관은 거의 전무하였다. 선조 대에 무학武學이 정비되었으나 후기에는 유명무실해져버려 실효성이 없었다. 무신을 위한 제도적 장치나 사회 시스템이 미비하다보니 어린 시절부터 무인으로서 정체성을 다질 수 있는 기회를 갖기 쉽지 않았다. 이른 시기에 진로를 결정해도 여건상 문신들에 비해 출발이 늦을 수밖에 없었고, 무예에 소질이 있다 해도 집안 형편이 좋은 사람이 아니고서는 현실적으로 무예를 독학으로 습득하기에 제약이 많았다. 즉 무신이 어린 시절부터 무인으로서의 정체성을 다질 수 있는 장치가 사회적으로 준비되어 있지 않았다.

끝으로, 국가에서 시행한 문신과 무신에 대한 인적 관리도 공정하다고 볼 수 없다. 1402년(태종 2)에 무과가 시행된 이후부터 문·무는 수레의 두 바퀴와 같다 하여 문과·무과는 반드시 함께 실시하였다. 그래서 조선-일본 전쟁(임진왜란) 때 군병軍兵 확

무과 합격 교지(전쟁기념관)

보를 위해 무과만 따로 시행한 사례를 제외하고 문과·무과의 실시 시기와 횟수는 같다. 하지만 과거합격자 명부라 할 수 있는 방목榜目의 간행은 문과와 무과가 서로 달랐다.

국가에서 문과 급제자는 전체 합격자 현황을 파악하여 조선시대 전체 합격자를 집성한 종합방목을 몇 차례 간행하였다. 그러나 무과급제자의 경우는 종합방목이 전혀 작성되지 않았고, 총 800회 시험 가운데 138회(17.3%)의 합격자 명부만 오늘날 남아있는 실정이다.[35] 조선에서 무신의 모집단이라 할 수 있는 무과급제자 명부를 소홀히 취급

---

35 정해은, 「조선시대 무광방목의 현황과 사료적 특성」 『군사』 47, 국방부군사편찬연구소, 2002.

한 점은 무신에 대한 인적 관리가 문신에 비해 상대적으로 허술하던 현실을 잘 보여준다.

요컨대, 문신이 문민통제를 위해 실시한 차별의 핵심은 무신이 고위직으로 진출하는 것을 봉쇄하고 고위직을 유명무실화시킨 데에서도 알 수 있듯이 무신의 권력을 최소화하고, 군사력을 정치에 종속시키는 데에 초점이 맞추어져 있었다. 그러므로 조선 사회를 지배한 가치관에 비추어 볼 때 문신에 비해 상대적으로 무신의 권리가 빈약했던 것은 무신 자체에서 비롯된 것이 아니라 그 시대 전체적인 환경 때문이라고 보아야 옳다.

(3) 군사 전문가의 등장

조선시대에 군사권을 비롯한 입법·행정·사법권은 이념상 국왕의 차지였다. 국왕은 하늘의 명命을 받아 모든 국토와 백성을 지배하는 존재이기 때문이다. 그렇지만 현실적으로 국왕 혼자서 모든 업무를 처리하기란 사실 가능하지 않았다. 그래서 국왕은 신료들에게 일정한 권력과 업무를 배분해주고 그 대가로 충성을 요구하였다. 그러나 현실에서는 이상적인 군신 관계가 성립되지 못한 채 왕권과 신권이 대립하였다.

조선은 군약신강君弱臣强의 정국이 유지된 나라였다. 특히 문신이 이상적인 유교 정치를 표방하면서 국왕의 전제를 막기 위해 경연經筵이나 사관史官·간관諫官의 기능을 강화시켜놓았다. 문신은 경연을 통하여 국왕에게 군주로서의 자질과 덕목을 설파하였고, 사관과 간원을 내세워 왕의 일거수일투족을 공공연히 감시하였다. 국왕의 전제권조차 문文으로서 효과적으로 제어한 조선에서 무신이 낄 자리는 많지 않았다.

그러다가 무신이 정치적으로 새로운 국면을 맞게 된 것은 조선-일본 전쟁 이후 오위제가 유명무실해지고 오군영이 창설되면서부터라고 판단된다. 오군영은 조선-일본 전쟁 당시 훈련도감이 설치된 이후 1623년 인조반정 직후에 3개 군영이 창설되었고, 숙종 대에 최종 완성되었다. 오군영 가운데 가장 먼저 등장한 훈련도감의 창설은 조선에서도 상비군이 등장하는 계기가 되었고 권력자 사이에 군권 장악을 둘러싼 경쟁을 촉발하였다.

조선 건국 초 태종이 왕위에 오른 직후 주력한 문제가 사병私兵 혁파였다. 장수와 군사들의 사적 유대 관계를 끊어놓기 위한 이 조치는 국가만이 군대를 보유할 수 있다고 공포한 것이나 다름없었다. 이런 과정을 거쳐 탄생한 중앙 군사조직인 5위는 군권이 병조판서를 거쳐 최종적으로 국왕에게 집중되었다.

군의 정치 개입을 막기 위한 조치는 오위의 지휘체계에서도 잘 드러난다. 오위의 대장(종2품)은 총12명이며, 오위를 지휘·감독하는 오위도총부의 사령관인 도총관(정2품)과 부총관(종2품) 역시 각각 5명씩 총 10인이었다. 그런데 대장과 도총관·부총관은 모두 겸임직이었고 임기도 1년에 불과하였다. 또 오위는 행정조직상 군정기관인 병조에 소속되었다.[36] 병조는 오위와 협조관계를 유지하며 최고의 군령기관 역할을 했으며, 개병제皆兵制의 원칙아래 병권은 병조판서를 거쳐 국왕으로 연결되었다.[37] 이처럼 오위 체제에서 대장이나 도총관·부총관은 그저 관료에 불과할 뿐이며 군사지휘권과 거리가 멀었다.

그러나 조선-일본 전쟁 이후 오군영五軍營이 창설되면서 사정은 달라졌다. 군영이 병조판서와 관련 없이 독자성을 띠면서 국권이 국왕으로 연결되는 양상으로 변모한 것이었다.[38] 이러한 차이를 유발한 것은 오위와 오군영의 지휘체계가 현저하게 달랐기 때문이다. 조선-일본전쟁 중 창설된 훈련도감은 '장수는 군졸들을 모르고 군졸들은 장수를 모른다[將不知軍 軍不知將]'라는 오위의 단점을 극복하기 위해 척계광의 『기효신서』를 도입하여 명확한 지휘체계를 수립하였다. 곧 대장-중군中軍-별장別將·천총千摠-파총把摠-초관哨官-군졸로 이어지는 장수와 군병의 일원적인 명령계통을 확립하였다.[39]

요컨대, 오군영 체제에서 군 지휘권이 군영대장으로 집중되자 병조판서와 군권의 연결고리가 느슨해졌고, 군영대장의 권한은 상대적으로 커져갔다. 여기에 군영의 운영에 당파가 작용하면서 조선에서도 서서히 정치와 연관을 맺는 무신이 등장하였다. 예컨대, 인조반정 때에 반정 주모자들이 "훈련도감군은 두려운 존재이니 반드시 이흥

---

36 『경국대전』권4, 병전, 경관직, "정이품아문 오위도총부, 종이품아문 오위."
37 차문섭, 『조선시대 군사관계연구』, 단국대학교 출판부, 1996, 18쪽.
38 이태진, 『조선후기 정치와 군영제 변천』, 한국문화원, 1985, 84쪽.
39 김종수, 『조선후기 중앙군제연구-훈련도감의 설립과 사회변동』, 혜안, 2003, 222쪽.

립을 얻어야 성공할 수 있다."[40]고 판단하여 당시 훈련대장 이흥립李興立과 그가 이끌던 정예군 4천여 명을 반정군에 끌어들인 사례도 군영대장이 갖고 있던 군권의 일단을 잘 보여준다.

훈련도감 창설 이후 무신에게 결정적인 변화를 가져다 준 계기는 인조반정이었다. 인조반정은 1623년 3월에 서인 세력이 광해군을 폐위하고 당시 집권세력인 대북정권을 타도한 쿠데타였다. 반정 후 공신 세력의 우선 과제는 시국 안정이었다. 당시 여론은 반정에 대해 군주를 바꾼 행위에 불과하다고 여겼기 때문이다.[41]

대외적으로도 인조는 광해군의 등거리 외교 정책을 폐기하고 명 대신에 새롭게 부상하던 후금을 적대시하는 노선을 택하였다. 반정 명분이 광해군이 재조再造의 은혜를 베푼 명을 저버리고 오랑캐 후금과 교분을 맺었다는 것이었으므로 후금에 대해 적대적인 태도를 취할 수밖에 없었다.

이렇듯 국내외 정세가 인조 및 반정 공신들에게 불리하게 움직이자 이들은 어렵게 획득한 권력을 지키기 위한 방편으로 군사력에 눈을 돌렸다. 인조 대에 조선후기 오군영 가운데 3개 군영인 어영청·총융청·수어청이 창설된 것도 바로 이 때문이었다. 이러한 배경에서 정국을 장악한 서인의 핵심들은 군영의 조직과 운영을 대부분 전담하다시피 하였고 실상 서인의 군영이란 성격을 강하게 지녔다.[42]

인조반정의 주도 세력이자 1등 공신인 이서·구굉·이흥립·신경진 등은 모두 명망 있는 무신이며, 이흥립은 반정 당시 훈련대장을 맡고 있었다.[43] 반정 이후 이서는 경기지역 군사를 재정비하여 총융청 창설을 주도했고, 이후 총융사와 어영대장을 역임하였다. 구굉 역시 훈련대장으로 총융사와 어영대장을 겸임했으며 병조판서를 역임하였다. 신경진도 훈련대장과 병조판서를 거쳐 영의정까지 올랐다.[44] 이러한 양상은 조선-일본전쟁 이전에는 찾아볼 수 없는 중요한 변화라고 할 수 있다.

---

40 『인조실록』권1, 인조13년 3월 13일(계묘).
41 『인조실록』권9, 인조 3년 6월 19일(을미).
42 이태진, 앞의 책, 1985, 319쪽.
43 오수창, 「인조대 정치세력의 동향」『조선시대 정치사의 재조명』, 범조사, 1986, 79쪽.
44 『등단록선생안』(장서각). 오수창은 신경진의 출신성분을 음사로 보았으나, 신경진은 임진왜란때 아버지가 세운 공으로 선전관이 되었다가 26세인 1600년에 이미 무과에 급제하였다.

이처럼 인조반정을 계기로 무신의 두드러진 정계 진출과 함께 군정軍政의 중요성이 인식되면서 무신 중에도 문신처럼 중요 무반직을 독점하는 무반 가계가 형성되기 시작하였다. 현재 학계에서는 이들을 '무반벌열가문武班閥閱家門'이라 한다. 무반벌열가문은 군권에 대한 정치적 인식이 중시되던 17세기 후반 이후 형성되기 시작하여 18세기 중후반을 기점으로 성립되었다. 무반벌열가문은 계속 중앙 군문에 진출하여 대장을 배출하면서 정치적 영향력을 확대하였다.[45]

조선후기 군권의 핵심이던 훈련대장만 조사해보더라도 숙종 초와 정조 초를 제외하면 대부분 무과 출신들이 담당하였다. 이러한 사실은 『등단록선생안登壇錄先生案』을 통해 선조~고종 대에 군영대장을 지낸 총 202명의 출신성분을 조사한 결과, 무과출신 139명, 문과출신 47명, 음서출신 12명, 훈신勳臣 4명으로 무과출신이 전체의 69%나 차지하는 양상에서도 잘 드러난다.[46] 대표적으로 영조 대에 훈련대장을 지낸 장붕익張鵬翼(1674~1735)은 국왕 영조가 정치색을 띤 인물이라고 지목한 적이 있으며, 장기간 훈련대장을 역임하면서 병권을 장악하는 현상이 발생하자 암살 위협을 받기까지 하였다.[47]

요컨대, 인조반정 이후 오군영의 설립과 무반 가문의 출현은 조선의 군사사상 형성과 관련하여 대단히 특징적인 요소라고 할 수 있다. 무신은 여전히 왕권이나 문신 세력을 뒷받침하는 역할에 머물렀으나, 무신의 역할이 부각되면서 무에 대한 인식도 변화하기 시작했다. 이것은 문치주의에 위축되어 제대로 자기목소리를 내지 못하던 무신이 서서히 자신의 소임을 자각하면서 영향력을 증대시켜나간 결과였다. 이는 무신장에서 보면 정치·사회적 발언을 확대시켜 나가는 새로운 시도로서 자신의 정체성을 찾아가는 과정이라고 볼 수 있다.

(4) 무신으로서의 자각

조선에서는 17세기 이후 수기修己 측면의 도덕 수양을 중시하는 성리학의 분위기

---

45 장필기, 『조선후기 무반벌열가문 연구』, 집문당, 2004.
46 『登壇錄先生案』(장서각).
47 『영조실록』 권30, 영조 7년 11월 27일(병술) ; 『영조실록』 권34, 영조 9년 5월 11일(신묘).

속에서 인물 전기집이 편찬되기 시작하였다.[48] 그런데 17세기 이후 쏟아져 나온 전기집들은 대부분 문신의 전기가 중심을 이루었고, 무신이나 무장의 기록은 여기에 부분적으로 포함되었을 뿐 독립적인 무장 전기는 한 권도 없었다. 이런 분위기 속에서 조선의 르네상스라 불리는 정조 대에 서서히 무장에 관한 기록이 나오기 시작하였다.

대표적으로 조선-청 전쟁 때의 명장이자 북벌의 상징인 충민공 임경업林慶業 (1594~1646)의 일대기를 정리한『임충민공실기林忠愍公實記』(1791년), 조선-일본전쟁 때의 의병장 김덕령金德齡(1567~1696)의 활약상을 정리한『김충장공유사金忠壯公遺事』(정조 대 편찬)가 편찬되었다.[49] 그리고 1794년에 앞서 소개한 홍양호의 『해동명장전』이 정리되어 나왔다. 이어 1795년에 왕명으로 윤행임이 책임을 맡아 이순신 장군에 관한 온갖 기록을 수집하여『이충무공전서李忠武公全書』를 간행하였다. 이처럼 조선 양반 사회의 한 축을 담당하면서도 문신에 비해 천대받은 무장의 전기가 출현하기 시작한 것은 사회사적으로 중요한 의미를 지니고 있다.

변화는 여기서 그치지 않는다. 무신이 자신의 목소리를 담은 저서를 직접 내놓기 시작하였다. 18세기 중후반 정조 대에 활약한 송규빈宋奎斌은『풍천유향風泉遺響』이라는 저서에서 본인의 국방관을 피력하였다. 송규빈의 가계는 3대에 걸쳐 무과를 거쳤다고 하나 자세한 이력이나 생애에 대해서 잘 알려지지 않을 만큼 역사적으로 유명한 인물이 아니다. 그럼에도 송규빈은 조선-일본 전쟁(임진왜란)과 조선-청 전쟁(병자호란)에 대한 반성과 교훈을 토대로 부국강병을 위한 무비책을 제시했고, 공세적인 북벌론을 강하게 주창하였다.[50]

또 송규빈은 "우리나라의 풍습은 참으로 이상

이충무공전서(규장각한국학연구원)

48 박인호,『한국사학사대요』(제3판), 이회, 2001, 175~178쪽.

49 『임충민공실기』(규장각) ;『김충장공유사』(규장각).

50 송규빈의 사상과『풍천유향』에 대해서는 백기인,『조선후기 국방론 연구』, 혜안, 2004 참조.

『무신수지』(한국학중앙연구원)

하다. 문관과 무관을 완전히 두 가지로 생각하여 글을 읽은 문사들은 무관과 더불어 같은 대오가 되기를 부끄러워한다."[51]고 하면서 무신으로서의 자의식을 드러내고 있다.

이정집(1741?~1782?)과 그의 아들 이적(?~1809)이 2대에 걸쳐 완성한 『무신수지武臣須知』도 무신의 의식 성장과 관련하여 주목할 만한 저술이다. 무과급제자로서 영장營將과 수령을 역임한 두 사람 역시 송규빈처럼 역사적으로 그다지 알려지지 않은 인물이다. 『무신수지』는 『무경칠서』의 요점을 간추리고 그 뜻을 부연하여 풀이한 책으로 『풍천유향』처럼 저자들의 독창적인 생각을 담은 책은 아니다.

그럼에도 책 곳곳에 저자들이 병서 내용에 주석을 달면서 본인들의 견해를 남겨놓은 곳이 많다. 예컨대, "나는 평소 활쏘기와 말타기 연습을 게을리 하지 않으려고 했다. 그런데도 복잡한 집안일에 얽매여 도회지와 시골을 분주하게 오고 가느라 간혹 연습을 중단한 경우가 많았다. 이는 속담에 이른바 '마음은 그렇지 않으나 일이 그렇게 된다.'는 것과 같다고 할 것이다."[52]처럼 무신으로서 소임을 다하려는 태도들이 도처에서 엿보인다.

이상에서 살펴본대로, 18세기 후반 이후 무신의 일대기나 저술의 출현은 이전 시기에는 찾아볼 수 없는 변화의 바람이었다. 무신은 무직武職을 부끄러워하지 않고 무신으로서의 정체성을 찾아가기 시작하였다. 이 과정에서 문신과 문화적 동질성을 획득하기위해 유학·예술 방면에 부심하기도 했으나 '무武'라는 고유 영역에서 발언하기 시작했다는 점에서 눈여겨봐야 할 변화라고 할 수 있다. 나아가 조선후기 만개한 군사사상은 조선-일본전쟁(임진왜란) 이후 무에 대한 새로운 분위기 속에서 탄생되었다

---

51 『풍천유향』, 국방부전사편찬위원회, 1990, 13쪽.
52 『무신수지』, 장재, 습궁마(성백호 역, 『무신수지』, 국방부전사편찬위원회), 1986, 67쪽.

는 점을 강조하고 싶다.

2) 부전(不戰)의 전략

(1) 사대(事大) 정책

조선의 통치자들이 지향한 대외인식은 고도의 문화자존의식에 의해 문화가 앞선 중국에 대해서는 존경심을 표하지만 문화 수준이 뒤떨어진 몽고·여진·거란·일본에 대해서는 자존심을 세웠다. 사대와 교린이 조선 외교의 두 기둥이지만 사대에 치중하고 교린은 말썽만 나지 않는 수준에서 미봉하고자 했다.[53]

사대를 가능하게 한 이데올로기는 중화사상中華思想이었다. 근대 이전 동아시아의 국제 질서는 외형적으로 수직적이면서도 차별적인 모습을 띠고 있었다. 중국이 주도한 동아시아의 국제 관계를 보편적인 질서라고 정당화하는 이데올로기를 중화사상이라 한다. 중원中原을 중화라 하여 존중하고 중국을 제외한 다른 나라를 이적夷狄으로 천대하던 인식으로서 중국을 천하의 중심으로 여기는 태도를 말한다. 그 밑바탕에는 '화華'와 '이夷'를 종족·지리·문화라는 중층적 기준에 의해 구분하면서 '화'의 우위를 강조하는 화이관華夷觀이 자리하고 있다.

화이관이란 중국에서 존화양이尊華攘夷라는 명분론에 입각해 중국을 중화라 하여 존중하고 중국을 제외한 다른 나라를 이적이라 하여 천대하던 인식을 말한다. 즉 중국을 천하의 중심으로 여긴 것이다. 한漢 대 이후 중화사상에 기초한 화이관은 대외 정책에 반영되기 시작하였다. 세계를 문화적 계층관계로 보고 문화적으로 열등한 민족들을 중국에 복속시키기 위해 중국의 황제권과 주변국의 군주권을 차등적으로 인식하였다.

먼저 문화의 중심지로 중국이 있고 다음으로 중국대륙 주변국 즉 한국, 베트남, 유구와 같은 나라를 두었다. 이들 국가에 대해 국내 통치 질서의 기본개념이 계층적인 예 관념에 의한 상하 위계 관계를 적용해 부자관계를 국제 관계에도 적용하였다. 그

---

53 이성무, 『조선왕조사』 (1), 동방미디어, 1998, 머리말 8쪽.

결과 나타난 것이 책봉과 조공이었다. 책봉은 중국의 황제가 주변 국가나 부족의 군주에게 관작을 주어 지배 영역의 통치권을 승인하는 행위이며, 조공은 책봉을 받은 국가가 토산물을 바치며 신하로서의 의례를 수행하는 것이었다.

명 주변의 국가들이 천명을 받은 중국대륙의 황제가 천하를 다스려야 하다는 중화질서를 인정해 황제에게 신복하는 충성의 표시로 정기적으로 조공을 바치고 즉위시에는 책봉을 받았다. 책봉과 조공을 통해 중국을 중심으로 하는 하나의 수직적 국제질서를 이루었다. 중국대륙을 통하지 않는 조공국들 사이의 횡적 외교는 원칙적으로 금지되었다. 번속국의 군주는 중국의 내신內臣과 구별되는 외신外臣으로서 자신의 지배 영역에서 독자적으로 법을 갖고 통치할 수 있는 권한을 부여받았다.

한반도에서 여말 선초 성리학의 수용은 화이의 구분과 화에 대한 이의 사대를 보편질서이자 당위로 인식하는 명분론적 화이관과 이에 기반한 사대관을 형성시켰다. 성리학이 조선사회의 지배 이념으로 정착하는 16세기를 전후해 대세를 차지하면서 조선의 대외 관계에도 본격적인 영향을 주기 시작하였다.

15세기 조선에게 명은 하나의 대국이었을 뿐이지 유일한 천자국은 아니었다. 당시 위정자들은 대명사대와 국익이 서로 마찰을 빚을 수도 있는 상황을 염두에 두고 국가의 정책 결정에 임하였다. 이러한 인식은 중원의 정치적 상황에 따라 책봉국을 수시로 바꾸었던 고려시대의 인식과 비슷하다. 그러나 16세기에는 사대를 국익으로 보아 양자를 동일시하는 인식이 조정에 팽배하였다. 이러한 대명 태도는 16세기 막바지에 발생한 조선–일본전쟁의 경험과 명의 참전을 통해 형성된 재조지은再造之恩에 힘입어 더욱 강화되었다.

조종암(경기 가평) 임진왜란 때 구원병을 보내 준 은혜에 대해 선조가 쓴 '만절필동 재조번방'이란 글씨가 써 있다.

조선은 유교적 세계관에 바탕을 둔 화이관에 입각하여 조선을 명과 동등한 문화국(화華)으로 인식한 반면 일본은 유교문화를 갖추지 않은 오랑캐(이夷)라 하는 일본이적관을 갖고 있었다.[54] 여기서 한 가지 유념해야 할 점은 조공과 책봉이 실질적인 종속관계를 의미하지 않고 의례적인 측면이 강했다는 점이다. 그럼에도 조공과 책봉은 의미있는 일이었다. 강대국인 명의 군사적 위협을 감소시킬 수 있다는 점에서 섣불리

조종암(경기 가평)
임진왜란 때 구원병을 보내 준 은혜에 대해 선조가 쓴 '만절필동 재조번방'이란 글씨가 써 있다.

거부할 수 없는 선택이었다. 사대주의는 군사안보적 측면에서 조선의 안보를 담보하는 대전략이었다고 볼 수 있다.

조선의 사대 정책에 변화가 온 계기는 조선-청 전쟁과 명의 멸망이었다. 조선은 조선-청 전쟁으로 260년 동안 속해있던 명 질서에서 이탈하게 되었다. 조선-청 전쟁 이후 조선은 종래 명의 책봉을 전제로 한 중화적 교린 체제의 형식을 포기하는 대신 청을 견제하고 대비하기 위한 새로운 탈중화의 독립적인 교린 체제를 시도하였다. 1644년 명이 멸망한 이후 조선은 대일 외교 문서에 명의 연호는 물론 청의 연호도 사용하지 않고 연도를 나타내는 간지만을 사용하였다. 조선은 명의 영토, 인구, 문화를 계승한 청을 오랜 기간 동안 중화로서 인정하려 하지 않았다. 그 대신에 '북벌'이라는 새로운 이데올로기를 창출하였다. 북벌에 대해서는 따로 장을 달리해서 논의하고자 한다.

---

54 정옥자, 『조선후기 조선중화사상 연구』, 일지사, 1998, 237~244쪽.

(2) 교린정책

조선의 국가 전략이 명에 대해서 사대 정책을 선택했다면 다른 주변 국가에 대해서는 교린 정책을 지향하였다. 교린의 외교의례의 개념은 적국항례敵國抗禮라고 할 수 있다. 이것은 필적하는 나라들끼리 대등한 외교의례를 나눈다는 의미이다.

조선 초기 교린의 대상은 일본, 유구, 여진, 동남아 국가였다. 이 중 책봉체제에 편입되어 적례의 대상이 된 것은 일본의 실정막부장군과 유구국왕이었다. 이 가운데 일본은 조선에서 가장 중시한 교린 대상국이었다.

한반도와 일본열도는 지리적으로 가까운 곳에 위치하여 조선시대 이전부터 밀접한 관계를 유지하였다. 한반도의 문화가 일본으로 전파되었고 경제적으로도 일본은 한반도에 크게 의존하였다. 조선은 일본이 '왜구倭寇'라는 해적집단으로 한반도의 서남해안에서 약탈을 자행했지만 피해 규모가 크지 않아 위협적인 적대세력으로 간주하지 않았다. 대신 일본에 대해 상국上國이자 시혜국으로 자처하면서 회유와 견제를 기본으로 하는 교린交隣 정책을 적용했다.[55]

신숙주 초상(고령신씨 문중)

신숙주申叔舟는 "일본은 우리나라와 바다를 사이에 두고 서로 바라보고 있습니다. 만약 그들을 잘 다독거리면 예절을 갖추어 조빙朝聘하고 그렇지 않으면 함부로 노략질합니다.……신이 듣건대 '이적夷狄을 대하는 방법은 정벌에 있지 않고 내치에 있으며, 변경 방어에 있지 않고 조정에 있으며, 전쟁을 하는 데 있지 않고 기강을 진작하는 데 있다.'라는 말이 이제야 입증됩니다."[56]고 하여 일본과 화평을 유지하는 방법으로 교린 정책과 교화를 제시하였다.

---

55 서인한, 『임진왜란사』, 국방부 전사편찬위원회, 1987, 1쪽.
56 신숙주, 『해동제국기』 서.

하지만 조선-일본 전쟁을 계기로 조선의 일본 인식은 크게 달라졌다. 종래 이웃 나라로만 여겨왔던 일본이 이제 조선의 운명에 직접적인 피해를 줄 수 있는 나라로 등장하였다. 그래서 무조건 일본을 이적시하고 야만시하지 말고 일본의 실체를 인정하자는 자각과 인식이 싹튼 것이었다. 그래서 17세기 후반부터는 일본을 보다 체계적으로 이해하기 위한 노력이 경주되었다.[57]

홍여하洪汝河(1621~1678)는 경상도 안동 출신으로 이황·유성룡·정경세鄭經世로 이어지는 영남사림의 학통을 이어받았다. 그는 『휘찬여사彙纂麗史』, 『동국통감제강東國通鑑提綱』이라는 역사서를 저술했다. 『휘찬여사』의 〈일본전〉에서 그는 일본이 조선의 이해에 관건이 되므로 반드시 일본을 알지 않으면 안 된다고 주장하였다.

> 무릇 오랑캐의 나라로 강대하지만 우리나라와 멀리 떨어져 있거나 가까이 있지만 미약한 나라는 모두 변경의 우환이 되지 않으니 고찰할 필요가 없다. 오직 일본은 우리나라와 가장 가까우면서도 커서 우리나라의 이해利害에 관건이 된다. 일본을 어떻게 제압하느냐에 따라 관계되는 것이 중요하므로 알지 않으면 안된다. 그래서 일본전을 만들었다.[58]

홍여하의 일본관은 화이관에 입각하여 일본을 이적시하고 있다. 그러나 "화기의 제조기술과 군사제도가 몹시 정교하다"고 했듯이 일본의 군사력이 강성하다는 점을 인정하고 재침 가능성을 경계하였다. 일본에 대한 대처 방식으로 조선은 문치주의 나라이므로 유사시 그들과 군사적으로 대결하지 말고 외교적으로 해결해야 한다고 보았다.

이익李瀷은 『성호사설星湖僿說』에 일본 통신사 일행을 통해 입수한 서적과 정보를 바탕으로 90여 개의 일본 항목을 기록하였다. 일본의 지리·역사·정치·문화·기술·풍속·군사는 물론 조선-일본 전쟁에 대한 검토 및 한일관계사 정리 등 폭넓은 주제에 대해 관심을 갖고 있었다. 특히 그는 조선-일본 전쟁이 당시 위정자들의 국제정세

---

57 하우봉, 『조선후기 실학자의 일본관연구』, 일지사, 1989, 49~53쪽.
58 홍여하, 『휘찬여사』, 일본전.

에 대한 무지에서 비롯되었다고 보고 일본에 대한 관심과 경각심을 촉구하였다. 또한 도요토미 히데요시가 군사를 발동하겠다는 뜻이 분명히 알렸으나 조선에서는 이를 무시한 채 다만 척화하는 것만 알고 있다가 급변을 당했다고 비판하였다.

이처럼 17세기 후반 이후 많은 지식인들은 객관적이고 현실적인 안목으로 일본의 실상을 이해하려고 노력하였다. 조선-일본 전쟁에 대해서도 적개심과 주자학적인 화의만을 고수할 것이 아니라 국제정세 속에서 정확하게 파악하려는 노력이 필요하다는 점을 강조하였다. 그래서 조선-일본 전쟁의 원한을 갚는 길은 일본을 바로 알아 화평 관계를 유지해 나가는 것이 중요하다고 강조하였다. 하지만 조선이 일본에 대한 인식을 단번에 바꾸기란 쉽지 않았다. 여전히 일본을 화이관의 입장에서 문화적인 속국으로 인식하였다.

(3) 북벌의 이데올로기

조선은 조선-청 전쟁으로 오랑캐로 여긴 청의 무력에 굴복하면서 자부심에 큰 상처를 입었다. 특히 인조가 삼전도에서 '삼배구고두三拜九叩頭'의 예를 행하고 '대청황제공덕비大淸皇帝功德碑'라 불리는 삼전도비三田渡碑를 세운 일은 조선인의 가슴속에 두고두고 상처가 되었다. 조선-일본 전쟁 역시 이적시하던 일본에게 침략을 당하기는 마찬가지였다. 하지만 조선-일본 전쟁 때에는 초반의 열세를 제외하고 명의 참전과 의병·수군 등의 활약으로 일본군을 결국 조선 땅에서 내몰았다는 긍지는 있었다.

청과 전쟁이 끝나고 조선에서는 청에 대한 적개심이 고조되었다. 청의 침략을 오랑캐(호胡)의 침략인 '호란胡亂'이라 부르고 연호年號도 대외 문서를 제외하고 국내에서는 명의 마지막 황제인 의종毅宗 대에 사용한 연호인 '숭정崇禎'을 그대로 사용했다.

19세기에 위정척사를 부르짖던 강경파 이항로李恒老(1792~1868)는 "어떤 사람이 말하기를 '우리나라가 북면(北面:신하의 예)해 청을 섬긴 지 200년이나 되었는데 하루 아침에 이를 배반해도 좋은가?'라고 물었다. 내가 대답하기를 강요된 맹약은 맹약이 아니다. 정축년의 맹약은 강요된 맹약이다."라고 말하였다.[59] 이항로의 발언은 19세

---

59 이항로, 『화서집』 권11, 무왕 제32.

기의 사례이지만 조선-청 전쟁(호란) 이후 조선의 유학자들이 일반적으로 갖고 있던 청에 대한 의식이라 해도 크게 틀리지 않을 것이다.

이런 분위기에서 1644년에 중화의 나라 명이 청에게 멸망하자 명에 의지하던 조선의 정통성은 바람 앞의 등불처럼 위태로웠다. 조선의 입장에서 전통적인 중화질서의 붕괴는 곧 천지대란으로 인식되었다. 명이 망하자 조선에서는 조선중화의식朝鮮中華意識이 싹트기 시작했다. 명은 망했지만 그 후계자로서 조선은 중화 문화를 수호해야 할 의무를 가졌다고 자부하였다. 미개한 여진족이 무력으로 명을 멸망시켰지만 그러한 현상은 일시적이며 조선만이 중화 문화를 유일하게 보존하는 나라라는 의식이었다.[60]

삼전도비(대청황제공적비, 서울 송파)

이러한 분위기 속에서 조선에서는 정치적으로 청나라에 신하의 예를 취하면서 사상적으로는 '존명배청尊明排淸'을 대의명분으로 하는 북벌론이 풍미했다. 북벌은 조선-청 전쟁(병자호란) 이후 조선사회에 조성된 '숭명배청崇明排淸' '복수설치復讐雪恥'라는 배청 분위기 속에서 효종에 의해 1650년대부터 1670년대까지 비밀리에 추진되었다. 소현세자가 청의 초기 수도인 심양에서 8년간 생활하면서 청 문화에 개방적인 입장을 가진 태도와 달리 효종은 아버지 인조가 청 황제에게 '삼배구고두'[61]의 예를 행한 치욕을 잊지 않았다.

효종은 심양에 있으면서 황제를 따라 수렵에 나서는가 하면, 명 정벌전에 세 차례

---

60 정옥자, 앞의 책, 1998, 14~19쪽.
61 三拜九叩頭 : 3번 절하는데 한 번 절할 때마다 3번 머리를 조아린다.

나 종군하면서 조선인 포로들의 처참한 생활을 목격했다. 그는 중국대륙의 사정과 지형에 대해서도 면밀히 파악하는 등 용의주도하게 행동하면서 훗날을 기약하였다.

하늘이 나로 하여금 일찍 환란에 부딪치게 해 일찍부터 활 쏘고 말 달리는 전쟁 일에 익숙하게 했다. 또 나를 오랑캐 땅에 들어가게 하여 저들의 형세와 산천·도로를 익히 알게 했으며 오랫동안 오랑캐 땅에 살게 하여 두려워하는 마음을 없게 했다. 나의 어리석은 소견으로는 하늘의 뜻이 막연하지 않다고 여겨진다.[62]

효종은 형 소현세자의 죽음으로 자신이 왕위에 오르자 심기일전해 북벌의 뜻을 굳혔다. 그리고 북벌을 담당할 인물로 척화파를 심중에 두고 김상헌金尙憲·송시열宋時烈·송준길宋浚吉 등을 중용했다. 효종은 안보론에 입각해 북벌의 준비기간을 향후 10년으로 계산하고 일을 추진했다.

송시열 초상(국립중앙박물관)

먼저 군비의 일환으로 어영청을 확대 개편해 도성의 상주병력으로 어영군 1천 명을 확보했다. 국왕 친위군이라 할 수 있는 금군禁軍의 전투력을 강화하기 위해 6백 명의 금군을 기병騎兵으로 만들었고 1655년에는 정원을 1천명으로 확대했다. 또 제주도에 표류한 네덜란드인 하멜 일행을 훈련도감에 배속시켜 신식 조총을 제작하게 했다. 당시 조선의 조총군은 1654년·1658년 두 차례에 걸쳐 청이 러시아를 정벌할 때에 원병으로 출전해 그 위력을 유감없이 발휘했다. 효종은 1659년 3월에 송시열과 단독으로 만난 자리에서 본인의 원대한 포부를 밝혔다.

62 송시열, 『송자대전』, 송서습유, 악대설화.

모든 신하들이 내가 군사문제에 손을 떼기를 바라지만 내 군이 듣지 않는 것은 천시天時와 인사人事의 좋은 기회가 언제 올지 알지 못하기 때문이다. 그래서 정예 포수 10만을 양성해 자식처럼 사랑하고 모두 용감히 죽을 수 있는 군사로 만들려고 한다.……오늘날의 일은 오직 거행하지 않는 것을 근심할 뿐이지 성공하기 어려운 것을 근심할 것이 아니다.[63]

하지만 북벌은 쉽지 않았다. 국제정세는 호전되지 않은 채 청은 더 강성해졌고 명의 부흥 기미는 보이지 않았다. 게다가 북벌을 뒷받침할 재정도 여의치 않았다. 백성의 조세 저항과 함께 흉년으로 재정이 부족해지자 군비 확장에 박차를 가하기가 힘겨웠다. 이 때문에 효종은 북벌을 위한 군비 확충보다 현실적인 경제 재건을 우선적으로 주장하는 신하들과 충돌이 잦았다. 1659년 효종이 의문의 죽음을 맞이하면서 '조신과 백성들이 일치단결하고 군사 10만 명을 양성해 틈을 타서 명과 내통하여 기습하고자 한다'던 효종의 계획은 수포로 돌아가고 말았다.

하지만 효종 사후에 북벌론은 여러 형태를 띠면서 계속 추구되었다. 1673년(현종 14) 청에서는 명의 유신遺臣 오삼계吳三桂·정금鄭錦 등이 명의 부흥을 기치로 반란을 일으켰다. 조선에서는 청의 내란 소식을 접하자 이 틈을 타 다시 청을 정벌하자는 의견이 강력히 대두하였다.[64] 북벌론자의 대표자는 윤휴尹鑴(1617~1680)였다.

윤휴는 1675년(숙종 1)에 "우리나라에는 10만 정병이 있고 양서 지방의 식량도 쉽게 장만할 수 있으므로 열흘 안으로 심양을 빼앗고, 심양을 차지하고 나면 관내關內가 진동할 것이니 일이 이루어지지 않을 염려가 없습니다."[65]고 하면서 청과 단교하고 바다를 건너 정금 세력과 연계해 북벌하자고 주장하였다.

1675~1677년 사이에 북경 사행使行과 쓰시마를 통해 반란 세력이 강성해 진다는 정보가 속속 들어오자 숙종은 북벌을 위한 실제적인 준비 태세에 들어갔다. 정예 군

---

63 송시열, 『송자대전』 송서습유, 악대설화.
64 당시 북벌론에 대해서는 홍종필, 「삼번난을 전후한 현종·숙종 연간의 북벌론」, 『사학연구』 27, 1977 참조.
65 『숙종실록』 권2, 숙종 원년 2월 9일(정유).

병 확보를 위해 무과武科 급제자 17,652명을 뽑았으며,[66] 화차火車를 개발하는 등 북벌에 적극성을 보였다.[67] 하지만 북벌 문제는 북벌의 실현 가능성을 놓고 반대에 직면했으며 조선에서 신중론이 나오는 동안 청의 정세는 안정되고 1682년(숙종 8) 무렵에 반란도 이미 진압된 상태였다.

18세기에도 왕조 차원에서 대명의리와 현실적인 대청관계를 정리하는 일은 쉽지 않았다. 사도세자가 북벌에 대한 미련을 버리지 못하고 「황마찬皇馬贊」을 지어 연산·수에서 말달리지 못하는 것을 한스럽게 여긴다거나 정조가 규장각의 각신들을 독려하여 『존주휘편』을 편찬한 것도 선왕들의 존주이념을 정리하기 위한 조처였다. 이러한 측면은 18세기 후반까지도 조선의 상황이 북벌론의 영향 아래에 있었다는 점을 알려주고 있다.

요컨대, 효종 사후 북벌은 이데올로기로서 조선을 지배하였다. 조선 지배층은 외부 세계로부터 스스로 고립되고 내부적으로는 청을 원수로 부각시킴으로써 그것을 통해 내부 통치력을 오히려 더 강화하는 생존전략을 구사했다. 강희제(재위 : 1661~1722) 시기 청이 조선에 대한 내정 간섭을 크게 완화하면서 북벌론은 더욱 강고하게 자리잡았다.

---

66 『무과총요』 권2, 숙종 2년(아세아문화사 영인본, 1972, 262쪽).
67 김양수, 「조선 숙종시대의 국방문제」 『백산학보』 25, 1979, 93쪽.

제2절

국토방위전략

1. 도성방어론

1) 도성방어에 대한 인식

(1) 국경 방어의 강조

국토 방위 전략이란 국가의 지리적 표현이라 할 수 있는 '국토'를 방위하기 위해 수립된 전략으로 정의할 수 있다. 국토방위전략은 국방력의 핵심을 어디에 두느냐에 따라 국토 전체에 국방력을 균질적으로 집중시키는 전국방위전략, 국경 지대에 중심을 둔 국경중심 방위전략, 수도권 일대에 무게를 둔 수도권중심 방위전략으로 구분할 수 있다.[68]

이 가운데 국경 중심의 방위전략은 늘 견지해야 하는 기본적인 방위 개념으로 작동하며, 적의 규모나 자국의 군사력이 이 전략을 고수할 수 없다고 판단될 때 차선책으로 수도권중심 방위전략을 채택하게 된다고 판단된다. 전국 방위 전략의 경우 국토 전체에 대하여 경중의 비중 없이 똑같은 군사력을 투입하는 일은 군대규모나 군비 측면에서 고려해보면 현실적으로 가능하지 않은 일이라고 여겨진다.

---

68 김웅호, 「조선후기 도성중심 방위전략의 정착과 한강변 관리」『서울학연구』 24, 2005, 65~67쪽.

서울 성곽

근대 이전 수도가 가지는 위상은 오늘날과 큰 차이가 있다. 교통 통신이 발달하지 못한 시대에는 수도를 중심으로 문물이 집중되기 때문에 수도 함락과 그에 따른 국왕의 항복은 곧 국가 멸망으로 직결되었다.

이 때문에 고려시대에는 북쪽의 북방 민족으로부터 수도 개경을 방어하기 위해 태조 대부터 광종 대에 이르기까지 청천강 이북에서 압록강 이남 지역에 중첩적으로 성곽을 축조하였다. 그리고 개경에는 나성을 축조해 도성을 감싸는 구조를 만들었다.

오늘날 많은 연구자들은 조선의 수도 한성이 크고 작은 산과 길고 짧은 하천들이 막고 감싸있어 군사적으로 방어하기 좋은 곳이라고 평하고 있다.[69] 이러한 평가에는 처음 한성을 수도로 정할 때에 주도적인 역할을 하던 신료들의 평가에 기인한 측면이 크다. 성종 대에도 노사신·양성지 등은 "그 지세의 훌륭함은 동방의 으뜸이요 천연의 요새지다."[70]고 평가하였다.

그런데 조선후기 사람들의 인식은 다소 달랐던 것 같다. 한성이 외적이나 반란군에게 점령당한 역사를 알고 있던 사람들은 도성의 방어력에 대해 그다지 좋은 평가를 내리지 않았다. 1712년(숙종 51) 판중추부사 이유李濡는 "도성이 넓고 커서 지키기 어려운 것은 실로 동쪽과 서쪽이 평탄하기 때문이다."[71]고 했으며 숙종 역시 "도성

---

69 최창조, 『땅의 논리 인간의 논리』, 민음사, 1992, 243~245쪽 ; 원영환, 『조선시대 한성부 연구』, 강원대학교출판부, 1990, 25쪽. 이밖에도 많은 연구자들이 서울의 자연지리를 언급할 때에 빠지지 않고 거론하는 사항이 "수도방위 면에서도 가치가 있다"는 의견이다.

70 『신증동국여지승람』 권1, 경도 상.

71 『숙종실록』 권51, 숙종 38년 4월 9일(신유).

은 지형이 평탄하고 주위가 넓어 방어하기 힘들다"[72]고 토로하였다. 1745년(영조 21) 홍문관에서 부수찬으로 근무하던 홍중효洪重孝 역시 도성 증축을 반대하는 다섯 가지 이유를 제시했는데 그 중에 하나가 주변의 산이나 고개에서 도성을 염탐할 수 있다는 점을 꼽았다.[73] 이 점은 도성을 감싸는 크고 작은 산이나 고개 등이 오히려 성 밖에서 안을 공격할 수 있는 지점이 될 수도 있다는 지적이다.

또 수도 한성을 둘러싸고 있는 도성의 구조를 살펴보면 도성의 기능이 외적에 대한 방비에 치중하지 않았다는 사실을 알 수 있다. 1975년에 조사된 서울의 도성 길이는 약 18km 정도이다. 한양을 둘러싼 도성은 1398년(태조 7) 2월에 완성되었다가 세종 대에 다시 보수되었다. 1421년(세종 3)에 보수된 도성은 성의 높이도 종전보다 더 높아졌으며, 성 위에다 낮은 담장인 여장을 신축하고 성구城口 16,000개 정도를 설치해 방어력을 높였다.[74]

그러나 전반적으로 이 당시 조선의 도성은 주변국의 성곽에 비해 다소 방어력이 떨어졌다. 대표적으로 중국 북경의 자금성이나 일본의 오사카성에 비해 성곽의 높이가 2/1도 안될 정도로 낮으며, 앞의 도시들이 너비 20~30m 이상의 해자 시설이 있는 반면에 해자도 없다.[75]

또 오늘날 프랑스 파리의 악명 높은 감옥으로 알려져 있는 바스티유Bastille는 원래 프랑스 왕 샤를 5세가 잉글랜드의 공격으로부터 파리를 지키기 위해 1370년에 동쪽 교외에 세운 성곽 요새였다. 바스티유 성의 구조도 높은 성벽과 해자를 구비하였다. 성은 8개의 성벽 탑이 있고 두꺼운 벽이 탑 높이까지 치솟았으며 전체 성벽에는 총안이 딸린 낮은 담장을 더 쌓고 주변은 너비가 24m 정도의 해자가 있었다.[76]

이런 측면에서 조선의 도성은 정교한 방어체계를 갖추었다고 보기 어려우며 국토 방위의 주안점도 도성이 아니었음은 분명해 보인다. 조선전기 도성과 관련한 사료를

72 『숙종실록』 권38, 숙종 29년 3월 15일(경신).
73 『영조실록』 권62, 영조 21년 7월 14일(갑신).
74 원영환, 앞의 책, 1990, 131~138쪽.
75 이기봉, 『조선의 도시, 권위와 상징의 공간』, 새문사, 2008, 34쪽.
76 버나드 로 몽고메리, 『전쟁의 역사(A History of Warfare)』(승영조 옮김), 책세상, 1995, 283~284쪽.

조사해 보면 외침으로부터 도성을 어떻게 지켜낼 것인지에 대한 논의가 거의 없다. 한성에 군사를 주둔시키고 있으나 외적에 대한 방어보다는 도성의 치안과 방범을 위한 목적이 더 컸다. 그렇다고 하여 도성을 아예 도외시하여 외적의 침입으로부터 방치했다는 의미는 아니다. 조선은 도성을 요새화시키기보다는 궁성과 주민의 생활터전을 보호하는 역할에 더 큰 중점을 두었다고 여겨진다.

그렇다면 조선은 외적으로부터 국왕이 거주하는 도성을 어떤 방식으로 지켜내려고 했을까? 조선이 건국되면서 잠재적인 적으로 간주한 존재는 북방의 여진과 남방의 왜구였다. 그런데 세종이 "남방 왜구들은 복종해 오기 때문에 방어를 조금 늦출 수 있으나 북방 야인들은 겉으로 항복하는 듯하나 마음으로 성심껏 복종하지 않으니 방어가 제일 절실하다."[77]는 지적처럼 여진의 준동을 억제하는 일이 당면한 과제였다. 그래서 조선초 국방의 관심은 도성이나 내지보다는 잠재적인 적이 침범할 지도 모르는 북쪽의 변경 지역에 집중되었다.

조선 초에 위정자들은 적을 내지까지 끌어 들여 싸우는 것은 어리석다고 보았다. 조선이 선택한 전략은 적을 국경에서 곧바로 물리치고 적이 조선의 영토로 들어오는 것을 허용하지 않겠다는 개념이었다.[78] 이러한 생각은 영조 대에 활약하던 군사 전문가인 송규빈宋奎斌(1696~?)의 발언에서도 그대로 확인된다. 송규빈은 "우리나라는 국경 밖에서 적을 막아내지 못하고 변란이 있을 때마다 경기지역이 진동한다. 도성을 지키는 일은 하책下策에 불과한데 도성마저 굳게 지키지 못하고 종종 파천하니 통탄스럽다."[79]고 지적하였다. 곧 국토방위라는 측면에서 고려할 때 국경에서 적을 막는 것이 상책이고 도성을 지키는 일을 차선으로 본 것이다.

그래서 조선의 국방 체제는 국경지역인 변경의 관방關防을 중심으로 수립되었다. 관방이란 요충지에 험한 시설을 만들어 방어를 튼튼히 하는 것을 말한다. 예컨대 도로가 교차하는 곳이나 험한 고갯마루 등의 요충지에 성을 쌓고 군대를 배치하여 외침에 대비하는 것이 여기에 속한다.[80] 관방은 삼국시대에 수·당과의 전쟁은 물론 고려

---

77 『세종실록』 권64, 세종 16년 6월 1일(병오).
78 김호일, 「양성지의 관방론」『한국사론』 7, 국사편찬위원회, 1981, 22쪽.
79 송규빈, 『풍천유향』, 등비지장.

시대에 거란 및 몽골과의 전쟁이나 홍건적·왜구의 격퇴에 큰 기여를 하였다.

조선도 예외가 아니어서 왕조의 성립 초기부터 관방 중심의 방위체제를 지향했다. 따라서 국토방위전략에서 도성 방어를 특별히 취급하지 않은 이유는 국토의 방어 체제를 확립하는 가운데 도성도 보장되어야 한다고 인식하였기 때문이다. 조선전기에 도성 방어에 대한 언급이나 논란을 좀처럼 찾아볼 수 없는 이유도 여기에 있다고 여겨진다.

(2) 장성을 둘러싼 논란

조선 초에 짜여진 관방은 한반도 지형의 특성과 전통적인 방어전술인 청야입보의 내적인 융합에 의해서 탄생하였다. 그러나 조선 초기 관방은 이전 시대와 다른 모습을 띠었다. 그것은 변방에 집중적으로 관방시설을 수립한 점이다.

고려의 경우 개경을 중심으로 청천강이북에서 압록강 이남지역에 성곽을 중층적으로 쌓은 후 청천강 이남의 안주에서 평양까지 성을 쌓고 평양에서 절령까지 다시 방어선을 구축하는 형상을 띠었다. 개경을 기준으로 북쪽으로 절령-평양-안주-청천강을 거쳐 두만강에 이르는 거대한 지역에 성곽을 축차적으로 건설하고 그곳에 군사기지를 두어 개경을 보호하는 형상을 띠었다.

이에 비해 조선의 경우 태종 대 이후 대거 설치된 병영과 진은 대부분 압록강·두만강 연변이나 남쪽의 해안에 위치하였다.[81] 1413년(태종 13)에 만들어진 〈비변법備邊法〉에서도 평안·함경의 양계 및 황해도에 산성을 수축하거나 새로 쌓고 산성 안에 식량을 비축해 유사시에 모두 산성으로 들어가도록 하였다. 이에 비해 내지에 위치한 산성의 중요성은 크게 줄어들었다.

관방과 관련하여 한 가지 주목할 사항은 세종 대에 축조된 행성行城의 존재다. 행성이란 사람의 통행이 쉬운 길목을 가로막을 목적으로 설치한 성곽으로 장성長城이라 할 수 있다. 평지에는 석성을 쌓고 낮고 습한 데는 참호를 파거나 목책을 세우고, 높

---

80 『만기요람』 군정편 4, 관방(민족문화추진회 간행본, 1989, 2책 363쪽).
81 오종록, 「조선후기 수도방위체제에 대한 일고찰-오군영의 삼수병제와 수성전-」『사총』 33집, 1988, 27쪽.

고 험한 곳은 흙을 깎아내리거나 성곽이나 보(堡)를 세워 만든 방어시설물을 포함하였다.[82]

1440년(세종 22) 우의정 신개는 고려의 천리장성을 본보기로 제시하면서 의주에서 경원에 이르는 지역에 장성을 쌓을 것을 제안하였다. 세종 대에는 북방 영토의 개척이 활발하게 이루어지면서 여진과 크고 작은 충돌이 많아 세종 대에만 여진이 침입한 횟수가 29회나 되었다. 세종은 여진과의 잦은 마찰 속에서 여진족 토벌을 위해 1433년(세종 15)과 1437(세종 19)년에 두 차례에 걸쳐 정벌을 단행했으나 여진으로 인한 피해는 줄어들지 않았다. 그러자 세종은 신개의 건의를 계기로 평안도와 함길도에 행성 후보지 128곳을 선정해 황보인의 주관 아래 1441년(세종 23) 봄부터 본인이 서거하는 1450년(세종 32)까지 10년에 걸쳐 추진하였다.

역사적으로 동아시아에서 장성은 한 국가가 특정 지역에서 정치·군사적 통제권을 주장할 수 있도록 전략적 요새를 구축할 목적으로 세워졌다. 장성은 방어뿐만 아니라 공격 면에서도 중요하였다. 산길이나 강여울을 장악하면 전진하는 적군을 막고 아군의 통로를 보장할 수 있었기 때문이다.[83] 세종이 장기간에 걸쳐 축조한 행성의 길이는 약 140km로,[84] 최북단 방어선을 구축하고 국경선 근처에서 여진을 섬멸하려는 의도였다.

그런데 변경의 관방을 위주로 한 국토 방위 전략에 대한 반론도 만만치 않았다. 대표적으로 양성지(梁誠之)(1415~1482)를 꼽을 수 있다. 양성지는 행성의 축조에 대해 비판적인 입장을 취하였다. 양성지가 우려한 문제는 첫째, 행성의 범위가 너무 넓어 빠른 시일 안에 성과를 내기위해서는 수많은 인력을 동원해야 하므로 민심을 해칠 수 있다는 점, 둘째, 비록 막대한 인력을 들여 쌓는다고 해도 비에 무너지면 다시 보수해야 하므로 자연적으로 형성된 천연의 지세를 이용하는 편이 더 낫다는 점, 셋째, 행성은 작은 도적을 막을 수 있지만 대군을 막기에는 역부족이라는 점이었다.[85]

---

82 강성문, 「조선전기의 관방론」 『한민족의 군사적 전통』, 봉명, 2000, 79쪽.
83 니콜라 디코스모, 『오랑캐의 탄생』(이재정 옮김), 황금가지, 2005, 190쪽.
84 차용걸, 「행성·읍성·진성의축조」 『한국사 22』, 국사편찬위원회, 185쪽.
85 양성지, 『눌재집』 권1, 주의, 청파행성겸비남방.

양성지는 북방에 행성을 쌓기보다는 내지의 중요 방어처에 읍성이나 방어시설을 중첩적으로 구축해야 한다는 입장이었다.[86] 그래서 "처음에 압록강의 천험을 수비하고 중간에서 안주와 평양의 요충지에서 막고 마침내는 절령에 방책을 세워야합니다. 절령으로 관문을 삼는다면 적이 미치지 못할 것입니다."[87]라고 제시하였다. 양성지가 제시한 전략은 적병이 행성을 돌파해 침입했을 때 내지에 중점적인 방비가 없으면 쉽게 돌파될 것으로 내다보고 단선적인 방어를 지양하고 축차적으로 방어선을 구축하자는 의견이었다.

양성지 신도비(경기 김포)

양성지는 〈비변10책備邊十策〉에서 전국의 주요 방어처와 한 단계 낮은 주요 방어처로 총 50개를 제시했는데 거기에는 수도 한성도 들어있다. 그런데 수도 한성을 특별히 부각시키지 않고 경기의 주요 방어처로 선정했을 뿐이다. 양성지가 세종의 행성 축조에 반대하면서 내지의 방어를 강화하자고 주장한 것은 궁극적으로 도성 방어를 염두에 두었다고 볼 수 있다.

그러나 양성지가 직접적으로 도성 방어를 언급하지 않고 국토방위의 최후 방어선을 상정하지 않은 점은 도성이 필수적으로 고려해야 할 대상이 아니었음을 뜻한다. 곧 수도 한성이 전국의 방어처 가운데 하나로 선정되었다는 점은 수도 한성을 위한 특별 대책이 필요하지 않다는 의미로 볼 수 있다. 이러한 사실은 조선초기 국토방위 전략에서 도성의 위상이 높지 않았음을 보여준다고 여겨진다.

---

86 김호일, 앞의 논문, 1981, 16~17쪽.
87 양성지, 『눌재집』 권1, 주의, 「비변십책」.

2) 도성방어전략의 변화

(1) 도성 외곽 방어론

조선 초에 설정된 변경 수비에 대한 집중과 관심은 약 2백년 동안 변하지 않은 조선의 국토방위전략이고 어느 정도 성공도 거두었다. 여전히 여진들은 조선의 변방을 교란했고, 남방에서도 왜구나 교역하러 온 일본인들이 크고 작은 문제를 일으켰다. 한 때 이들의 침략이 다소 위협적일 때도 있었으나 대부분 국지적인 형태였으므로 조선의 군사력으로 제어할 수 없는 범주를 벗어나지 못하였다.

국토 방위 전략에서 국경 중심의 방위전략은 기본적인 방위 개념이었다. 조선후기 도성 방어의 확립을 꾀한 영조조차 "강토를 방비하면서 외적을 들어오지 못하게 하는 것이 상책이고, 도성을 지키며 외부의 원조를 기다리는 것이 중등의 계책이고, 황급하게 파천하는 것이 가장 하등의 계책이다"[88]이라고 지적했듯이 국토방위전략의 으뜸은 적이 자국의 영토 안으로 들어오지 못하도록 변경에서 막아내는 일이었다.

그러나 이후 조선의 현실은 초기에 상정했던 국경 중심의 방위전략을 그대로 고수할 수 없게 만들었다. 1592년(선조 25) 4월 14일 부산 앞 바다에 상륙한 일본군 17,000명은 조선군의 별다른 저항을 받지 않은 채 북상해 5월 2일에 한성을 점령하였다. 선조는 전황이 불리하자 한성을 포기하고 백성을 뒤로한 채 피난길에 나섰고 도성은 수성처守城處로서의 기능을 조금도 발휘하지 못하였다. 이를 계기로 국토방위 전략은 수정이 불가피했고 도성 방위의 필요성도 대두되었다.

이에 전쟁이 다소 소강기에 접어들자 도성 함락을 되풀이 하지 않기 위해 1596년(선조 29) 비변사에서는 "한성은 도성의 안팎으로 산이나 강이 견고하고 해상 교통이 편리해 통하지 않은 곳이 없고 남·북쪽은 험준한 산으로 둘러 쌓여있어 실로 1당 2백의 형세를 이루어 있으므로 적을 방어하기에 편리한 곳입니다. 다만 동·서쪽이 평탄해 염려되니 이곳에 포루를 설치해 사방의 근본인 한성을 수비해야 합니다."고 제안하였다.[89] 이 제안은 도성 방어의 필요성을 직접 거론했다는 점에서 매우 주목된다.

---

88 『영조실록』 권10, 영조 2년 9월 10일(기해).
89 『선조실록』 권71, 선조 29년 1월 28일(을미).

그러나 조선-일본 전쟁으로 도성을 함락당한 선조가 전쟁 기간 중에 국토방위를 위해 힘쓴 부분은 도성이 아니었다. 오히려 척계광의 전법을 받아들여 새로운 체제의 지방군을 창설해 속오군束伍軍을 만들었다. 속오군은 이전의 정군正軍처럼 거주지를 떠나 한성이나 요충지역의 군대로 들어가는 유방留防 또는 번상番上이라는 복무 형태를 취하지 않았다. 속오군은 자신의 거주지와 가까운 영營에 소속되는 형태였다. 전쟁 중 대두된 방위 전략이 전 국토를 대상으로 각 지역을 수비하는 방향으로 가닥을 잡아갔던 것이다.

　　그 대신에 조선-일본 전쟁 이후 도성을 점령 당한 경험을 되풀이하지 않기 위해 도성의 외곽인 경기의 군사력을 강화하고 성곽을 축조해 도성을 보호하고자 하는 움직임이 진행되었다. 대표적인 사례가 유성룡에 의해 북한산성의 축성이 건의되었고, 광해군 대에 강화를 정비하고 남한산성의 수축이 계획된 일이었다.

　　국토방위전략이 국경 방어에서 도성 방어로 차츰 이동되기 시작한 때는 인조 대였다. 인조는 재위기간 동안에 무려 3번이나 도성을 비우고 다른 곳으로 피신한 국왕이었다. 1623년 인조반정으로 정권을 잡은 인조는 반정 후 채 1년도 안된 1624년 1월에 반정 공신 이괄李适의 난에 직면하자 공주로 피신하였다. 1627년 조선-후금 전쟁(정묘호란) 때에도 후군이 침입하자 인조는 강화도에서 3개월 동안 머물면서 난을 피하였다. 1636년 조선-청 전쟁(병자호란)기에도 인조는 남한산성으로 피신해 1달 보

공주 쌍수정 사적비와 쌍수정(충남 공주)
인조가 이괄의 난을 피해 공주의 공산성에 머물렀다는 기록이 있다.

름 동안 도성을 비웠다.

이와 함께 대외 사정도 인조에게 위기의식을 가져다주었다. 반정의 명분 가운데 하나가 광해군이 조선-일본 전쟁 때 조선에게 재조再造의 은혜를 베푼 명을 저버리고 오랑캐 후금과 수교했다는 것이다. 광해군은 명과 후금 사이에서 등거리 외교 정책을 펼치면서 후금의 침략을 억제했으나 인조 정권은 달랐다. 인조는 친명親明 정책을 표방하면서 후금에 대해 배타적인 정책을 추진했고, 그 결과 점차 세력이 커지고 있던 후금과 마찰을 빚었다. 이에 인조와 반정 공신들은 정권 보호와 후금의 침입에 대비해 도성 및 도성 외곽에 대한 방비에 눈을 돌리게 되었다.

인조는 이괄의 난 직후 남한산성을 축조해 1624년(인조 4)에 완료하였다. 이와 함께 도성 외곽을 방비하는 군대로 어영청과 총융청도 창설하였다. 그리고 유사시 국왕이 도성을 벗어나야 할 상황에 직면하면 국왕은 강화로, 왕자는 남한산성으로 들어가 대적한다는 방략을 강구하였다.[90]

그 결과 17세기에 조선의 방위전략은 도성의 외곽을 방위하는 보장처保障處의 강

남한산성(경기 광주, 한국학중앙연구원)

화로 나타났다. 보장처란 전쟁이 발생했을 때에 전략적 거점 지역을 의미하며 동양의 병법 가운데 하나인 퇴전退戰을 위한 대비책이다. 퇴전이란 아군의 병력이 열세할 때 병력을 온전하게 보전하기 위한 전략이었다.[91] 요컨대, 보장처란 단순한 피신처라기보다는 국왕이 도성을 지킬 수 없을 때 잠시 후퇴해 반전의 계기를 만들기 위한 지역이라 할 수 있다.

세 번이나 도성을 비워야만 했던 인

90 이태진, 『조선후기의 정치와 군영제 변천』, 한국연구원, 1985, 105쪽.
91 이근호, 「숙종대 중앙군영의 변화와 수도방위체제의 성립」『조선후기의 수도방위체제』, 서울학연구소, 1998, 16~17쪽.

조 대에 조선은 건국 초부터 유지하던 국경 방어 전략은 방향을 선회하여 도성 중심 방위 전략으로 서서히 개편해 갔다. 그러나 아직까지 수도권 중심의 방위전략이라기보다는 유사시 외적이 국경을 돌파해 수도 가까이 진격했을 경우 보장처의 확보라는 성격이 짙었다.

(2) 도성 중심 방어론의 대두

중국사에서 10세기에서 14세기에 한족과 북방민족이 격돌을 벌이는 시기를 살펴보면 거란·남송·북송·금 모두 도성이 함락되면서 역사에서 사라졌다. 원 역시 1368년 주원장에 의해 대도人都(북경)가 함락되면서 망해버렸다.

명의 멸망 과정을 살펴보면 1644년 명의 황제 의종은 이자성이 북경을 함락하자 목매어 자살했으며, 얼마 후 청의 섭정왕 토르곤이 이자성을 몰아내고 북경에 입성하고서야 명은 망하고 말았다. 여기서 한 가지 흥미로운 사실은 의종이 죽고 이자성이 청과 대치하기 위해 북경을 빠져나갔으나 명의 신료들은 그대로 궁성에 남아 있다가 청군을 맞이했다는 점이다. 짧은 기간이지만 황제 없이도 존속해있던 명이 수도가 청군에게 넘어가자 역사에서 사라진 것이다. 이처럼 한 왕조의 수도는 왕조의 흥망과 직접 연관을 맺으면서 국가와 동일시된 측면이 있었다.

그런데 조선의 사례를 살펴보면 반드시 수도와 왕조의 흥망이 직결되지 않았다. 조선-일본 전쟁이 일어나자 선조는 도성을 버리고 피신했으나 1년 6개월 만에 다시 한성으로 돌아올 수 있었다. 일본은 한성을 점령했으나 조선을 망하게 하지 못하였다. 인조는 세 번이나 도성을 비웠지만 인조 역시 다시 돌아왔고 조선은 건재하였다. 청군 역시 조선-청 전쟁 당시 한성에 입성했으나 조선을 망하게 하지 않고 인조의 항복을 받은 후에 철군하였다. 이러한 경험은 조선에서 수도를 지켜내야 한다는 생각보다는 국왕의 안위와 피신을 위한 대책에 보다 심혈을 기울이게 한 원인이 아닐까 싶다.

조선의 군사 환경에 큰 변화를 가져온 계기는 조선-청 전쟁의 패전이었다. 청과 맺은 강화조건의 하나가 성곽의 신축이나 보수의 금지였으므로 성곽의 신축이나 보수는 거의 불가능하였다. 게다가 청의 감시로 북쪽지역에서는 군사 훈련조차 제대로 실시할 수 없었다. 효종과 뜻을 같이하여 오랫동안 병조판서로 재직하던 박서朴遾가

"요즈음 군사업무를 구애받는 것이 많아 평안·함경도는 완전히 포기한 상태"라고 지적할 만큼 조선의 군사 환경은 열악한 편이었다.[92]

이러한 분위기에서 조선의 숨통을 틔어준 사람은 청의 황제 강희제康熙帝(재위 : 1661~1722)였다. 청의 역사에서 강희제는 '강희대제'로 불리면서 중국 역사상 재위 기간이 길면서 가장 많은 업적을 남긴 황제로 평가받고 있다. 특히 강희제는 군사 방면으로 큰 공적을 이루었는데 국가 통일에 힘을 쏟아 대만을 통일하고 변경을 개척한 황제로 이름이 높다. 이런 강희제가 조선에 대해서는 내정 간섭을 크게 완화하는 정책을 썼고 조선은 여기에 힘입어 국토방위에 대한 새로운 정책을 시도 할 수 있었다.

그 결과 본격적인 도성 방어론이 숙종 시절에 모색되었다. 1704년(숙종 30) 무렵부터 일각에서 방어의 중심지를 강화 및 남한산성에서 탈피해 도성과 북한산성으로 옮겨야한다는 주장이 등장하였다. 이것은 숙종 대에 오군영五軍營이 정비되면서 중앙 군사력을 보완하기 위한 방안으로서 도성을 견고히 하고 도성민을 활용하려는 새로운 방어 체제의 일환이었다.

숙종은 "종사宗社가 여기에 있고 인민이 여기에 있다. 그러므로 도성을 견고하게 축조하여 죽기를 기약하여 떠나지 않고 지킨다면, 백성들이 각기 자신의 부모처자를 위하여 반드시 힘을 다하여 사수할 것"[93]이라는 의지를 내비쳤다. 이로써 1709년(숙종 35) 세종 이후로 도성이 새롭게 보수되었고 1711년에 북한산성이 축성되면서 도성 방어체계에 일대 전기를 맞게 되었다.

그럼에도 아직은 수도권 방위 중심 전략이 도성 외곽에서 도성 중심으로 옮겨갔다고 단정하기 어렵다. 숙종은 여전히 도성의 정비에 찬성했으면서도 "도성은 지형이 평탄하고 주위가 넓어 방어하기 어렵다"는 입장을 내비쳤다. 또 "1652년에 비로소 남한산성을 쌓았는데 병자년 난리에 처음에는 강도江都로 들어가려고 하였다가 마침내 남한산성으로 들어갔으니, 그때에 만약 남한산성이 없었다면 나랏일이 어느 지경에 이르렀을지 알지 못하겠다."[94]고 하면서 도성보다는 도성 외곽의 방비가 여전히 유

---

92 서태원,『조선후기 지방군제연구-영장제를 중심으로』, 혜안, 1999, 64~65쪽.
93 『숙종실록』 권39, 숙종 30년 2월 15일(을유).
94 『숙종실록』 권38, 숙종 29년 3월 15일(경신).

남한산성 행궁 상궐과 하궐(조선고적도보)

효하다는 생각을 떨치지 못하였다.

(3) 도성 중심 방어론의 확립

도성중심 방위전략이 확고하게 정착된 계기는 1728년(영조 4) 무신란戊申亂이었다. 무신란은 전국 규모의 반란으로 확대되었고, 반란군은 청주성을 함락한 뒤 최종 목표인 도성을 위협하였다.

여기서 한 가지 유의할 점은 도성 방어에 대한 영조의 인식이다. 무신란이 일어나자 신료들은 영조의 피난을 권유했으나 영조가 보인 반응은 인조와 사뭇 달랐다. 영조는 무신란에 대한 보고를 처음 받는 자리에서 "도성은 위로 종묘와 사직을 받들고 있고 아래로는 백성들을 가지고 있으니…기필코 사수해야한다."[95]고 하면서 도성 사수론을 제기하였다.

영조가 도성을 지키겠다는 의지를 표명한 것은 무신란이 일어나기 2년 전인 1726년(영조 2)이었다. 어영대장 이봉정은 영조에게 유사시에 대비해 국가의 보장처인 강도·남한산성·북한산성 가운데 한 곳을 미리 정해 무기와 군량을 비축하자고 제안하였다. 그러자 영조는 "도성이란 종묘사직·궁궐·창고·백성들이 모두 있는 곳인데, 나라 임금이 이를 놓고 어디로 가겠는가?"라면서 만약의 사태에도 국가에서 도성을 버

---

95 『영조실록』 권16, 영조 4년 3월 14일(갑자).

리지 않겠다는 뜻을 표명하였다. 그러면서 파천이야말로 하책이라고 단언하였다.[96]

도성 수비에 대한 영조의 의지에 불을 지핀 것은 무신란 발발 이후 15년이 지난 1742년(영조 18)이었다. 이 무렵 토성이던 강화 외성外城을 벽돌로 다시 쌓으면서 미米 3만 곡解이라는 엄청난 경비가 소요되자 강화성 개축이 과연 필요했는지에 대한 논의가 제기되면서 도성 방어책도 함께 거론된 것이다. 1743년에 영조는 "난이 있을 경우 내가 어떻게 차마 나의 백성을 버리고 가겠는가? 도성은 결단코 버릴 수 없다"[97] 라고 하면서 도성 사수 의지를 다시 천명하였다.

영조의 결단에는 서울의 도시화와 번영도 한몫을 하였다. 1648년(인조 26) 95,500여 명에 불과하던 서울 인구는 30년만인 1678년(숙종 4)에 167,400여 명으로, 1726년(영조 2)에는 188,500여 명으로 대폭 증가하였다.[98] 인구 증가와 함께 17세기 후반 이후 서울은 상공업·유통경제가 발달하면서 번영을 구가하였다. 이제 대도시로 변모한 수도 서울을 유사시 적의 수중에 그대로 방기할 수 없었다. 번화한 도시와 도성민을 보호할 필요성이 높아졌고, 인구 증가로 인해 도성을 포기하는 피난 계획은 위험 부담도 컸다. 그만큼 서울의 경제 번영은 도성 중심의 방어론을 선택할 수밖에 없는 요인으로 작용했던 것이다.

그러나 도성 수비에 대한 반대의견도 만만치 않았다. 대표적으로 1745년 7월에 홍문관에서 부수찬으로 근무하던 홍중효洪重孝는 도성 증축을 반대하는 다섯 가지 이유를 제시하였다. 도성 둘레가 너무 넓다는 점, 사람과 가축에 비해 군량 비축이 부족한 점, 도성 밖 인구가 더 많은 상황인데 만일 적이 도성을 장악하면 적이 주인 노릇을 할 수도 있다는 점, 만리현·팔각현 등 도성을 염탐할 만한 곳이 도성 주변에 산재해 있는 점, 도성이 평탄하여 적을 막을 만한 장애물이 없다는 점을 꼽았다.[99]

또한 영조실록을 작성한 한 사관은 "설사 도성을 사수한다 하더라도 적군을 맞아 대응하는 데는 그 형편에 따라 변화가 무궁하고, 또 도성의 백성을 통제하는 것은 단

---

96 『영조실록』 권10, 영조 2년 9월 10일(기해).
97 『영조실록』 권58, 영조 19년 8월 23일(계유).
98 조성윤, 『조선후기 서울 주민의 신분 구조와 그 변화』, 연세대학교 박사학위논문, 1992, 42쪽. 참고로 몇 몇 연구자들은 18세기 및 19세기 한양의 실재 인구수를 30만 정도로 보고 있다.
99 『영조실록』 권62, 영조 21년 7월 14일(갑신).

한 사람의 장수가 수행할 수 있는 일이니 억지로 나눌 필요도 없고 또 미리 나누어 둘 필요도 없다."[100]는 냉소적인 사론을 적기도 하였다.

그럼에도 영조는 수도방위체제를 구축하기 위해 1745년(영조 21) 12월에 도성의 개수를 완료하였다. 도성이 새롭게 완성되자 이듬해인 1746년에는 군량을 비축하기 위해 도성 밖에 있던 여러 창고들을 도성 안으로 옮겼고, 도성 밖에 있던 금위영·어영청의 창고도 이전하였다. 이와 함께 영조는 어영대장 구성임具聖任에게 도성을 방어할 방략을 강구하도록 지시하였고 그 결과 「수성절목守城節目」(1746년, 영조 22)이 마련되었다.[101]

이후 영조는 1751년(영조 27)에 「수성윤음守城綸音」을 공표했고, 「수성절목」도 다시 수정, 보완하여 발표하였다.[102] 이로써 1742년(영조 18)부터 논의된 도성 수비책은 1751년에야 완성을 보았고 그 결과물이 『수성책자守城冊子』로 편찬되었다. 요컨대 숙종 대를 거쳐 영조 대에 도성을 다시 수축하고 도성에 대한 방략으로 『수성책자』를 발간하면서 도성 방어 체제를 마무리 지은 것이다.

3) 『수성책자』에 담긴 도성방어론

(1) 『수성책자』의 내용

『수성책자』(1751년)는 1책 13장으로 4개의 부분으로 구성되었다. 「어제수성윤음御製守城綸音」, 「도성삼군문분계지도都城三軍門分界之圖」, 「도성삼군문분계총록都城三軍門分界總錄」, 「수성절목守城節目」이다. 그리고 맨 마지막 장에 필기체로 "도성의 사방 둘레는 9,974보이며, 성첩城堞으로 계산하면 6,081첩이다. 성첩을 지키는 군사는 매 1보步당 3명이 늘어서 있으나 그 수는 29,925명에 불과하다."[103]고 기록하였다.

「어제수성윤음」은 1751년(영조 27) 9월 11일에 발표한 것이다. '윤음'이란 임금이

---

100 『영조실록』 권64, 영조 22년 12월 6일(정묘).
101 『영조실록』 권64, 영조 22년 12월 6일(정묘).
102 『영조실록』 권74, 영조 27년 9월 11일(갑술).
103 『수성책자』, "都城周回, 九千九百七十五步, 以堞計之, 六千八十一堞, 守堞之軍 每一步, 以三名排立, 則其數, 不過二萬九千九百二十五名."

신하나 백성에게 내리는 일종의 담화문으로서 오늘날의 법령과 같은 권위를 갖는다. 이 글에서 영조는 "옛적 촉한蜀漢의 소열황제昭烈皇帝는 조그마한 성城의 백성도 오히려 차마 버리지 못하였는데, 더구나 도성에 사는 수십만의 선비와 일반 주민들은 바로 옛날에 아끼고 긍휼히 여기던 백성이니 어찌 차마 버리고 갈 수 있겠는가?"라고 말하였다.

그리고 위급한 상황이 발생하면 국왕이 먼저 성에 올라가 백성을 격려할 터이니 주민들은 평상시 자기가 소속할 군문과 수비 위치를 잘 숙지했다가 성에 올라가 전력으로 수비할 것을 당부하였다. 만약 궁시와 조총을 소지하지 않은 백성들은 돌맹이라도 가지고 올라가도록 권하였다.

「도성삼군문분계지도」는 훈련도감·금위영·어영청의 삼군문에 각각 배속된 한성부의 부部·방坊·계契와 그 구역을 표시한 지도다. 이 지도에는 한양의 자연 환경과 중요 건물 및 그 이름이 표시되어 있으며, 여기에 삼군문이 수비할 위치를 정밀하게 나타냈다.

「도성삼군문분계총록」은 삼군문이 각기 담당하는 도성 안팎의 수비 위치를 자세하게 종합하여 기록해놓은 것이다. 각 군문별로 '훈전訓前'·'금전禁前'·'어전御前' 등처럼 훈련도감·금위영·어영청의 전부前部·좌부左部·중부中部·우부右部·후부後部가 각각 담당할 도성 위치를 밝혀놓았다.

즉 「도성삼군문분계지도」가 삼군문이 담당할 지역을 지도로 나타냈다면, 「도성삼군문분계총록」은 삼군문이 담당해야하는 지역을 한양의 부部·방坊·계契의 명칭으로 밝혀놓은 것이다. 삼군문에 배치된 구역은 총 327계契로서, 훈련도감이 담당하는 도성 구역에 109계, 금위영 담당구역에 136계, 어영청 담당구역에 81계契를 배치하였다. 참고로, 「도성삼군문분계총록」에는 삼군문에 배속된 지역만 표시되었을 뿐 삼군문에 할당된 민간의 가호수는 밝혀져 있지 않다. 내용 가운데 훈련도감의 전부前部에서 담당한 지역만 소개하면 다음과 같다.

> 훈련도감 전부(훈전訓前) : 서부 여경방 신문내계, 적선방 야주현계·당피동계·필전계·공조후동계·사역원계·율학청계·도염동계·사헌부내계·병조내계·형조내계, 인달

방 분선공내계·사직동계·내수사계·내행랑계·내섬내계·봉상시계〈이상 도성 안쪽〉.
반송방 지하계·경영고계, 용산방 마포계〈이상 도성 바깥〉

『수성책자』의 핵심은 「수성절목」이라 할 수 있다. 1751년(영조 27)에 발표된 「수
성절목」은 총 9개 조항으로 내용은 아래와 같다.

- 도성을 지키는 큰 계책은 성상의 결단에 의하여 이루어진 것이다. 무릇 신하와
  백성 가운데 누가 감히 한마음으로 협력하여 위로는 성상의 뜻을 본받고 아래로
  는 여러 생각들을 모아 정하지 않겠는가? 다만, 마땅히 시행해야할 조목들은 반
  드시 먼저 민간에 전파하여 가르친 뒤에야 위급할 때에 힘을 얻을 수 있다. 이
  것이 우리 성상께서 특별히 오부五部에 윤음을 내리시어 간행하여 반포하도록
  하신 이유다. 그러므로 지금 간행하는 「수성절목」의 첫머리에 '임금이 지으신
  윤음'을 두어서 공경히 따르고 받들어 시행하는 바탕으로 삼을 것.
- 오부의 민호를 각기 가까운 데에 따라 삼군문에 나누어 소속시키고, 지금 호수戶
  數를 가지고 대략 배정한다.
- 지금 삼군문에 분배하는 호수는 1750년에 의거하여 마련하되, 한성 각 부에서는
  식년마다 호적이 작성되고 나면 삼군문에 분속된 방坊·계契 및 호구戶口 총수를
  책자로 만들어 해당 군문과 병조에 보고할 것.
- 삼군문이 나누어 받은 성첩城堞은 모두 5정停으로 나누어 전前·좌左·중中·우
  右·후後의 차례를 정한 다음, 돌에다 '훈전訓前'·'훈좌訓左' 등의 글자를 새겨서
  구역을 표시할 것.
- 각 군문이 지킬 성첩을 이미 다섯으로 나누었으니, 만약 1영으로 수비하려면 5
  부部를 나누어 5정으로 만들고, 1부로 수비하려면 5사司를 나누어 5정으로 만
  들고, 1사로 수비하려면 5초哨를 나누어 5정으로 만든다. 만일 군문의 부部·사
  司 제도가 다르다면 편리한 대로 적당히 분배할 것.
- 각 군문이 나누어 받은 경계는 평상시 잘 알도록 해야 유사시에 각기 약속한 지
  역을 지킬 수 있으니 나누어 받은 경계를 표시한 작은 지도를 만들고, 나누어

배속된 방·계 역시 상세히 알도록 쭉 기록하여 판에 새겨서 반포할 것.

- 5부의 각 계는 모두 조그마한 기를 만드는데, 훈련도감은 황색, 금위영은 청색, 어영청은 백색으로 하여 '아무 부 아무 계某部某契'라고 쓰고, 또 '훈전'·'훈좌' 등의 글자를 써서 표시한다. 기의 제작은 해당 영이 만들어서 해당 부에 지급하되, 평상시에는 본영에 간직하여 두었다가 유사시에 나누어줄 것.

- 위급한 일이 있을 때에는 해당 영에서 차비군을 보내고 또 해당 부에 전령하여 함께 관할하는 호의 장정들을 이끌고 성에 올라가 나누어 지킨다. 만일 해당 부의 관원이 성실하게 거행하지 않으면 군문에서 군율로써 다스릴 것.

- 혹 위급한 일이 생기면 매 호戶마다 집을 지키는 노약자를 제외하고 전부 성을 지킨다. 현직·전직의 문신·무신 및 유생儒生·출신出身[104]·잡과雜科[105]·한산인 閑散人[106]들도 일제히 성첩에 올라가 힘을 합쳐 성을 지켜서 백성들을 앞장서서 이끌 것.

참고로, 1746년(영조 22) 12월에 공표된 「수성절목」 5개 조항을 소개하면 다음과 같다.[107]

- 오부五部의 민호를 각기 가까운 데에 따라 삼영三營에 분속시킨다.
- 삼영三營이 나누어 받은 성첩城堞은 모두 5정停으로 나누어 전·좌·중·우·후의 차례를 정한 다음, 돌에 글자를 새겨 표시를 한다.〈훈전訓前·훈좌訓左·훈중訓中·훈우訓右·훈후訓後로 표시하고, 금위영 어영청도 이와 같이 한다.〉
- 각 군문이 지킬 성첩을 다섯으로 나누고 만약 1영으로 지킬 것 같으면 5부部를

---

104 출신 : 출신은 본래 문과·무과·잡과 가운데 어느 시험으로 관직에 진출했는지를 나타내는 용어다. 그러다가 조선후기에는 대부분 무과급제자를 지칭했다.
105 잡과 : 고려·조선시대에 의관·천문·지리·역관·율관 등 기술관을 선발하던 과거시험. 여기서는 잡과에 합격한 사람을 의미한다.
106 한산인 : 관리가 될 자격이 있으나 실직이 없는 사람을 지칭한다. 또는 품계만 가진 사람을 의미하기도 한다.
107 『영조실록』권64, 영조 22년 12월 6일(정묘).

나누어 5정을 만들고, 1부로 지킬 것 같으면 5사를 나누어 5정을 삼으며, 1사로 지킬 것 같으면 1초를 나누어 5정을 삼는다.

- 5부의 각 계는 모두 조그마한 기를 만든다. 훈련도감은 황색, 금위영은 청색, 어영청은 백색으로 하여 아무 부, 아무 계라는 것을 쓰고, 또 훈전·훈좌 등의 글자를 써서 표시를 삼으며, 해당 영이 만들어서 해당 부에 지급하되, 평상시에는 본영에 간직하여 둔다.
- 혹 위급한 일이 생기면 매 호마다 집을 지키는 노약자를 제외하고는 모두 성을 지키고, 현직·전직의 문·무 관리 및 유생·출신·잡과·한산인들도 일제히 성첩에 올라가서 힘을 합쳐 성을 지킨다.

이와 같이 『수성책자』에 실린 「수성절목」은 1746년에 작성된 「수성절목」과 큰 차이가 없다. 『수성책자』에 실린 「수성절목」에서는 수성책자를 발간하게 된 배경을 밝히고 호수 분배를 1750년(영조 26)을 기준으로 한다는 점, 그리고 유사시에 5부에서 절목을 성실하게 이행하지 않으면 군율로써 다스린다는 조항이 첨가되었다. 특히 군율을 언급한 대목은 영조가 수성절목을 수행할 의지를 뚜렷이 표명했다는 점에서 의미가 크다.

또 두 개의 「수성절목」에서 눈에 띄는 점은 유사시에 양반이건 일반 백성이건 신분에 관계없이 모두 총동원되어 도성을 방어하도록 조치한 점이다. 당시 양반이 공공연하게 군역에서 빠져있던 상황을 고려한다면 이 절목은 매우 파격적인 조치가 아닐 수 없다. 요컨대, 한국의 역사에서 도성 방어를 위해 '수성윤음'을 발표한 국왕은 영조가 최초일 것이다. 그만큼 도성 방어에 대한 영조의 의지는 강했고, 관련 정책들을 다양하게 고안하여 추진하였다.

(2) 도성 방어에 대한 달라진 시각

영조는 「수성윤음」에서 "수성절목을 아직까지 반포하지 않았으니, 도성의 선비와 일반 민들이 어떤 부가 어느 영에 속하고 어떤 방이 어떤 자에 속하는 것을 어떻게 알겠는가?"라고 지적했듯이 『수성책자』는 유비무환의 자세로서 평시에 도성민들로 하여금 도성방어책을 잘 숙지하도록 권고하기위해 만든 지침서였다.

『수성책자』의 편제는 매우 조직적이라 할 수 있다. 먼저 도성 방어에 대한 국왕의 의지를 담은 윤음을 실어놓은 후, 삼군문이 담당하는 수비 지역을 누구나 쉽게 볼 수 있도록 지도로 그려 놓았다. 그리고 다시 지도에 표시된 지역에 해당하는 행정명을 자세히 기록하였다. 끝으로 도성 방어를 위해 도성민들이 수행해야할 세칙과 행동 강령을 일목요연하게 제시하였다. 따라서 도성민 누구나 이 책자를 본다면 어렵지 않게 본인이 어느 곳에 편제되었고, 도성방어에서 본인이 해야 할 임무가 무엇인지 알 수 있는 것이다.

그러나 영조의 이 새로운 도전은 시련도 많았다. 영조가 1746년(영조 22) 겨울에 최초로 「수성절목」을 발표했을 때에 사관史官의 비판적인 논평이 이를 대변해준다.

> 오부의 백성으로 나누어 지키도록 하는 것은 군자들도 아직 말하지 않은 일이니, 설사 도성을 사수한다 하더라도 적군을 맞아 대응하는 데는 형편에 따라 변화가 무궁하다. 또 도성 백성을 통제하는 것은 한 사람의 장수로도 수행할 수 있는 일이니 억지로 나눌 필요도 없고 미리 나누어 둘 필요도 없다.……여러 창고를 헐어버려 삼강三江[108]을 텅 비게 하고 내창內倉으로 곡물을 운송하느라 손실이 수없이 많았으니, 두 가지 일에 따른 경비 또한 헤아릴 수가 없다. 대신들이 모두 마음속으로 옳지 못한 처사임을 알면서도 만류하는 자가 없으니 참으로 옛날 어진 신하의 의리에 비추어볼 때 부끄러운 노릇이다."[109]

이어서 사관은 "어영대장 구성임이 성을 수축했다는 것도 대개 겉을 꾸미는 데에 불과하여, 해묵은 석회가 굳어져서 벗겨지지 않는 곳을 쇠끝으로 후벼내어 도색을 수월하게 하는 정도였다."고 신랄하게 비판하였다. 사관의 논평은 한마디로 도성 방어책이 수많은 경비를 쏟아 부었으나 실효성은 없는 정책이라는 것이다.

========

108 삼강 : 한남동~서강 일대의 한강을 이르는 말. 조선시대에는 지금의 한남동 일대를 한강, 용산 및 원효로 일대를 용산강, 마포·서강 일대는 서강이라 부르고 이를 합쳐 삼강이라 하였다.
109 『영조실록』 권64, 영조 22년 12월 6일(정묘).

화성행궁 신풍루(경기 수원)

이러한 사관의 비판에도 불구하고 17세기 이후 도성 중심의 방어론은 국방 전략을 전통적인 산성 방어책에서 도성 방어책으로 전환했다는 의의를 지닌다. 17세기 후반 이후 인구가 증가하고 상업이 활성화되면서 도성민들은 생활 기반의 보호를 위해 도성 고수를 지향하는 쪽으로 선회했고 정부도 이를 적극 수용하였다. 이런 점에서 도성 중심의 방어론은 사회 변화를 수용, 반영한 방어 전략이라 할 수 있다.

도성 방어 체제는 정조가 수원에 화성을 쌓고 오군영체제를 견제하기 위해 장용영이라는 친위대를 설치하면서 잠시 흔들리기도 하였다. 그러나 이제는 관료들 사이에 도성을 반드시 지켜야 한다는 주장이 대두될 정도로 서울은 18세기 말엽에 절대 포기할 수 없는 중요성을 지니고 있었다. 또한 피난처로서 인식되던 강화 및 남한산성·북한산성도 도성을 외곽에서 방어하는 외곽방어시설로서 자리매김되었다.

1760년(영조 36)에 이천구는 "도성은 종묘와 사직이 있는 곳이고 재물을 쌓아 둔 창고가 있는 곳이며 인민이 살고 있는 곳이니, 이러한 근본이 되는 곳을 버리고 다시 무엇을 구하겠습니까?"고 하면서 도성방어책을 내놓았다. 1778년(정조 2)에도 강유는 "도성은 반드시 수비해야 한다."는 전제를 내세운 후 다섯 가지 도성 방비책을 제

안하고 있다.[110]

송규빈 역시 도성에 대해 "아, 도성은 종묘와 사직이 편안히 계신 곳이며 신과 백성들이 의탁해 있는 곳이다. 하늘은 우리에게 훌륭한 수도를 만들어 주어 산과 강이 띠처럼 둘러 있고 청룡백호가 감싸고 있어 아름다운 기운이 가득하니 참으로 억 만세가 지나도록 견고한 기반이라 할 수 있다."[111]고 하면서 도성방어책을 제시하였다.

2. 성곽 방어론

1) 조선–일본 전쟁(임진왜란)기 성곽론

(1) 읍성의 축조

고려시대 군사사상편에서 언급했듯이 예로부터 우리 조상들은 외침에 대비하기 위해 성곽을 중시했다. 조선 세조 때 양성지가 "우리 동방은 성곽의 나라"[112]라고 말할 정도로 현재 우리나라 전국에는 전통시대에 쌓은 수많은 성곽 또는 성곽의 흔적들이 남아있다. 1983년에 문헌이나 지표조사를 통해 밝혀진 한국의 성곽 수는 1,650여 개 정도이며, 전국에 조사되지 못한 채 산재해있는 성곽까지 합치면 약 3,000여 개로 추정되고 있다.[113]

또한 세종 때 한 관리가 "성곽이란 것은 나라의 겉옷과 같아서 그것으로 외환도 막으려니와 내부도 호위하는 것이다."[114]라고 했듯이 산성을 이용한 전술이 발달해 역사적으로 여러 전투에서 그 우수성이 입증되었다.

한반도 연해 지방에는 고려 말부터 조선초까지 왜구의 침략이 끊이지 않았다. 조선은 태조 대부터 해방海防 정책을 충실히 하면서 왜인들을 회유하고 외교적인 노력

---

110 『영조실록』권95, 영조 36년 1월 22일(무진) ; 『정조실록』권6, 정조 2년 9월 병신.
111 송규빈, 『풍천유향』수도성(성백효 역, 『풍천유향』, 국방부전산편찬위원회, 1990 47쪽).
112 『세조실록』권3, 세조 2년 3월 28일(정유).
113 문화재관리국, 『전국산성조사보고서』, 1980 ; 문화재관리국, 『전국문화유적현황』, 1983.
114 『세종실록』권13, 세종 3년 8월 24일(갑인).

을 기울였다. 하지만 왜구들은 기회만 있으면 연안에 들어와 노략질을 일삼았다. 이에 세종은 1419년(세종1) 6월에 상왕 태종의 명을 받들어 병력 17,000여 명을 왜구의 근거지인 쓰시마[對馬島]로 보내 왜구를 토벌했다. 쓰시마정벌은 왜구 소탕이라는 목적을 달성하지 못했지만 조선의 무력행사의 의지를 과시함으로써 왜구에게 큰 타격을 입혔다.[115]

쓰시마정벌이후 왜구의 침입이 감소하면서 연해 지역은 안정을 되찾았고 방치해둔 바닷가 인근 토지도 다시 개척되기 시작했다. 바닷가에서 생업을 찾는 사람들도 점차 늘어나 연해지역의 인구는 두드러지게 증가되었다.[116] 한편, 왜구의 침입 횟수가 대폭 감소했지만 그렇다고 하여 왜구의 침입이 완전히 소멸된 것은 아니었다. 혹시라도 그들이 바닷가 고을에 다시 침입해서 복수할 가능성이 농후했다.

그래서 조선에서는 1428년(세종 10)부터 연해지역에 새로이 정착한 사람들을 왜구의 위협에서 보호하기 위해 대대적인 성곽 점검과 수축 작업에 들어갔다. 세종 대에 성곽 수축 사업의 최일선에서 활약한 사람은 세종 초기 왜구 토벌에 공이 큰 최윤덕崔閏德(1376~1445)이었다. 최윤덕은 병조판서로서 전국을 직접 답사하면서 얻은 자료를 토대로 성곽 사업을 주도했으며 읍성 축조를 강조했다.[117]

읍성은 평소 사람이 거주하지 않는 산성과 달리 전투와 행정 구역을 보호하는 기능을 겸하고 있었다. 세종이 읍성 축조에 관심을 갖고 추진하게 된 것은 왜구를 해안선에서 막아 피해를 줄이고 백성들의 생활터전을 보호하려는 방어 정책의 전환이라 볼수 있다.[118] 연해지역의 경제 유용성이 커지고 인구가 늘어나자 종래의 방비책인 산성입보만을 강요할 수 없게 되었다. 번영하는 행정구역을 보호하기 위해서라도 산성으로 들어가 농성하기보다는 행정 관아를 둘러싼 읍성을 축조해 적극적으로 지킬 필요가 있었다.

조선전기 읍성은 왜구 출몰이 잦은 하삼도 지역에 집중되었다. 『세종실록』 지리지

115 하우봉, 「일본과의 관계」『한국사 22』, 국사편찬위원회, 1995, 377~378쪽.
116 차용걸, 「행성·읍성·진성의 축조」『한국사 22』, 국사편찬위원회, 1995, 186~187쪽.
117 『세종실록』 권43, 세종 11년 2월 10일(병술).
118 심정보, 『한국 읍성의 연구』, 학연문화사, 1995, 414쪽.

해미 읍성(충남 서산, ⓒ 유수)

에 의하면 335개의 행정 구역 중 읍성이 수록된 곳은 전국 96개소이다. 이 가운데 경상도가 가장 많은 것으로 나타났다.[119] 이밖에 전라도·충청도·강원도 등 왜구의 위험이 있는 중부 이남 연해 군현들도 읍성을 축조했다. 세조·성종 대에는 읍성의 축조지역이 확대되어 내륙의 주요 도시인 개성·청주·남원 등에도 읍성이 축조되었다.

한편, 조선초기에도 산성은 방어 시설에서 여전히 중요한 위치를 차지했다. 외적을 방비하는 데에는 산성이 가장 적합하다는 건의가 많아 이미 1410년(태종 10)부터 대대적인 산성 수축 사업이 벌어졌다. 산성은 대부분 높고 험준한 곳에 대규모로 지어졌고 주민이 한꺼번에 입보入堡할 수 있도록 군창軍倉도 마련되었다. 이는 고려 말 왜구에 대비한 축성을 재차 강화한 조치였다. 한편으로는 명이 조선에 대한 침략 의도를 갖고 있다는 위기감이 고조되면서 전국적인 산성 입보 체제를 구축하기 위한 사업이기도 하였다.[120]

───────────

119 나동욱, 「경남지역 관방유적의 연구 현황과 과제」『학예지』8, 육사박물관, 2001, 132쪽. 도별로 살펴보면 경상도 27개소, 전라도 20개소, 평안도 16개소, 충청도 15개소, 기타 18개소이다.
120 유재춘, 『근세 한일성곽의 비교연구』, 국학자료원, 1999, 55~56쪽.

하지만 세종 때에 전투와 행정을 겸한 읍성이 활발하게 축조되면서 산성 수축은 주춤해졌다. "산성이란 위급한 사태가 있을 때만 쓰고 평상시에는 그다지 쓰이지 않습니다. 그래서 오르내리면서 출입하는 것을 백성들이 모두 싫어하고 꺼립니다."[121]라는 황희黃喜(1363~1452)의 발언에서 산성에 대한 당대 인식을 엿볼 수 있다. 군사 기능을 강조한 산성의 필요성은 평화로운 시절에 자연히 감소될 수밖에 없었다. 그러다 보니 산성은 점차 위급한 사태가 발생하면 잠시 미봉하는 존재로 방치되거나 퇴락해 갔다. 1474년(성종 5)에 바닷가 여러 고을의 성들이 수축하지 않은 곳이 많고 내지內地의 산성도 모두 폐기되어 허물어졌다는 한 상소문은 이러한 현상을 반영한다.[122]

1530년(중종 25)에 간행된 인문지리서인『신증동국여지승람』에 기록된 성곽은 총 181개이다. 이 가운데 읍성이 123개(67.9%)이며 산성이 41개(22.6%)로 나타나[123] 산성의 비중이 읍성에 비해 매우 적었음을 알 수 있다. 개국 이래 외적 대비책으로 왕성하게 축조된 산성이 평화 분위기가 지속되면서 중요성이 약화된 결과였다. 이러한 추세는 조선-일본 전쟁이 일어나기 전까지 계속되었다.

(2) 조선-일본 전쟁기 성곽방어 실패의 교훈

조선은 1592년(선조 25) 4월 조선-일본 전쟁(임진왜란)이 발발한 후부터 이듬해인 1593년 2월 평양성을 탈환하기까지 전쟁 초반에 고전을 면치 못했다. 일본군은 40여 일 만에 조선의 수도인 한양에 입성했고 계속 북진해 2개월 만에 평양성마저 함락했다. 선조는 백성을 뒤로 한 채 도성을 빠져 나와 개성을 거쳐 평양으로, 평양에서 다시 의주로 피신했으며 관군은 여러 전투에서 패해 와해된 상태였다. 심지어 부산을 분할해 일본군에게 떼어준다는 소문이 나돌 정도였다.[124]

조선이 개전 초기 일본군의 공격에 속수무책으로 당한 이유는 여러 가지이겠지만 성곽과 관련해 볼 때 대부분의 성이 방어 효과를 제대로 발휘하지 못한 데에 있었다.

---

121 『세종실록』권82, 세종 20년 9월 10일(신묘).
122 『성종실록』권48, 성종 5년 10월 28일(경술).
123 유재춘, 「조선전기 성곽연구」『군사』33, 국방군사연구소 1996, 92쪽.
124 『선조실록』권39, 선조 26년 6월 5일(무자).

조총

조선전기의 관방關防 형태는 연해에 진보鎭堡을 설치하고 내륙지방에는 읍성과 산성을 수축했다. 즉 군창을 가진 산성이 내륙지역을, 연변의 읍성이 그 외곽지역을, 연변의 진보가 다시 그 외곽을 차단하도록 하는 단계적 방어 시설을 구축했다.[125]

하지만 소규모 외침에 대비한 연변 방어체제는 대규모 전면전에서는 효용성이 떨어졌다. 특히 읍성은 기본적으로 왜구 침입에 대응하는 것을 주목적으로 축조되었으므로 대규모 공격에 취약성을 드러냈다.[126] 유성룡 역시 조선-일본 전쟁 때 조선 관군이 왜군에게 연패한 이유를 우리 군사가 산성을 버리고 조총을 소지한 적을 평지성 즉 읍성에서 맞아 싸운 데에 있다고 보았다. 충주·용인·진주성의 패전 원인이 평야전平野戰이기 때문이었다.

조선-일본 전쟁 당시 일본군은 조총鳥銃이란 신무기로 무장했다. 1543년 포르투갈 표류민으로부터 전래된 조총은 1575년 나가시노[長篠] 전투에서 본격적으로 사용된 이후 일본군의 무기와 전술을 일변하는 계기가 되었다.[127] 1589년(선조 22) 쓰시마에서 조선에 조총을 바쳤으나 조선에서는 별다른 관심을 보이지 않았다.[128]

1592년 전쟁 발발 이후 1598년 전쟁이 끝날 때까지 조선으로 건너온 일본군 규모는 30만 대군으로 알려져 있다. 전쟁 당시 일본군은 상층 계급의 기사騎士과 일반 평민으로 구성된 보졸步卒로 편성되었다. 이 가운데 보졸은 궁병弓兵·조총병·창병槍兵(장병조長柄組)으로 나뉘어 제1선에 배치되었는데 흥미롭게도 창병의 비중이 높아 활과 총의 2대隊를 합친 것 보다 많았다.[129] 반면 조총 부대의 비중은 예상보다 높지 않

125 이겸주, 「지방군제의 개편」『한국사 30』, 국사편찬위원회, 1998, 301쪽.
126 유재춘, 앞의 책, 1999, 63쪽.
127 정연식, 「화성의 방어시설과 총포」『진단학보』 91, 진단학회, 2001, 134쪽 ; 민두기, 『일본의 역사』, 지식산업사, 1976, 118쪽.
128 『선조수정실록』 권23, 선조 22년 7월 1일(병오).

아 살마도진薩摩島津의 경우 군사 15,000명 가운데 조총병은 1,500명으로 전체의 10%에 불과한 수준이었다.[130] 정탁鄭琢의 관찰에 의하면 조총은 검에 비해 다소 적은 편이어서 검을 가진 자가 천이나 백 명 단위라면 조총을 가진 자는 수십 명이라 하였다.[131]

하지만 조총의 위력은 대단했다. 조총부대가 우리의 예상보다 비중이 높지 않았으나 조선인들에게 개인화기인 조총은 무척이나 생소했고 공포마저 불러일으켰다. 조선-일본 전쟁 발발 때 조정에 왜군 침입을 알리는 급보 내용에는 조총을 표현할 길이 없어 "고목나무 작대기 하나가 사람을 향하기만 하면 사람이 죽더라."고 적었다한다.

더구나 조총이 일본군의 단병기와 결합되었으므로 그 위력은 더 대단했다. 일본군의 전법은 이덕형의 관찰에 따르면 "가장 먼데서 총을 쏘고 그 다음에 창으로 찌르고 가장 가까운 곳에서 칼로 치는" 전법을 구사하였다.[132] 실제로 일본군의 전법은 먼저 가장 앞에 위치한 기치旗幟 부대가 양쪽으로 나뉘어 적을 포위하면 조총병이 일시에 총을 발사해 적을 살상하고 전열을 무너뜨렸다. 곧이어 창·검을 지닌 군사가 도망가는 적을 뒤쫓아가 백병전을 맹렬히 전개했다.[133] 요컨대, 조선-일본 전쟁 때 일본의 조총은 단병기와 결합된 전술에 힘입어 더 큰 위력을 떨쳤던 것이다.

또 조총은 발사 거리가 화살보다 10배가 넘었으므로 일본군은 먼거리 공격에도 유리했다.[134] 그러므로 조선군이 궁시弓矢로 평야에서 접전할 때 그 승패는 불을 보듯 명확했다. 1593년(선조 26) 12월, 비변사에서 선조에게 보고한 내용에는 읍성 방어가

---

129 旧參謀本部 編, 『朝鮮の役』(日本の戰史 ⑤), 德間書店, 1965, 68~69쪽, 217쪽.

130 노영구, 『조선후기 병서와 전법의 연구』, 서울대 박사학위논문, 2002, 43쪽.

131 『용만견문록』, 「與胡相公書」(한국사료총서 36, 국사편찬위원회 탈초본, 1993년, 361쪽).

132 『선조실록』 권35, 선조 26년 2월 을사.

133 『서애전서』 본집 권15, 잡저, 왜지용병(『서애전서』 1, 328쪽) ; 旧參謀本部 編, 『朝鮮の役』(日本の戰史 ⑤), 德間書店, 1965, 217쪽.

134 장병전은 우리의 전통적인 전술로 궁시·화기 등과 같은 장거리 무기를 주무기로 하여 원격전으로 적을 제압하는 것이다. 이에 대해 단병전은 창·검을 주무기로 삼아 근접전에 치중하는 전술을 말한다(이태진, 「임진왜란에 대한 이해의 몇 가지 문제」 『조선유교사회사론』, 지식산업사, 1989, 215쪽).

여지없이 무너진 장면이 생생하게 담겨있다.

> 적이 믿고 승승장구하는 것은 오직 총이 있기 때문입니다. 우리나라 평지에 있는 성은
> 대부분 낮기 때문에 적이 비루飛樓을 타고 성안을 넘보면서 조총을 난사합니다. 그래
> 서 성을 지키는 군사가 머리를 내놓지 못하게 한 다음 용기 있는 적이 긴 사다리와 예
> 리한 칼을 가지고 성벽을 타고 곧바로 올라와 대초大鍬의 성을 파괴해 성을 지킬 수가
> 없었는데 진주에서도 그러했습니다.[135]

이처럼 조선은 군사력이나 무기면에서 열세에 놓인 상황이었으므로 개방된 곳에서
싸우는 전투는 승산이 없었다. 맞대결보다는 지구전과 기습, 보급로 차단 등 장기적
인 전략을 구사할 필요가 있었다. 이러한 단점을 보완하고 승리할 수 있는 방안은 산
성을 이용한 공격과 방어였다. 아군의 식량과 무기, 병력을 보존하면서 원격전을 펼
칠 수 있는 산성에 의지한 대응이 보다 현실적인 방안이라고 할 수 있다.[136]

개전 초기 일본에게 연전연패를 당한 또 다른 요인으로 성곽 시설의 부실도 꼽을
수 있다. 조선-일본 전쟁 발발 다음해인 1593년(선조 26) 7월에 명 군대를 따라 들어
온 요동遼東 철령위鐵嶺衛의 유학생儒學生 방원선方元善은 조선에 성곽이 많았어도 끝
내 지키지 못한 이유에 대해 "지금 귀국의 성은 산세의 고하에 따라 쌓았는데 주위가
광활하고 성 안에 산림이 많으며 성이 견고하거나 높지 않아 안팎이 서로 보입니다.
그러므로 어쩌다가 급변을 만나면 백성이 지키기에 불편하고 관에서 독려하기에 불
편하니 '험險'이란 이름만 있을 뿐 실상은 없는 것입니다"라고 했다.[137]

이러한 문제점은 조선-일본 전쟁 이전에 축조된 성곽에서 나타나는 공통적인 현상
이었다. 1592년(선조 25) 포로로 사로잡힌 일본군은 "그대 나라 사람들은 어리석다.
성을 낮은 곳에 쌓았으니 적군이 높은 데 올라가서 내려다보고 쏘는 것을 잘 당할 수
가 없다. 우리들이 그대 나라에서 오래 머물 수 있는 것은 바로 그 때문이다."[138]라고

---

135 『선조실록』 권46, 선조 26년 12월 3일(임자).
136 유재춘, 앞의 책, 1999, 64쪽.
137 『선조실록』 권40, 선조 26년 7월 14일(병인).

지적했다. 더구나 조선전기의 성곽은 특별한 무기나 화기에 대응해서 쌓은 것이 아니므로 성곽에 성벽 이외에 추가적인 방어시설을 하지 않았던 것도 일본의 조총 앞에서 무기력한 원인이었다.

조선-일본 전쟁을 겪으면서 조선은 왜적의 침입에 무력하게 무너진 방어체제를 전면 재검토했다. 그 가운데 성곽의 방어 능력을 대폭 향상시킬 필요성을 절감했다. 산성의 중요성은 조선-일본 전쟁을 겪고 나서야 비로소 절실히 대두되었다.

조선은 조선-일본 전쟁 초기에 응전에 급급했을 뿐 방어나 공격 체제를 정비할 겨를이 없었다. 그러나 이순신의 해상 활약과 각지 의병들의 지상 활동으로 일본군의 보급로를 차단하자 일본군은 큰 타격을 입어 더 이상 진군하지 못했다. 이 때 명 원군이 도착해 조·명 연합군의 활약으로 평양성을 수복하면서 전세는 역전되어 왜군은 남쪽으로 퇴각했다. 전세를 회복한 조선은 1593년(선조 26) 명·일 간에 강화 교섭이 진행되는 동안 향후 전쟁에 대한 구상을 논의했고 성곽을 수축했다.

조선의 성곽 문제에 적극적으로 나선 사람은 전시 책임자인 영의정 유성룡이었다. 유성룡은 일본군이 평양에서 퇴각한 후 선조에게 조선은 수성전守城戰에 능하지만 야전에는 서투르니 산성을 수비하는 계책을 세우자고 건의했다. 더군다나 전쟁 와중에 무방비로 방치된 백성을 보호하는 일도 시급하므로 방비해야 할 곳에다 형편에 따라 보루堡壘나 포루砲壘을 설치하도록 제의했다. 그리고 평상시에는 성 밖으로 나가 농사를 짓게 하고 유사시에는 보堡로 들어가 장기전에 대비한 전투체제를 갖추도록 했다.[139]

유성룡의 말을 들어보도록 하자.

왕년의 행주대첩 때에도 산성을 이용해 승리를 얻었습니다. 만약 야전野戰을 했다면 어떻게 왜적을 대적할 수 있었겠습니까.……또 생각건대 지난해 왜적이 침입했을 적에는 곳곳에 양식이 있어 적들이 먹을 수 있었지만 지금은 모두 쓸쓸한 폐허가 되어버려서 먹을 수 있는 것이 없습니다. 그러므로 우리나라 사람들이 험한 곳에 성채를 만들고

---

138 『선조실록』 권50, 선조 27년 4월 17일(을축).
139 유재춘, 앞의 책, 1999, 65쪽.

웅거해 지킨다면 왜적들이 진격해 온다 해도 양식이 없어 저절로 무너져 흩어질 것입니다.[140]

요컨대 유성룡은 왜적에 대비하기 위한 전술로 산성을 이용한 청야작전을 제시했다. 병력과 무기 면에서 조선보다 우세한 왜군에 대적하기 위해서는 지형적 이점을 최대한 살릴 수 있는 산성이 절대적으로 필요했던 것이다.

명明 장수들도 관방을 튼튼히 하는 방책으로 산성의 중요성을 조선에 제시했다. 1593년(선조26) 6월 선조는 안주 안흥관安興館에서 전황 분석을 위해 명 경략經略 송응창宋應昌을 접견했다. 송응창은 그 자리에서 "내가 듣기에 경상도는 조령이 가장 험준하다고 하니 관방을 설치하고 방수防戍해 훗날의 환난에 대비해야 합니다. 귀국의 선후책으로 이보다 더 급한 일이 없을 것입니다."[141]라는 의견을 표명했다.

1593년(선조 26) 12월에 비변사가 제시한 왜적과 싸울 방책 역시 산성을 이용한 청야작전이었다. 들판을 비운 뒤 산성에 들어가 농성하면 조총을 이용한 적의 공성술도 무력화되리라고 예상했다. 그리고 청야 작전으로 왜적의 식량 보급을 차단해 왜적의 기세를 꺾어 공격을 시도하자는 의견이었다.[142] 조선–일본 전쟁 당시 게릴라전으로 명성을 떨친 의병장 곽재우도 "안시성을 지켰기 때문에 고구려가 멸망하지 않았고 즉묵성이 홀로 보존되었기 때문에 제나라가 다시 일어설 수 있었으니 어찌 성지城池의 수비를 그만둘 수 있겠는가?"[143]라고 하여 수성전을 강조했다.

조선은 왜란을 겪으면서 내륙까지 깊숙이 침입한 적을 제어하는 방안으로 청야입보가 효과적인 전술임을 경험했다. 이사림李思林의 산산蒜山 전투, 권율의 행주대첩 등은 산성을 이용한 대표적인 승리였다. 또 조총을 소지하지 않은 왜적과 싸워서 승리를 거둔 크고 작은 경험들은 '일본의 장기는 오직 조총뿐'[144]이라는 판단으로 이어졌다. 일본군 전투에서 방략을 잘 쓰면 이길 수도 있다는 자신감이 생긴 것이다.

---

140 『선조실록』 권46, 선조 26년 12월 무진.
141 『선조실록』 권39, 선조 26년 6월 무자.
142 『선조실록』 권46, 선조 26년 12월 임자.
143 조경남, 『난중잡록』 권4, 경자년 상, 2월.
144 『선조수정실록』 권26, 선조 25년 5월 경신.

현재 조선-일본 전쟁 때에 전국적으로 수축된 산성의 규모는 정확하게 알 수 없다. 다만 여러 자료에서 조선-일본 전쟁 중의 산성 수축이 일본군에 대항하기 위해 만들었으므로 접전 지역인 경상도·충청도·전라도 등 하삼도에 집중되었음을 확인할 수 있다.[145]

대표적으로 경상도에서는 금오산성金烏山城·천생산성天生山城·부산산성富山山城·악견산성

남원 교룡산성

岳堅山城·공산산성公山山城·용기산성龍起山城, 화왕산성火旺山城 등, 전라도에는 건달산성乾達山城·수인산성修仁山城·교룡산성蛟龍山城·입암산성笠巖山城·금성산성金城山城·옹성산성甕城山城·금성산성錦城山城, 경기도에는 파사산성婆娑山城·독산산성禿山山城 등이 수축되거나 중수되었다.[146]

당시 산성을 중심으로 한 방어책에 비판도 없지 않았다. 제2차 조선-일본 전쟁(정유재란) 때 여러 산성이 함락되자 산성 비판론이 대두되었다. 선조는 "한동안 산성에 대한 의논이 일어나 모두들 산성이 좋다고 하면서 시비하는 자가 없기에 형세를 가리지 않고 곳곳마다 산성을 수축했다. 그런데 산성 한 곳이 함락되자 인심이 놀라 산성도 지킬 수 없다 하여 이 때문에 더욱 무너지게 되었다. 우리나라 일 처리가 아이 장난 같으니 참으로 마음이 아프다"[147]라고 하면서 산성 수축책을 비판했다. 그럼에도 조선후기에 조선-일본 전쟁의 경험은 여전히 산성의 중요성을 환기하는 요소로

---

145 유재춘, 앞의 책 1999, 75쪽.
146 이장희, 「임난중 산성수축과 견벽청야에 대하여」『부촌신정철교수정년퇴임기념 사학논총』, 1995, 626~631쪽.
147 『선조실록』 권92, 선조 30년 9월 13일(경자).

작용했다.

2) 유성룡의 성곽론

(1) 산성 유용론

유성룡은 조선-일본 전쟁 때 초반의 열세를 딛고 전쟁을 승리로 이끌기 위해 방어시설에 대해 많은 탁견을 제시했다. 특히 일본군의 신식 병기에 대응하기 위한 방책으로 일본과의 전투에서 산성 이용을 적극적으로 주장했다.

그리고 1597년(선조 30)에는 전쟁 당시 군무 총괄자로서의 체험과 연구의 산물로서 산성에 대한 자신의 견해를 집약한 「산성설山城說」이라는 논문을 발표했다. 여기에 담긴 그의 성곽론은 한 두 세대 뒤의 많은 실학자들에게까지 파급력을 미칠 정도로 심도 있으면서도 설득력 있는 주장을 폈다.[148] 유성룡은 "아! 지금의 왜적은 옛날의 왜적이 아니다. 이들을 막아내려면 산성밖에는 다른 방법이 없는데 왜 사람들은 이것을 살필 줄 모르고 산성은 아무 이익이 없다고만 하는가?"[149]라고 통탄하면서 산성의 장점을 거듭 설파했다.

유성룡은 산성이 적을 방어하고 공격할 때 얼마나 유리한가를 밝히기 위해 역사 속의 경험을 끄집어냈다. 유성룡은 삼국시대부터 고려까지 전쟁의 역사를 돌이켜보면 국토를 보존하고 적을 방어한 방법은 산성의 이로움을 이용한 데에 있다고 보았다.

또 조선-일본 전쟁 때 일본군의 공성술을 철저히 분석한 후 산성 유용론을 제기했다. 유성룡의 분석에 따르면 남원산성 사례는 산성의 가치를 말해주는 산 증거였다.

유성룡 도검

---

148 유성룡의 국방정책과 성곽론에 대해서는 조정기, 『서애 유성룡의 국방정책의 국방정책 연구』, 단국대학교 박사학위논문, 1990 참조.
149 유성룡, 『서애선생문집』 권15, 잡저, 삼성설.

일본군은 전라도 남원산성을 공략할 때 먼저 성첩의 높이와 참호의 깊이를 조사한 후 수천 자루의 조총으로 성을 향해 마구 쏘아댔다. 빗발치는 총탄 때문에 성안의 사람들이 우왕좌왕하면서 엎드려 있을 때 대기하고 있던 다른 적들이 곧장 진격해 나무·돌·짚단 등을 마구 집어던져 참호를 메웠다. 잠시 후 그 높이가 성과 같게 되자 이를 밟고 올라와 순식간에 성을 함락시켰다.[150]

그래서 유성룡은 예로부터 우리나라는 수성에 능하나 야전野戰에는 서투르다고 지적하면서 일본군의 공성을 막기 위해서는 평지성이 아닌 산성이 필요하다는 입장이었다. 유성룡은 선조에게 "왕년의 행주대첩 때에도 산성을 이용해 승리를 얻었습니다. 만약 야전을 했다면 어떻게 이 왜적을 대적할 수 있었겠습니까?"[151]라는 의견을 피력하면서 평탄하고 넓은 들판에서 교전하면 우리 쪽이 불리하다고 주장하였다. 조총 능력이 화살보다 10배 이상 멀리 나가기 때문에 당해낼 수가 없다는 것이다.

유성룡은 일본군이 조선 땅에 들어와서 펼친 전략 가운데 왜성倭城을 이용한 전략에도 주목했다. 유성룡은 왜적들의 전략을 관찰한 결과 왜적들이 험한 곳에 성책城柵을 설치해 요해지를 사수하고 있었다. 왜적이 운봉雲峯에 설치한 성루城壘는 꼬불꼬불 안고 돌아가야 하게 되어 있어 수백 명이 지켜도 만 명의 군사가 공격할 수 없었다. 조령의 숲 속에도 성책을 설치해 몸을 숨기는 장소로 만든 곳이 무수했다. 이에 대해 유성룡은 "산성이 험한데 의거해 있으면 오랫동안 포위할 수 없습니다. 그러므로 평상시 평지에 진을 치고 있다가 변고가 발생하면 산성에 들어가 웅거합니다."[152]고 했다.

실제로 항복한 한 왜병은 "우리나라에도 산성이 많이 있다. 그런데 적이 먼저 그 성을 점거했으면 공격하지 않고 몇 달이든 굳게 포위해 성안의 양식이 떨어지기만 기다리는 것이 항상 쓰는 전법이다."[153]라고 증언했다. 즉 험한 산성을 점거해 농성을 펼치는 왜병의 전략을 목격한 서애는 조선도 산성의 장점을 십분 활용해 적을 격퇴하자고 주장했다.

---

150 유성룡, 『서애선생문집』 권16, 잡저, 기남잡저원함패사.
151 『선조실록』 권46, 선조 26년 12월 19일(무진).
152 『선조실록』 권67, 선조 28년 9월 28일(정유).
153 유성룡), 『서애선생문집』 권15, 잡저, 산성설.

유성룡 묘(경북 안동)

이와 같이 산성의 가치를 역설한 유성룡이 산성의 이점으로 제시한 사항은 크게 세 가지였다. 첫째 높은 곳에 있어 적을 내려다 볼 수 있기 때문에 왜의 장기는 무용지물이 된다. 비록 조총으로 산성을 향해 쏘아도 하늘을 향해 쏘는 것과 같아 탄환의 힘이 다 되어 성안에 떨어져도 사람을 상하게 하지 못한다. 둘째 토산土山이나 구름사다리를 놓을 곳이 없어서 성안의 동정을 정찰하지 못한다. 셋째 왜가 비록 용감해서 돌격전을 잘해도 산 밑에서 기어오르다보면 성 밑에 이르러 기진맥진하게 된다. 하지만 아군은 마음이 안정되어 적에게 큰 돌을 굴리기만 해도 적을 궤산시킬 수 있다고 보았다.

(2) 성제 개선론

유성룡의 눈에 비친 당시 조선의 산성은 적의 공격에 취약하기 그지없었다. 지형을 따라 구불구불 모양을 만들며 넓고 낮게 쌓은 형태였다. 넓으면 넓을수록 지키기 어렵다는 것을 전혀 생각하지 않고 많은 사람들을 수용하는 데만 주력한 산성이었다. 결론적으로 유성룡은 "옛사람들이 축조한 산성은 지금 다시 보수해도 쓸 수 없는 것이 많다. 만약 이것을 다시 계획하지 않고 옛것을 그대로 따라서 한다면 각주구검刻舟

求劍과 다르지 않다."[154]고 신랄하게 비판하면서 성제의 개선을 촉구했다.

산성 축조에서 유성룡이 가장 중시한 사항은 위치 선정이었다. 당시 조선의 산성은 대체로 평지나 산중턱에 쌓았기 때문에 적들이 성안을 관측해 동태를 파악할 수 있었다. 적이 성안의 상황을 파악하다보니 공격할 수 있는 허점이 노출되었고 자연히 수성이 어려웠다. 그러므로 산성은 단순한 피난처가 아니라 적의 공격을 견제하는 동시에 지역 방어를 수반할 수 있도록 요충지를 선택하도록 했다.

유성룡이 완벽한 지형으로 여긴 곳은 험한 고봉이었다. 하지만 험하고 높다고 해서 모두 산성이 들어설 완벽한 지형 조건이 되는 것은 아니었다. 산세가 험준해 사방으로 오를 길이 없고 또 시야가 넓어 수 십여 리가 다 보이며 좌우에 가린 것이 없어서 적군의 왕래를 훤히 볼 수 있는 곳이야말로 천혜의 요소라고 했다.[155] 그리고 산성을 쌓기에 부적당한 곳을 다음과 같이 조언했다.

첫째, 무조건 깊숙하고 궁벽하게 숨겨진 땅에 성을 쌓지 말도록 했다. 이런 곳에 성을 축성하는 일은 난리를 피하는 계책만 될 뿐 적을 유인해 제어하는 방법은 되지 못하기 때문이었다.[156] 즉, 축성의 위치는 '적이 반드시 그곳을 지나가는 곳이요, 우리 쪽에서 반드시 지킬 수 있는 곳'이어야 한다고 했다. 승패의 관건은 우리는 반드시 지켜야 하고 적은 반드시 빼앗으려는 땅을 가장 유리한 지형으로 파악하고 이런 장소에 성을 쌓고 지켜야 승리할 수 있다고 보았다.[157]

둘째 성은 작고 견고한 것이 좋다고 보았다. 만약 넓기만 하면 병력만 크게 소요될 뿐 방어에는 불리하다는 것이다. 옛 성은 산세에 따라 성을 축조해 많은 군사가 들어가도 지키기 어려웠다. 높이도 수 척에 불과하며 성이 서로 멀리 떨어져있어 신호가 서로 미치지 않아 지휘관이 호령이 통하지 않았다.

셋째 산림이 빽빽하고 벼랑의 바위가 있는 곳이 천연의 험한 요새가 아니라 사방에 수목이나 바위·돌이 없어 적이 올라와도 숨을 곳이 없는 곳이 요새라 했다. 산성 주

---

154 유성룡, 『서애선생문집』 권15, 잡저, 산성설.
155 유성룡, 『서애선생문집』 권14, 잡저, 전수기의십조.
156 유성룡, 『서애선생문집』 권15, 잡저, 산성설.
157 조정기, 앞의 책, 1990, 109쪽.

위가 수목이나 암석이 없이 말끔해 적군의 왕래를 훤히 알 수 있고 적군이 숨거나 엎드릴 곳이 없어야 한다는 의미이다. 산림이나 바위가 빽빽한 곳은 스스로를 은폐할 수 있는 장점이 있지만 적병이 있는 곳을 알지 못하므로 활을 쏘고 돌을 굴려도 숲과 바위에 가리어 적을 맞출 수 없기 때문이다.

유성룡은 위치 선정과 함께 성곽의 방어 시설을 설치하는 일도 중요하게 여겼다. 조선-일본 전쟁 이전까지 조선의 산성은 여진족이나 왜구가 특별한 화기를 소지하지 않았으므로 성벽 이외에 특별한 방어시설을 갖추지 않았다. 하지만 전쟁의 양상이 이전과 판이하게 달라진 상황에서 새로운 성곽 시설의 축조가 필요하였다. 화기로 철저하게 무장한 적이 등장하자 조선의 성곽 시설은 취약점을 그대로 드러낸 것이다. 대표적으로 여장이 낮고 타堞와 타 사이가 넓어 적에게 쉽게 공략되며, 옹성·치성 등이 부족해 성벽에 달라붙은 적을 제어할 수 없는 점이 지적되었다.[158]

이에 대한 대책으로 유성룡은 옹성[159]·치성[160]·여장[161]·양마장羊馬墻[162] 등 부속 시설물을 설치하자고 강조했다. 특히 성 밑에 달라붙은 적을 격퇴하는 데에 요긴한 치성雉城의 설치를 중시했다. 명 장수 척계광이 쓴 『기효신서』에 나오는 전법을 좇아 유성룡은 50타垜마다 1치를 두고 밖으로 2~3장丈이나 나오게 하였다.[163] 이렇게 하면 좌우를 돌아보면서 화살 쏘기가 편리해 적군이 성 밑에 붙을 수 없게 된다고 강조했다.

또 유성룡은 적이 성 아래에 근접했을 경우 이를 물리칠 수 있는 공격 기구를 고안하기도 하였다. 먼저 큰 나무 두 개를 2~3타 간격으로 벌려 양쪽 머리 부분을 성 밖으로 1척尺씩 나오게 한다. 이 나무 위에 널판지를 성벽과 평행하게 가로로 얹은 뒤

---

158 『萬機要覽』軍政篇 4, 附關防總論, 柳成龍築成論.

159 옹성 : 성문을 밖으로부터 보호하기 위해 외부에 설치한 이중성벽. 대부분 반원형으로 생긴 모양이 항아리와 비슷하여 '옹성'이라 한다. 적이 성문으로 직접 침입하는 것을 막는 보호시설이다.

160 치성 : '곡성' '치' '성두'라고도 한다. 성벽을 따라 걷다보면 반원형이나 네모난 형태로 외부로 돌출해 내쌓은 구조물이 있다. 적의 접근을 빨리 관측하고 성벽에 접근한 적을 정면 또는 측면에서 효과적으로 격퇴시킬 수 있도록 만든 이 구조물이 치성이다. 둥글게 쌓은 치성이 '곡성'이다.

161 타 : 성의 본체 위에 설치하는 구조물로 적으로부터 몸을 보호하기 위해 낮게 쌓은 담장이다. 다른 용어로 女墻·女堞·雉堞·女垣 등이라고도 했다.

162 羊馬牆 : 성벽과 垓字 사이에 설치하는 낮은 울타리. 牛馬牆이라고도 한다.

163 『만지요람』 군정편 4, 부관방총론, 「유성룡축성론」 ; 유성룡, 『징비록』 권16, 錄後雜記.

지도리를 만들어 여닫고 하고 앞면과 좌우면에 방패를 설치하자고 하였다.[164] 이는 일종의 목조로 만든 호딩hoarding으로, 돌출된 판자로 적의 화살이나 총탄을 막고 바닥널을 열어 성 아래의 적을 내려다보고 공격하려는 것이다.[165]

요컨대, 유성룡은 왜적과의 싸움에서 산성이 중요한 만큼 제대로 된 산성이 있어야한다고 여겼다. 유성룡은 산성을 축조할 때 단순한 피난처가 아니라 적의 공격을 견제하는 동시에 지역 방어를 수반할 수 있도록 요충지를 선택하도록 했다. 또 화기로무장한 왜적을 상대하기 위해 옹성·치성·현안懸眼·양마장羊馬墻 등 성의 부속 시설의 설치를 강조했다. 유성룡의 산성론은 이후 조선후기 성곽론에 지대한 영향을 끼치면서 성곽제도의 변화에 견인차 역할을 했다.

(3) 청야입보론

1593년 1월말 조·명 연합군이 벽제관 전투에서 패한 후 명 군대는 유성룡의 만류에도 불구하고 임진강 북쪽으로 퇴각했다. 이때 유성룡은 이여송 제독에게 다섯 가지이유를 들어 퇴각을 만류했는데 그 중 한 가지가 "조선의 강토는 한 자 한 치의 땅이라도 쉽사리 버릴 수 없다."[166]는 것이었다.

유성룡이 산성을 중시한 배경에는 산성이 적을 막음과 동시에 백성을 보호하는 효과를 거둘 수 있다고 여겼기 때문이다. 유성룡은 산성을 이용해 '어적禦敵'과 '보민保民'이라는 일거양득의 효과를 거두기 위해 청야입보를 제시하였다. 청야입보야말로 "비록 적이 한 도에 가득해도 완전한 읍이 많이 남을 수 있는"[167] 방책으로 제시하였다.

먼저 산성은 청야의 효과를 거둘 수 있었다. 유성룡이 판단하기에 일본은 원래 재력이 3년 정도 지탱할 수준밖에 되지 않았다. 그러므로 만일 청야 전술을 잘 시행한다면 일본군이 군량을 현지에서 조달할 길이 막혀 장기전을 수행할 수 없다고 보았다. 그러므로 견고한 산성을 골라 인근의 양곡을 모아서 저장하되 성이 없는 곳은 근

---

164 『선조실록』 권68, 선조 28년 10월 22일(신유).

165 정연식, 「화성의 방어시설과 총포」『진단학보』91, 진단학회, 2001, 145쪽.

166 유성룡, 『징비록』 권2(서애선생기념사업회, 1991, 『서애전서』 권1).

167 유성룡, 『징비록』 권7, 진사록, 馳啓驛路之弊且請修葺山城以爲保守狀〈임진〉(서애선생기념사업회, 1991, 『서애전서』 권1).

해의 섬에 임시로 저장시설을 만들어 보관하는 것이 급선무라고 했다.

유성룡은 "지난해 왜적이 침입했을 때에 곳곳에 양식이 있어 적들이 먹을 수가 있었으나 지금은 곳곳마다 쓸쓸한 폐허로 변해 먹을 것이 없다. 그러므로 우리나라 사람들이 험한 곳에 성채를 만들어 지킨다면 왜적들이 진격해 와도 식량이 없어 저절로 무너져 흩어질 것입니다."[168]라고 해 청야책의 중요성을 강조했다.

하지만 사람들이 전쟁이 나자 모든 것을 버리고 깊은 곳으로 숨는 바람에 곡식을 적의 수중으로 넘기는 과오를 범하였다. 이러다 보니 백성들은 식량을 소지하지 못해 고통을 겪거나 광분한 적에게 목숨마저 잃는 안타까운 현실이 반복되었다.

두 번째로 산성의 또 다른 이점은 주민을 안전하게 보호하는 효과였다. 유성룡은 동래성과 부산성이 함락된 이후 백성들 사이에 수성守城은 곧 죽음이라 생각해 다투어 산골짜기나 풀밭에 숨어 그날그날 목숨을 연명하는 현실을 개탄했다. 그러다 보니 농사는 지을 생각도 못하게 되어 생활은 더 곤란해지고 마침내 적에게 도륙당하는 사람이 속출했다. 유성룡은 "이때 서울로부터 남쪽 변방까지 적병이 꿰뚫고 있었다. 때는 바야흐로 4월인데 백성들은 모두 산골짜기에 숨어있고 보리심은 곳이 한 군데도 없었다. 적군이 다시 몇 달 동안 물러가지 않았다면 조선의 백성은 다 죽었을 것이다."[169]라고 회고하였다.

유성룡은 이에 대한 대처 방안으로 우선 전국에 산재한 옛 산성을 보수해 백성에게 제공하도록 하였다. 일각에서는 민력이 고갈되고 백성이 흩어진 현실에서 산성 보수는 불가능하다고 반대하였다. 하지만 유성룡의 생각은 달랐다. 그럴수록 시급히 산성을 보수해 백성의 피해와 이산을 방지해야 한다고 주장했다. 전화를 입고 유망하는 백성을 보호해야 궁극적으로 이들의 힘을 모아 국토를 수호할 수 있기 때문이었다. 유성룡의 말을 들어보자.

> 산성이나 목책을 만들어 기필코 지킨다는 계책을 세운 다음 그 안에 공사公私간의 곡식을 실어다 놓고 들판을 말끔히 해놓은 가운데 기다린다. 적이 일단 성을 공격해도 함

---

168 『선조실록』 권46, 선조 26년 12월 19일(무진).
169 유성룡, 『징비록』 권2, 계사년(서애선생기념사업회, 1991, 『서애전서』 권1).

락되지 않고 들판에 노략질할 것이 없으면 며칠 지나지 않아 충천했던 기운이 시들고 병사가 굶주려 머뭇거리면서 물러나려 할 것이다. 이때를 틈타 용감한 군사를 내보내 분산시켜 복병을 설치한 다음 적의 전방을 저지하거나 후방을 차단하는 한편, 함선으로 적의 보급로를 끊게 한다. 이것이 오늘날의 좋은 계책이다.[170]

유성룡의 청야입보책은 기존의 전통적인 청야입보책과 유사하다. 하지만 중요한 차이가 한 가지 있었다. 이전의 청야입보책이 소극적인 피난의 의미가 강했다면 유성룡이 주장한 청야입보는 적극적으로 적과 대항하는 근거지로 활용하려는 변화를 보이고 있다. 유성룡의 견해는 이후 조선후기 성곽 방어론에 많은 영향을 미치면서 19세기 향촌 주민의 자전자수책自戰自守策인 민보론民堡論으로 발전하게 된다.

3) 유형원의 읍성 강화론

(1) 유형원의 국방관

17세기 후반의 지식인 반계磻溪 유형원柳馨遠(1622~1673)은 관직에 종사하지 않고 평생 재야에서 저술에만 몰두한 인물이다. 이익은 "국조 이래로 시무를 안 분을 손꼽으면 오직 이율곡과 유반계柳磻溪 두 분이 있을 뿐이다."[171]라고 하였다.

유형원은 서울 태생으로 아버지는 예문관검열 유흠이며 어머니는 참찬 이지완李志完의 딸이다. 전형적인 사대부 집안에서 태어났으나 불행히도 2세 때 아버지가 유몽인柳夢寅의 옥에 연좌되어 옥사하였다. 4세 때부터 외삼촌 이원진李元鎭과 고모부 김세렴金世濂으로부터 글을 배우기 시작하였다. 하지만 유형원은 젊은 시절 계속되는 집안의 상사喪事와 과거시험의 낙방으로 관직 진출의 뜻을 버리고 32세에 할아버지 상을 마친 후 전라도 부안군 우반동愚磻洞에 터를 닦고 여기서 여생을 보냈다.[172]

이후 우반동에서 어민이나 농민들과 함께 생활하면서 저술에만 전념하였다. 유형

---

170 유성룡, 『서애선생문집』 권14, 전수기의십조.
171 이익, 『성호사설』 권11, 인사문, 변법(민족문화추진회 간행본, 1982, 4책 383쪽).
172 천관우, 「磻溪 柳馨遠」 『한국사의 재판견』, 일조각, 1974, 189~190쪽.

유형원 묘(경기 용인)

원의 행장行狀에 따르면 "선생은 학문에 전념해 밤낮을 가리지 않았고 때로 영감이 떠오르면 밤중이라도 일어나 글을 썼다. 그러면서도 오히려 노력이 부족하다 하여 매일 해가 저물면 '오늘도 허송세월을 했구나. 진리는 무궁무진하고 세월은 한도가 있는데 옛사람은 무슨 정력으로 저 같은 업적을 성취하였는고!'하고 한탄하였다"고 한다.[173]

그의 이러한 자책과 달리 대부분의 역저力著는 부안에서 이루어졌다. 저서로는 『반계수록』, 『주자찬요朱子纂要』·『이기총론理氣總論』·『경설문답經說問答』·『여지지興地志』·『중흥위략中興偉略』·『지리군서地理群書』·『동국사강목조례東國史綱目條例』·『역사동국가고歷史東國可考』·『속강목의보續綱目疑補』·『무경사서초武經四書抄』·『기효신서절요紀效新書節要』·『정음지남正音指南』·『동국문초東國文抄』·『기행일록紀行日錄』·『서설서법書說書法』 등 성리학·역사·지리·언어·병법·문학 등에 관한 방대한 저술이 있으나 『반계수록』 이외에는 전하지 않고 서목書目만 남아있다.[174]

『반계수록』은 유형원이 31세에 시작해 49세에 완성한 역저다.[175] 여기에는 유형원이 주장한 부국富國·부민富民을 위한 현실 개혁 방안이 구체적으로 담겨있다. 전제田制·교육敎育·직관職官·병제兵制 등 국정체계의 전반적인 개혁 방안을 주장하는 이

173 천관우, 위의 책, 1974, 190쪽.
174 천관우, 「반계유형원 연구 의보」『근세조선사연구』, 일조각, 1979, 338~343쪽.
175 천관우, 앞의 책, 1979, 338쪽.

책은 각 문제에 관련된 문헌을 모아 자신의 주장을 뒷받침하는 고증학적 방법을 채택하고 있다. 또 전국을 돌아다니면서 자신의 개혁 방안이 현실에 합당한 지를 철저하게 검토하는 면밀함까지 보여주었다.

반계수록(실학박물관)

유형원이 주장한 군제개혁안은 군역제의 모순을 극복하기 위해 병농일치의 부병제府兵制을 강조하였다. 또 5위제五衛制 복구와 진관제鎭管制 정비에 의한 군제의 재정비를 주장하였다. 이어 천인의 병역 의무를 현실화하고 국가의 재정규모에 따라 병력수를 정하자고 주장하였다.[176]

군제와 연관해 유형원의 주장에서 주목되는 대목은 수레 이용론이다. 수레의 용도에 대해 첫째 적의 공격 차단, 둘째 군량·무기 운반, 셋째 적의 화살 방어, 넷째 적의 저항을 뚫고 전진할 수 있고, 다섯째 기병을 은폐해 요충지를 살필 수 있으며 여섯째 비·눈을 방비하고 병든 군인을 후송할 수 있으며, 일곱째 행군할 때 진陣이 되고 정지할 때 진지가 된다고 하였다. 즉 유사시에는 병거兵車로 활용하고 평시에는 물자·인구 수송수단이 되는 병거이용론兵車利用論이었다.[177]

유형원은 기본적으로 복고적인 왕도王道의 이상정치를 전제로 합리적인 봉건국가의 실현을 꿈꾸었다. 그럼에도 불구하고 양란 이후 정부의 부패를 고발하고 사회에 누적된 폐단을 예리하게 파헤쳐 근본적인 개혁을 제시했다는 점에서 이후 실학자들에게 큰 영향을 미쳤다. 홍대용洪大容은 "우리나라 사람의 저서 중 율곡의 『성학집요』와 반계의 『수록』이 세상을 다스리는 데에 유용한 학문이다."[178]라고 하였다. 후세에 정인보鄭寅普 선생은 "조선 근고近古의 학술사를 종계綜系하여 보면 반계가 일조一祖

176 송정현, 「실학파의 군제개혁안에 대하여-반계수록을 중심으로」 『호남문화연구』 5, 1973.
177 유형원, 『반계수록』 권22, 병제후록, 병거.
178 洪大容, 『湛軒書』 附錄, 從兄湛軒先生遺事.

요 성호가 이조二祖요 다산이 삼조三祖다."[179]라 하여 유형원을 조선학술사의 비조로 평가하였다.

『반계수록』은 오랫동안 파묻혀 있다가 1770년(영조46) 영조英祖의 명령으로 간행되었다. 유형원 사후 96년만의 일이다. 그 후 1793년(정조17) 12월에 정조正祖의 명으로 형조참판 및 성균관제주로 증직되었다. 증직 전교에서 정조는 "유형원이 『반계수록』에서 수원의 읍치를 평야로 옮기면 내를 끼고 지세에 따라 읍성 쌓기에 적합하다고 주장한 것을 대단한 탁견"[180]이라고 평하였다. 다음에서 살펴볼 유형원의 읍성론邑城論이 사후에 빛을 발하는 순간이었다.

(2) 산성론에 대한 비판

유형원은 청소년기에 해당하는 15세에 조선-청 전쟁(병자호란)을 겪었다.(1636년) 그때 가족과 함께 강원도 원주로 피난 간 쓰라린 경험이 있기에 다른 학자보다 군제에 더 많은 관심을 가졌다.[181] 그는 두 차례의 전란에서 각 지방의 수령들이 할당된 수비 지역을 포기하고 도망간 결과, 전국이 텅 비어 조정에서는 명령 내릴 곳이 없고 적병이 횡행해도 이를 저지하지 못해 나라가 하루아침에 결단이 났다고 보았다.[182]

이러한 사태는 싸움터로 나갈 백성도 없고 성도 없는 데다가 있는 성마다 제대로 쌓은 곳이 없기 때문에 발생했으므로 도망간 개인만을 비난할 수는 없다고 보았다. 오히려 비슷한 사태의 재발을 방지하기 위해서는 무엇보다도 수비 지역을 떠나지 않고 지킬 수 있게 하는 제도적 장치가 마련되어야 한다고 여겼다.[183] 이에 유형원은 유사시에 대비하기 위한 방책으로 읍성을 쌓자고 제안하였다. 또 산성으로서 고을이 들어갈 수 있는 곳은 그곳으로 고을을 옮겨서 치소治所로 삼자는 산성의 읍성화를 주장하였다.

성을 다른 곳에 쌓고서 위급할 때 고을 백성들을 거두어들인다면 백성들이 성에 들

---

179 鄭寅普, 『薝園國學散藁』「다산선생의 일생」.
180 『일성록』정조 17년 12월 기사.
181 송정현, 앞의 논문, 1973, 41~42쪽.
182 유형원, 『반계수록』권21, 병제, 제색군사.
183 김준석, 「유형원의 정치 · 국방체제 개혁론」『동방학지』77·78·79합집, 연세대, 1993, 392쪽.

어가기 싫어해서 마침내 텅 빈 성이 될 것이라고 경고하였다. 들어간 사람마저 성에 마음을 붙이지 않고 도망하므로 전략적 가치가 떨어진다고 하였다. 또 "산성을 고수하고 읍에 있는 창고와 백성과 가축을 모두 버려 적에게 주고 산꼭대기만 지킨들 어디로 돌아가겠는가. 반드시 망할 길이다."[184]라고 단언하였다. 이 의견은 유성룡柳成龍 등이 주장한 산성론山城論과 크게 배치되는 주장이었다.

사실 산성은 여러 가지 이점이 있는 반면에 단점도 있었다. 비상시에 산성으로부터 먼 곳에 거주하는 사람들은 적시에 성으로 들어올 수 없었다. 입보를 위해서는 가재도구나 식량을 멀리서 운반해야 하는 어려움까지 겹쳤다. 또 고향을 떠나 농토를 버리고 입성해야 하므로 생산활동이 중단되어 지구전이 불가능하였다. 민가에서 멀다보니 밖으로부터 필요한 식량을 공급받을 수 없었다.[185]

유형원은 이 때문에 산성을 쌓을 것이 아니라 평소 근거지(읍거邑居)에다 성을 쌓자고 주장하였다. 즉 읍성은 산성에 비해 지리적인 방어력은 떨어지지만 일정한 방어력만 확보된다면 장기전에 더 유리하다고 본 것이다. 유형원은 산성의 단점을 상징적인 사례를 들어 다음과 같이 말하고 있다.

> 우리나라 사람은 늘 산성을 말하지만 지난번 금주성金州城은 평지인데도 포위된 지 3년 동안 서로 싸워 끝내 함락되지 않았다. 만약 외로운 산성에 갑자기 투입했다면 몇 달이 되지 않아 식량이 끊기고 사람들이 흩어져서 보전하지 못했을 터이니 어찌 해를 넘겨 지탱되기를 바라는가.[186]

한편, 유형원이 산성 방어책에서 느낀 문제점은 산성이 갖는 이러한 단점 이외에 군정軍政을 운용하는 관리들에 대한 비판도 들어있었다. 그는 "우리나라 사람들은 평시에 백성을 보호하고 군대를 양성하는 것이 중요한 임무임을 알지 못하며 오직 돈벌이하는 관리들은 군인에게 포를 받아먹는 것만 일상 행사로 하고 있다. 그러다가 사

---

184 유형원, 『반계수록』 권22, 병제후록, 성지.
185 조정기, 『서애유성룡의 국방정책 연구』, 단국대학교 박사학위논문, 1990, 113쪽.
186 柳馨遠, 『磻溪隧錄』 권22, 兵制後錄, 城池.

변을 만나면 멀리 높고 험한 성으로 도망해 숨을 죽이고 들어 박혀 감히 성 밖을 내다보지도 못하기 일쑤다."[187]라고 지적하였다. 군정의 문란이 군비를 약화시키고 나아가 고식적인 전수책戰守策에서 벗어나지 못하는 악순환을 되풀이한다고 본 것이다.

(3) 읍성의 이점

유형원은 성은 "본래 고을을 보호하는 시설이니 사람의 집에 울타리를 쳐서 집안을 보호하는 것과 같다."[188]고 보았다. 그래서 전시만을 대비하기 위한 산성이나 공성空城을 따로 설치하는 논의에는 반대하였다. 그리고 쇠잔한 읍성을 소규모 군사로 지켜야 하는 분산적 방어태세가 아니라 인구와 물산이 모이는 융성한 거읍巨邑·거진巨鎭 위주의 집중적인 방위 전략을 구상하였다.[189]

한반도의 산성들은 산이 높고 험한 지대에다 구축해 백성들이 그 안에 들어가 살 수 없다 하면서 평소의 생활 터전을 우선적으로 지키는 방어대책이야말로 적에 대한 대항력을 최대로 발휘할 수 있다고 판단하였다. 이에 생활 속에서 군비력 증강을 실천하고 각기 직분에 충실한 전수책을 마련하기 위해서는 평시에는 군민軍民의 거주지로, 전시에는 방어기지로 활용할 수 있는 읍성을 주장하였다.

유형원은 "우리나라의 여러 고을에는 성곽이 모양을 이루지 못하고 민간 마을 하나라도 넣을 수 없는 곳이 많다. 이와 같이 하고서 어찌 성을 지키라고 사람들을 책망하겠는가. 성곽은 반드시 규제를 잘 헤아려 정하고 백성이 사는 마을을 넣어서 살게 해야 한다."[190]고 단언했다. 해마다 민력을 소비하는 붕괴와 보수가 반복되는 임시방편적인 성곽이 아니라 노동력과 물자를 투입해 완벽한 성곽을 연차적으로 건설할 것을 주장한 것이다.

유형원은 읍성 방어를 강화하기 위해 영세한 군현의 통폐합도 제안하였다. 유형원은 "여러 고을이 쇠잔해 모양을 이루지 못하면 줄여서 옆 고을에 붙이자."고 하면서

---

187 유형원, 『반계수록』 권22, 병제후록, 성지.
188 유형원, 『반계수록』 권22, 병제후록, 성지.
189 김준석, 앞의 논문, 1993, 394쪽.
190 유형원, 『반계수록』 권22, 병제후록, 성지.

낙안 읍성(전남 순천, ⓒ 유수)

읍성은 군현 제도의 개선이 있어야 가능하다고 말하고 있다.[191]

　유형원은 산이나 험한 지대에 의거하여 성을 구축하는 데에는 몇 가지 문제점이 있다고 보았다. 험한 지대에 성을 쌓는 일은 평지에다 성을 쌓을 때보다 십 배 백 배로 어렵고, 성을 쌓기 어렵다보니 공력만 낭비한 채 부실공사를 하게 되고 성안의 공간마저 좁아 백성들이 그 안에 들어가 살 수 없는 상태가 되었다. 평상시에 인력·물력을 동원해 성을 쌓는 목적이 전시에 거기를 요새로 만드는 데 있는데 우리나라 성은 이 기능을 제대로 하지 못한 채 버려지는 성이 되어버렸다고 진단하였다.[192] 그래서 지형·인구·물산 등을 고려해 몇 개 고을을 수용할 수 있도록 넓고 높고 견고하게 짓자고 주장하였다.

　이상에서 살펴본 대로 유형원의 읍성론邑城論은 조선-일본 전쟁 이후 산성 중심 방어로 일관하던 종래의 방위론과는 매우 다른 주장이었다. 비상시에 백성들이 피난하지 않고 읍성에서 평소의 생활 터전을 고수해 재산과 생활권을 스스로 지킨다는 방어

191　유형원, 『반계수록』 권22, 병제후록, 성지.
192　유형원, 『반계수록』 권22, 병제후록, 성지.

개념이라 할 수 있다. 이런 점에서 그의 국방이념은 선수후전先守後戰의 민간 자위自衛을 지향하는 민보방위론과 어느 정도 연관을 맺고 있다.[193]

그리고 유형원의 주장에는 이 시기의 인구증가나 서민층의 발달, 농·상공업의 발전에 따른 도시의 발달이라는 사회적 변화를 적극 반영하는 측면이 담겨있다. 따라서 그의 읍성론은 산성방어론을 중시한 당대에는 호응을 얻지 못했으나 18세기 전반이후 도시가 번창하고 인구가 크게 증가하면서 서서히 주목받기 시작했다.

하나의 사례로 정조는 1793년 12월 유형원에게 형조참판 및 성균관제주를 증직贈職하는 전교에서 "유형원이 『반계수록』에서 수원의 읍치를 평야로 옮기면 내를 끼고 지세에 따라 읍성 쌓기에 적합하다고 주장한 것은 대단한 탁견"[194]이라고 평했다. 실제로 정조는 수원 읍치에다 화성華城을 건설했다.

4) 정상기의 토축 성곽론

(1) 군제 개혁가 정상기

농포자 정상기鄭尙驥(1678~1752)는 조선후기 실학자의 반열에 끼는 사람이지만 아직 우리에게 다소 낯설다. 현재까지 알려진 생애를 정리해보면 대략 다음과 같다.

정인지鄭麟趾의 후손으로 본관이 하동河東, 호는 농포자農圃子다. 일곱 살 때 부친을 여의고 어머니 밑에서 성장하였다. 그도 다른 선비들과 마찬가지로 과거시험에 뜻을 두고 여러 번 응시했으나 그때마다 실패하였다. 게다가 건강마저 좋지 않아 일찌감치 과거시험을 단념했다. 중년 이후에는 두문불출하면서 연구와 저술에 온 정력을 쏟았다 한다.[195] 교유 관계는 활발하지 않았으나 성호 이익과는 인척 사이로 학문적인 교류가 많았다.[196]

위당 정인보鄭寅普 선생이 "선생은 성호(이익)와 같은 때에 좋은 벗이었고 학문으로

---

193 김준석, 「조선후기 국방의석의 전환과 도성방위책」 『전농사론』 2, 서울시립대, 1996, 19~21쪽.
194 『일성록』 정조 17년 12월 기사.
195 이익성, 「해제」 『농포문답』(을유문고 125), 을유문화사 1973.
196 조정기, 「농포자 정상기의 국방론」 『부산사학』 7, 1983, 2쪽.
  정상기 부인이 함흥도사 이만휴 딸로 바로 이익의 사촌형 이식의 손녀였다.

백성을 돕는 일을 주로 하는 것도 서로 같았다."[197]고 했듯이 정상기의 학문은 이익과 마찬가지로 경세치용經世致用을 추구하였다. 치민治民·치병治兵·지리地理·전제田制·성곽城郭·병기兵器·진법陣法·의약醫藥·경농耕農 등 일상생활의 전반에 걸쳐 실용적인 측면을 다루었다. 특히 지리학자로 평생 지도 그리는 일에 정열을 쏟았다. 정상기가 제작한 「동국지도東國地圖」는 우리나라에서 처음 백리척(百里尺:1촌은 10리로, 1척을 100리로 계산해 쓰는 자(척尺))이라는 축척을 사용한 지도다.[198]

또 정인보 선생이 "국토방어에 대한 견해는 선생의 장기이다."[199]라고 했듯이 치병治兵·병기·진법·성곽에 대해서도 많은 힘을 기울였다. 『도금편韜鈐篇』은 군사관계의 저서로 정인보가 그의 저서 중 최고의 저서로 평가한 글이다. 안타깝게도 현전하지 않아 어떤 내용을 담고 있는 지 알 수 없다. 대신 그의 저서로 유일하게 현전하는 『농포문답農圃問答』을 통해 국방관의 편린은 알 수 있다.

정상기의 군사개혁론의 특징은 기본적으로 정전제井田制에 기반한 병농일치제를 주장하였다. 경자유전의 원칙 아래에 백성들에게 토지소유권을 보장하는 대신에 그 반대급부로서 의무 병역을 강조하였다. 또 정전법을 기반으로 호적 제도를 정비해 군정軍丁을 관리함으로써 군정 보충의 어려움을 해결하도록 하였다. 조선전기 군제인 오위제五衛制와 당시 운용하는 오군영五軍營의 장점만을 취해 금위영禁衛營 하나만을 설치 운용하자는 논의는 매우 독특하다. 이 밖에 진법·성곽·함선·전차에 대한 견해도 과학적이며 전술적인 측면에서 실용적이면서도 독창적인 내용을 담고 있다.

이밖에 일용품들을 활용해 군수품을 조달하는 독특한 방안도 제시하였다. 예컨대 과거시험의 답안지로 이용된 종이(시권試券)를 재활용해 유지군막油紙軍幕을 만들자고 주장하였다. 6~7월의 장마철에 행군할 때 사람이나 말(마馬) 등이 장기간 외부에 노출되다보면 병이 나기 쉬우므로 이를 예방하기 위해 서울과 지방의 시권을 모두 군문에 지급해 유의油衣과 유막油幕을 만들자고 하였다. 또 소금과 간장을 확보하는 방법

---

197 정인보, 『농포문답』 서.
198 원경렬, 「조선후기 지도제작기술 및 형태에 관한 연구」 『국사관논총』 76, 국사편찬위원회, 1997, 127쪽.
199 정인보, 『농포문답』 서.

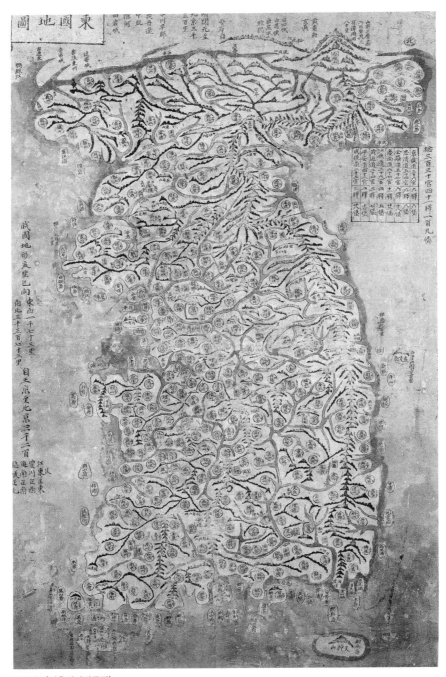

동국지도(서울역사박물관)
정상기의 동국지도를 모방한 지도다. 정상기는 지도제작에서 최초로 축척을 사용했다.

으로 무명베 한두 자를 맑은 장에 담갔다가 볕에 말리고 마르면 또 적셨다가 말리기를 수십 번 해 부대마다 한 장씩 지급하고 식사 때에 따뜻한 물에 씻어서 조금씩 마시도록 하자고 제안하였다.[200]

농포자 정상기는 이용후생의 학문을 추구하면서 지리나 기계·군사 등에 탁월한 견해를 내놓았다. 평생 독행篤行하면서 고고하고 적막한 삶을 살았지만 그의 학풍이 후대에 끼친 영향은 컸다. 정인보 선생은 그의 학문이 후학들에게 끼친 영향을 매우 감동스러운 어조로 전하고 있다. 다음의 글이다.

> 『도금편』의 기이함은 근세에 여암旅菴(신경준申景濬)이 기계를 연구하도록 개발했고 여도輿圖의 정밀함은 멀리 고산자古山子(김정호金正浩)가 경위經緯를 이용하도록 유도했으며 목민에 대해 남긴 생각은 다산茶山(정약용丁若鏞)에게 와서 큰 저술을 완성하도록 하였다. 비록 학술의 전傳함이 혹 전하는 줄 알고서 전하는 것이 있고 전하는 줄 모르면서 전하는 것도 있다. 요는 고심했던 학문이 흘러내리면서 저절로 후진을 감발하도록 하였다.[201]

(2) 토성 축성론

정상기는 전쟁이 발발하면 수령들이 수비 지역을 버리고 도망가는 사태에 대해 유형원과 비슷한 견해를 가졌다. 수령이 땅을 지키고자 해도 감사나 병사·수사가 벌써 군사를 차출해가서 약한 아전과 졸개 몇 명만 남아 있는 형편인데다가 성城 하나 없는 사방이 뚫린 곳에서 적을 막기란 중과부적이라 보았다. 그래서 도망간 수령을 비난하기보다는 먼저 "팔도 고을에 요긴한 목을 택해 한 고을에 성 하나나 혹은 두세 고을에 성 하나를 쌓는 것이 마땅하다."[202]고 하였다.

전란에 대비해 험하고 견고한 곳에 성을 쌓자는 정상기의 주장은 그리 새로운 내용은 아니다. 그럼에도 불구하고 정상기의 축성론을 주목하는 이유는 화포에 견딜 수

---

200 정상기, 『농포문답』 비군용.
201 정인보, 『농포문답』 서.
202 정상기, 『농포문답』 논진법축성돈.

있는 토성土城을 쌓자고 주장했기 때문이다. 18세기에 들어서면서 전쟁의 양상은 이전과 다른 변화를 보이게 되었다. 그것은 화약 무기가 공수용 무기에서 주도적인 위치를 차지하게 되었기 때문이다. "병기는 포砲나 총銃보다 나은 것이 없다."[203]라는 말이 나올 정도로 화기의 성능이 현저히 개선되고 새로운 화기가 개발되었다.

무기 체계가 화기 중심으로 변하자 성을 쌓는 재료에 대해서도 다양한 논의가 나타났다. 1743년(영조 19) 강화유수 김시혁金始㷜이 벽돌로 쌓은 강화 외성의 견고함을 알아보기 위해 화포를 시험 삼아 쏜 사례에서 보듯이, 축성에서 기본 원칙은 성이 화포에 얼마나 견딜 수 있는가라는 문제로 귀결되었다.[204]

대표적으로 정상기는 『기효신서紀效新書』에 벽돌 성이 으뜸이라 하나 옛 법은 흙으로 쌓는 것이라고 하면서 토성의 견고함에 대해 다음과 같이 말하였다.

> 지금 성을 공격하는 것은 모두 화포로 공격하는데 한번 공격하면 가루처럼 부스러진다. 혹 벽돌 한 개 혹 돌 한 덩이라도 부스러져서 빠지면 나머지 벽돌이나 돌이 곧 따라 무너져서 다시 막을 수 없다. 벽돌이나 돌이 무너지면 안쪽 흙도 무너지므로 성이 함락된다. 만약 흙으로 쌓으면서 통만성統萬城이나 변경성汴京城 같이 하면 화포로 공격해도 두렵지 않다.[205]

즉 우리나라의 축성법은 성城의 몸체를 벽돌이나 돌로 쌓고 그 뒤쪽을 흙으로 채워 넣는 것이 일반적이었다. 돌로 쌓은 부분을 지탱하기 위해 성벽 안쪽에 흙을 채워 비탈지게 쌓은 것이다. 이 공법은 빗물이 흙의 비탈면을 따라 흘러내리게 하여 성벽에 스며들지 못하도록 하기 위한 목적도 있었다.[206]

하지만 정상기는 이렇게 돌이나 벽돌로 쌓은 성은 약점이 있다고 보았다. 화포의 공격을 받아 돌이나 벽돌이 한 개라도 빠지게 되면 나머지 벽돌이나 돌도 곧 따라 무

---

203 『영조실록』 권8, 영조 1년 12월 기축.
204 노영구, 「조선후기 성제 변화와 화성의 성곽실적 의미」 『진단학보』 88, 진단학회, 1999, 298~301쪽.
205 정상기, 『농포문답』 논진법축성돈.
206 정연식, 「화성의 방어시설과 총포」 『진단학보』 91, 진단학회, 2001, 136쪽.

너지고 뒤쪽에 채운 흙도 무너져 성벽이 붕괴된다는 것이다. 반면에 흙으로 견고하게 뭉쳐 쌓으면 화포를 맞아도 그 지점만 우묵해지거나 파헤쳐 질 뿐 충격이 다른 부분으로 전달되지 않는 장점이 있다고 여겼다.

다산 정약용도 "오늘날 벽돌성은 안팎을 겹쳐서 쌓고 층층으로 둘러쌓기 때문에 흙으로 쌓은 것보다 낫다. 하지만 우리나라 사람들이 벽돌 구울 줄을 모르니 논의할 것이 없다.……외적이 침입할 조짐이 있어 아침저녁으로 변란에 대비해야 할 경우에는 급히 토성을 수축해야 한다."[207]고 하여 전란 때 적을 방어하는 데에는 토성만한 것이 없다고 하였다.

그러나 흙을 사용했다 하여 모든 성이 견고한 것은 아니었다. 토성은 석성에 비해 급경사로 축조하기 어려울 뿐만 아니라 급경사를 두기 위해 판축법版築法을 쓸 경우에 노력을 많이 투하해야 하는 결점이 있었다.[208] 정상기 역시 토성의 견고함이 벽돌이나 돌보다 백 갑절이건만 조선의 토성은 밑바닥을 석성처럼 깎아 세우지 않고 낮고 비스듬한 둔덕처럼 축조했다고 지적하였다. 그래서 여장女墻 같은 장애물만 없다면 누구나 쉽게 기어오를 수 있는 문제점이 있었다.

토성의 단점을 보완하기 위해 정상기는 석회石灰을 이용해 성을 쌓자고 주장하였다. 유형원이 돌이나 벽돌로 성을 쌓을 때 모두 석회를 차지게 이겨 바르면서 쌓아 올리도록 하였다. 즉 오늘날 벽돌을 쌓아올릴 때 시멘트를 벽돌과 벽돌 사이에 이겨 넣듯이 석회를 시멘트처럼 이용하자고 제안한 것이다.[209] 정상기는 여기서 한 걸음 더 나아가 찰흙과 고운 모래에다 3분의 1 또는 4분의 1의 석회를 배합해 쓰자고 하였다. 성문과 적병이 충돌하기 쉬운 요긴한 곳은 강도를 높이기 위해 석회를 섞고 덜 요긴한 곳은 찰흙에다 고운 모래만을 배합하도록 하였다. 회를 굽는 공력이 많이 들어가므로 회를 아끼면서 쌓도록 권한 것이다.

또 석회로 성을 쌓는 방법으로는 오늘날 콘크리트 건축 방식처럼 판넬을 이용하도록 하였다. 먼저 성터를 다진 후 중앙에서 바깥쪽으로 긴 구덩이를 판다. 구덩이 바깥

---

207 정약용, 『목민심서』 권12, 공전육조 제4조 수성.
208 노영구, 앞의 논문, 1999, 301~302쪽.
209 유형원, 『반계수록』 권22, 병제후록, 성지.

면에 한 자 높이로 두꺼운 판자를 대고 그 속에다 석회·모래·흙을 배합해 다지고 굳은 다음 그 위에 다시 판자를 대어 차례로 쌓아올리는 방안을 제안하였다. 판자로 쌓은 위아래와 앞뒤가 서로 접속된 곳에 들쑥날쑥한 흔적이 있으면 날카로운 삽으로 깎아 흔적을 없애도록 하였다. 이렇게 하면 위아래 면을 똑바르게 하면서도 높게 쌓을 수 있고 석회가 돌처럼 굳어 강고한 성이 된다. 성호 이익도 정상기의 이 방법에 대해 "석회를 많이 얻을 수는 없으나 만약 묘리를 알아 사용하면 어찌 무너지기 쉬운 벽돌만 못하겠는가. 그 요령은 먼저 시험해 본 뒤에 사용하는 것이 좋다."[210]고 하여 긍정적인 입장을 보였다.

18세기 이후 무기 체계가 화기 중심으로 변하자 축성 재료에 대한 논의가 제기되었다. 정상기는 종래의 성이 신무기 등장으로 수성하기 어렵게 되자 화포에 견딜 수 있는 축성 재료로 찰진 흙을 선택하였다. 벽돌이나 돌은 화포의 공격을 받아 한 곳이 무너지면 도미노현상처럼 다른 부분도 따라 무너질 우려가 많은 반면에 흙은 공격을 받은 부분만 훼손당할 뿐 그 충격이 다른 곳으로 전이되지 않는다고 보았다. 하지만 흙은 성벽을 급경사로 똑바로 세우기 어렵기 때문에 그 대안으로 석회·모래·흙을 배합해 오늘날의 콘크리트 건축 방식처럼 판자를 이용해 쌓는 방식을 제안한 것이다.

(3) 척후 시설의 강화

조선전기에는 성곽을 쌓을 때에 성벽 이외에 추가적인 방어시설을 그다지 중시하지 않았다. 주요 적이라 할 수 있는 여진족이나 왜구가 특별한 무기나 화기火器을 소지하지 않았으므로 특별한 방어시설이 필요하지 않았고 많은 사람들을 수용하는 부분에 주력하였다. 성벽이 낮은데다가 방어시설마저 없다보니 조선-일본 전쟁(임진왜란) 때 조총으로 무장한 일본군에게 패배한 결정적인 요인이 되었다.

일본군의 전술은 조총을 도입한 이후 야전野戰이나 공성전攻城戰에서 총대銃隊가 선두에 나서 공격해 적을 제압하는 방식이었다. 공성전의 경우에 총대가 성쪽으로 집중 사격을 가하면 성 위의 군사들은 여장 밑에 엎드린 채 총탄을 피했다. 이때 일본군

---

210 이익, 『성호사설』 권15, 인사문, 회토축성(민족문화추진회 간행본, 1982, 6책 85~86쪽).

은 엄호 사격의 틈을 이용해 널이나 대나무 다발을 방패삼아 성 밑으로 달려들었다. 성벽에 접근한 일본군은 사다리를 이용하거나 풀단·짚단·나뭇단을 해자나 성벽 아래에 쌓아놓고 성을 올라왔다. 또 성 아래에서 커다란 갈고리로 성 밑을 파거나 성벽 돌 하나를 빼낸 뒤 그 구멍으로 줄이 달린 막대를 세워놓고 수 십 명이 일시에 잡아당겨 성을 허물기도 하였다.[211]

따라서 화약무기를 이용한 공성술에 대응하기 위해서는 성제城制에도 많은 변화가 필요했다. 조선-일본 전쟁 때 명에서 유입된 『기효신서』에는 옹성·현안·양마장·돈대와 같이 조총 등의 화기로 무장한 적에게 대응하기 위해 고안된 시설이 소개되었다.[212] 이 시설들은 적이 성벽에 접근하지 못하도록 멀리서 견제하거나 성벽 밑에 가까이 접근한 적을 효과적으로 격퇴할 수 있는 방어시설이었다.

조선에서 『기효신서』에 등장한 방어시설이 성곽에 반영된 시기는 『기효신서』가 도입된 이후 1세기가 지난 17세기 후반에야 가능하였다. 1679년(숙종 5) 강화도에 외성의 방어시설로 48개의 돈대를 설치한 이후 전국 여러 곳에 돈대가 설치되기 시작하였다.[213] 그 동안 성곽 개·보수 때에 포루가 설치되거나 여장女墻을 기준치대로 높게 쌓는 등 변화가 없었던 것은 아니나 돈대 설치에는 미치지 못하는 것이었다. 돈대는 '돈후墩堠'라고도 하는데 적의 동태를 감시해 알리는 척후 시설이다. 『기효신서』에는 해변 등에 10리를 기준으로 설치해 5명의 군사가 경계를 서도록 하였다.

정상기 역시 화포와 조총에 대응하기 위한 성의 방어시설로 돈대의

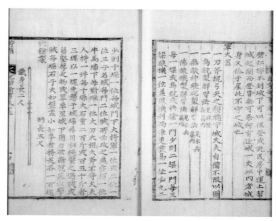

『기효신서』 (규장각한국학연구원)

211 정약용, 『민보의』 보원지제.
212 노영구, 앞의 논문, 1999, 294쪽.
213 배성수, 「숙종초 강화도 돈대의 축조와 그 의의」 『조선시대사학보』 27, 2003, 152쪽.

화성 포루(경기 수원)

설치를 강조하였다. 정상기가 구상한 돈대는 단순히 척후만을 담당하는 시설이 아닌 성의 견고한 방어시설로 성의 위아래에 쌓도록 하였다. 먼저 성 아래 2~3보 거리에 다 돈대를 쌓고 좌·우·앞쪽 3면에 화살과 총을 쏠 수 있는 구멍을 많이 뚫어둔다. 돈대 안에는 무적신비포無敵神飛砲·대불랑기大佛狼機·백자총百子銃·조총 등의 화약무기와 강노强弩를 많이 설치하도록 하였다. 돈대와 돈대 사이의 거리는 500보나 1천 보 정도로 하는데 지형이나 대포의 착탄着彈 거리를 고려하도록 하였다.

성 아래뿐만 아니라 성 위에도 포루나 망대처럼 돈대를 설치하도록 했으며 치성雉城이 있으면 치성 위에다 짓도록 했다. 성의 위아래에서 볼 때 '품品'의 글자가 되도록 성 아래 돈대와 250보 정도 어긋나게 하여 성 아래 돈대 500보 사이에 위치하도록 하였다. 여기에도 현안 및 총안을 뚫고 진천뢰 두세 틀을 더 설치하며 군사 20명을 배치하였다. 위급시 적군이 어느 쪽에서 공격하더라도 성의 위아래 돈대가 오행진五行陣을 이루어 함께 협공할 수 있으므로 성이 갑자기 함락되는 일이 없다고 장담하였다. 즉 적이 침입해 성 아래의 한 돈대를 공격하면 좌우 돈대가 서로 구원하고 성 위의 가까운 좌우 돈대 역시 함께 공격하면 다섯 개의 돈대가 동시에 전투에 임하는 형세가 되는 것이다.

17세기말을 거쳐 18세기 무렵 이후 전쟁의 무기 체계가 화약 무기 중심으로 변화하자 이에 대응하기 위해 조선의 성제에도 변화가 생겨났다. 정상기의 토성 축성론이나 돈대 설치 등은 바로 이러한 시대 변화에 재빨리 대응하는 방안이었다. 이밖에도 해자를 무조건 성에서 수십 보의 먼 거리에다 파지 말고, 성 아래 30~40보 거리에 파서 화포나 조총을 쏘기에 편리하고 화포의 폭발력이 강하게 작용할 수 있는 거리를 확보하자고 제안하였다.

정상기는 강노強弩는 물론 궁시弓矢·도검刀劍·창槍 등 전통적인 무기를 중시하면서도 당시 무기 체계가 점차 화약무기로 옮겨가는 상황을 정확하게 판단하였다. 그 결과 성제에서 화약무기의 공격을 효과적으로 제압할 수 있는 각종 방어시설을 조선의 상황에 맞게 적용해 고안하기에 이르렀다. 이러한 정상기의 제안은 깊은 연구와 창의력을 바탕으로 한 결과물로 실용성뿐만 아니라 과학적인 측면에서 높이 평가할 수 있다.

5) 박제가의 벽돌 축성론

(1) 청을 배우자

박제가朴齊家(1750~1805)는 서울 양반가의 서자로 태어났다.[214] 아버지는 우부승지 박평朴坪이며 열한 살 때에 부친을 여의고 어머니 밑에서 가난하게 자랐다. 적서嫡庶 차별이 심한 조선 사회에서 서자라는 출신성분은 박제가의 발목을 잡는 꼬리표이나 또 한편으로는 사상이나 인맥에서 상대적으로 자유로울 수 있었다. 소년시절부터 시·서·화에 뛰어났으며 19세 무렵부터 박지원의 문하에서 공부하였다. 1766년(영조 42)에 이덕무李德懋·유득공柳得恭·이서구李書九과 함께 『건연집巾衍集』을 내 청까지 문명을 떨쳤다.

---

214 박제가에 대해서는 김용덕, 「초정박제가연구」『중앙대학교논문집』5, 중앙대학교, 1961 ; 이성무, 「박제가의 박학의」『실학연구입문』, 일조각, 1973 참조. 박제가의 죽은 연대에 대해서는 1805년 설과 1815년 설이 있는데 여기서는 1805년 설을 따랐다.

박제가 초상(실학박물관)
청나라 화가 라빙이 북경에서 박제가와의 이별을
아쉬워하며 그린 초상화이다.

1779년(정조 3) 박제가는 정조正祖 임금의 특별한 배려로 왕실도서관인 규장각奎章閣의 검서관檢書官으로 출사하였다. 검서관은 서얼들의 사회적 불만을 해소하기 위해 마련한 관직으로 명문가의 서얼 가운데 학식과 재능이 탁월한 사람을 선발하였다. 박제가는 이곳에서 13년간이나 근무하면서 여기에 비장된 서적을 마음껏 탐독했고 왕명을 받들어 많은 책을 교정·간행하였다. 그 후 1795년(정조 19) 경기도 영평永平 수령으로 부임하였다. 1801년 신유박해 때 무고로 함경도 경성으로 유배되었다가 1805년 3월에 풀려났으며 그해에 세상을 떴다.

박제가가 활동한 18세기 후반에 조선의 유학계에는 큰 변화가 일고 있었다. 조선의 빈곤을 구제하기 위해 중국으로부터 '이용·후생'을 배워 상공업과 기술 혁신을 이루어야 한다는 기치가 그것이었다. 북학파北學派라 부르는 이 사상은 국제 현실을 도외시한 북벌론北伐論을 비판하고 오랑캐에도 장점이 있다면 배워야 한다는 혁신적인 개방 사상이었다. 이들은 북경을 비롯해 청의 문물과 발전상을 직접 눈으로 확인하고 돌아온 사람들로서 조선의 중화의식이 사상누각임을 깨닫게 되었다. 이 북학파의 선두 대열에 박제가가 자리하였다.

박제가는 북학파의 혁신적인 논객이자 스승인 박지원朴趾源(1737~1805)의 학풍을 계승해 이용후생을 무엇보다도 강조하였다. 그는 자신의 책제목을 아예 『북학의北學議』라 지었다. 이 제목은 『맹자孟子』「등문공滕文公」의 "진량은 초나라 출신인데 주공周公과 공자孔子의 도를 기꺼이 따라 중국에 북학했다."는 말에서 따온 것이다. 박제가는 1778년·1790년·1801년 세 차례에 걸쳐 사신使臣의 수행원으로 청의 수도 연경에 다녀왔다. 『북학의』는 1778년(정조 2)에 처음으로 청을 다녀온 후 청에서 보고 들은 내용을 정리한 책이다. 박제가는 청 문화에 크게 심취해 걸핏하면 청과 연경을 언급하는 바람에 동료로부터 곧잘 핀잔을 받았다 한다.[215] 그럼에도 불구하고 청의 여행은 그의 세계관과 학문관을 바꿔놓은 결정적인 계기가 되었다.

박제가는 나라의 빈곤을 구제하기 위한 방책으로 중상론重商論을 주장하였다. 국내상업 및 외국과의 무역 장려, 수입 금지, 물가의 평준화, 은의 해외유출 금지, 시장확대 등을 제기하였다. 특히 놀고먹는 양반을 신랄히 비판해 "놀고먹는 자는 나라의 큰 좀벌레입니다. 놀고먹는 자가 날로 증가하는 것은 사족士族이 날로 번성하기 때문입니다"[216]라고 하면서 이들을 국내상업과 대외무역에 종사하도록 상인으로 등록시키자는 혁신적인 주장도 하였다.

군비 문제에 대해서도 "나라 안 재능 있는 사람과 쓰기에 편리한 기구는 군무軍務의 근본이다."[217]라고 하면서 비현실적인 북벌론 보다는 혁신적인 기술에 의거한 개혁을 촉구하였다. 즉 형식적인 병력 증강이나 군비보다는 기술 혁신을 토대로 생활의 번영을 추구해 평상시 백성 생활과 밀접한 기구를 도입해야만 효과가 크다고 여겼다.

구체적인 제안 사항으로는 성의 규모 축소와 벽돌성의 권장, 멀리 잘 나가는 우리의 활에 견고함을 덧붙일 것, 중국대륙의 방법을 익혀 문관·무관의 말에게 같은 훈련을 시킬 것, 석탄 화력을 이용해 무기를 더 단련시킬 것 등을 들 수 있다. 이 밖에 중국에 와있는 서양인들을 초빙해 화포 등의 선진기술을 도입하자고 주장하였다.[218]

박제가는 사회신분제도나 문벌제도에 매우 비판적인 사상을 가졌다. 아마도 서자로서 겪은 좌절과 체험이 크게 작용했으리라 여겨진다. 박제가는 당시 화이론華夷論이 팽배한 사회분위기 속에서 감히 오랑캐 청으로부터 선진과학기술을 배우자는 파격적인 주장을 폈다. 빈곤에서 벗어나 부국강병으로 가는 길은 현실과 동떨어진 사유를 떨쳐내고 상업을 활성화시키고 서양의 선진기술을 도입하는 데에 있다고 여겼다. 이 때문에 현재 그의 사상은 초기 개화사상의 형성에 커다란 선구적 역할을 했다는 평가를 받고 있다.

215 유홍준, 『완당평전』, 학고재, 2002, 82쪽.
216 박제가, 『북학의』외편, 丙午正月二十二日朝參時 典設署別提朴齊家所懷.
217 박제가, 『북학의』외편, 병논.
218 박제가, 『북학의』외편, 병오정월이십이일조참시 전설서별제박제가소회.

(2) 벽돌 축성론

조선후기 청과 교역이 활발해지면서 청을 방문하고 돌아온 조선인들은 벽돌로 쌓은 청의 성곽에 대해 놀라움을 표시하였다. 박제가 역시 예외가 아니었다. 이용후생과 선진과학기술의 도입을 적극 주장한 박제가는 청의 성과 조선의 성을 비교한 후 "우리나라 안에는 성이라고 할 것이 하나도 없다"[219]고 진단하였다.

청 여행 당시 박제가의 눈에 비친 성은 안팎 모두 벽돌로 쌓아 엿 뭉치와 같이 합쳐져서 대포에 맞아도 부서지지 않을 만큼 단단해 보였다. 또 성을 효과적으로 수비하기 위한 성의 부속시설도 다양하였다. 성 위에는 안팎으로 모두 여장을 쌓았고 바깥쪽 여장에는 수직에 가까운 총안을 뚫어 성에 접근하는 적을 적시에 공격할 수 있도록 해놓았다. 성 아래 바깥쪽에는 반드시 못(해자)을 팠으며 성문에는 옹성甕城을 둘러 놓았다.[220]

이처럼 박제가는 청의 성제를 파악한 후 성곽이 장차 적을 막아 지키기 위한 목적이라면 반드시 벽돌로 쌓아야 강고해 진다고 주장하였다. 박제가는 돌 한 개의 견고함은 벽돌 한 개보다 나을지 모르지만 여러 개를 쌓은 돌의 견고함은 여러 개를 쌓은 벽돌에 미치지 못한다고 보았다.[221]

박제가는 "땅에서 유용한 것에 벽돌이 가장 앞서는데/동방 사람은 도무지 장만하려 않네."[222]라는 시를 지을 정도로 벽돌의 유용성을 강조하였다. 첫째, 돌의 성질은 서로 붙일 수 없지만 벽돌은 만 개라도 회로 붙이면 합쳐져 한 덩어리로 된다는 것이다. 둘째, 돌은 크기가 고르지 않은데다가 사람이 다듬어야 하므로 소비되는 노력이 많지만 벽돌은 일정한 모양을 만들 수 있어 공력이 적고 사람의 힘도 고르게 이용할 수 있다는 것이다. 따라서 벽돌이 당장은 힘들고 비용도 많이 들지만 먼 장래에는 편한 것이 되므로 그 이익은 막대하다고 보았다.

---

219 박제가, 『북학의』내편, 성.
220 박제가, 『북학의』내편, 성.
221 박제가, 『북학의』내편, 성.
222 박제가, 「연경잡절일백사십수」 제123수, 권4(안대회, 「박제가 시의 사물·인간·사회」『18세기 조선지식인의 문화의식』, 한양대학교출판부, 2001, 189쪽 재인용).

이미 조선에서는 벽돌을 이용한 성곽 쌓기가 시도된 적이 있다. 영조 대에 강화유수 김시혁은 강화성을 개축하면서 청 북경에서 벽돌을 구워 성을 쌓는 구례에 따라 개축할 것을 주장했다.[223] 김시혁의 건의에 따라 강화성을 벽돌로 개축되었고 우의정 조현명趙顯命으로부터 "벽돌로 축조하여 견고하고, 성가퀴의 모양새가 웅장하고 위용이 있다."는 평을 받았다.[224]

홍양호 역시 1783년(정조 7) 상소를 올려 청의 사례를 거론하면서 벽돌을 구워 성을 쌓자고 주장하였다. 그는 청에서는 하찮은 진보鎭堡나 작은 고을이라도 하나같이 높은 성을 쌓아 외적에 대비하고 있으니 성 쌓는 일이 어렵지 않고, 이는 벽돌 굽는 일이 지극히 쉬운 것에 연유한다고 하였다. 이어 "서남 지방의 여러 고을들이 비록 곧장 적을 맞이하는 길목에 있다 해도 여기에 몇 길 안 되는 가리개조차 없습니다. 이는 재력이 넉넉하지 못해 국방 설비에 대한 대비를 소홀히 한 결과 다른 산에 가서 단단한 돌을 개서 멀리까지 옮기는 일이 너무나 힘이 들기 때문입니다."[225]라고 하였다. 요컨대 재력이 부족해 벽돌로 성을 쌓을 엄두를 내지 못하지만 벽돌 굽는 요령을 터득한다면 벽돌 굽는 데 드는 경비가 실상 많지 않아 오히려 공력이 크게 절약될 것이라고 주장하였다.

한편, 박제가는 벽돌로 성을 쌓을 뿐만 아니라 부대시설의 설치도 성을 튼튼하게 만드는 중요한 요소로 파악하였다.[226] 첫째, 여장의 총안은 성체를 깎아서 아래쪽으로 향하게 하지 않으면 성이 높을수록 적군은 더 가까이 올 수 있다. 성 아래 해자가 없는 경우라면 더욱 그렇다. 따라서 해자를 팔 수 있으면 반드시 파야만 한다고 보았다. 둘째, 우리나라의 성은 옹성이 없어 외성이 무너지면 바로 적이 바로 큰길로 들어서 성이 일시에 함락되는 단점이 있었다. 이러한 단점을 보강하기 위해서는 옹성의 설치는 필수적이라고 주장하였다.

박제가는 청의 선진문물을 배우자는 기치아래 벽돌성을 주장하였다. 하지만 조선

---

223 『영조실록』 권56, 영조 18년 10월(을미).
224 『영조실록』 권59, 영조 20년 7월(기축).
225 李裕元, 『林下筆記』 권13, 文獻指掌編, 築城以疑議.
226 박제가, 『북학의』 내편, 성.

에서는 벽돌을 굽는 데 많은 비용이 든다는 이유로 석성이나 토성을 주장하였다. 앞서 김시혁이 개축한 강화 외성의 벽돌이 자주 무너지는 바람에 벽돌 축성론이 논자들의 공격을 받았다. 그러나 박제가는 이에 대해 벽돌의 잘못이 아니고 쌓는 방법이 잘못되었기 때문이라고 진단하였다. 벽돌로 쌓으면서 회灰를 법에 맞추지 않거나 성 두께대로 쌓지 않는다면 성이 없는 것과 마찬가지라고 하였다. 요컨대 박제가에 의해 강력하게 주장된 벽돌 축성론은 곧이어 출현하는 화성에서 실험되기에 이른다.

6) 정약용과 수원 화성

(1) 부국강병을 꿈꾸는 정조

1789년(정조 13) 7월, 정조는 즉위하면서부터 마음먹었던 숙원사업 하나를 시행하였다. 당쟁의 와중에서 비참하게 돌아가신 아버지 사도세자思悼世子(1735~1762)의 묘인 영우원永祐園[227]을 경기 양주에서 수원의 화산花山으로 옮기기로 결정한 것이다. 즉위 후 군권軍權을 장악하고 정권이 어느 정도 안정되자 왕위에 오른 지 13년 만에 이 일을 단행하게 되었다. 새로 옮긴 묘의 명칭은 현륭원顯隆園이며, 이장은 10월 7일(양 11월 23일)에 거행되었고 공역은 10월 16일(12월 2일)에야 끝을 맺었다.

그런데 사도세자의 무덤을 옮기기로 결정한 화산에는 이미 수원의 읍치(고을 수령이 일을 보는 관아가 있는 곳)가 자리 잡고 있었다. 아버지 묘소를 이곳으로 옮기려면 거기에 사는 주민을 다른 곳으로 이주시켜야 했다. 백성들의 생활 터전을 옮기는 일은 당시로서 쉽지 않았지만 정조 임금은 이 사업을 강력하게 실행해 나갔다. 새로운 읍치를 기존 읍치에서 북쪽으로 약 5km 정도 떨어진 지금의 팔달산 아래로 옮기고 여기에 새로운 도시를 건설하기로 결정하였다. 주민을 이주시키는 과정에서 민폐가 없도록 하고 신도시의 발전 방안도 모색하도록 지시했다.[228]

먼저 철거 민호에게 이주 자금을 지급하고 각종 세제 혜택을 주었다. 또 이주민을 늘리고 이곳을 자급자족의 도시로 만들기 위해 정부에서 무이자 대출을 해주어 시장

---

227 원: 왕세자·왕세자빈·왕세손·왕세손빈·왕의 후궁 무덤을 지칭하는 말.
228 수원 화성에 대해서는 최홍규, 『정조의 화성 건설』, 일지사, 2001 참조.

을 열어 상업을 장려하였다. 민간 자본도 유치하기 위해 각종 혜택을 주어 부유한 사람들을 끌어 모았다. 또 사대부와 무사들을 이곳에 정착시키기 위해 특별 과거시험을 자주 실시해 관직에 나갈 수 있는 기회를 부여하였다.

정조의 특별한 배려로 신도시의 인구가 늘고 도시로서의 면모를 갖추어지자 1793년(정조 17) 1월에 고을 명칭을 '화성'으로 고치고 행정책임자도 정3품에서 종2품인 유수留守로 승격시켰다. 이와 함께 군제 개혁도 단행해 1785년(정조 9) 국왕 호위를 위해 설치한 친위체제인 장용위壯勇衛를 장용영壯勇營으로 확대 개편하였다. 서울의 본영을 내영內營으로 하고 화성에 따로 외영外營을 두어 화성 유수가 장용외사壯勇外使의 직책을 겸하도록 하였다. 이에 따라 장용위는 내·외영제를 갖춘 명실상부한 군영인 장용영으로 탈바꿈했으며 정조 임금 대에 핵심적인 친위 부대로 자리 잡게 되었다.

화성이 어느 정도 자리를 잡아가고 여기에 장용외영까지 둔 정조는 이듬해인 1794년(정조 18) 2월 28일(양 3월 29일)부터 도시를 감싸는 성곽을 구축하였다. 공사 총책임자 채제공蔡濟恭, 현장 총책 조심태趙心泰의 주관 아래 공사에 착수해 1796년(정조 20) 9월 10일(10월 10일)에 완공을 보았다. 화성은 총 길이 5,743m의 거대한 규모로 여기에 동원된 인원수는 11,821명, 공사일수는 37만 6,432일 반, 공사 경비는 86만냥 정도였다. 그래서 화성 성역은 당초 10년 계획이었지만 예상과 달리 3년도 채 걸리지 않아 완성되었다. 화성이 단기간에 완공된 데에는 그럴만한 이유가 있었다.

여기에는 정조의 확고한 의지와 면밀한 공사추진, 정약용·채제공 등 훌륭한 인적 자원의 확보, 조선후기 전반적인 기술 수준의 향상과 혁신적인 사고의 수용, 자재의 원활한 운반 등이 어우러져서 이룩한 성과였다. 공사를 위해 부역군을 강제로 동원하는 종래 방식을 버리고 기술자를 포함해 토목공사에 참여한 일군들에게 임금을 지불하였다. 인건비만 30만냥

전령(수원화성박물관)

소요될 정도로[229] 전체 공사비 가운데 인건비의 비중(35%)이 높은 편이어서 사람들의 호응이 컸다.

(2) 화성의 특징

화성은 1997년에 유네스코 지정 세계문화유산에 등록되었다. 현재 '화성'을 빼놓고 정조 시대, 나아가 조선후기를 논할 수 없을 만큼 화성이 갖는 역사적 의미는 매우 크다. 화성은 1794년(정조 18) 1월 7일(양 2월 6일)에 시작해서 1796년 9월 10일(양 10월10일)에 완공되었다. 화성은 당시 모든 과학 기술과 지식이 총동원되어 축성된 군사시설물이자 조선 최고의 건축물이다.

일본·청과의 전쟁 이후 유성룡·정약용에 이르기까지 많은 실학자들이 연구한 내용과 개선안을 담았다. 치성·옹성 등의 부대시설에 대해 연구하고 조선 각지의 성

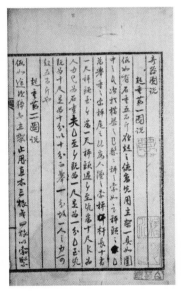

『기기도설』

곽 실태와 장점을 조사하였다. 또 명말 모원의茅元儀(1594년경~1641)의 『무비지武備志』(1621), 『기기도설器機圖說』[230] 등 중국과 서양의 신기술을 검토해 새롭게 계획된 성곽이었다. 또 축성 재료로 벽돌을 도입해 주로 원형·곡선형의 시설물을 만드는 데 사용했다.

무엇보다도 화성 축조에는 당대 최고 학자인 다산 정약용(1762~1836)의 역할이 매우 컸다. 정약용은 백성을 위한 실용적인 학문을 중시했으며 '기器'를 비하하는 경향에 대해 비판적인 학자였다. 당시 정약용은 왕실도서관인 홍문관에 근무하고 있었다. 정조가 화성 착공 한 해 전에 정약용에게 화성 축성

---

229 『화성성역의궤』 부편3, 재용.
230 『기기도설』은 스위스 태생의 예수회 선교사 테렌츠(P.Johann Terrex, 중국이름: 등옥)가 구술한 내용을 중국인 왕징이 정리한 한역서다. 일종의 기술과학 서적으로 1627년 중국에서 간행되어 조선에도 수입되었다(강재언, 『서양과 조선-그 이문화 격투의 역사』, 학고재, 1998, 168쪽).

을 위한 연구를 지시했고 왕실에 보관된 귀중한 서적들을 내주었다. 여기에는 서양의 과학 기술을 다룬 책도 포함되었다.

정약용은 정조의 명을 받들어 1년여 동안 연구 끝에 새로운 축성법이 담긴 논문 「성설城說」을 발표하였다. 「성설」에서 실린 그의 계획은 실제 공사에 상당 부분 반영되었다. 이밖에 「옹성도설甕城圖說」 「포루도설砲樓圖說」 「현안도설懸眼圖說」 「누조도설漏槽圖說」 「기중도설起重圖說」 등도 지어 옹성·포루·현안懸眼 등 화포에 강한 성곽을 만들기 위해 다양한 방어시설을 제안하였다. 자재를 운반하는 특별 기구도 고안해 독일인이 지은 『기기도설器機圖說』를 참조해 거중기를 만들었다. 또 경사진 곳을 짐을 싣고도 쉽게 올라갈 수 있도록 고안된 유형거遊衡車 역시 정약용이 만든 중요한 기구이다.

나는 윤경의 『보약堡約』과 유성룡의 「성설城說」에서 도움을 받아 그 중 좋은 방법을 따다가 초루譙樓·적대敵臺·현안懸眼·오성지五星池의 여러 방법을 이치에 맞게 밝혀 임금께 올렸다. 왕은 또 규장각에 있는 『기기도설』을 내려보내 무거운 물건을 당기거나 들어올리는 방법을 강구하도록 했다. 이에 나는 「기중가도설起重架圖說」을 작성해 바치고 도르래(활차滑車)와 고륜鼓輪 등을 써서 작은 힘으로 크고 무거운 물건을 운반할 수 있게 했다. 성 쌓는 일을 마쳤을 때 임금께서 '다행히 거중기를 사용해 4만 냥의 비용을 절약했다'고 말씀하셨다.[231]

화성은 서쪽으로 높은 팔달산이 있으며 남북은 평지이고 동쪽은 낮은 언덕에 자리하였다. 지형을 그대로 살려 성벽을 쌓은 화성은 성벽 축조 때에 밖으로 배가 불러 무너지기 쉬운 단점을 보강해 홀 모양 곧 '규圭'자형의 형태를 취하였다. 성벽을 축조할 때 중간 부분이 안으로 들어가도록 밑에서 중간까지는 점점 안으로 좁히고 허리에서부터 위로는 밖으로 뻗은 듯이 쌓는 것이다.[232] 이는 이미 경성성鏡城城에서 한 번 선보인 방법으로 내구성뿐만 아니라 성벽을 기어오르는 적을 방어하기에 우수한 장점을 지녔다. 성벽 위에는 성가퀴(여장)를 쌓고 총안·현안을 내고 성문에는 옹성을 두었다. 또 축성 재료로 벽돌을 도입해 주로 원형·곡선형의 시설물을 만드는 데 사용했다.

이 뿐만이 아니었다. 4개의 정문인 창룡문蒼龍門·화서문華西門·팔달문八達門·장안문長安門 이외에 장대將臺 2, 수문水門 2, 암문暗門 4, 적대敵臺 4, 노대弩臺 2, 공심돈空心墩 3, 봉돈烽墩 1, 치성雉城 8, 포루砲樓 5, 포루舖樓 5, 각루角樓 4, 포사舖舍 3, 오성지五星池 등 다양한 부대시설을 갖추었다.[233]

이 가운데 포루舖樓·노대·포사·오성지·공심돈 등은 이전 성곽에서는 찾아볼 수 없는 독특한 시설물이다. 이처럼 화성의 시설들이 이전의 성제와 다른 까닭은 앞서 언급했듯이 무엇보다도 17세기말을 거쳐 18세기 무렵 이후 전쟁의 무기 체계가 화기 중심으로 변화하면서 성곽 구조도 새롭게 바뀌어야 했기 때문이었다.

『화성성역의궤』에 따르면, 치성은 성벽 일부를 凸 모양으로 성벽 밖으로 돌출시켜 만든 성제다. 치성 위에 다락집을 얹으면 포루라 하며, 여기에다 화포를 설치하면 포

231 『여유당전서』 권16, 자찬묘지명.
232 『華城城役儀軌』 卷首, 圖說.
233 최홍규, 앞의 책, 2001, 135~136쪽.

창룡문(상좌), 화서문(상우)
팔달문(하좌), 장안문(하우)

루라 한다. 부연설명하자면 포루는 치성 위에 다락집을 올려 병사들이 주둔할 수 있게 만든 시설물이다. 2층 구조이지만 밖에서 보면 1층 건물처럼 보인다. 치성 위의 군사들을 가려 적군이 아군의 동향을 알지 못하게 하였다.

포루는 치성 위에 건물을 세우고 화포를 설치해 적을 공격하는 시설물이다. 내부를 3층으로 하고 그 내부를 비워두었으며 벽면에는 총구멍을 뚫었다. 화포를 설치해 위아래에서 한꺼번에 적을 공격할 수 있는 점이 특징이다. 성벽 모퉁이에 세운 누각을 각루角樓라고 하며 성문 좌우에 배치한 치성은 특별히 적대敵臺라 하였다.

노대는 성 가운데서 쇠뇌를 쏠 수 있도록 높이 지은 진지로 근접하는 적을 공격할수 있도록 만든 시설이다. 포사는 치성 위에 있으면 포루가 되고 성안에 있으면 포사가 된다. 화성에는 중포사와 내포사가 있다. 성 밖 요충지에 잠복한 자가 경보를 보내

화성 서 노대(ⓒ 유수)

면 가까운 쪽 성벽에서 총포를 쏘아 중포사에 알리면 중포사도 깃발과 총포로 경보를 알리는 역할을 하였다. 오성지는 장안문 옹성의 홍예문 윗 쪽에 둔 물 저장고로 5개의 구멍을 뚫어놓았다. 적이 성문을 불태우려 할 때 물을 내려 보낼 수 있도록 만든 독창적인 시설물이다.

공심돈은 정조 임금이 "공심돈은 우리나라의 성곽 제도에서는 처음 있는 건물이다. 여러 신하들은 마음껏 구경하라"[234]고 했을 정도로 획기적인 성제였다. 공심돈은 적대의 일종으로 기초 부분은 돌로 쌓고 군사들을 보호하는 바깥 둘레면은 벽돌로 쌓았다. 그 안을 2층으로 나누어 사다리로 올라 다니게 했다. 각 층마다 활·총구멍을 뚫고 군사와 무기를 배치해 주변을 살피면서 공격할 수 있도록 만든 시설물이다.

이는 적이 쉽게 벽에 기어오르지 못하게 하고 창으로 공격하기 어렵게 함으로써 안심하고 성문 주위에 몰려든 적을 격퇴하게 만든 것

화성 공심돈

234 『정조실록』 권21, 정조 10년 1월 25일(경오).

이다. 화서문·팔달문 옆의 공심돈은 사각형 모양으로 전투를 담당했으며 창룡문 옆의
동북공심돈은 원통형 모양으로 척후를 담당했던 것으로 보인다.[235]

　이렇듯 정조의 높은 관심과 정약용 등이 참여해 탄생한 화성은 이전의 조선 성곽과
는 전혀 다른 모습이었다. 실용성과 과학성 여기에다가 웅장하고 미려한 건축미까지
갖춘 성곽이었다. 유성룡 이래 정약용까지 많은 실학자들의 연구와 개선안을 담고 있
으며 청이나 서양의 새로운 제도를 수용해 조선의 것으로 만들었다. 또 화성에는 정
치·경제·사회 발달과 문화 부흥을 토대로 한 정조 임금의 부국강병의 꿈이 담겨있
으며, 당시 과학 기술 수준이 그대로 투영되어 있는 조선 성곽의 금자탑이라 할 수
있다.

3. 민보 방위론

1) 민보란 무엇인가

(1) 민보의 개념

　조선은 조선-일본 전쟁·조선-청 전쟁 이후 대외 전쟁이 없는 가운데 2백년 이상
평화의 시기를 유지했다. 평화의 기간이 오래되면서 국방에 대한 관심은 희미해졌고
자연히 군사제도나 국방체제도 허술해졌다. 중앙의 오군영五軍營은 도성 방위를 중심
으로 한 군사체제로 왕실과 중앙정부의 안녕을 보장하고 정치·경제·사회 문화면에서
대도시로 변모한 수도 서울의 방위를 담당하였다. 그러다 보니 서울 및 경기를 제외
한 외곽 지역이 경시되는 경향을 초래해 상대적으로 지역 방어는 약화되었다.

　지방의 핵심 군병인 속오군 역시 군사훈련이 제대로 시행되지 못하고 신분 구성도
급격히 하락하면서 본래의 목적을 상실했다. 그 결과 지방에서 1728년(영조 4) 이인
좌李麟佐 난이나 1811년(순조 11) 홍경래洪景來 난 같은 반란이 일어났을 때 병력 동

235　정연식, 「화성 공심돈의 유래와 기능」 『역사학보』 169, 역사학회, 2001.

원을 하지 못해 조기 진압에 실패했고 중앙군을 현지로 급파해 진압하였다.

군사 동원 체제도 문제점을 드러내기는 마찬가지였다. 16세기 이후에 군역軍役에서 양반이 빠져나가고 양인良人은 군역 대신 포布를 납부하는 일이 보편화되면서 군역은 군병 확보보다는 중앙·지방의 재정을 뒷받침하는 수단으로 변질되었다. 조선후기에 군정軍丁 부족은 더 심해졌으며 무리하게 이를 채우려는 과정에서 폐단이 격화되는 악순환을 되풀이하였다. 황구첨정黃口簽丁·백골징포白骨徵布·첩징疊徵·인징隣徵·족징族徵 등의 현상을 대표적인 사례로 꼽을 수 있다. 그 결과 실제로 군역을 지는 사람이 감소하면서 군사력의 약화를 초래해 국방력의 공백을 가져왔다.

이와 함께 18세기 이후 조선사회는 정치·경제·사회·문화 등 각 방면에서 변화의 움직임이 거세게 일었다. 생산력 발전과 상품화폐경제의 활성화는 사회를 역동적으로 움직였고 민중들은 자신이 일구어낸 경제적 터전을 지키기 위해 지배층에게 적극 대처하였다. 반면 폐쇄적인 지배 체제를 지향하는 지배층들은 새로운 변화를 원하지 않았고, 재정 압박을 타개하기 위해 수탈과도 같은 수세 행위도 그치지 않았다.

이러한 때에 실학자를 비롯한 진보적 군사사상가들은 국방력을 강화시키기 위한 대안을 모색했다. 사회의 불안 요소인 군정軍政의 폐단을 구제하고 국방을 강화하기 위해 여러 가지 정책 개혁을 시도하였다. 그리고 지배층의 안이한 태도나 고식적인 수습책에 맞서 전면적인 개편을 주장하고 나섰다. 체제 모순과 지배층의 무능으로 열악해진 국방 현실, 특히 지방의 방비책이 전무한 국가 현실을 타개하기 위한 대비책을 논의하지 않을 수 없었던 것이다.

그러면 어떤 방법으로 국방력을 재건할 것인가. 대표적으로 정약용·신헌申櫶 등은 대외 문제에 관심을 기울이면서 이제까지의 국방 이론을 종합하고 역사 속에서 각종 경험들을 끄집어 내 실제 현실 속에서 운용될 수 있는 새로운 국방전략을 내놓았다. 그것이 곧 향촌 단위의 자치적인 방위책 즉 민보론民堡論이었다. 민보론은 체제 모순과 지배층의 무능으로 열악해진 국방 현실, 특히 지방 군사력이 약화된 상황에서 국방력 재건을 어떻게 이룩할 것인가에 대한 현실적인 방안이었다.

민보란 민생을 보장하는 가운데 향촌의 소규모 성곽이나 보堡를 근거로 민의 자발적인 참여에 의한 방위전략이다. 즉 민간주도형 향촌자위체제로서 요충지에 보를 설치해 비상시 이곳을 작전 거점지역으로 삼는 것이다. 평시에 미리 주민을 편성·조직해 훈련시키며, 전시나 비상시가 되면 훈련된 전 주민이 보로 들어가 총력전을 펼치는 것이다.

민보론은 당시 관군이 무력한 상황에서 주민 스스로의 힘으로 향촌을 지키고 적침에 대비하자는 방안이었다. 나아가 향촌 단위의 군사력을 전국적으로 확산해 상비 전력화하면 궁극적으로 국가의 국방력이 강고해질 수 있다는 진단이었다. 요컨대 유비무환의 자주 국방 태세 속에서 전 국민의 병력화를 꾀하려는 의도였다.

민보는 기본적으로 유사시 한반도의 전통적인 전술인 청야입보를 활용한 방어체제다. 민보는 백성들의 목숨을 보존시키고 적의 공세를 막아낸다는 소극적 의미를 넘어 적극적인 공세를 펼치는 거점이었다. 또 민보는 백성들의 이산을 방지하기 위해 자발적으로 조직된 방어체제였다. 백성들이 관군의 방어가 미치지 않는 지역에서 자신들의 삶의 터전을 보존하고 가족들을 지키기 위한 조직이다. 그렇다고 하여 민보가 국가 행정과 무관하게 움직이는 조직이 아니었다. 최일선에서 싸우는 관군을 후방에서 간접적으로 지원하는 군사 활동이기도 하였다.

요컨대, 민보는 전국토의 요새화, 전국민의 무장화를 외친 개혁이었다. 국민 개개인이 자신의 능력에 따라 전투원으로 활약하면서 국토를 지키자는 외침이었다. 그런 점에서 오랫동안 평화의 시기를 겪으면서 탈색되어 버린 국토방위에 대한 논의이기도 하였다. 이것은 단순히 탁상공론이 아니었다. 민보를 외친 사람들은 당대 국내 정세는 물론 국제 정세에도 밝았기에 오늘날 갖는 가치는 각별하다. 곧 조선후기의 국방체제의 문제점을 동시대인의 시각에서 해결하고자 한 역사적 산물이기 때문이다.

2) 민보론의 형성과 흐름

(1) 18세기 향촌자위론의 태동

18세기에 실학자들이 구상한 지역 방위의 기본 개념은 향촌 조직과 군사 조직의 일치였다.[236] 당시 향촌 사회는 지방군의 운용이 부실한 탓에 유사시 방위 태세가 공백에 가까운 상태였다. 따라서 실학자들은 병농일치를 토대로 이웃조직을 강화하고

안정복 묘(경기 광주)

향촌 단위로 방위력을 증대시킬 필요성을 절감하였다. 즉 향촌 단위로 결속력과 방위력을 강화하면 주민들이 거주지를 떠나지 않는 동시에 지역 방위까지 해결할 수 있는 일석이조의 효과를 얻을 수 있다고 본 것이다.

이러한 측면에서 향촌 자위에 주목한 사람이 안정복安鼎福(1712~1791)이었다. 안정복 이전에도 이익李瀷·유수원柳壽垣 등이 지방제도의 개편을 토대로 향촌을 가호家戶 단위로 조직화하고 이를 국가의 군사 조직에 소속시켜 유사시에 동원할 수 있는 체제를 구상하였다. 이에 비해 안정복은 향촌을 단위로 하는 현실적이면서도 구체적인 국방 체제를 구상하였다.

안정복은 성호 이익의 수제자로서 경학經學과 역사학에 주력했고 천주교를 혹독하게 비판한 인물이다. 안정복은 평상시 향촌의 치안 대책이 강구되어야 민생을 안정시킬 수 있고, 내우외환을 방비해야 성왕聖王다운 정치가 부흥할 수 있다고 보고 향촌자위책을 강구하였다. 안정복은 이러한 자신의 견해를 「향사법鄕社法」으로 정리하였다. 여기서 그는 향촌을 촌민 스스로 방위하자는 의도에서 종래의 향약鄕約 체제에 중국의 보갑법保甲法을 가미한 향촌 편제를 제안하였다.[237]

236 김우철, 『조선후기 지방군제사』, 경인문화사, 2001, 239쪽.
237 반윤홍, 「순암 안정복의 향촌자위론 연구」『군사』 5, 국방부 군사편찬위원회, 1982 참조.

안정복은 병농일치에 기반한 군사 양성에 주목해 향촌 조직을 통統-갑甲-사社-향鄕으로 편제하고 각각 통수統帥·갑장甲長·사정社正·향사鄕帥의 책임자를 두어 이들의 주관 아래 향촌의 운영과 수비를 담당하게 했다. 5가家=1통, 2통=1갑, 10갑=1사로 구성하고 사社를 모아 향鄕을 구성했는데 향은 당시 행정단위의 하나인 면面과 맞먹는 크기였다.[238]

각 단위 조직별로는 자치 방위에 필요한 각종 기구를 갖추도록 하였다. 가호마다 목곤木棍 1조와 궁·창·검·총 가운데 하나를, 통統마다 횃불·포승·마구麻屨(삼으로 만든 신발)를, 갑甲마다 징을 갖추고 건장한 사람 3명을 선정해 적의 체포를 담당하게 하였다. 사社마다 중간크기의 북, 나팔·깃발을 갖추고 기예에 뛰어난 사람을 2명 선정해 비상 순찰을 시키도록 하였다. 향鄕마다 큰 북과 소·말을 갖추고 무예나 지략에 뛰어난 사람 1명을 뽑아 비상 순찰을 시키도록 하였다.

또 향촌 단위로 요해처에 성보를 쌓고 농한기에 보수해 유사시에 활용하도록 하였다. 적세가 대단치 않을 때에는 각 사社가 서로 도와 격퇴하고 적의 규모가 크면 성보로 들어가 청야입보에 근거한 지연전을 펴며 관군을 기다리는 선수후전先守後戰의 전략을 구상하였다. 그의 견해를 직접 들어보도록 하자.

> 향마다 지형의 요해처에 하나의 성보를 쌓는다. 만약 완급 시에는 향민들이 그곳에 들어가 몸을 보존하는 한편 기계나 식량을 모두 운반해버리면 적이 들어왔다 하더라도 들판에 약탈할 물건이 없으므로 오래 주둔하지 못한다. 향의 각 사는 서로 성원하여 적이 소수일 때는 격퇴하고 적이 대군일 때는 성보에 들어가 보존한다. 이럴 때에 또 관군이 형세를 엿보다 추격하고 절도사·진관鎭管이 대군을 이끌고 대적하면 적은 반드시 도망갈 것이다.[239]

여기서 보듯이 안정복의 향촌 자위론은 유사시 성보로 들어가 지연전을 전개하면서 관군을 기다린다는 소박한 견해를 담고 있다. 하지만 향촌 자위론을 구체적으로

---

238 안정복, 『임관정요』, 부록 향사법.
239 안정복, 『임관정요』, 부록 향사법, 향사지비.

주장한 선구적인 견해였다는 점에서 의의가 있다. 또 정약용이 민보론에서 주장한 민의 자발적인 참여에 의한 방위전략을 선보였다는 점에서 정약용의 민보론에 영향을 주었으리라고 짐작된다.[240]

안정복 이외에 18세기 재야지식인 위백규魏伯珪(1727~1798) 역시 국방력 강화를 당시의 시급한 정치적 과제로 지적하면서 병농일치제에 기반한 민방위적民防衛的인 지역 방어를 주장하였다.

위백규는 학생學生·공사貢士·무사를 제외한 모든 국민이 군안軍案에 등록, 이웃이나 친지들로 대오를 조직해 국민지역방위대國民地域防衛隊를 편성하고 군사 훈련과 군비 마련은 지역사회 자체 내에서 해결·확보해야 한다고 주장하였다. 또 학문을 연마하는 서원이나 향교를 무비 강화를 위한 장으로 활용하고자 했다. 그는 향촌단위의 민간방위체제를 위해 서원·향교에 무예를 익히는 무학武學 과정을 병설하고 지방 단위로 사정射亭을 세워 무재를 양성하도록 하였다.[241]

(2) 19세기 민보론의 전개와 계승

19세기 초 민보론을 본격적으로 제기한 사람은 다산 정약용丁若鏞(1762~1836)이었다. 전라도 강진의 유배지에서 민정을 몸소 체험하고 군비가 실종된 상황을 목도한 그는 현실적인 방위체제를 모색하였다. 더군다나 1811년(순조 11) 홍경래 난을 계기로 국방에 대한 위기의식을 절감하며 현실적인 방위체제를 모색하였다.

전투력의 상실로 국내 반란조차 진압하지 못하는 관군으로 외적 특히 당시 군사적으로 성장하고 있는 왜적의 침입에 대항하기란 거의 불가능해 보인 것이다. 그 결과 자생적인 민간자위조직인 대왜對倭 비변책을 구상했으니 그것이 곧 『민보의』였다.

정약용의 민보론은 고대 이래의 전통적 병법인 거험청야법에 근거하고 있다. 또 성보를 쌓아 유사시에 대비하려고 했다는 측면에서 안정복의 주장과 연결되었다. 하지만 안정복의 주장이 소박하고 개설적인 수준이라면 정약용의 주장은 체계적이고 구체적이었다. 이는 당시 지식인들이 가지고 있던 위기의식의 반영이며 그 동안 알려져

---

240 반윤홍, 앞의 논문, 1982, 217쪽.
241 이해준, 「존재 위백규의 사회개선론」 『한국사론』 5, 서울대학교, 1979, 293~296쪽.

온 국방 관련 이론을 현실에 맞게 종합하는 형식을 띠었다.[242] 또 소극적인 향촌 치안책에서 적극적인 외침 방어책까지 구상이 진전되었다는 의의를 갖고 있다

정약용의 민보론은 신헌(1811~1884)에 의해 계승되었다. 19세기 후반 무관으로 중책을 맡은 신헌은 그 누구보다도 서구 세력의 도전을 자주 목도한 사람이었다.

위계환 가옥(전남 장흥)
위백규가 공부하던 곳이다.

그가 재야에서 여론화된 민보방위론을 거듭 조정에 건의한 결과 1867년(고종 4) 공식적인 비변책으로 채택되었다. 고종 임금의 허락을 받아 민보령民堡令이 내렸으며 그가 민보에 대해 정리한 『민보집설』은 여러 고을에 배포되었다. 안타깝게도 민보는 지역 사회에서 실제로 시행되지 않았다. 하지만 국가에서 정식으로 채택했다는 사실만으로도 우리의 주목을 끌기에 충분하다. 정약용과 신헌의 민보론은 이후 지역 방위론의 원형이 되어 후대에 많은 영향을 미쳤다.

1876년(고종 13) 경상도 안동의 한 지식인은 왕에게 상소를 올려 "민보령이 병인년에 나왔으나 끝내 시행되지 못해 매우 안타깝습니다. 민보책은 좋은 점이 매우 많습니다. 백성을 모으고 식량을 쌓아 청야까지 겸한다면 적들이 손쓸 방법이 없습니다. 원컨대 마음을 써서서 성찰하시기를 바라옵니다."[243]라고 건의했다.

1881년(고종 18) 무과출신 황재현黃載顯은 상소문을 올려 병정兵政의 다섯 가지 가운데 하나를 청야淸野로 꼽았다. 그는 들판의 곡식을 깨끗이 치워 경내에 들어온 적에게 식량을 내주지 않는다면 적이 두려워하여 가볍게 움직이지 못하게 하는 방책이라고 했다.

그러면서 "그 방법은 조리가 정연해 『무비지』나 윤씨의 『보약』에만 나와 있는 것

242 김우철, 『조선후기 지방군제사』, 경인문화사, 2000, 242쪽.
243 박찬식, 「신헌의 국방론」 『역사학보』 117, 1988, 71쪽.

이 아닙니다. 몇 해 전에 신헌이 초안을 잡아 각 읍에 포고한 것 역시 급무를 아는 경우가 아니겠습니까. 이것은 진·한 이래로부터 송·명 말기까지 누차 시험해 검증되었는데 백에 한번도 실패하지 않았습니다."[244]라고 하면서 신헌의 민보론을 거론하였다.

황재현은 민보 방위에 대해 다음과 같은 논평을 더했다.

> 수비를 우선으로 하는 방법은 민보만한 것이 없습니다. 그 방법이라면 위로는 적을 막을 수 있고 아래로는 백성의 산업을 보호할 수 있어서 간편하고 쉬우면서도 천하의 이치는 제대로 돌아갈 것입니다.[245]

1883년(고종20) 전前 정언正言 구건희具健喜 역시 상소문을 올려 민보 축조를 건의하였다. 이에 대한 의정부의 의견은 "불의의 변고를 당하였을 때 고수하는 계책으로 민보보다 더 좋은 것이 없습니다. 몇 해 전에 보堡의 제도와 보의 약조를 선포해 알도록 하였으니, 문제는 군영과 고을들에서 어떻게 강조하고 집행 대책을 어떻게 강구하는가 하는데 달려있습니다. 이런 내용을 가지고 각 도에 공문으로 깨우쳐 알리는 것이 어떻겠습니까."[246]고 건의했다.

민보론은 정약용에서 신헌으로 이어져 19세기에 비변책의 하나로 자리잡았다. 현재 민보와 관련된 저서로 정약용과 신헌의 저서 이외에 3종이 더 있다. 『어초문답漁樵問答』, 『민보신편民堡新編』, 『민보신약民堡新約』이 그것이다. 이 저서들은 신헌의 『민보집설』과 마찬가지로 정약용의 『민보의』를 모체로 발전했다. 이외에도 민보론은 정부 관리나 재야에서 외세의 침략을 방비하고 물리칠 수 있는 대안으로 광범위하게 수용되었다.

민보론은 당시 신식 화기로 무장한 서구 열강의 침략에 대응할 실제적인 방어전략이라 볼 수는 없다. 조선에서 서구에 맞설 화포 제조가 질과 양적인 측면에서 현저하게 뒤쳐져있는데다가 민보에서는 화기 사용을 적극 권장하지 않았기 때문이다. 하지

---

244 『승정원일기』 고종 18년 3월 23일.
245 상동.
246 『고종실록』 권20, 고종 20년 8월 20일(정묘) ; 『고종실록』 권20, 고종 20년 8월 27일(갑술).

만 민보론은 그 동안 알려져 온 국방 관련 이론의 총집결이라는 점에서 큰 의미가 있다. 민보론에는 역대 성곽방어체제, 무기 운용, 각종 전법과 병법술 등을 적극 수용해 당대 상황에 맞게 새 국방이론으로 재정립하였다. 우리 역사 속에서 민보론을 국토방위전략의 큰 흐름으로 자리매김할 수 있는 이유가 바로 여기에 있다.

2) 정약용의 민보론

(1) 정약용의 생애와 국방론

정약용(1762~1836)은 1762년 경기도 광주 마현리(현재의 남양주군 와부면 능내리)에서 아버지 진주목사 정재원丁載遠과 어머니 윤씨尹氏 사이에서 넷째 아들로 태어났다. 본관은 압해押海(현재의 나주)이며 형제로는 위로 정약현丁若鉉·정약전丁若銓·정약종丁若鍾 세 형이 있었다. 1776년에 15세의 나이로 홍화보洪和輔의 딸과 혼인하였다. 암기력이 뛰어나고 총명해 어릴 때부터 많은 일화를 남긴 그는 1789년(정조 13)인 28세에 문과시험에 급제하였다.

정약용은 정치적으로 실세한 남인南人에 속했으며 학문적으로는 성호이익의 학맥을 잇는 성호학파에 속했다. 정약용은 아버지 정재원이 1776년(정조 즉위년)에 호조좌랑으로 복직되어 서울로 이사하자 본인도 혼인 직후에 서울로 셋집을 빌려 이사하였다.

정약용은 서울에서 이가환李家煥과 친교를 맺으면서 그의 권고로 실학자 이익의 저서를 접하게 되었다. 이익의 문집을 탐독한 이후 정약용은 "나도 성호 선생이 남기신 글들을 읽게 되자 혼연히 그러한 학문을 하겠다고 마음먹었다."[247]고 할 정도로 이익의 학문에 결정적인 영향을 받으면서 실학사상을 형성하는 계기가 되었다.[248]

조선의 제22대 국왕으로 즉위한 정조는 탕평책을 펴는 동시에 아버지 사도세자를 옹호한 남인계를 적극 등용하는 정책을 폈다. 정약용은 남인으로서 정조와 채제공의 신임을 받는 신예 학자의 대열에 속했다. 당대 최고의 엘리트로서 규장각의 초계문신

---

247 정약용, 『다산시문집』 권16, 묘지명, 「자찬묘지명」(집중본).
248 신용하, 『조선후기 실학파의 사회사상연구』, 지식산업사, 1997, 16~17쪽.

정약용 생가(경기 남양주)

抄啓文臣으로 뽑혔고 왕실도서관인 홍문관에서 근무했다. 왕의 직속비서실인 승정원에서 동부승지 등을 역임했고 규장각의 편찬 사업에도 참가했다. 특히 일부 신하들의 질시를 받을 정도로 국왕 정조의 총애가 두터워 깊은 밤에 왕과 단독으로 국정에 대한 의견을 주고받는 일도 잦았다.

1784년(정조 8) 23세의 젊은 청년 정약용은 이벽李檗(1754~1786)과 교유하면서 한역漢譯 천주교리서를 빌려 읽고 서학西學에 심취했다. 이벽은 당시 조선의 천주교가 서학에서 서교西敎로 탈바꿈하는 데에 선구적인 역할을 한 중심 인물이었다.

그후 정약용은 관직 생활을 하던 1797년(정조 21)에 서학을 가까이 한 일로 반대파의 비난이 쏟아지자 국왕에게 자신의 입장을 밝히는 「자명소自明疏」를 올렸다. 이 글에서 그는 1791년(정조 15) 진산사건珍山事件 이후 정부의 탄압이 엄해지면서 서학에 대한 관심을 단념했으며 몸으로 종사하지 않았다고 고백하였다.

하지만 정조 서거 후 정권이 바뀌면서 1801년 1월 신유박해 때 정약용은 한때 서학에 입교했다는 죄목으로 경상도 장기에 유배되었다. 다시 그해 9월 '황사영백서' 사건으로 서울로 다시 호송되어 감옥에 갇혔다. 형 정약종의 죄상에 대한 증인으로 심문을 받기 위해서였다. 심문 과정에서 정약용은 "군주를 기만할 수 있겠는가, 신하는 군주를 기만할 수 없다. 형을 증언할 수 있겠는가, 동생은 형의 죄를 증언할 수 없다."[249]라며 증언을 거부했고 다시 전라도 강진으로 유배되었다. 그의 나이 40세였다.

다행히 정약용이 유배간 강진은 해남과 가까웠다. 해남은 어머니 친정인 해남 윤씨의 집안이 대대로 터전을 일궈 살아온 곳이었다. 해남 윤씨는 박학과 문장으로 이름을 떨친 윤선도와 윤두서 등을 배출한 명문가였다. 1808년 봄, 정약용은 윤박(尹博)의 도움으로 거처를 강진군 도암면 다산(茶山)으로 옮겼다. 이때부터 정약용은 다산이라는 호를 즐겨 사용했다.[250] 그곳에서 정약용은 해남 윤씨의 장서를 이용해 연구에 몰두했다. 유배에서 풀려난 해가 1819년(57세)이니 18년의 세월 동안 학문에만 정진한 셈이다.

이벽 묘(광주 천진암)(상)
다산 초당(전남 강진, ⓒ 유수)(하)

정약용은 유배지에서 부패한 권력 집단의 집권이 장기화되면서 피폐화된 민중의 생활을 직접 목격했다. 이른바 전정(田政)·군정(軍政)·환곡(還穀) 등 삼정(三政)의 문란으로 고통받는 백성의 실정을 눈으로 보면서 현실 문제와 직결된 경세치용의 학문에 몰두했다. 불행 중 다행이라고나 할까? 정치 생명의 끝이라 볼 수 있는 유배 시절이 정약용에게는 학문에 몰두할 수 있는 기회를 주었고 그 덕분에 역사상 실학의 거두로 우뚝 솟았다. 정약용은 정치·경제·사회는 물론 철학·문학 등 다방면에 걸쳐 500여 책

249 황현, 『매천야록』 권1, 甲午以前.
250 강재언, 『서양과 조선-그 이문화 격투의 역사』, 학고재, 1998, 195쪽.

의 독창적인 저작을 남겼다. 그 중에서도 『경세유표』, 『목민심서』, 『흠흠신서』는 일표이서—表二書로 불리는 명저이다.

(2) 민보론의 형성 배경

가. 홍경래 난의 충격

19세기에 농민들을 가장 괴롭힌 국가 정책은 이른바 삼정의 문란으로 요약되는 과중한 조세 부담이었다. 조선 정부는 신분에 따라 조세를 차등 부과했고 전세를 제외한 주요 과세 대상은 양인 이하였다. 조선후기 국가 재정의 지출은 계속 늘어난 반면에 국가가 농업 이외에 새로운 부의 창출에 소극적이었으므로 수입에는 한계가 있었다.

이 때문에 국가재정은 만성적인 적자에 허덕이고 그것은 지방 관청의 재정을 압박해 민중의 수탈로 이어졌다. 이제 조선 사회는 변하지 않고는 더 이상 발전하기 어려운 지경에 이르렀다. 하지만 당시 권력을 틀어쥔 세도정권은 국정을 개혁할 의지나 능력을 가지지 못했다. 19세기 민란의 시대는 이렇게 찾아왔다.

19세기에 농민 항쟁의 포문을 연 무장 봉기는 '평안도 농민전쟁'이라고도 불리는 1811년(순조 11)에 일어난 홍경래 난이었다. 평안도 양반 홍경래는 전국을 떠돌며 풍수꾼 노릇을 하면서 많은 사람들과 친분을 맺었다. 홍경래는 풍수가이자 지식인 우군칙, 역노驛奴 출신으로 큰 돈을 모아 양반신분까지 산 이희저, 빈한한 향반 지식인 김사용, 곽산의 진사進士 김창시 등과 함께 반란을 도모해 10여 년간 치밀한 준비를 했다. 군사훈련을 하고 무기·군복·군량을 갖추는가 하면 조직체도 결성해 지휘관도 정해두었다.

1811년은 전국적으로 큰 흉년이 들었다. 평안도의 피해도 극심했다. 많은 농민들이 농토를 떠나 유망했고 민심은 흉흉했다. 더 이상 이대로 살 수 없다는 민중의 분노가 뇌관이 되어 12월 18일(양력 1812년 1월 31일)에 다복동에서 홍경래가 이끈 1천여 명의 군사가 봉기했다. 홍경래는 스스로 '평서대원수平西大元帥'라 자칭하며 사방으로 민중 궐기를 호소하는 격문을 돌렸다.

봉기군은 지역민의 열렬한 호응에 힘입어 10일 만에 가산·정주·곽산·선천·철산 등 청천강 이북의 대부분 지역을 장악했다. 하지만 곧 12월 29일(양력 1812년 2월

11일)에 관군의 반격으로 송림전투에서 크게 패해 정주성으로 쫓겨갔다. 결국 1812년 4월에 정주성 싸움은 관군의 승리로 끝이 나고 홍경래는 정주성에서 전사했다. 관군은 정주성에서 체포한 2,983명 가운데 여자와 어린이를 제외한 1,917명을 참수했다.

홍경래의 난이 일어나자 전국의 민심은 크게 동요했다. 황해도 황주에서는 이에 자극 받아 두 차례 민중 봉기가 발생했다. 홍경래 난의 소식은 정약용이 유배된 강진까지 전해졌다. 소식을 접한 정약용은 곧 지역민에게 창의를 촉구하는 「전라도창의통문」을 짓는 적극성을 보였다.[251] 이 「전라도창의통문」은 봉기군이 진압되는 바람에 실제로 각지로 돌리지 못했다. 하지만 정약용이 홍경래 난에서 받은 충격은 매우 컸다. 정약용은 『민보의』 서문에서 다음과 같이 말하고 있다.

순무영진도(규장각)
정주성에서 관군과 홍경래 군이
대치하고 있는 장면을 그린 그림.

금년(1812) 봄에 서쪽 변방에서 보잘 것 없는 초적草賊의 무리 2천여 명이 난을 일으켜 불안한 사태가 벌어졌다. 그러나 그들의 예상되는 접근로에는 수십 개의 산성이 가로놓여 있고 또 많은 군사가 배치되었으므로 그들이 날지 못하는 한

---

251 정약용, 『다산시문집』 권22, 잡문, 전라도창의통문(민족문화추진회간행본, 1986, 9책 111~113쪽).

도성으로 접근하지 못할 터이다. 그럼에도 불구하고 당시 상황은 집집마다 울음소리가 요란해 물고기도 놀라고 산짐승도 숨는 듯했다.……그런 조그만 일로도 이와 같은데 만약 외적이 침입했다면 어떻게 되겠는가?[252]

홍경래 난을 통해 정약용이 가장 충격 받은 사항은 백일하에 드러난 허술한 국방체제였다. 당시 조선은 17세기 이후 약 200여 년간 내부적으로 큰 변란이나 정변이 없었다. 국제정세도 비교적 안정되어 전쟁의 발발 가능성이 크지 않았다. 정약용은 "조선-청 전쟁(병자호란) 이후 백성은 전쟁을 모르게 되었다. 문·무관이 모두 편안한 세월을 즐기고 조정과 백성도 안일에 빠졌는데 오늘날 극도에 달했다"[253]고 하면서 군비를 도외시하는 사회분위기를 통렬히 비판했다. 이에 "비록 남북에 경계할 일이 없고 국경에 근심이 없더라도 군사제도는 있어야 한다"[254]고 역설하면서 군비 강화를 호소했다.

더구나 정약용이 가상의 적으로 상정한 일본의 무기는 조선에 비해 우위에 있었다. 정약용은 "호준포虎蹲砲·백자총百子銃 등은 오히려 소루한 무기에 속한다. 홍이포紅夷砲라는 무기는 빠르고 강해 잔혹하기가 전에 비할 수 없는데 중국·일본에서는 사용한 지 오래이다."[255]라고 판단했다. 그래서 일본이 선진 무기를 가지고 침략해오면 재래식 무기를 지닌 조선은 속수무책으로 패할 수밖에 없다고 여겼다.[256]

정약용은 유배지에서 자신이 젊은 시절에 가진 여러 가지 견해를 수정해야만 했다. 호남의 한 귀퉁이 마을에서 민정을 몸소 체험하고 문란한 군정으로 군비가 실종된 상황을 목도한 그는 현실적으로 운용 가능한 군사방위체제를 모색했다. 이런 속에서 홍경래 난의 충격은 국방에 대한 위기의식을 고조시켰다. 이에 정약용은 홍경래 난을 계기로 외적에 대항할 국방력의 부재를 절감하면서 『민보의』를 내놓기에 이르렀다.

252 정약용, 『민보의』 총의.
253 정약용, 『민보의』 총의, 오칙.
254 정약용, 『다산시문집』 권11, 논, 군기론2.
255 정약용, 『다산시문집』 권11, 논, 군기론2.
256 정약용, 『민보의』 총의, 오칙.

나. 일본 경계론

정약용이 홍경래 난을 계기로 위기의식을 느낀 외적은 다름 아닌 일본이었다. 정약용은 젊은 시절에 패기만만한 일본관을 갖고 있었다. 그는 28세(1789년) 때 쓴 「지리책」에서 정조 임금에게 과거에는 왜구의 근심이 심했지만 이제 일본의 침략 가능성이 적다는 견해를 피력하였다. 오히려 근심대상은 일본이 아니라 청淸의 침략이라 하였다.

일본의 침략 가능성이 적다는 그의 견해는 「일본론」에서도 그대로 나타난다.[257] 그는 「일본론(1)」에서 일본이 유학에 대한 이해 수준이 높아져 문치文治와 예의를 알기 때문에 조선의 침략 가능성이 없다고 하였다. 「일본론(2)」에서는 실패한 조선-일본 전쟁의 교훈, 세수미歲輸米의 이득, 청국의 조선 지원 등 구체적인 이유를 들어 일본의 침략가능성을 일축하였다.[258] 당시 정약용은 조선의 무기가 일본에 비해 열세임을 인정하면서도 일본의 침략 가능성에 대해 낙관론을 편 것이다.

하지만 유배지에서 정약용의 일본관은 놀라울 정도로 바뀌었다.[259] 강진이라는 유배지에서 민정을 몸소 체험하고 해안의 형편을 목도한 정약용은 기존의 일본관을 전면 수정해야만 하였다. 이제 체험에서 우러나온 일본관을 더 보태게 되었다. 그는 외적 중 "제일 경계해야 할 대상은 남쪽의 왜구이다."[260]라고 하면서 가상 적으로 일본을 상정할 정도로 일본의 침략 가능성을 우려하였다.

19세기초만 하더라도 위정자들의 인식과 달리 민간에서는 '영고탑회귀설寧古塔回歸說'로 표현되는 대청전면전對淸全面戰에 대한 위기의식이 아직까지 남아있었다.[261] 이

---

257 현재 「일본론」의 저술 시기는 명확하지 않지만 대체로 정약용이 귀양가기 이전의 저술로 보고 있다(하우봉, 『조선후기실학자의 일본관연구』, 일지사, 1989, 205~207쪽).

258 정약용, 『다산시문집』 권11, 논, 일본론1, 일본론2.

259 정약용의 일본관에 대해서는 하우봉, 앞의 책, 1989, 190~210쪽과 한영우, 『조선후기사학사연구』, 일지사, 1989, 377~385쪽 참조.

260 정약용, 『민보의』 총의, 오칙.

261 배우성, 『조선후기 국토관과 천하관의 변화』, 일지사, 1998, 208쪽. 조선-청 전쟁(병자호란) 이후 조선에서는 對淸復讐論이 팽배하면서 지식인들 사이에 '오랑캐는 백년을 지탱할 운세가 없다'는 명분론적 전망 속에서 청이 숙명적으로 쇠퇴하리라는 인식이 퍼져나갔다. 나아가 오랑캐가 중원을 잃을 경우 원래의 발상지인 영고탑으로 돌아가리라는 예측도 자연스럽게 형성되었다. 그리고 청이 영고탑으로 이동하는 과정에서 몽고가 심양-영고탑 사이에서 청의 퇴로를 차단함으로써 결과적으로 조선이 청과 전면전을 치루어야 한다는 예측으로 이어졌다. 청이 쇠망하면서 조선을 재침입하리라는 이 '영고탑회귀설'은 위정자들 사이에 18세기 중엽이후 청의 국내정세를 객관적으로 파악

러한 분위기에서 청나라보다 일본을 더 위험시한 정약용의 일본관은 매우 절박한 측면이 있었다.

정약용은 『민보의』에서 일본의 침입 예상 지역으로 동래·통영·고금도古今島를 꼽았다. 이 가운데 탁월한 견해로 눈길을 끄는 내용이 사쓰마번262에 대한 그의 분석이다. 정약용은 만약 일본의 기강이 문란해 변경에 반란이 일어나면 사쓰마나 나가사키長崎 등지의 도적이 도당을 만들어 관백關白의 명령을 듣지 않고 조선을 침입하리라고 예상하였다. 또 최근 외국 선박이 나가사키에 기항하는데 서양의 병기 기술이나 무기가 나가사키를 통해 여기에 이웃한 사쓰마에 들어간다면 그 화근이 반드시 조선에 미친다고 내다보았다.263 정약용의 이러한 우려와 판단은 당시 일본의 정세를 살펴보면 매우 타당성이 있었다.

1598년 일본 열도는 도요토미 히데요시(1536~1598)가 병사하자 도요토미의 잔존 세력과 새로 등장한 도쿠가와 이에야스(1542~1616]) 사이에 권력 다툼이 일어났다. 1600년 세키가하라[關ヶ原] 전투에서 도쿠가와 세력이 도요토미 세력을 격퇴하면서 일본에서는 도쿠가와 막부 시대가 열렸다. 도쿠가와 막부의 통치체제는 천황과 쇼군이 정점에 위치하고 쇼군 아래에 한 번藩의 지역적 지배를 승인한 다이묘[大名]를 배치하였다.264 이것이 이른바 '막번체제幕藩體制'다.

쇼군은 실질적인 최고 권력자로서 정권 안정을 위해 폐쇄적인 봉건체제를 지향하였다. 지방 다이묘들에게 영지 및 세금징수·법령공포·징병·재판 등 권력의 일부를 할애해 반란의 가능성을 억제하였다. 이 대가로 다이묘들은 오오메츠케[大目付]·메츠케[目付]로 대변되는 감찰기구의 사찰을 받아야하고, 1년 교대로 쇼군이 머무는 에도[江戶]의 막부에서 강제로 근무하거나 잦은 영지 변경에 시달려야 했다.265 또 쇼군은

하게 되면서 점차 가라앉는 추세였다(배우성, 위의 책, 1998, 64~77쪽).

262 사쓰마번은 1862년의 인구통계에 따르면 61만 명의 인구 중 무사가 40%를 차지할 정도로 무사계급이 많았다. 그들은 대부분 낮은 봉록의 성읍무사[城下武士]나 농촌에 거주하는 향토무사였다. 그래서 사쓰마번의 군대는 막부의 군대보다도 무사다웠고 하급무사로서 입신공명의 야망도 있어 전투의지가 훨씬 우수했다고 한다(藤原彭 저, 『일본군사사』(엄수현 역), 시사일본어사, 1994, 29쪽).

263 정약용, 『민보의』 총의, 오칙.

264 박영준, 『명치시대 일본군대의 형성과 팽창』, 국방군사연구소, 1997, 11~13쪽.

혼란된 사회에 질서를 도입하기 위해 유교사상을 관학官學으로 권장하고, 대외적으로 쇄국정책을 실시해 새로운 사상이나 문화의 침투를 철저히 통제하였다.

하지만 18세기 후반 이후 도쿠가와 막부는 대내외적으로 어려움에 봉착했다. 사무라이 계급의 증대와 비생산성, 상인계급의 증대, 화폐경제의 증가, 농업의 자급자족 파괴, 농민반란의 증대 등 내부적 문제뿐만 아니라 외국세력의 도래와 그에 대한 적절한 대응책의 미비 등으로 균열이 생기기 시작했다. 특히 에도시대 후반에 격화된 농민폭동은 막부 군사력의 무력화를 여지없이 드러내었다. 이에 막부나 각 번藩은 군사력 재건을 위해 군제개혁의 필요성을 절감하였다.

당시 막부의 군사조직은 쇼군이나 번 모두 사무라이 가신단家臣團에 의존하였다. 쇼군은 군대 통수권자로 호위병력을 보유했고 다이묘들도 어느 정도 군사와 무기를 보유할 수 있었다. 그런데 일본 역시 오랫동안 국내반란이나 대외 전쟁이 없었으므로 사무라이 군사들은 대개 쇼군의 성을 지킨다거나 국내반란에 대비하기 위한 전략적 요지에 수비대로 파견되는 정도였다. 또 17세기 중엽부터는 막부가 제후들의 발호를 막기 위해 군사기술의 개발을 저지하였다. 그 결과 19세 초의 일본 방위란 군사력과 무관하게 막부의 권위를 유지하는 존재가 되었다.[266]

이상에서 살펴본 대로 19세기 초반 일본의 국내정세는 정약용의 예상처럼 막부의 지배 체제가 불안한 상태였다. 막부 체제가 위기에 직면하면서 막부와 유력 번藩 사이의 세력 경쟁도 점차 수면으로 떠오르기 시작하였다. 당시 유력 번藩으로는 사쓰마·조슈[長州]·도사[土佐]·사가[佐賀]·후쿠이[福井]·미토[水戸] 등을 꼽을 수 있다.[267] 이 가운데 사쓰마와 조슈는 군사력의 증강을 바탕으로 메이지유신의 주역으로 성장한 유력 번 중의 유력 번이었다.[268]

유력 번의 등장은 막부의 통할 체제가 제대로 작동하지 못하는 상황이 도래했음을

265 박영재·박충석·김용덕, 『19세기 일본의 근대화』, 서울대학교출판부, 1996, 34쪽 ; 등원팽, 『일본군사사』(엄수현 역), 시사일본어사, 1994, 21쪽.

266 피터 두으스, 『일본근대사』(김용덕 역), 지식산업사, 1983, 41쪽.

267 박영준, 앞의 책, 1997, 110쪽.

268 사쓰마와 죠수의 군사개혁에 대해서는 등원팽, 『일본군사사』(엄수현 역), 시사일본어사, 1994, 27~28쪽 참조.

뜻한다. 정약용이 일본의 막부 체제가 흔들리면서 사쓰마·나가사키에서 조선을 침입하리라고 한 것은 막부의 권한이 미치지 않은 상태에서 유력 번들의 발호를 지적한 것이라고 여겨진다. 그러므로 사쓰마의 발호를 경계한 정약용의 판단은 당시 일본의 국내 사정을 비교적 정확하게 분석한 결과라고 여겨진다.

또 나가사키는 일본이 쇄국정책을 시행하면서 유일하게 통상을 허용한 네덜란드인의 상관商館이 자리한 곳이었다. 1641년 일본정부는 규슈지방의 서쪽 히라도에서 나가사키의 데지마[出島] 섬으로 상관商館을 변경했고 이후 250년 간 이곳에 존속해있었다.[269] 정약용이 나가사키에 들어오는 서양인들을 통해 성능이 우수한 무기가 사쓰마에 전해질 우려가 있다는 지적은 근거가 충분하였다.

이상의 내용을 정리하면, 정약용은 19세기 초반의 일본의 정세를 정확하게 꿰뚫고 있었다. 이 시기는 일본이 메이지유신으로 부국강병의 발판을 마련하기 바로 직전이었다. 일본 막부 체제의 균열, 네덜란드 상관이 자리잡은 나가사키의 변화와 사쓰마번의 성장, 외국 세력의 도래와 신식 무기의 유입 등 19세기 일본의 변화를 감지했다. 이러한 상황은 정약용에게 새로운 방위체제를 모색하게 했고 그 방안으로 제시된 것이 민보론이었다.

(3) 『민보의』의 특징

가. 『민보의』의 구성

『민보의』는 정약용이 전라도 강진에 유배중인 1812년(순조 12)에 저술한 책이다. 정약용은 새로운 대왜방어체제를 구상하면서 중국의 역사적 경험에 눈을 돌렸다. 중국대륙에서는 이미 송 이래 원元과 명을 거치면서 변방 수비를 민보의 힘에 크게 의지했다. 민보 조직이 활성화되어 부족한 관군을 대신해 향토 자위自衛에 크게 성공한 것이었다.

북송의 궁전사弓箭社는 거란의 침입에 맞서 하북의 정주定州 지방 촌민들이 자발적으로 무장하고 결성한 순수한 민간자위대였다. 당시 하북 지방은 지방 군사 행정의

---

269 박영준, 앞의 책, 1997, 41쪽.

해이 및 군사력의 저하 때문에 변경 백성들이 대외 방비를 관군에만 의존할 수 없는 여건이었다. 자체 내의 엄격한 군율로 조직 운용된 민병조직체는 당시 관군보다도 오히려 정예롭다는 평을 받을 만큼 강력하였다.[270] 이러한 송나라의 민보책은 원나라와 명대에도 계승되어 널리 시행되었다.

정약용은 조선의 현실과 비슷한 속에서 향병鄕兵을 이끌어낸 궁전사에 주목했다.[271] 그리고 이를 조선의 현실에 맞게 소화해 독창적인 체재를 구성해냈다. 정약용이 주목한 책은 명의 윤경尹耕이 지은 『보약堡約』이었다.

『보약』은 중국에서 민간 방위의 운용 방법을 가장 체계적으로 정리한 책으로 모원의의 『무비지』에 실려 널리 알려지게 되었다. 정약용은 이 책을 주요 참고자료로 이용했으며 『민보의』에서 인용을 많이 하였다. 또 조선-일본 전쟁 때 산성방어론을 주장한 유성룡의 견해를 적극 채용해 받아들였다. 참고로 『민보의』의 목차를 소개하면 다음과 같다.[272]

〈표 3-1〉 정약용의 『민보의』 목차

구분	목차
권1	총의오칙(總義五則), 민보택지지법(民堡擇地之法), 보원지제(堡垣之制)
권2	민보편오지법(民堡編伍之法), 민보지량지법(民堡支糧之法) 민보농작지법(民堡農作之法), 민보경야지법(民堡警夜之法) 민보상구지법(民堡相救之法), 해도설보지법(民堡設堡之法) 산사설보지법(民堡設堡之法), 민보점구지법(民堡覘寇之法) 민보상벌지법(民堡賞罰之法), 답객난오칙(答客難五則)
권3	천파도설(天耙圖說), 호창거설(虎倀車說), 대둔산축성의(大芚山築城議)

나. 민보론의 내용과 특징

민보란 민생을 보장하는 토대에서 향촌의 소규모 성곽이나 보堡를 근거로 민의 자

---

270 정경현, 「19세기의 새로운 국토방위론-다산의 『민보의』를 중심으로-」 『한국사론』 4, 서울대학교, 1978, 341~342쪽.
271 정약용, 『민보의』 총의.
272 참고로 정약용은 민보에 대한 견해를 『목민심서』 권4, 병전, 왜구조에서도 언급한 적이 있다.

발적인 참여로 이루어지는 방위전략이다. 즉 민간주도형 향촌자위체제로 요해지에 보를 설치해 이를 작전 거점직역으로 삼아 전술 효과를 최대로 증대시키는 것이다.

평시에 미리 주민을 편성, 조직해 훈련시키고, 전시나 비상시가 되면 미리 훈련된 전 주민이 보로 들어가 총력전을 펼지는 것이다. 이것은 당시 관군이 무력한 상황에서 민 스스로의 힘으로 자신을 보위하고 적침에 대비하자는 방안이었다. 한마디로 표현하면 민보는 전국토의 요새화, 전국민의 무장화를 외친 개혁적인 국토방위론이다.

정약용이 『민보의』에서 제시하는 민보론은 고대 이래로 우리나라의 전통적 병법인 거험청야법據險淸野法에 근거한다. 정약용은 민보를 설치하기에 가장 좋은 장소로 고로봉栲栳峯, 산봉蒜峯, 사모봉紗帽峯, 마안봉馬鞍峯을 이상적인 지형으로 제시했다.[273] 반면 부적당한 지형으로는 너무 높거나 민가로부터 고립된 깊은 산골짜기를 지적했다.[274] 또 민보를 쌓을 때 성을 방어할 수 잇는 옹성·치성·여장·각루·해자 등 부대시설의 설치를 매우 강조했다.[275]

민보의(규장각한국학연구원)

정약용이 구상한 민보는 150명 정도를 상한선으로 잡아 백성 스스로 적침에 효율적으로 대처하는 형태였다. 그래서 민보 안에서는 8세 이상이면 귀천 또는 남녀노소를 불문하고 누구나 맡겨진 임무를 수행하는 총력전 체제를 지향했다. 민보에서 핵심 역할을 수행하는 정군丁軍은 귀천을 막론하고 15세 이상 55세 이하의 남자로 편성되었다. 다만 병자나 허약한 자 또는 기술자 등은 정군에서 제외시켰다. 정군은 5명=1오伍, 2오=1대隊, 3대=1기旗로 편성하도

---

273 정약용, 『민보의』, 民堡擇地之法. 고로봉은 광주리(栲栳) 모양으로 가장자리가 높고 중앙이 꺼진 산봉우리다. 산봉은 마늘(蒜)처럼 생긴 모양으로 정산이 평탄하고 넓으며 사방의 가장자리가 두절된 형세다. 사모봉은 배후에 지휘소(將臺)를 설치할 만한 봉우리가 있고 산 중턱에 성벽을 구축해 많은 인원을 수용할 수 있는 곳이다. 마안봉은 산 양쪽이 높고 가운데 허리부분이 말의 안장[馬鞍]과 같은 고개 형태를 갖춘 산을 말한다.

274 정약용, 『민보의』.

275 정약용, 『민보의』 堡垣之制.

록 했으므로 1대는 10명, 1기旗는 30명으로 구성되었다. 또 민보의 원활한 운용을 위해 보장堡長·보총堡總·보사堡史·관고管庫·감작監作·장약掌藥 등의 간부도 두었다.[276]

민보의 방어 기구로는 뇌석擂石·약탕藥湯·취회吹灰·분포糞砲·관환串鐶·천파天耙·지위地蝟·함마갱陷馬坑·벽력온霹靂蘊 등을 권장했다. 단, 화기는 민보에서 마련하기 어려우므로 생략했다. 그러나 동·철 등을 구입해 총기 제작을 언급하고 있어 화기 소지의 가능성을 완전히 배제하지 않았다.[277]

뇌석은 돌을 던지는 도구이다. 약탕은 독물을 적에게 뿌려 피부를 상하게 하거나 헐게 한다. 취회는 적의 눈을 못뜨게 독한 재를 뿌리는 행위이다. 분포는 적의 얼굴에 오물을 끼얹어 더럽히는 방법이다. 관환은 성벽에 접근한 적군의 충차 위쪽 부분을 올가미로 걸어 옆을 잡아당겨 전복시키는 기구이다. 천파는 성벽에 붙어 기어오르는 적을 제거하기 위한 장비이다. 천파는 모양이 창날과 비슷하며 거기에 낚시바늘처럼 미늘이 장치되어 있다.

지위는 적의 발을 상하게 하는 함정 장애물이다. 함마갱은 인마 살상을 위해 성문 앞에 설치하는 함정이다. '아亞'자와 같은 함정을 파고 거기에 녹각쟁鹿角鎗이나 죽첨竹籤 등을 매설한 뒤 잡초나 지푸라기로 덮어 은폐한다. 벽력온은 성벽에 미리 뚫어 놓은 구멍으로 화약을 밀어넣어 불을 지르는 것이다.

민보의 물자와 민간인을 보호하기 위한 경계 대책으로 적이 침투할 수 있는 요로에 초소를 세우거나 굴을 파고 보초를 세우도록 했다.[278] 민보와 가까운 초소에는 노인을 배치해 꽹과리 1개와 개 두 마리를 주어 지키도록 했다. 호랑이가 많은 곳에는 목책을 만들어 개를 가두어 두고 개가 짖을 때 노인이 일어나 꽹과리를 울려 민보 사람들을 깨우도록 했다. 적이 민보에 근접해 있을 경우에는 타구마다 초소를 세운 다음 경계병을 2~3명씩 배치해 3교대로 하도록 했다.

민보에서는 상호지원이 중요하다. 모든 민보에서는 '우보耦堡'라 하여 지역적으로 인접해 있는 민보끼리 짝을 만들어 유사시에 서로 긴밀한 협조 체제를 유지하도록 했

---

276 정약용, 『민보의』 민보편오지법.
277 정약용, 『민보의』 민보수어지법.
278 정약용, 『민보의』 민보경야지법.

다. 우보의 상호 지원은 다른 이웃 민보에 비해 더욱 긴밀해야 한다.[279]

민보에 반입된 개인 식량은 보장이 전투원 양식인 군량, 빈민을 위한 구호미인 진량賑糧, 개인 소유 식량인 사량私糧으로 구분해 관리 운용했다. 또 자급자족을 중시해 적이 침입해오면 성에 들어가 민보를 지키다가, 적이 물러가면 그들이 몇 리밖에 주둔했더라도 즉시 기회를 보아 농사일을 하도록 했다.[280]

다. 민보(民堡)의 장점

정약용의 민보론은 기본적으로 병농일치를 지향하였다. 그는 "원래 하·은·주 3대 때는 병농일치 제도하에서 백성이 안으로 그의 가족친지를 보호하고 밖으로 국가를 보존하였다.……그러나 후세에 이르러 병·농이 분리되자 군사를 징발할 때에는 하늘에 사무치도록 불만이 일고 출동할 때에는 도중에 잇따라 도망친다. 이리하여 도저히 어찌할 수 없는 지경에 이르자 민보가 생긴 것이다."[281]라고 말한다.

원칙적으로 국토방위는 국가의 공식적인 군사력에 의해 수행되는 것이 바람직할 것이다. 이 때문에 위정자들이 민보에 대한 우려도 만만치 않았다. 정약용은 이러한 우려를 불식하기 위해 크게 네 가지 측면에서 민보의 장점을 설명하였다.

첫째, 모든 인적 자원이 민보에 편입되면 관군 동원이 어렵다는 우려이다. 이에 대해 정약용은 현재의 국방력은 이미 민보의 편입이 아니더라도 근본적으로 소집할 병사가 없다고 신랄하게 비판했다. 군적軍籍에는 허명虛名만 올라있고 군기軍器도 없어 훈련에는 응할지언정 실전에 응할 사람은 없다고 보았다. 오히려 민보를 허용하면 조정에서는 한 장의 사령장이나 한 되의 군량도 소비하지 않고 앉아서 수천 수 만 명의 군사를 얻을 수 있다고 하였다.

둘째, 백성들이 민보를 거점으로 도적화할 우려가 있었다. 이에 대해 정약용은 백성들 중 법을 지키지 않고 반란을 꾀하는 사람은 배고픔과 추위에 허덕이고 죽음에 몰린 몇 사람에 지나지 않는다고 지적한다. 따라서 백성을 방치하기보다는 성을 쌓고

---

279 정약용, 『민보의』 민보상구지법.
280 정약용, 『민보의』 민보지량지법.
281 정약용, 『민보의』 총의, 오칙.

병기를 준비해 부모·처자를 편안히 모시고 때때로 농사를 짓게 하는 것이 혼란을 제거하는 방책이라 여겼다.

셋째, 민보를 유지하기보다는 군영을 설치하는 것이 사리에 맞는다는 의견이다. 하지만 다산의 생각은 달랐다. 관군을 편성하기 위해 백성을 색출하고 구리·쇠붙이 등을 모아 병기를 제작하고 군량을 거두면 관은 괴롭고 백성의 원망은 높아진다. 만일 민보처럼 상호연계성을 가진 조직이 있다면 반드시 많은 병졸을 얻게 되고 진지도 넓어져 병마절도사는 자기 휘하의 병졸이 적고 약한 것을 염려하지 않아도 된다고 보았다.[282]

넷째, 한 지역의 백성이 민보로 들어가면 의병이 일어나지 않을 우려가 있었다. 하지만 정약용은 오히려 민보가 의병을 일으키는 풀무 역할을 하리라고 기대했다. 민보로 인해 부모와 처자가 편안하고 각종 병기가 갖추어진 상태이므로, 민보를 거점으로 복병을 파견해 적 진로를 차단하거나 또 민보를 떠나 출동해 국왕을 호위할 수도 있다. 결과적으로 전란에 직면해 자연발생적으로 일어나는 의병보다는 평시에 미리 조직화된 민보가 공이 배나 된다고 하였다.

결론적으로 정약용은 "이제 한 농민에게 한 섬의 쌀을 가지고 민보에 들어가서 그것을 먹으면서 도적을 막으라면 즐거워하겠지만 그 쌀을 가지고 관군에 입대해 그것을 먹으면서 싸우라면 원망할 것이다. 또 장정을 색출하고 곡식을 거두면 관과 민이 모두 원망하나, 백성에게 민보의 설치를 허락하면 원망의 자취가 없어질 것이므로 민보는 훌륭한 제도이다."[283]고 단언하였다.

---

282 정약용은 민보군과 지방군의 관계에 대해 명백한 언급은 하지 않았다. 하지만 『민보의』의 내용 속에 민보군을 지방의 수령 또는 병마절도사 이끄는 군대나 양군과 상호 연계하여 움직이도록 하였다 이로 볼 때 민보군을 관군이나 지방관과 협조 체제를 이루도록 했음을 알 수 있다(조성을, 「정약용의 군사제도 개혁론」『경기사학』2, 1998, 152~153쪽).
283 정약용, 『민보의』, 민보답객난, 「오칙」.

3) 신헌의 민보론

(1) 신헌의 생애와 국방론

신헌申櫶(1811~1884)은 1811년에 평안도 영변에서 아버지 신의직申義直(1789~1825)과 어머니 해평 윤씨尹氏 사이에서 태어났다. 본관은 평산平山이며 초명은 관호觀浩다. 신헌의 집안은 대대로 무과급제자를 배출한 무반 가문으로 할아버지 신홍주申鴻周(1752~1829)는 훈련대장을 지냈으며 아버지 신의직도 무과에 급제해 부사를 지냈는데 37세에 요절했다.[284]

신헌 역시 17세가 되던 해인 1827년(순조 27)에 국왕친위대인 별군직別軍職에 천거되어 무관직에 첫 발을 내딛었다. 이듬해 1828년에 18세의 이른 나이로 무과에 급제하는 영광을 안았으며 이후 헌종憲宗의 총애를 받으며 순조로운 관직 생활을 시작

신헌 초상(고려대학교박물관)

했다. 서반西班 청요직으로 꼽히는 선전관宣傳官을 지낸 후 부사·경기중군·수군절도사 등을 거쳐 1849년(헌종 25) 39세에 금위영 대장에 올랐다. 40세가 채 되기도 전에 군영대장에 오른 셈이니 비교적 빠른 출세였다.

하지만 신헌의 빠른 출세에도 한때 제동이 걸렸다. 1849년에 헌종이 급서하고 철종哲宗 임금이 즉위하자 그 해 8월에 전라도 녹도鹿島에 유배되었다. 표면적으로는 헌종 임금을 잘못 모셨다는 문책성 유배였으나 실은 풍양 조씨 일가와 관계를 맺은 신헌에 대한 안동 김씨 세력의 배척 때문이었다.

그후 감형되어 무주로 이송되고 1857년(철종 8) 정월에 사면되었다. 그의 나이 47세였다. 그는 8년간의 유배 생활을 하는 동안 학문에 몰두했으며 이

---

284 신헌의 생애에 대해서는 박찬식, 「신헌의 국방론」『역사학보』117, 1988, 41~55쪽 참조.

때 남긴 저서가 『주역수필周易隨筆』이었다. 유배지에서 풀려난 신헌은 곧 정계에 복귀해 주요 관직을 지내면서 국방의 최일선에서 활약했다.

19세기 내우외환의 시대에 살던 신헌은 그 누구보다도 서구 세력의 도전을 목도한 사람이었다. 그의 나이 30세(1840년)에 아편전쟁이 있었고 50세(1860년)에는 청의 북경이 영·불 연합군에 의해 함락되는 사건을 맞았다. 56세(1866년)에 병인양요, 60세(1870)에 신미양요, 66세(1876년)에 강화도조약, 72세(1882년)에 임오군란을 겪었다.

고종 연간에 국방력 증강에 많은 관심과 노력을 기울인 신헌은 실학자들의 군제개혁론을 수용해 대원군 집권기의 군제 개혁에 영향을 미쳤다. 국민개병제國民皆兵制를 원칙으로 조선초기 5위제 복구를 주장했다. 병농일치에 의거해 군역 대상을 확대하고 귀천의 구분 없이 균역을 균등하게 분배하고 군역세를 가호 단위로 부과하자는 의견을 내놓았다.

신헌은 새로운 국방책을 모색하는 노력 속에서 서양의 신무기에 많은 관심을 보였다. 그 결과 신무기를 제작하기에 이르렀다. 『해국도지』[285]를 참조해 서양의 군함에 맞설 수뢰포水雷砲와 마반차磨盤車를 제작했다. 수뢰포는 서양 함선을 격침시키는 화기였고, 마반차는 대포를 운반하기 위한 기구였던 것으로 보인다.[286]

신헌은 본래 무과 출신으로 무인이지만 유장儒將으로 불릴 만큼 문학과 예술에 조예가 깊었다. 추사 김정희金正喜(1786~1856)에게 시·서·화와 금석학의 지도를 받았으며 특히 예서를 잘 썼다 한다. 김정희의 문하에 출입하면서 흥선대원군과 인연을 맺었고 대원군이 집권했을 때 중용되어

『해국도지』

---

285 『해국도지』는 청 말기에 魏源(1794~1856)이 아편전쟁을 목격한 후 저술한 책. 1850년 이전에 이미 조선에 전래되었다.
286 박찬식, 앞의 논문, 1988, 74쪽.

신임을 받았다. 또 소치 허유許維나 초의선사草衣禪師와도 교류했으며 정약용의 장남 정학연丁學淵과 교유했다. 김정희의 제자 강위姜瑋와도 각별한 관계를 유지했다.

신헌은 군사를 비롯해 시·서·화·주역·금석학 등 문학과 예술에 관한 많은 저작을 남겼다. 시문집『위당집威堂集』, 주역에 관한 해설서『주역수필周易隨筆』, 민보론을 정리한『민보집설民堡輯說』, 금석문에 관한 내용을 담은『금석원류휘집金石源流彙輯』, 미국과의 통상체결의 시말을 기록한『미국통상실기美國通商實記』, 서체집『위당서첩威堂書帖』등이 있으며, 후손들이 엮은『신대장군집申大將軍集』이 있다.

(2) 서세동점과『민보집설』

19세기 전반 한반도 연해에는 이양선異樣船의 출몰이 매우 잦은 편이었다. 대표적으로 1848년(헌종 14) 조선왕조실록에는 "이해 여름·가을 이래로 이양선이 경상·전라·황해·강원·함경 다섯 도의 해역에 출몰하는데 거의 그 수를 셀 수 없이 많았다."[287]고 적고 있다. 이들의 목적은 아직까지 탐험·측량·통상요구 정도이거나 난파당한 선박이어서 조선에 직접적인 위협이 되지 않았으며 조선에서도 구체적인 대응책에 소극적이었다.[288]

조선의 지배층은 이양선이 자주 출몰하자 이로 인한 기존의 사회질서나 전통적인 규범의 붕괴에 주로 관심을 가졌으며 서구제국주의의 침탈에 대해 큰 위기의식을 느끼지 않았다. 예컨대 1845년 5월에 영국 군함이 우도에 정박하는 사건이 있자 좌의정 권돈인은 추사 김정희에게 이 문제를 문의하였다.

이에 김정희는 "외국배들이 남북으로 출몰하는 일은 깊이 걱정하지 않아도 됩니다. 이들이 1년 중에 출항하는 선박만도 만 척에 가까우며 청에서도 이들을 대수롭잖게 보아 넘깁니다."[289]고 답하였다. 일찍이 정약용이「일본론」에서 일본이 침입하면 청이 조선을 지원하리라는 낙관론을 폈듯이, 당시 위정자들은 서양세력이 침탈해 온다 해

287『헌종실록』권15, 헌종 14년 12월 29일(기사).
288 최진욱,「신헌의 내수어양책 연구」, 고려대 석사학위논문, 1997, 11쪽.
289 김정희,『완당전집』, 권돈인에게, 제32신.

도 청의 도움을 받을 수 있다고 여겼다.[290]

당시 조선의 유학자들 사이에는 소중화 의식이 팽배하였다. 중국 대륙에서 명이 망하고 만주족 청이 등장했을 때부터 이미 중국은 중화에서 금수와도 같은 이적夷狄으로 전락했다고 여겼다. 그렇다면 중화의 전통을 이어받은 것은 누구인가? 그곳은 바로 문치주의를 관철하고 있는 조선이라고 생각했다. 이것이 바로 소중화 의식으로 주周=명=조선을 전제로 하는 조선 문화의 보존론이었다. 소중화 의식은 서양의 침략이 노골화되는 시대에 위정척사衛正斥邪로 변모하였다. 위정척사란 정학正學을 지키고 사학邪學을 배척하는 사상이다. 정학이란 공자·맹자·정자·주자로 이어지는 유교의 도통道統이며 사학은 서교西敎·서양제국주의였다. 이夷=사邪의 오염에서 화華=정正의 순수성을 고수하기 위한 사명감은 바깥 세계에 폐쇄적으로 대처하게 했다.[291]

그러나 1860년(철종 11) 영·불 연합군이 청의 수도 북경을 함락시켰다는 소식은 조선 사회에 엄청난 위기의식을 가져왔다. 지금까지 서양 세력에 대해 '당시지무當時之務'로 여기지 않고 미온적인 자세를 취한 조선은 청을 무너뜨린 서양의 무력에 큰 우려를 나타냈다. 하지만 천하의 청이 균열되는 위기를 눈앞에서 목도한 조선 정부는 대책에 골몰하지 않을 수 없었다. 신헌 역시 예외가 아니었다.

신헌이 본격적으로 서양 세력에 대한 대응책으로 민보를 거론한 때는 1862년(철종 13)이었다. 이때 그는 두 번의 상소를 올려 민보 설치를 건의했다. 당시 삼도통제사로 재직하면서 1860년 '중국의 대란' 이후 이양선의 잦은 출몰 때문에 백성들이 동요하자 그 대처방안으로 민보 방위에 관심을 갖게 되었다.[292] 그는 이후에 "비록 이 방법이 현실에 맞지 않아 시행되지 못할 줄 알았으나 여러 사람의 요청에 부응하는 뜻으로 이「민보집설」을 초안해 감히 조정에 올렸다."[293]라고 술회하였다.

1866년 가을, 프랑스 함대가 양화진에 나타나자 신헌은 다시「논병사소論兵事疏」를 올려 서양의 무력에 대처할 방안으로 민보 방위를 건의하고자 했다. 하지만 강화도의

290 진덕규, 「한말 지배층의 대외 인식에 대한 비판적 인식」, 『국사관논총』 60, 1994, 12쪽.
291 강재언, 『서양과 조선-그 이문화 격투의 역사』, 학고재, 1998, 217~222쪽.
292 박찬식, 앞의 논문, 1988, 59쪽.
293 신헌, 『민보집설』. 서문.

방어임무를 맡아 떠나게 되면서 임금에게 상소가 올라가지 못했다. 1866년 프랑스 함대의 침공(병인양요) 당시 총융사로 재직한 신헌은 양화진에 주둔하면서 소금창을 수비하였다. 이를 통해 서양의 무력을 직접 체험한 신헌은 방위력을 증강하기 위한 방책이 시급히 필요하다는 사실을 절감했다. 신헌은 1866년의 프랑스 함대 침공(병인양요) 이후 시국이 안정되자 그 이듬해인 1867년(고종 4) 1월 16일(양 2월 20일)에는 좌참찬으로서 서양의 군사력에 대한 치밀한 방어준비를 위해 군무에 관한 상소를 올리면서 민보 설치를 다시 주장했다.

이 「진군무소陳軍務疏」에서 신헌은 "옛날의 훌륭한 장수는 외적을 방어하자고 할 때 들판을 텅 비워놓고 적을 기다리는 병법을 써서 나라를 지켰습니다.……바로 이 때문에 민보를 많이 설치했으며 지금과 같은 외적의 변란이 있을 때에는 더욱더 시행해야 합니다."[294]라 하여 민보 설치를 적극적으로 건의했다. 외적의 침입이 우려되는 상황에서 부족한 관군을 대신할 조직으로 민보만한 것이 없으며 보堡로 들어가 거험청야據險淸野로 굳게 지킨다면 외적의 침략을 방비할 수 있다고 주장했다.

신헌의 건의는 5일 만에 의정부의 논의를 거쳐 국왕의 허락을 받았다. 의정부에서는 민보는 새로운 제도이므로 지방에 억지로 독촉해서는 되지 않는다고 보았다. 다만 민보를 전면적으로 시행하기 전에 보제堡制나 보약堡約에 관한 내용을 한 책으로 엮어 지방에 보내 민에게 편부를 물어 원하는 대로 따르도록 하였다.[295] 그래서 신헌은 곧 『민보집설』을 완성해 의정부에 올렸고 1867년 2월에 활자로 간행되기에 이르렀다. 결국 1862년 이후부터 1867

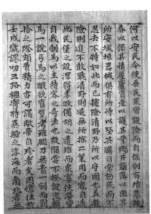

『민보집설』

---

294 『승정원일기』 고종 4년 1월 16일.
295 『승정원일기』 고종 4년 1월 21일.

년 초까지 몇 차례 걸쳐 지속적으로 건의한 민보 설치가 결실을 맺는 순간이었다.

(3) 『민보집설』의 특징

가. 『민보집설』의 구성

『민보집설』은 총 5장으로 이루어져 있다. 『민보집설』의 서문에 따르면, 이 책은 민보에 관한 여러 문헌을 모아 하나의 책으로 만들어 두었다가 그 책 중에서 다시 필요한 부분만을 가려 새로운 목차를 만들었다고 한다. 각 장마다 중간이나 끝 부분에 인용한 서명을 밝혔는데 정약용의 『민보의』를 가장 많이 참조했다. 다음으로 『보약』, 『성수서城守書』가 인용되었는데 『성수서』는 현재 어떤 책인지 정확하지 않다.

실제로 신헌의 『민보집설』을 살펴보면 정약용의 『민보의』를 전재하다시피 했다. 이밖에 윤경의 『보약』, 『성수서』 등을 인용했다. 그러므로 이 책은 신헌의 독창적인 견해라고 할 수 없다. 『민보집설』이 『민보의』와 다른 부분이 있다면 『성수서』를 인용한 「오갑伍甲」과 윤경의 『보약』을 인용한 「보약」이다. 따라서 이 차이점이 『민보집설』의 특징이다.

앞에서 언급했듯이 신헌은 내우를 예방하기 위해 내치內治에 많은 관심을 보였다. 그래서 『민보집설』에 대민 파악이나 편제를 다룬 「오갑伍甲」이 들어갔다고 여겨진다. 또 『민보집설』에는 군법 위반자나 전공을 세운 사람에 대한 처벌 및 포상 규정이 없다. 이점은 『민보집설』이 1866년 프랑스 함대의 침공 사건(병인양요) 이후에 평상시 대민 통제의 목적에서 편찬되었음을 짐작하게 한다.[296]

『민보집설』이 신헌 개인의 견해를 전적으로 담고 있지 않음에도 불구하고 이 책이 갖는 의의는 크다. 당시 국방의 최일선에서 활약한 현직 고위 관료로서 민보 설치를 주장했기 때문이다. 프랑스 함대의 침공 사건(병인양요)을 겪은 이후에 국방력의 증강을 현실적으로 실현하려는 의지가 강하게 작용했다고 볼 수 있다. 실제로 대원군은 신헌의 민보설을 채택해 전국에 민보령을 내렸다. 민보론이 제안으로서 그치지 않고 현실에 적용할 국방력 강화 방안으로 채택되기에 이른 것이었다.

---

296 최진욱, 「신헌의 내수어양책 연구」, 고려대학교 석사학위논문, 1997, 21~24쪽.

(나) 『민보집설』의 내용과 특징

정약용은 『민보의』에서 '민보의 입지조건民堡擇地之法'을 첫머리에 두었다. 지역 방위를 위해 민보를 어느 곳에 쌓을 것인가 하는 문제를 가장 중시해 관심을 쏟은 것이다. 하지만 신헌은 '향촌 주민의 편제(오갑伍甲)'를 첫머리에 두었다. 이 점이 『민보집설』과 『민보의』의 가장 큰 차이점이다.

신헌은 민보의 조직이나 입지조건, 민조의 축조 방식과 부대시설, 민보간의 상호지원, 식량지원책 등 대부분의 내용을 『민보의』의 내용을 그대로 따랐다. 그러나 향촌주민의 편제 방식만은 본인의 독자적인 견해를 제시했던 것이다.

민보는 향촌의 자발적인 방어체제이므로 효율적인 운용을 위해 향촌 주민을 조직화하고 무장시킬 필요가 있다. 그런데 신헌이 제시한 '오갑伍甲'의 내용을 살펴보면 비상시 민보 안에서 운용되는 시스템이라기보다는 평상시 향촌의 주민 편제에 관한 특별한 내용이 담겨있다. 그리고 향촌 주민의 편제는 자율적인 조직체를 넘어서 관官과 밀접한 관계를 중시하도록 유도했다.

신헌은 보堡의 구성 규모를 정약용과 달리 인구가 아닌 가호를 기준으로 제시했다.

신헌 고택(충북 진천)

각 지방의 촌락을 집집마다 차례로 조사해 10호를 1개 갑으로, 10개 갑을 1개 보堡로 편성하도록 했다. 한 보의 규모가 대략 100호 정도 되는 셈이다. 한 가호가 최소한 부부와 1~2명의 자녀로 구성된다고 볼 때, 1호당 평균 3~4명의 인원을 책정하면 1보가 300명~400명 안팎이 되므로 작은 규모가 아니다.[297]

신헌은 대민 파악에 많은 관심을 갖고 이들을 효과적으로 편제하기 위한 방법을 모색했다. 갑이 편성되면 각 가호에서는 각각 작은 지패紙牌 1개씩을 비치하고 군정軍丁이나 친족을 막론하고 그 집에 거주하는 사람의 본관本貫·나이·모습 및 생활수준 등을 기록하도록 했다. 또 1갑甲마다 공동으로 지패 한 개를 비치해 10가호의 대표인 갑장甲長이 성씨·나이·모습 및 10호 전체의 인구수를 기록해 관官의 서명을 받도록 하였다.

이처럼 신헌은 각 고을마다 10호 단위로 가호를 편제해 가호 및 개인의 동향을 기록한 책자를 만든 후 관에 제출하도록 권유했다. 이 문서에는 각 개인의 신상은 물론 가호의 호구수·인적구성·재산·역役의 부담, 그리고 가호의 전입·출입 상황 등을 자세히 기록해 대민 파악을 위한 기초 자료로 활용하도록 했다. 민보에서 이루어지는 향촌 주민 편제를 관에서 대민 파악을 위한 기초 단위로 활용토록 한 것이다.

신헌이 구상한 향촌주민의 편제는 단순히 편제로만 끝나지 않는다. 향촌주민은 10호 단위로 동고동락의 생활공동체를 지향하는 동시에 감시와 처벌을 강화하도록 했다. 갑대마다 매일 아침 1명씩 윤번으로 목탁을 치면서 통고사항을 전하고, 저녁에는 패를 가지고 다니며 전출·전입한 가구나 낯선 사람이 있는지 조사해 서류에 기록하여 갑장에게 보고하였다.

이뿐만 아니었다. 도적이나 송사도 10호 단위로 해결하도록 했다. 그 결과 결속력이 높아져 대오가 연결되고 기강이 확립되어 외적을 막을 수 있다고 보았다. 나아가 풍속이 교화되고 예악도 흥기되어 한 고을을 힘들이지 않고도 다스리는 소기의 목적을 달성할 수 있다고 여겼다.

또 외적이 침입하면 보장이 각 갑대를 통솔해 적을 막아내도록 하였다. 즉 적이 침

---

297 신헌, 『민보집설』, 伍甲 第一.

입했다는 신호를 들은 각 갑대는 각종 무기를 들고 일제히 달려나와 보장의 지휘에 따라 요로에 매복하거나 또는 힘을 합하여 적을 공격하도록 하였다. 위의 '향촌 주민의 편제(오갑)'가 유사시에 그대로 외적 방비 태세가 되는 시스템을 구상한 것이다.

다음으로 신헌이 독창적인 견해를 제시한 부분은 향촌민의 훈련 방식이다. 민보는 향촌민의 한정된 힘으로 운영되므로 이들의 적극적인 참여가 무엇보다도 중요했다. 자기 지역을 스스로 방어하겠다는 의지가 투철해야 함은 물론 유사시 전투원으로 즉각 투입될 수 있어야 한다. 신헌은 향촌민의 전투력을 제고시키는 방법으로 전투 훈련을 중시했다. 전투 훈련은 몸을 움직이는 훈련이 아니라 신호나 깃발을 통해 향촌민을 일사불란하게 비상체제로 전환시키는 교육이었다. 이 방법은 제시齊視·제청齊聽·제격齊擊·제번齊番의 4가지 조목으로 정약용의 『민보의』에는 없는 내용이다.[298]

제시齊視는 깃발을 이용해 대중의 눈을 하나로 집중시키는 것이다. 민보의 각대角臺나 적대敵臺에 장대 1개를 세우고 황색 포布로 만든 큰 기 1개를 매단다. 그 기에는 '무슨 각(동서남북의 방위), 무슨 적대某角某敵臺'라는 글자를 쓴다. 외적이 침입하면 기를 올리고 물러가면 내린다. 또 성벽의 면마다 깃대를 세워 붉은 비단 기 한 개를 매단다. 거기다 '무슨 면 대적(모면대적某面對敵)'라는 글자를 쓴다. 적과 대치할 때는 제일가운데 위치한 적대의 큰 기 꼭대기에다 매달고 적이 퇴각하면 내린다. 보장이 거기에 있으면 그 아래에 붉은색 작은 기 한 개를 더 매달고 없으면 내린다. 밤이 되면 붉은 색의 등불로 바꾼다. 또 깃발을 이용해 식사하는 절차의 표지나 보장의 지휘용 표지로 삼는다.

제청齊聽은 징이나 북을 울려 대중의 귀를 하나로 집중시키는 것이다. 북이 울리면 경계태세를, 징이 울리면 전투태세를 갖추어야 한다. 민보 성벽의 한 면마다 북과 징을 준비하되 작은 민보에는 1개씩, 큰 민보에는 2개씩 비치한다. 침입하는 적을 발견하면 해당 면의 성벽에서 북을 치다가 천천히 울리게 하며 적이 퇴각하면 그친다. 적이 침입해 성을 공격하면 징을 울리고 천천히 소리를 이어지게 하다가 적이 공격을

---

298 신헌, 『민보집설』, 보약 제4.

멈추면 그친다. 적이 대거 몰려와 참호를 메우고 건너려고 하면 징을 울리고, 적이 이미 참호를 건너 성벽에 기어오르거나 성벽을 파괴하려 하면 북·징을 함께 울린다. 사방 성벽에서 징·북이 함께 울리면 성내 모든 사람은 자기가 맡은 진지와 부서로 달려가야 한다. 이때는 한 사람도 식사 교대를 할 수 없다.

제격齊擊은 총이나 활을 차례로 발사해 보인堡人의 전투력을 힘껏 발휘하도록 하는 것이다. 민보의 향촌민은 전투 경험이 없는데다가 조직화되지 않아 소규모의 침입에도 놀라 당황하게 된다. 본격적인 전투가 시작되기도 전에 함부로 활·총을 쏘아 전투력을 저하시키고 적에게 패배하기 일쑤였다. 이러한 사태를 미연에 방지하기 위해 적의 접근 정도나 침입 규모에 따라 7가지의 공격 절차를 만들었다.

제번齊番은 순서대로 보초를 서고 실수 없이 교대하는 것이다. 처음 북이 울리면 임무를 맡은 모든 사람은 정위치에 복귀한다. 북소리가 천천히 울리면 적과 대치한 쪽의 적대의 대원은 자기 위치에 서고, 비예의 정대와 기대는 상호 교대한다. 그러다가 징이 울리면 모든 사람은 수성기구를 정비하고 비예에 있는 사람도 자기 위치에 서며, 다른 쪽 적대의 대원도 역시 서되 그 비예에 있는 사람은 교체해 앉는다. 징·북이 함께 울리면 적 방향의 적대와 비예에 위치한 대원은 공격을 멈추지 말고, 다른 쪽 적대의 대원은 달려가 지원하며 그 비예의 대원은 모두 일어선다. 징·북이 모두 멈추면 4면 가운데 두 면의 적대에서 정대正隊는 머물고 기대는 내려가 식사하고 이들이 돌아오면 정대가 식사하러 간다. 적대의 정대가 돌아오면 비예의 기대가 식사하고 기대가 돌아오면 비예의 정대가 식사하러 간다. 비예의 정대가 다 돌아오면 그 면의 나머지 전체가 식사한다. 그 순서는 동쪽·남쪽이 먼저 하고 서쪽·북쪽이 나중에 한다.

또 민보에서 중요한 사항은 식사의 교대였다. 24시간 비상체제로 근무했으므로 1초라도 적침에 대한 경계를 소홀히 할 수 없었다. 이에 자칫 해이한 분위기가 되기 쉬운 식사 교대를 절도 있게 수행하도록 하였다. 대체로 북이 울리면 적과 대치한 정면의 사람이 식사하러 가지 못하고, 징이 울리면 모든 방면의 사람이 식사하러 가지 못한다. 대신 이들도 그 자리에서 식사할 수 있도록 노약자나 부녀자들이 식사를 아래쪽에서 위로 올려 보내준다.

<표 3-2> 군량의 1일 지급량

배급시기 지급대상	전투 시기	평상시
정군·지휘관	3되(아침·저녁·밤 각 1되)	1되(아침·저녁 각 5홉)
산군(散軍)	2되1홉(아침·저녁·밤 각 7홉)	1되(아침·저녁 각 5홉)

만약 보장의 지휘 아래에 있는 절예인絶藝人이 식사할 때에는 보장이 대신 그 자리에 위치해 노란색 깃발을 흔들다가 외적이 갑자기 들이닥치면 노란색·붉은 색 깃발을 같이 흔들고 북을 치고 징을 울린다. 그러면 왼쪽·오른쪽의 적대와 비예에 있는 기대奇隊는 다른 신호를 기다릴 필요 없이 달려가 구원한다. 이렇게 하다가 식사하던 자가 본 위치에 돌아오면 지원을 중지하는데, 만약 징이나 북소리가 그치지 않으면 돌아가지 않고 그대로 머물도록 하였다.

다. 민보 설치의 좌절

1867년(고종 4) 1월에 민보령이 내린 이후에 민보 설치를 권유하는 의정부의 공문이 각도에 도착한 때는 1867년 7월 초순경이었다. 각 감영·병영 그리고 읍에 한 건씩 배포하라고 신헌의 『민보집설』이 동봉되었다. 『민보집설』이 간행된 이후 4~5개월 경과한 시점이었다. 공문에는 민보에 대한 찬성과 반대 여론을 함께 명시한 후 민보는 설치하고자 한다면 바로 시행할 수 있다고 하였다.[299]

하지만 민보 설치는 순조롭게 진행되지 못했다. 신헌은 1867년 1월초에 「진군무소」를 바친 지 몇 개월이 지난 후 다시 「의재진군무소擬再陳軍務疏」를 국왕에게 올렸다. 이 소에서 그는 민보 설치는 급박한 '시무時務'이므로 관찰사나 병마절도사·수군절도사들에게 민보 설치에 대한 의견을 특별히 들어보자고 요청하였다.[300] 민보령에도 불구하고 구체적으로 시행되어야 할 민보 방위의 실시 계획이 지지부진하기 때문이었다.

<hr>

299 연갑수, 『대원군집권기 부국강병정책 연구』, 서울대학교 출판부, 2001, 231~232쪽.
300 박찬식, 앞의 논문, 1988, 69쪽.

그렇다면 민보령 반포 이후에 민보는 왜 적극적으로 실행되지 못하였을까. 그것은 대체로 두 가지 이유 때문이 아닌가싶다. 백성이 민보에 모여 있어 국가에서 군사를 동원하기 어렵다는 점과 무기를 소지한 개인들이 보를 근거로 도적으로 변모할 우려가 있다는 점이었다. 이 밖에도 각 보들이 스스로를 보위하는 데 안주해 의병들을 규합하기 어렵다는 점, 보 단위로 독립성이 강해 통일된 지휘를 어렵게 할 수 있다는 우려도 민보 설치의 반대 이유였다.[301]

19세기는 민란의 시대로서 크고 작은 민란이 계속되었다. 국정의 개혁 의지가 희박한 정권으로서는 민란 방지에 힘을 기울였고 민보 설치에 따른 위험성을 고려해야만 했다. 그래서 민보 설치에 적극적일 수 없었다. 외침의 위기에 직면해 민보령을 내렸지만 민중들이 보를 근거지로 삼아 규합한다면 외침보다도 내우內優가 정권에 더 위협적일 수 있었다. 당시 경상감사 이삼현李參鉉이 "입보는 견벽청야堅壁淸野의 의도를 담고 있으나 나라에 병력이 없는 때에는 소요의 단서나 토적굴이 될 우려가 있다"[302]고 반대한 일은 당시 위정자들의 인식을 대변한 견해였다.

지방에서 민보 설치가 좌절된 데에는 위정자 못지않게 향촌 사회의 반발도 컸으리라 예상된다. 신헌은 민란이 발생하면 가장 먼저 피해를 입을 토호土豪를 민보의 주도 세력으로 상정했다. 피해를 방지하기 위해 토호들이 앞장서 보를 만들고 경제력이 있는 이들이 보주堡主가 되어 활약하면 방어에 만전을 기할 수 있다고 보았다. 하지만 토호들의 이러한 활약은 아직 향촌 사회에서 주도권을 행사하던 사족들에게는 달갑지 않았다. 경제력을 토대로 향촌 사회가 전면적으로 개편될 우려가 있었기에 사족들의 반발이 만만치 않았을 것이다.

그러나 신헌의 생각은 많이 달랐다. 정약용과 마찬가지로 민보에 대해 비교적 낙관적인 견해를 가졌다. 오히려 터전에 안착하지 못한 채 생업을 잃고 떠도는 무리나 난을 피해 모인 민중들이 소요를 일으키고 도적으로 변모한다고 여겼다. 이들에게 가족과 함께 생활할 수 있는 터전을 마련해주고 민보를 설치해 스스로 지키게 한다면 도적이 되는 것을 방지할 뿐만 아니라 군병을 얻을 수 있다고 보았다. 신헌의 생각은 단

---

301 연갑수, 앞의 책, 2001, 233~237쪽.
302 이삼현, 『종산집』 권21, 옥령만필초 정묘칠월(『임술록』, 국사편찬위원회, 1958 영인수록).

순 명쾌했다. "백성이 도적이 되는 것은 병기에 관계되는 것이 아니라 배고픈 자가 있으면 보를 빌리지 않고도 도적이 된다"는 것이다.[303]

민보 설치는 『민보집설』이 간행되어 각도에 배포되고 신헌의 강력한 주장에도 불구하고 좌절되었다. 각도에 문의한 결과 민보를 설치한 지역은 거의 없었다고 한다. 강원감사 조구하趙龜夏는 강원도 26개 읍 가운데 민보를 설치하겠다는 읍이 한군데도 없다고 보고했다.[304] 다른 도에서도 대체로 비슷한 내용을 보고했다고 여겨지며 결과적으로 민보 설치령은 좌절되고 말았다.

1866년 프랑스 함대와 일전을 치른 조선은 국제환경의 급격한 변화 속에서 서양의 무력에 적극적인 대응을 하지 않을 수 없었다. 하지만 위정척사론자들의 지지를 받으면서 쇄국정책을 추진한 대원군은 화이관에 입각해 통상 개국은 물론 서양에 대한 정확한 파악마저 어렵게 하고 있었다.[305] 이러한 상황에서 대두된 민보론은 민보령의 실시에도 불구하고 지배층의 체제 안정책에 걸림돌이 될 우려가 있다는 인식 때문에 향촌사회에서 실패하고 말았다.

4) 민보론의 계승과 발전

(1) 『어초문답』

『어초문답漁樵問答』은 저자 미상의 책이다. 서문을 보면 송 유학자 소강절邵康節이 저작한 『황극경세서皇極經世書』가운데 「어초문대漁樵問對」라는 편명을 모방해 편찬한 책이라고 밝히고 있다. 내용 전개는 가공인물인 어부(어漁)와 땔나무꾼(초樵)을 등장시켜 국가와 백성을 위한 방어책을 대화체로 이끌어가고 있다.

『어초문답』의 저술 시기는 「총론」을 통해 어느 정도 유추할 수 있다. 총론에서 어부가 나무꾼에게 말하기를 "강화도가 외적에게 점령당하고 서울이 진동하여 백성들은 저마다 금방 위험이 닥칠 것 같아 두려워하고 있답니다. 그러나 다행히 하늘이 도

---

303 권정의, 「신헌의 군제개혁론」, 전남대학교 석사논문, 1987, 31쪽.
304 연갑수, 앞의 책, 2001, 236쪽.
305 진덕규, 앞의 논문, 1994, 19~24쪽.

우서서 그 외적의 선박은 물러가고 전란의 조짐이 없어졌습니다. ……이를 틈타 바다를 건너오는 도적들의 변란이 일어나고 있소. 그들이 지금은 비록 패해 돌아갔으나 장차 그들의 흉계를 예측할 수 없소."[306]라고 하였다.

이 대화에 나오는 강화도에 침입한 외적이 패해 돌아갔다는 표현은 이 책의 내용이나 여러 가지 정황을 고려할 때 1866년(고종 3) 프랑스 함대의 침공 사건(병인양요)과 1871년 미국 함대의 침공 사건(신미양요)을 가리키는 것으로 판단된다. 따라서 이 책의 저술 시기는 1866년 프랑스 함대의 침공(병인양요)이나 1871년 미국 함대의 침공(신미양)요 직후로 여겨진다.

저자가 『어초문답』에서 주로 참조한 책은 윤경의 『보약』, 정약용의 『민보의』, 모원의의 『무비지武備誌』 등이다. 『병지兵志』도 인용했으나 어느 책을 지칭하는 지 확실치 않다. 한편 『민보집설』은 출간되어 지방에 배포되었으므로 이 책이 나온 이후로 민보를 논하는 사람들은 반드시 신헌을 지목했다. 하지만 『어초문답』에는 신헌에 대한 언급이 전혀 없는 점이 눈에 띤다.

『어초문답』의 목차는 총론·권유勸諭〈부약속附約束〉·택지擇地·축원築垣〈적대비예敵臺陴倪〉·지량支糧·편오編伍·기계器械·연습鍊習·수어守禦·정탐偵探·척후요망斥候瞭望·장등壯登·정기定氣·정각定脚·전목專目·정성靜聲·견지堅志·촉간矚奸·기병갱번奇兵更番·둔병屯兵·둔병외거屯兵外拒·양인력養人力·전인력專人力·전호령專號令·수성호령守城號令·발복로호령發伏路號令·복로군법伏路軍法·농작農作·경야警夜·상구相救·상벌賞罰이다. 앞에서 살펴본 『민보의』나 『민보집설』과 목차 구성에서 많은 차이를 보인다.

『어초문답』은 민란으로 국내 정세가 불안하고 이양선의 출몰로 대외적 위기의식이 고조되는 분위기에서 군비 태세의 강화를 도모하기 위해 지어진 책이다. 저자는 병란이 일어났다는 와전 때문에 서울이 진동하고 백성들이 피난 가는 상황을 목격한 후 대외방비책으로 민보론을 주장하고 있다.

내용은 위의 목차에서 보듯이 『민보의』와 유사하지만 구성은 보다 치밀하고 자

---

306 『어초문답』, 총론.

세한 편이다. 또『민보집설』과 달리 저자의 독창적인 의견도 많이 수록되었다. 이는 1866년·1871년의 서양 함대 침공(양요)을 겪은 이후 외적의 침입에 직면해 사회 전반적으로 국방의식이 투철해지면서 자주적인 입장에서 국토를 수호하겠다는 의지의 표현이었던 것으로 보인다.

(2)『민보신편』

『민보신편』은 주희상周熙尙(1831~1887)의 저술이다.[307] 주희상은 아버지 주상현周相炫과 어머니 월성 최씨 사이에서 태어났다. 본관은 상주이며 호는 호산壺山이다.[308] 주희상에 대해서는 아직까지 잘 알려져 있지 않지만『고종실록』에서 단편적인 행적을 추적할 수 있다.

1868년(고종 5) 칠원의 백성들이 수령의 착취에 대항해 현감 조현택을 쫓아내는 사건이 발생했다. 이 사건을 조사하기 위해 고종은 조창영趙昌永을 안핵사 겸 수령으로 파견하였다. 조창영이 이 사건을 조사해 올린 보고서에 바로 주희상의 이름이 있다.

보고서에 따르면 "이때 주희상은 태연스럽게 꼼짝하지 않고 이치에 근거하여 엄하게 질책하였으니 변고를 대처한 바가 행동마다 합당하였습니다. 이러한 사람은 당연히 먼저 표창하여 첫 벼슬자리에 등용할 것을 인사담당 아문에 지시할 것입니다."[309] 라는 내용이다.

족보에 따르면 주희상은 당시 마을 사람들이 행동을 함께 하지 않는 자를 처단할 때 자신의 집에 쳐들어온 난민들을 효유하자 난민들이 그냥 물러갔다고 기록되었다. 이후 주희상은 제릉齊陵 참봉(종9품)을 제수 받아 근무한 후 어버이 봉양을 위해 고향에 돌아왔다고 기록되었다.[310] 이상의 내용을 정리해 보면 주희상은 칠원에서 발생한 수령추방사건 때에 여기에 가담한 주민들을 회유한 공으로 참봉에 임명되었음을 알

---

307 정경현, 「19세기의 새로운 국토방위론-다산의『민보의』를 중심으로-」『한국사론』 4, 서울대학교, 1978, 361~362쪽.
308 『尙州周氏大同譜』, 회상사, 2001.
309 『고종실록』권6, 고종 6년 1월 11일(계미).
310 『상주주씨대동보』, 회상사, 2001.

수 있다.

주희상은 1878년에 『민보신편』을 지었다. 1876년에 민보령이 내린 지 2년이 지나서였다. 주희상은 "우리나라는 오로지 문치만을 숭상해 태평한 날이 오래되자 무비武備가 무엇인지 알지 못하게 되었다."[311]라고 하면서 '서양오랑캐'와 왜의 침범에 대비할 목적으로 이 책을 지었다 한다.

> 근자에 조정에서 보를 쌓으라는 명령이 있었으나 여러 읍에서 낡은 인습을 지키면서 수행하지 않았다. 이는 편안함에 익숙한 지가 이미 오래되었을 뿐만 아니라 사업이 거대하고 민력을 계속 투입할 수 없기 때문이었다. 지금 이 책은 나중에 만약 불행히도 갑자기 전쟁을 당해 뜻밖에 적이 10~20리 내에 당도하면 정신없이 흩어져 도망가는 상황에 대비해 지은 것이다.[312]

목차는 편오編伍·산형山形·목채木寨·토루土壘·조련操鍊·기계器械·보량堡粮이다. 『민보신편』의 내용에는 정약용의 『민보의』와 유사한 내용이 많으나 실제로 참조 자료로는 『민보집설』을 인용하고 있다. 이 밖에 유성룡의 「방수사의防守事宜」와 『징비록懲毖錄』, 『반계수록磻溪隨錄』(유형원), 『무비지』(모원의), 『무예도보통지武藝圖譜通志』 등을 참고했으며 김성일金誠一·조헌趙憲·유성룡의 성곽론과 강항姜沆의 『왜정록倭情錄』 등이 인용되었다.

『민보신편』이 다른 민보론에 비해 두드러진 특징이 있다면 화약이나 화기의 사용을 세밀하게 제시한 점이다.[313]

> 손님이 묻기를 "우리나라의 병제는 전적으로 『병학지남』을 사용하는데 이 책은 그와 다른 것이 많으니 왜 그런가?"라고 하였다. 내가 대답하기를 "……왜적 역시 서양과 서로 교통한 후 군사대열·무기가 일체 서양식으로 따랐으니 『병학지남』이 왜적을 막

---

311 주희상, 『민보신편』, 편오 제1.
312 주희상, 『민보신편』, 토루.
313 정경현, 앞의 논문, 1978, 362쪽.

을 수 없다는 것은 지혜로운 사람의 말을 기다리지 않고서도 알 수 있다."하였다.[314]

이처럼 『민보신편』은 정약용과 신헌의 민보론을 계승했지만 세부적인 내용은 당대 상황을 충실히 반영하고 있다. 당시 전쟁 양상이 화기가 주무기로 등장하자 이에 대응하기 위해 조선 역시 새로운 무기나 전법을 고안하지 않으면 안되었다.

주희상은 이 점을 감안해 종래의 고식적인 방법으로는 서양이나 일본의 침략을 막을 수 없다는 판단으로 서양식 무기와 전법에 관심을 가진 것이다. 따라서 이 책은 19세기 후반 급변하는 대외 정세에 대처할 수 있도록 민보를 중심으로 한 국토방위 개념을 진일보시켰다는 의의를 담고 있다.

(3) 『민보신약』

『민보신약民堡新約』은 현재 『어초문답』과 마찬가지로 저자나 저작 시기가 모두 미상이다. 저술 시기는 서문에서 천주교나 이양선의 출몰 등을 암시하는 내용이 나오는 것으로 보아 빠라도 『민보의』가 저술된 1812년(순조 13) 이후에, 아무리 늦어도 1866년(고종 3) 프랑스 함대의 침공 사건(병인양요)이나 1871년 미국 함대의 침공 사건(신미양요) 이전으로 판단된다.

『민보신약』의 목차는 민보의·보국堡局·보축堡築·보중堡衆·보비堡備·보률堡律·보농堡農·보수堡守·보교堡敎로 서문인 「민보의」를 제외하고 총 8편으로 구성되었다. 8편 가운데 보국·보축·보중·보농에는 다시 세부 항목을 몇 개씩 두었다. 보국에는 보천堡泉·보대堡對, 보축에는 보반堡盤·보벽堡壁·대보臺堡·보호堡壕·보치堡雉·보문堡門·옥보屋堡, 보중에는 보주堡主·보좌堡佐·타장垜長·부장婦長, 보농에는 보경堡耕·보종堡種·보세堡稅·보향堡餉·보의堡衣의 세부 항목이 있다.

위의 목차에서 보았듯이 『민보신약』의 내용은 앞에서 소개한 책들과 목차 구성에 차이가 많음을 알 수 있다. 그렇다면 이 책은 어떤 자료를 참조했는지 궁금하다. 『민보의』·『민보집설』·『어초문답』·『민보신편』에는 내용 중에 어떤 책을 참조했는지 기

---

314 주희상, 『민보신편』, 서.

록했으나 『민보신약』에는 참고문헌의 기록이 없다. 대신 책 저술과 관련해 다음과 같은 견해를 밝히고 있다.

> 옛 보약堡約은 12장이다. 윤경이 지었는데 모원의가 책 전체를 취하고 내용을 빼지 않았다. 우리 동방은 땅이 모두 산이지만 중국은 산이 적은 편이다. 우리의 형편은 빈한하고 궁색하지만 중국은 여유가 있어 기계나 물산이 사방에서 모여든다. 따라서 이것으로서 저것을 법도로 삼는다면 행할 수 없으니 간단한 것으로 번거로움을 다스리고 어려운 것을 버리고 쉬운 것을 취하고자 한다. 감히 고인의 약속을 가져다가 어지러이 고치지 못하지만, 다만 그 대의를 얻어 세칙을 덜어내 풍습에 맞고 지금에 편리하게 할 뿐이다. 이 때문에 책이름을 '민보신약'이라 했는데 '신新'이란 옛 것을 보존해 있다는 의미다.[315]

저자가 서문에서 밝혔듯이 『민보신약』은 대부분 윤경의 『보약』을 참조하였다. 그렇다고 하여 『보약』을 전적으로 답습하지 않았다. 주체적인 입장에서 조선의 형편과 지형·풍토에 맞는 국토방위전략을 제시하였다.

『민보신약』은 위에서 소개한 다른 민보 관련 책들처럼 이양선의 출몰이나 외세의 침략 등으로 대외적 위기의식이 팽배하던 분위기에서 저술되었다. 저자는 서양의 장기는 성능이 강력한 화포·함대로서 간사한 계책을 써서 사람을 속이고 남의 나라를 쉽게 침범한다고 보았다. 반면에 조선인은 품성이 강인하고 '앞으로는 붙잡고 올라올 수 없고 뒤로는 엿볼 수가 없는' 험한 산성이 있으므로 이를 이용해 강고한 국방태세를 갖춘다면 외세에 대응할 수 있다고 보았다.

따라서 이 책은 19세기 후반 급증하는 외세 침략에 맞서 기존의 민보론을 구체적으로 조선의 실정에 맞게 수정·보완해 현실에 적용시키고자 한 의의를 갖는다. 이 점은 민보론이 죽어있는 사상이나 제안이 아니라 군비개혁이나 국방력 증강을 위한 실제적인 전략으로서 활용되었음을 알려준다.

---

315 『민보신약』, 민보의.

제3절

군사이론과 병법

1. 조선시대 병서의 종류

1) 병서의 개념과 분류

'병서'는 말 그대로 '병'에 관한 내용을 전문적으로 담고 있는 책이다. '병'은 중국에서 대체로 무기, 군인 또는 군대, 싸움 또는 병법이라는 의미로 사용되었다. 『설문說文』, 『광운廣韻』, 『주례周禮』에서는 병기, 『사기史記』나 『한서漢書』에서는 군인 또는 군대, 『예기禮記』나 『전국책戰國策』에서는 '싸우다' 또는 '병법'이라는 뜻으로 썼다. 이처럼 '병'은 무기에서 점차 군인·군대·전쟁·병법 등으로 의미가 확장되었다.[316]

따라서 병서란 군사 문제에 관하여 기술한 서책을 뜻한다. 구체적으로 군대 편성과 운용, 무기, 진법陣法(전투대형)과 군사 훈련, 공격 및 방어법 등을 서술한 책을 말한다. 이런 측면에서 병서는 과거의 전쟁에서 축적한 경험의 토대에서 전쟁의 양상, 군사 작전이나 전투법, 병기 운용, 명령법 등 각종 전략·전술을 비롯해 촌철살인의 지혜가 응축되어 있다. 나아가 이러한 군사 이론이나 병법을 당대 군사 현실이나 전쟁·전투에 실질적으로 적용하려는 방책들이 담겨있다. 이 때문에 병서에는 당시 사회상

---

316 백기인, 『中國軍事思想史』, 국방군사연구소, 1996, 13쪽 ; 노영구, 『조선후기 병서와 전법의 연구』, 서울대학교 박사학위논문, 2002, 1쪽.

이 여실히 반영되어 있다.

우리나라는 고대로부터 중국의 선진 전술 및 무기를 수용하여 우리의 것으로 발전시키는 과정에서 병서를 편찬하였다. 병서는 국왕의 명을 받은 문신의 손에서, 또는 전략가에 의해서 또는 어느 이름 없는 무인에 의해 만들어졌다. 조선초기에는 단종이나 세조처럼 직접 병서를 저술한 국왕도 있었다. 이들은 각기 다른 위치에서 국방을 염려하고 방어체제나 무기운용, 각종 전법과 병법 등을 분석하거나 창안해서 당대 상황에 맞는 국방이론을 정립하고자 했다.

조선의 제14대 국왕 선조는 조선-일본 전쟁이 끝난 1605년(선조 38)에 "병법은 일정한 체계가 없으며 일정한 제도도 없는 것이다. 대개 산천의 형세가 다르고 풍토와 기예도 같지 않기 때문에 옛날에는 맞았어도 오늘날에는 맞지 않는 것이 있고, 초楚에서는 편리해도 제齊나라에서는 편리하지 않는 것이 있다."[317]고 하면서 조선의 실정에 맞는 병서 편찬을 독려하였다. 그러면서 병서의 중요성에 대해 다음과 같이 말하였다.

> 병서兵書란 문인들이 시간이 남아 하는 맹랑한 글처럼 한바탕 담소하고 그치는 것이 아니다. 크게는 국가의 성패가 달려 있고 작게는 사람의 사생이 달려 있다. 그러니 두려워하지 않을 수 있겠는가.[318]

병서는 군사에 관한 내용을 포괄하는 책이므로 방대한 내용을 담고 있다. 그래서 현재 병서를 보다 쉽게 이해하는 방편으로 병서를 분류하고 있다. 그러나 병서를 분류하는 일은 생각보다 그리 쉽지 않다. 하나의 특정 주제만 다루는 것이 아니라 여러 사항을 함께 담고 있는 병서도 많고, 병서의 성격을 둘러싸고 개인마다 다른 견해를 갖고 있기 때문이다. 현재 병서 분류는 대부분 병서의 내용을 근거로 하여 이루어지고 있다. 그 내용을 소개하면 다음 〈표 3-4〉와 같다.

---

317 『선조실록』 권186, 선조 38년 4월 20일(갑자).
318 『선조실록』 권186, 선조 38년 4월 20일(갑자).

〈표 3-4〉 병서 분류

- 교범류, 전사戰史, 무구武具, 성제류武具城制類, 무예, 민보民堡[319]
- 군사종합, 군사훈련, 병기, 전략전술, 전쟁사, 기타[320]
- 진법류, 연병류, 병학류, 병기 및 성곽류, 전사류, 무예류, 주석 및 용어집류[321]
  - 진법류 : 전투시 병사를 야전에 배치하는 데 필요한 진법과 운용법
  - 연병류 : 군사 조련에 관한 세부적인 내용을 수록
  - 병학류 : 군사와 관련된 이론적인 문제를 포괄
  - 병기 및 성곽류 : 군사장비의 해설과 운용에 관한 병서
  - 전사류 : 역대 전쟁에 관한 역사
  - 무예류 : 근접전에 필요한 단병기短兵器를 다루는 방법을 담은 병서
  - 주석및용어집류 : 병서의 특수 용어를 주석하거나 설명한 병서
- 교범류, 전사류, 무구류, 무예류, 민보류[322]
  - 교범류 : 전략 및 전술에 관련된 군대 지휘 및 전술에 대한 기본 이론서
  - 전사류 : 역대 전쟁에 관련된 사적
  - 무예류 : 각종 무기를 다루는 기술
  - 민보류 : 민간 주도하의 향촌 방위체제

위의 〈표 3-4〉에서 보듯이 한국에서 이루어진 병서 분류는 주제별로 크게 군사훈련, 병학, 무기, 전쟁사, 무예를 중심으로 이루어져있다. 이 책에서도 여러 분류를 참조하여 일반인들이 알기 쉬운 용어를 선택하여 병서를 분류해 보았다. 크게 군사제도와 방어, 진법과 군사 훈련, 무기, 무예, 성곽제도, 병학서, 전쟁사와 명장전, 민보방어론으로 나누었다. 다만, 여러 주제가 함께 들어있는 병서는 많은 비중을 차지하는 주제 쪽으로 집어넣었다.

〈군사제도와 방어〉는 조선시대 군사제도나 군사 운용을 실었거나, 조선의 상황을 토대로 한 외적 방비책을 다룬 병서를 묶었다. 여기에 속한 책들을 엄밀한 의미에서

319 육군본부 편, 『고병서해제』, 1979.
320 김성수·김영일, 「한국 군사류 전적의 발전계보에 관한 서지적 연구」『서지학연구』 9, 1993, 115쪽.
321 노영구, 「조선시대 병서의 분류와 간행 추이」『역사와 현실』 30, 1998, 284~285쪽.
322 강성문, 「조선의 병서와 병학사상」『한민족의 군사적 전통』, 봉명, 2000, 183쪽.

병서라고 볼 수 있는지 논의의 여지가 있으나 이 책에서 시도해보았다. 〈진법과 군사훈련〉은 말 그대로 전투 대형을 갖추는 법(진법陣法)과 군사 조련에 관한 내용을 담은 병서를 함께 모았다. 기존의 분류에서는 진법과 군사훈련(연병)을 분리하기도 하였다. 그러나 전통시대의 군사 조련에는 진법 훈련이 대부분 실시되었고, 병서에도 진법과 군사조련법이 함께 수록된 경우가 많아 이 책에서는 함께 묶었다.

〈무기〉는 각종 무기나 군사 장비의 설명, 그리고 이의 운용 방법을 담고 있는 병서를 분류하였다. 〈무예〉는 짧은 무기 또는 가까운 거리에서 근접전을 벌일 때 사용되는 무기인 단병기短兵器를 다루는 기술을 밝힌 병서를 묶었다. 〈성곽제도〉는 성제城制나 성곽 축조, 나아가 성곽 방어에 대한 내용을 담은 병서를 말한다.

〈병학서〉는 전략·전술서로서 군대 지휘나 전술에 대한 기본 이론을 담은 병서를 포함한다. 기존에 교범류라고 분류한 병서가 여기에 해당하며, 장수나 장교들의 소양 교육을 위해 편찬되었다. 〈전쟁사와 명장전〉은 역대 전쟁에 관한 역사를 기록한 병서와 우리나라 애국 명장들의 전기를 담은 병서를 포함한다. 〈민보방어론〉는 조선후기 민간 주도로 이루어진 향촌 자위 체제인 민보론을 다룬 병서를 분류하였다.

2) 병서의 현황과 종류

세계에서 유래를 찾아보기 어려울 만큼 문치주의 사회를 이룩한 조선에서는 병서를 단순히 군사전략서로 인식하지 않았다. 당대 최고의 학자나 문장가 그리고 전략가들이 참여하여 편찬한 병서는 문장 하나하나에 병략兵略은 물론 역사와 철학 그리고 문학을 동시에 담아낸 인문서의 결정판이었다.

이러한 분위기 속에서 이미 조선시대에 우리나라 병서에 대한 정리가 한 두 차례 이루어졌다. 병서 정리는 18세기 말에 『연려실기술』[323]에서 처음 이루어졌다. 이후

---

323 『연려실기술』 별집 권14, 문예전고, 병서류. 『연려실기술』의 편찬 연대에 대해서는 영조말년설(재위년 : 1724~1776), 1797년설(정조 21), 순조초년설(재위 : 1800~1834)의 견해가 있다(정만조, 「연려실기술의 편찬시기와 편찬자 문제검토」 『한국학논총』 16, 국민대학교, 1994, 80~83쪽).

1908년에 간행된『증보문헌비고』에서 종합적으로 병서가 정리되었다.

『연려실기술』은 이긍익(1736~1806)이 조선의 역사를 기사본말체로 엮은 야사이며, 전고典故 부분에 병서류를 실어놓았다. 〈표 3-5〉에서 보듯이 총 17종의 병서가 수록되었다.[324] 이 책에 실린 병서가 당시까지 편찬된 병서를 망라하지 않았으나 병서만 독립적으로 정리한 책으로는『연려실기술』이 최초라고 판단된다.

〈표 3-5〉 한국의 전통 병서를 기록한 자료와 수록 병서

서명	총수	수록 병서
연려실기술	17종	무오병법(武烏兵法), 김해병서(金海兵書), 역대병요(歷代兵要), 진설(陣說), 동국병감(東國兵鑑), 오위진법(五衛陣法), 무경칠서주해(武經七書註解), 병정(兵政), 병장설(兵將說), 유장편(諭將篇), 병법대지(兵法大旨), 속병장도설(續兵將圖說), 위장필람(爲將必覽), 훈장차록(訓將箚錄), 제승방략(制勝方略), 행군수지(行軍須知), 연기신편(演機新篇)
증보문헌비고	예문고(1) 23종	진법(陣法), 오위도(五衛圖), 병장도설(兵將圖說), 병법대지(兵法大旨), 유장론(諭將論), 위장필람(爲將必覽), 훈영차록, 진설(陣說), 역대병요, 동국병감, 오위진법, 무경칠서주해, 병정, 무정보감(武定寶鑑), 속무정보감(續武定寶鑑), 병학통(兵學通), 예진총방(隸陣總方), 무예도보통지(武藝圖譜通志), 성제도설(城制圖說), 군려대성(軍旅大成), 삼군총고(三軍摠考), 성도전편(城圖全篇), 이충무공전서(李忠武公全書)
	예문고(2) 18종	무오병법, 화령도, 김해병서, 제승방략, 병학지남, 마경언해, 행군수지, 연기신편, 이진총방, 화포식, 화포식언해, 자초방, 수성절목, 진법, 음우비, 해동명장전, 무예통지해, 손자수
	병고 22종	무오병법, 화령도, 김해병서, 진설, 역대병요, 동국병감, 오위진법, 무경칠서주해, 병정, 병장설, 병법대지, 유장편, 속병장도설, 위장필람, 훈영차록, 제승방략, 군문요람(軍門要覽), 장훈원귀(將訓元龜), 행군수지, 병학지남, 연기신편(附 三疊陣說), 병학통, 무예도보통지, 자초방(煮硝方)

『연려실기술』이 개인이 지은 역사서라면『증보문헌비고』는 정부에서 편찬한 전고서이다. 상고 이래 대한제국까지 우리나라 문물제도의 전고를 총망라하여 수록한 이 책은 세 차례의 수정·보완을 통해 최종 완성되었다. 1770년(영조 46)의『동국문헌비고』, 1782년(정조 6)의『증보동국문헌비고』를 거쳐 1906년 12월에 작업을 마무리해

---

324 17종 가운데 세종대에 편찬된『진설』은『계축진설』을 지칭할 가능성이 높다.

<표 3-6> 우리나라 전통 병서의 현전 현황

시기	통일신라	고려	조선	計
현전병서	0	0	83	83

1908년에 간행되었다.

『증보문헌비고』에는 「예문고」와 「병고」 두 곳에 병서가 수록되었다.[325] 첫 번째, 「예문고」의 〈어제병서류御製兵書類〉와 〈어정병서류御定兵書類〉에 총 23종이, 〈병가류兵家類〉에 18종이 기록되었다.[326] 〈어제병서류〉는 국왕이 저술한 병서이며, 〈어정병서류〉는 국왕의 명을 받아 편찬한 병서이다. 두 번째, 「병고」 〈병서〉에 22종이 들어있다.[327]

종합하면, 『연려실기술』과 『증보문헌비고』에 정리된 병서는 중복된 병서를 제외하고 총 44종이다.[328] 이밖에 17세기 후반에 다시 간행된 『고사촬요攷事撮要』에도 총 12종의 병서 이름이 보인다. 이 중 우리나라 병서는 『역대병요』·『연기신편』·『병학지남』·『병학지남언해』 등 4종이다.[329]

그러면 오늘날까지 전하는 전통시대의 병서는 얼마나 될까?[330] 현재 현전하는 병서가 총 몇 종이라고 정확하게 제시하는 일은 쉽지 않다. 첫째, 연구자마다 공통적으로 병서라고 판단하는 책이 있는가 하면, 연구자에 따라 병서 여부가 갈리는 책이 있다. 예를 들어 『만기요람』, 『무과총요武科總要』, 『이충무공전서』, 『풍천유향風泉遺響』 등을 비롯해 각 군영의 등록謄錄을 병서로 파악할 것인가 하는 문제는 책의 성격을 둘러싸

---

325 「예문고」와 「병고」는 『증보문헌비고』의 편명이다.
326 『증보문헌비고』 권245, 예문고 4 ; 『증보문헌비고』 권246, 예문고 5, 병가류.
327 『증보문헌비고』 권115, 병고7, 병서.
328 44종의 병서는 군려대성, 군문요람, 김해병서, 동국병감, 마경언해, 무경칠서주해, 무예도보통지, 무예통지해, 무오병법, 무정보감, 병법대지, 병장도설, 병장설, 병정, 병학지남, 병학통, 삼군총고, 성도전편, 성제도설, 속무정보감, 속병장도설, 손자수, 수성절목, 역대병요, 연기신편, 예진총방, 오위도, 오위진법, 위장필람, 유장편, 음우비, 이진총방, 이충무공전서, 자초방, 장훈원귀, 제승방략, 진법, 진설, 해동명장전, 행군수지, 화령도, 화포식, 화포식언해, 훈영차록이다.
329 『고사촬요』 부록, 서책인지수.
330 본고에서 사용하는 '한국의 전통병서'대한제국이 성립하던 1897년 이전에 편찬된 병서를 말한다.

〈표 3-7〉 현전하는 한국의 전통 병서

주제	총수	병서명
군사제도 / 방어	12	『제승방략(制勝方略)』, 『병정(兵政)』, 『군문등록(軍門謄錄)』, 『풍천유향(風泉遺響)』, 『방수잡설(防守襍說)』, 『음우비(陰雨備)』, 『만기요람(萬機要覽)』, 『무과총요(武科總要)』, 『비어고(備禦考)』, 『병약신편(兵略新編)』, 『발부총록(發符總錄)』, 『대사례의궤(大射禮儀軌)』
진법 / 군사훈련	20	『진법(陣法)』, 『진도법(陣圖法)』, 『진설문답(陣說問答)』, 『계축진설(癸丑陣說)』, 『오위진법(五衛陣法)』, 『진설(陣說)』, 『기효신서절요(紀效新書節要)』, 『연병지남(練兵指南)』, 『연기신편(演機新編)』, 『병장도설(兵將圖說)』, 『속병장도설(續兵將圖說)』, 『예진총방(隷陣總方)』, 『병학통(兵學通)』, 『병학지남(兵學指南)』, 『병학지남연의(兵學指南演義)』, 『병학지남주해(兵學指南註解)』, 『강병수지(講兵須知)』, 『금려조련홀기(禁旅操鍊笏記)』, 『수조절차(水操節次)』, 『적상산성주진성책(赤裳山城條陣成冊)』
수군훈련	7	『수조홀기(水操笏記)』 3종, 『水操節次』, 『수조정식(水操程式)』, 『임진세(壬辰稅)』, 『수조홀(水操笏)』
무기	10	『국조오례서례(國朝五禮序例)』, 『신기비결(神器秘訣)』, 『화기도감의궤(火器都監儀軌)』, 『화포식언해(火砲式諺解)』, 『신전자취염초방언해(新傳煮取焰硝方諺解)』, 『신전자초방(新傳煮硝方)』, 『노해(弩解)』, 『융원필비(戎垣必備)』, 『훈국신조기계도설(訓局新造器械圖說)』, 『훈국신조군기도설(訓局新造軍器圖說)』
무예	3	『무예제보(武藝諸譜)』, 『무예제보번역속집(武藝諸譜翻譯續集)』, 『무예도보통지(武藝圖譜通志)』
성곽제도	3	『수성책자(守城册子)』(御製守城綸音 都城三軍門分界之圖 都城三軍門分界總錄 守城節目), 『성제고(城制考)』, 『화성성역의궤(華城城役儀軌)』
병학서	11	『어제병장설(御製兵將說)』, 『병장설(兵將說)』, 『무경절요(武經節要)』, 『행군수지(行軍須知)』, 『병가요집(兵家要集)』, 『단구첩록(壇究捷錄)』, 『무신수지(武臣須知)』, 『무비요람(武備要覽)』, 『융서찰요(戎書撮要)』, 『병담유찬(兵譚類纂)』, 『손자수(孫子髓)』
전쟁사 / 명장전	8	『역대병요(歷代兵要)』, 『동국병감(東國兵鑑)』, 『속무정보감(續武定寶鑑)』, 『서정록(西征錄)』, 『국조정토록(國朝征討錄)』, 『징비록(懲毖錄)』, 『이충무공전서(李忠武公全書)』, 『해동명장전(海東名將傳)』
민보 방어론	5	『민보의(民堡議)』, 『민보집설(民堡輯說)』, 『어초문답(魚樵問答)』, 『민보신약(民堡新約)』, 『민보신편(民堡新編)』
언해본	4	『진법언해(陣法諺解)』, 『병학지남언해(兵學指南諺解)』, 『병학지남주석(兵學指南註釋)』, 『병학지남주해(兵學指南註解)』, 『병학지남영진정구언해(兵學指南營陣正彀諺解)』, 『무예도보통지언해(武藝圖譜通志諺解)』, 『삼략언해(三略諺解)』

고 이견이 있다. 둘째, 병서의 간행 시기를 알 수 없어 전통 병서의 범주에 넣지 못하는 병서도 꽤 많은 편이다. 셋째, 병서에 담긴 내용이 중국 병서를 그대로 옮겼는지 여부를 정확히 판별하기 힘든 병서도 있다.

이러한 점을 고려해 조사한 결과 현재까지 전하는 병서는 83종 정도이다.[331] 19세기 초에 정리된 병서의 양보다는 많은 편이다. 그리고 현전하는 병서 가운데 고려시대 이전의 병서는 없고 조선시대 병서만 전하고 있다. 참고로 정도전이 지은 『진법』이 가장 오래된 병서다. 병서는 앞으로 더 발굴될 가능성이 높으므로 많은 관심이 요망된다. 현전하는 전통 병서의 서명은 〈표 3-7〉〈현전하는 한국의 전통 병서〉에 자세히 수록해 놓았다.

2. 군사이론서의 특징

1) 군사이론의 형성배경

현재 한국에서 조선시대 이전의 병서는 전혀 발견되지 않고 있다. 그렇지만 병학 연구나 병서 편찬의 기원은 멀리 고구려·백제·신라의 삼국시대까지 소급된다. 이미 『삼국사기』나 『삼국유사』에 병법에 대한 내용이 등장하므로 삼국은 중국 병서를 수입해 각국의 실정에 맞는 전법을 발전시켜나갔다고 판단된다.

특히 백제는 일본에 병법을 전하기도 하였다. 『일본서기』에도 671년 1월에 백제인 달솔達率[332] 곡나진수谷那晉首 등 4인이 일본에서 병법을 가르친 공으로 대산하大山下의 지위를 받았다는 기록이 있다.

통일신라 이후에는 병법이나 병서에 관한 자료가 이전 시기보다 풍부하다. 무엇보다도 8세기 후반에 무오武烏의 『병법兵法』(786년)과 『화령도花鈴圖』(786년)라는 병서

---

331 참고로, 강성문 교수는 현재 서명이 전하는 병서가 110여종이고 이 가운데 현전하는 병서가 72종이라고 밝혔다(강성문, 앞의 논문, 2000, 176쪽).

332 달솔 : 백제의 16관등 가운데 2등급에 해당하는 고위 관직. 대솔.

가 등장한다. 이 병서는 기록상 우리나라에서 가장 오래된 병서로 추정되고 있다. 병법과 관련하여 674년(문무왕 14) 9월에 문무왕이 영묘사 앞길에 행차하여 열병식을 거행하고 아찬(6품) 설수진薛秀眞의 육진병법六陣兵法을 관람했다는 기록이 있다. 이 밖에 767년(혜공왕 2)에 '안국병법安國兵法'이 등장하며, 천문학자로 이름을 남긴 김암金巖도 병학에 능통했다고 알려져 있다.

고려시대에는 대외적으로 중국대륙의 한족, 만주 지역의 거란·여진·몽고 등과 치열한 각축을 벌이던 시기였다. 따라서 고려시대에는 전략·전술이나 전투법, 병법 이론을 포함한 병학 연구가 심도 있게 진행되면서 병서 간행도 활발했으리라고 추정된다. 하지만 아쉽게도 현재까지 남아있는 병서가 없으며 관련 기록도 많은 편이 아니다. 정종 대에 『김해병서金海兵書』가 등장하며, 우왕 대에 정도전이 지은 『팔진삼십육변도보八陣三十六變圖譜』가 이름만 전한다.

이처럼 삼국시대부터 고려시대까지 여러 자료에서 다양한 병서의 이름이나 전법이 확인되나 현재까지 발견된 실물은 없다. 조선시대에 들어오면 앞 시기와 달리 병서의 양이나 기록이 풍부해진다. 또 현존 상태도 매우 좋은 편이다. 조선의 병서는 조선-일본 전쟁을 기점으로 큰 변화를 보인다. 무엇보다도 조선-일본 전쟁을 기점으로 전법에 많은 변화가 생겼다. 병서 편찬도 조선-일본 전쟁 이후에 활발한 편이어서 현전하는 병서 가운데 70% 이상이 이때 만들어졌다.

조선전기는 아직 화약 병기가 전면적으로 활용되지 않은 시대이므로 진법이 중요하였다. 진법은 전투대형을 갖추는 법을 뜻한다. 곧 전쟁에 승리하기 위해 군사를 편제하고 훈련시키는 방법을 말한다. 또 "조종의 옛 강토를 조금도 줄일 수 없다."는 기치 아래 북방 영토의 개척이 활발하게 진행되었다. 그래서 대외적으로 남방의 왜구보다는 북방 여진족과의 충돌이 잦은 편이었다.

이런 조건에서 형성된 조선전기의 전술은 오위진법五衛陣法이고 무기는 궁시와 대형총통 등 장병기長兵器[333] 위주였다. 장병기를 소지한 군사가 기병·보병으로 나뉘어

---

[333] 장병기는 긴 모양의 무기 또는 먼 거리를 공격할 때 사용되는 무기를 말한다. 이와 반대로 단병기는 짧고 작은 모양의 무기 또는 가까운 거리에서 근접전을 벌일 때 사용되는 무기를 일컫는다. 『무비지』에서는 궁·노를 장병기, 창·도·창·당파·패·낭선·곤을 단병기로 파악했다.

음양오행을 근거로 한 오위진법에 따라 전투대형을 펼쳤다.[334] 오위 진법은 원진圓陣·직진直陣·예진銳陣·방진方陣·곡진曲陣의 진형을 기본으로 하고, 한 번의 지휘로 전 부대가 신속히 진을 변형시킬 수 있는 기동력을 강조했다. 그러므로 조선전기에는 자연스럽게 진법을 담은 병서가 주로 편찬되었다.

조선의 전법에 변화가 찾아온 계기는 조선-일본 전쟁이었다. 조선전기의 전법이 북방의 정세에 민첩하게 대응하면서 개발되었으므로 조선-일본 전쟁(임진왜란)이 발발하자 큰 시련에 부딪쳤다. 조선-일본 전쟁 때 일본군이 구사한 창·검술은 살상력이 매우 컸다. 이미 16세기 전반 왜구를 통해 명나라에도 위력을 떨친 일본의 창검술에 대해 척계광(1528~1588))은 『기효신서』(1562년)에서 "창·검을 햇빛을 받으면 번쩍거릴 정도로 갈고 닦아 병사의 이목을 빼앗기 때문에 아군은 오래 기다리는 동안에 그 위용에 겁을 먹었다."고 적고 있다.[335]

특히, 일본의 창·검은 조총과 긴밀히 결합된 전술로 인해 이전 시기보다 큰 위력을 떨쳤다. 조선-일본 전쟁 당시 일본군의 전법은 먼저 가장 앞에 위치한 기치旗幟 부대가 양쪽으로 나뉘어 적을 포위하면 조총병이 일시에 총을 발사해 적을 살상하고 전열을 무너뜨렸다. 곧이어 창·검을 지닌 군사가 도망가는 적을 뒤쫓아가 백병전을 맹렬히 전개했다.[336] 일본이 조총을 소지하면서 조선의 장병기를 압도하는 동시에 그들 본래의 단병 전술의 장점도 십분 발휘하게 된 것이다.

조선-일본 전쟁 초기 연전연패를 거듭하던 조선은 1593년 1월 초 평양성 전투에서 명나라 군 가운데 남병·절강병浙江兵이 화기와 단병기를 적절하게 구사해 일본군을 무력화시키는 전술을 접하였다. 남병은 절강·복건·강소·강서江西 등지의 군사로 대부분 보병이며 화기와 검술에 뛰어나 왜구 방어에 동원되었다. 남병들이 구사한 전법은 명 장수 척계광이 개발한 어왜전법禦倭戰法이었다.

척계광은 왜구 피해가 극심한 절강·복건 등에서 왜구 격퇴에 혁혁한 공을 세웠고

---

334 강성문, 앞의 논문, 2000, 181쪽.

335 『기효신서』, 총서(국학기본총서153, 대만상무인서관, 1968년, 6쪽), "善磨刀鎗, 日中閃閃, 以奪士目, 故我兵持久, 便爲所怯".

336 『서애전서』 본집 권15, 잡저, 왜지용병(『서애전서』 1, 328쪽) ; 旧参謀本部 編, 『朝鮮の役』(日本の戰史 ⑤), 德間書店, 1965, 217쪽.

이 경험을 바탕으로 『기효신서』를 저술했다. '절강병법' 또는 '척법戚法'이라 불리는 이 전술은 보병을 중심으로 화기와 단병기의 긴밀한 협조로 운용되었다. 기병을 쓰지 않은 채 군사를 소대小隊로 편성해 한 손에는 단병기, 다른 한 손에는 방패를 착용한 것이 특징이다.

평양성 전투에서 명 남병은 먼 곳에서 화공으로 일본군의 기선을 제압한 후 다양한 단병기를 든 병사가 돌진해 적을 공격하는 전법을 구사했다. 이 전법은 조선인 눈에 매우 인상적으로 보였고, 명군이 사용한 불랑기나 호준포, 단병기인 장창·낭선·당파 등도 당시 조선에서는 생소한 무기였다. 이에 조선은 일본군을 막는 시급한 대비책으로 척계광 병법을 적극 수용했고, 선조는 여러 경로를 통해 이 책을 입수한 뒤 우리말로 번역하도록 했다. 또 훈련도감이라는 새로운 군영을 창설해 그 보급에 힘썼다.

이후 척계광 전법은 『병학지남』으로 정리되어 조선에 큰 영향을 끼치면서 군사 조련의 기본으로 자리 잡았다. 그런데 조선-일본 전쟁(임진왜란) 이후 북방의 정세가 심상치 않으면서 척법에 대한 비판이 일었다. 특히 조선이 조선-청 전쟁(병자호란)에서 청나라에 크게 패배한 후에 척법이 보병 중심의 전술이므로 북방의 오랑캐를 막아낼 수 없다는 비판이 거세졌다.

예컨대, 척계광은 1568년 봄에 계주薊州 총병으로 자리를 옮겼다. 중국의 북쪽지역으로 전보된 척계광이 막아야 하는 적은 이제 북방 변경에서 활약하던 몽고 기마 부대의 기습이었다. 그리하여 척계광은 1571년에 기병을 쓰지 않던 『기효신서』의 전법과 달리 보병과 기병의 공조를 중시하는 전법을 담은 『연병실기練兵實紀』를 편찬하였다. 이렇듯 상황이 바뀌고 적이 달라지면 전술이나 전법도 바뀌어야 했다.

조선에서도 북방의 정세가 위태로워지면서 북방의 기병부대에 맞설 방어 전략의 필요성이 강하게 대두되었다. 조선-일본 전쟁 때 어왜전법으로 개발된 『기효신서』를 받아들이면서 기병을 중시한 조선전기의 『오위진법』은 실효성이 떨어지면서 사장되었다. 그러다가 조선-청 전쟁을 계기로 북방의 기병부대에 대항할 기마전술의 중요성이 다시금 부각되면서 조선전기 오위진법과 기병 중심의 전술로 눈을 돌리는 계기가 되었다. 그 결과 『연병지남』 『연기신편』 등의 병서가 간행되었다.

그러나 5위제는 복구되지 못하고 기병 중심의 전술도 전마戰馬 확보의 어려움으로 크게 진전을 보지 못하였다. 여기에는 지리적으로 청과 일본에 이웃한 조선은 기병과 보병 어느 한 가지도 도외시할 수 없는 사정이 자리하고 있었다. 그리하여 18세기 후반 이후에는 척계광 전법을 근간으로 하여 기병 전술을 당대 상황에 맞게 새롭게 이해한 병서가 간행되고 포병술砲兵術도 대폭 보완되었다.

요컨대, 조선전기에 간행된 『오위진법』과 조선후기에 간행된 『병학지남』은 군사조련서이나 내용이 판이하게 다르다. 전자는 북방 오랑캐에 대비하기 위한 기병술이 강화된 반면에 후자는 육상으로 침입하는 왜구를 막기 위한 보병술이 강조되었다. 이는 15세기의 군사 상황과 17세기 이후 조선이 처한 군사 환경이 다르기 때문에 나타난 결과다.

따라서 전통시대의 병서는 결코 죽어있는 이론을 담은 책도 아니며 단순히 책 출판도 아니었다. 당대의 군사 상황을 반영하는 결과물이기에 이를 둘러싸고 치열한 논의가 진행되었고, 계속 새로운 병서가 간행될 수밖에 없었다.

2) 군사이론서의 내용

(1) 군사제도

가. 제승방략

『제승방략』은 북방 여진족의 침입을 효과적으로 대처하기 위해 만들어진 병서이다. 1588년(선조 21)에 이일李鎰(1538~1601)이 펴낸 것을 1670년(현종 11)에 함경북도 병마평사 이선李選이 다시 간행한 책이다.

구성은 크게 권1과 권2로 이루어져있다. 권1과 권2에 걸쳐 「열진방어」가 실려 있고, 권2의 끝 부분에 부록 형식으로 「군무 29조」, 「금령 27조」, 「육진대분군」, 「삼읍분군」을 비롯해 「청행제승방략장」, 「비국회관」, 「보순영」, 「방량식」이 들어있다. 책 끝에는 1670년에 이선이 쓴 발문이 있다.

조선전기 국방 체제의 근간은 진관체제였다. 1457년(세조 3)에 확정된 진관체제는 행정조직 단위인 읍邑을 군사조직 단위인 진鎭으로 편성해 주진主鎭·거진巨鎭·제진諸鎭으로 나누고, 수령이 군사지휘관의 임무도 겸임한 제도였다. 진관 단위로 자전자

수自戰自守를 원칙으로 하여 적침이 있으면 먼저 제1선 진관이 대적하며 해당 진관이 함락되더라도 다른 진관이 계속해서 적과 대적하였다. 그래서 다른 진관으로 적이 침입할 때까지 시간 여유를 확보해 적이 빠른 시간에 넓은 지역으로 진격하는 것을 저지했다.

그런데 진관체제는 전 국토를 방위 대상으로 삼다보니 전방·후방의 구별이 없었다. 만약 적이 상습적으로 침입하는 지역이 있다면 군사력을 집중시키기 어려운 구조였다. 또 전 국토방위를 지향하다 보니 많은 군사가 필요했으나 16세기 이후 군역 기피로 대립제代立制가 성행하면서 병력수가 감소했고 전투력도 저하되었다.

한반도 연해 지방은 고려 말부터 왜구의 침략이 끊이지 않았다. 조선은 건국 직후부터 해방海防 정책을 충실히 하면서 왜인들을 회유하는 외교적인 노력을 기울였다. 조선은 쓰시마 정벌(1419년)이라는 강경책을 쓰는 한편 회유책도 마련해 1426년(세종 8)에 정식으로 동래 부산포, 웅천 내이포(또는 제포), 울산 염포를 개항해 왜인들의 교역을 허가했다. 삼포에서 교역을 끝낸 왜인들은 원칙적으로 돌아가야 했다. 하지만 이들 중 조선에 상주하는 사람이 늘어나면서 조선과 마찰이 잦아졌고 마침내 1510년(중종 5) 삼포왜란의 발단이 되었다.

삼포왜란을 계기로 일본의 침략 규모가 커지면서 왜적의 주요 침입로에 병력을 집중시킬 필요성이 대두했다. 그래서 새롭게 등장한 방위 전략이 제승방략制勝方略이었다. '제승'이란 적을 제압해 승리를 거둔다는 뜻이다. 제승방략은 전 국토의 평면적인 군사 배치를 지양하고 유사시 각지에 흩어져 있는 군사들을 제일선의 방어에 집중 배치하는 시스템이었다. 이 때 한 곳에 집결한 군사를 전시 편제로 새로이 편성해 새 지휘관 휘하로 소속시키므로 '분군법分軍法'이라고도 했다.

북쪽지역에서도 이미 김종서가 시행한 제승방략법이 있었다. 현재 그 내용을 자세히 알 수 없으나 남쪽에서 시행한 제승방략과 유사했다고 짐작된다. 1460년에 오랑캐 낭볼칸浪孛兒罕이 침입하자 북도뿐만 아니라 남쪽과 강원도 군사까지 동원한 사례가 있기 때문이다. 이후 북쪽의 제승방략법이 빛을 발한 시기는 1583년(선조 16) 1월 여진족 니탕개尼湯介와 율보리栗甫里가 변방에서 난을 일으키면서 대규모로 조선을 침략했을 때다. 조정에서는 분군법에 따라 도체찰사와 방어사 등을 파견해 병마절도사와 함께 지방군을 집결시킨 후 반란 군을 소탕하였다.

당시 전라도 수군절도사 이일은 니탕개 난이 있자 그 해 4월에 경원 부사로 임명되면서 함경도와 인연을 맺었다. 그 후 함경북도 병마절도사로 부임한 이일은 기존에 있던 제승방략법에다 "적로의 형세와 여진 부락의 다소와 산천의 험악과 평탄, 도로의 멀고 가까움, 성을 지키는 절차와 적을 추격하고 요격하는 등을 일[337]"을 틈나는 대로 현지 조사한 후 내용을 증보해 이 책을 출간했다.

김종서 집터(서울 중구)

이일이 완성한 제승방략은 유사시 북도의 병마절도사를 중심으로 도내의 전 병력을 동원하는 체제였다. 남방의 제승방략이 중앙에서 파견한 경장(京將)이 중심이 되었다면, 북방의 제승방략은 현지 병마절도사가 군사를 통솔했다는 차이가 있다. 하지만 양자 모두 군사력의 저하와 지휘관의 비전문성으로 인해 진관 체제가 기능을 발휘하지 못하자 전문 지휘관으로 병력을 최대한 활용했다는 공통점을 띤다.

한편, 제승방략법도 조선-일본 전쟁이라는 전면전이 발생하자 문제점을 드러냈다. 가장 큰 문제는 제승방략법이 국지전을 대비하는 방어체제의 성격이 강하다보니 전면전을 감당할 수 없었다. 군사력을 제1 방어선에 투입하다보니 제일선이 무너지면 제2, 제3 방어선을 형성할 시간적 여유가 없어 인근 지역이 적에게 빠르게 함락되었다. 또 적이 급박하게 진격하는 상황에서 중앙에서 적시에 지휘관을 파견하기 쉽지 않아 지휘관이 도착하기 전에 적이 침입하면 집결한 군사는 지휘관 없는 오합지졸이 되어 버렸다. 조선-일본 전쟁이 발발하기 몇 해 전에 유성룡은 "제승방략은 반드시 패배할 방책"이라면서 선조에게 진관체제의 복귀를 주장했다.[338]

---

337 『제승방략』 권2, 청행제승방략장.
338 『선조수정실록』 권25, 선조 24년 10월 1일(계사).

요컨대, 조선의 국토방위전략은 진관체제를 근간으로 하여 상황에 따라 변화를 거듭했다. 진관체제의 단점을 극복하기 위해 출현한 제승방략 역시 비판이 쏟아지면서 이를 대처하는 또 다른 방어체제가 고안되었다. 새로운 방위전략이 나오면 거기에 그치지 않고 이에 따른 새로운 병서도 간행되었다. 전략·전술의 원칙이나 실제 운용을 이론적으로 뒷받침하고 체계화하기 위해서였다. 이런 측면에서 『제승방략』은 16세기 조선이 지향한 군사전략과 군사 상황을 생생하게 담아낸 보고서라고 볼 수 있다.

나. 병정

『병정』은 1459년(세조 5) 세조가 신하들과 함께 편찬한 군령서軍令書다. 세조는 1457년에 문종 때 성립된 중앙의 군사조직인 5사司를 5위衛로 개편해 군사조직의 골간을 만들었다.

병서 간행도 활발히 추진해 스스로 병서를 저술하거나 편찬에 참여하였다.『(오위)진법陣法』,『어제병장설御製兵將說』,『병장설兵將說』등은 세조가 직접 또는 간접적으로 참여한 병서이며,『역대병요歷代兵要』,『무경칠서주해武經七書註解』에는 직접 서문을 썼다. 그리고 '삼갑전법三甲戰法'이라는 새로운 전법도 고안해냈다.

『병정』역시 군사 방면에 대한 세조의 관심에서 촉발된 책으로 오위진법을 시행하기 위한 군령 및 시행 세칙을 담았다. 책이름 '병정'도 세조 자신이 직접 지었다.[339] 당시 이 작업에 참여한 사람은 좌의정 강맹경, 우의정 신숙주, 병조판서 한명회 등 총 29명으로 당대 정치 및 군정을 주도하던 인물이었다.

『병정』은 본문 17장, 후서後敍 2장으로 구성된 짧은 분량의 책이나 조선시대 군정軍政과 군령軍令의 근간이 되었다. 본문은 오위五衛〈입직군사入直軍士〉·계본평관첩보啓本平關牒報·입직入直·행순行巡·계성기啓省記·문개폐門開閉·조하연향상참朝賀宴享常參·첩고疊鼓·첩종疊鐘·대열大閱·부험符驗·용형用刑 등 12개 항목이며, 작은 글씨의 세주細註로 본문 내용을 상세하게 설명하였다. 후서는 신숙주가 1459년에 쓴 글로 이 책의 간행 배경과 참여 인원 등을 간략하게 밝혔다.

---

339 『세조실록』권18, 세조 5년 10월 을묘 ; 『병정』, 후서.

강맹경 묘(경기 양평)

내용을 보면 「오위〈입직군사〉」에는 중위(의흥위養興衛)·좌위(용양위龍驤衛)·우위(호분위虎賁衛)·전위(충좌위忠佐衛)·후위(충무위忠武衛)에 대한 소개와 여기에 소속된 병종들을 밝혀놓았다. 「계본평관첩보」는 국왕에게 군무를 아뢰는 문서나 관청 사이에 오고가는 문서의 명칭을 정해놓았다. 예컨대, 병조가 국왕에게 군무를 보고할 경우 주요 사항이면 '계본'으로, 일반 사항이면 '계목'이라 하였다.

「입직」에는 장수나 군사들이 궁궐에 입직하는 규정을 마련하였다. 오위는 각 2부部씩, 장번군사長番軍士는 각 1부씩 입직하되, 그 전날 저녁에 병조가 입직 담당 구역과 시간을 왕으로부터 낙점을 받아 각 처로 전달하였다. 근무 당일이 되면 여러 장수들이 이른 새벽에 대궐에서 패牌를 받아 근무를 시작하였다.

「행순」은 야간시간에 궁궐과 도성 내외를 위장·부장 등 여러 장수와 군사들이 시간을 배분하여 순찰하는 일을 말한다. 궁궐은 위장과 부장이 순찰한 후에 왕에게 직접 결과를 보고하였다.

「계성기」는 병조에 입직한 당상관이 초저녁에 숙직 및 순찰하는 사람, 궁성·도성 각 문의 파수인, 군영 경수소의 숙직인 등과 군호軍號를 써서 밀봉한 후 승정원에 올리는 문서다. 이 문서는 승정원을 거쳐 왕에게 보고되었다.

「문개폐」는 궁성문과 도성문의 개폐에 관한 규정으로 인정에 닫고 파루에 열도록 하였다. 궁성문은 주서가 승지와 진무소 사약에게 보고한 후 문을 닫고, 열 때에는 승지에게서 자물쇠를 받았다. 도성문은 호군護軍과 군졸 5명이 열고 닫는데 병조에서 열쇠를 받고 반납하였다.

「조하연향상참」은 조하朝賀·연향宴享(잔치)·상참常參(약식 조회) 때에 국왕을 경호(시위侍衛)하는 규정이다. 위장은 각 군졸을 거느리고 궁궐 계단 위에 도열하는데, 시위군사는 병조에 공문을 보내어 선발했다.

「첩고」는 왕이 입직 군사들을 집합시킬 때 궁중에서 대고大鼓를 계속해서 두드리는 행위를 말한다. 궐내에서 큰북을 거듭 치면 각 문을 파수하는 자를 제외하고 입직한 여러 위衛는 근정전 뜰에 집결해 도열했다. 「첩종」은 종친을 비롯한 신하들과 입직 군사들을 대열大閱하고자 할 때에 궁중의 대종을 계속 울려 신호하는 것을 말한다. 대종을 거듭 치면 입직한 여러 위衛들이 첩고疊鼓의 예와 같이 집결했다.

「대열」은 열병을 뜻한다. 여기에는 중위(의흥위)·좌위(용양위)·우위(호분위)·전위(충좌위)·후위(충무위)로 나누어 각도의 정병·잡색군雜色軍·별군別軍·수전패受田牌·순작패巡綽牌 및 서울과 지방의 시파치340·제원341·반당342 등의 동원 체제와 군령 계통을 일목요연하게 명시하였다.

「부험」에는 호부虎符·발병부發兵符·발군부發軍符 등 신표信標에 대한 규정을 밝혀 놓았다. '부符'는 주로 군 지휘관들에게 발급되어 병력 동원이나 군사 작전시 서로 짝을 맞추어서 진위를 확인하는 증표였다. 「용형」은 군율 위반자에 대한 처벌 규정을 담았다.

『병정』의 중요성은 세 가지 측면에서 고려될 수 있다. 첫째, 『병정』에 나오는 군령들은 대부분 1485년(성종 16)에 완성되는 조선왕조의 기본 법전인 『경국대전』「병전」의 모태가 되었다. 둘째, 『병정』은 편찬되자마자 각종 무재 시험의 강서 과목으로

---

340 시파치[時波赤] : 응방에서 매를 기르던 사람의 칭호. 고려 충렬왕 때에 생김.
341 제원 : 병조 소속의 아전으로 사복시·승문원·상의원·전설사 등 중앙 관청에 배속되었다.
342 반당 : 조선시대에 종친·공신 및 정3품 당상관 이상의 고급관료들에게 지급한 개인 호위병. 15세기 후반 이후에는 농장 관리인이나 경영인으로 변질되어 갔다.

활용되었다. 무과시험은 물론 선전관·교관·진무 등의 실력을 테스트하는 교범서로 사용되었다. 셋째, 세조가 『병정』에 기초해 군사훈련을 실시했다는 점이다. 1464년 9월에 세조가 갑자기 '첩종령疊鐘令'을 내리자 종친 및 모든 신하들과 각 위衞의 군사들이 복장을 갖춘 후 『병정』의 규정대로 근정전 뜰에 모두 대열하였다.[343] 이러한 사례로 보아 세조는 『병정』의 군령을 장수나 군졸들에게 숙달시키려는 강한 의지를 갖고 있었다.

세조는 신하들과 함께 병서를 읽고 토론하는 것을 즐겼다. 세조가 중시한 병서는 『병정』과 함께 『병장설』·『(오위)진법』이었다. 세조는 장수나 군졸들이 이 병서를 잘 익힌다면 조선의 무비武備를 닦는 자산이 된다고 여겼다. 따라서 이 병서들은 국가의 기밀로 취급되어 장교들의 군사지식을 테스트하는 과목으로 채택되었다.[344] 그러다가 16세기 중반 무렵 『병정』은 자취를 감추게 되었으나 이미 그 내용이 『경국대전』에 수록되었으므로 『병정』은 여전히 활용되었다고 할 수 있다.

다. 대사례의궤

한반도에 활이 처음 등장한 시기는 기원전 5천년 경 무렵으로 알려져 있다. 예로부터 중국에서 우리 민족을 '동이족東夷族'이라 불렀듯이 활은 고대로부터 조선에 이르기까지 한민족의 중요한 무기이자 생존 수단이었다.

그런데 조선시대에 활쏘기란 단순히 무예만을 의미하지 않았고 무인만의 전유물도 아니었다. 문무겸전文武兼全을 이상적인 덕목으로 내세운 조선에서 활쏘기가 육례六藝(예禮·악樂·어御·서書·수數·사射)의 하나로 중시되면서 인재 선발을 위한 사례射禮로 발달했고, 덕과 예의를 함양하는 수단으로 크게 장려되었다.

나아가 조선은 활쏘기를 국가 의례의 하나인 군례軍禮로 도입했고, 그 결과 고려의 군례에서는 찾아볼 수 없는 대사례大射禮를 마련했다. 본래 중국 주대 시행되어 온 대사례는 말 그대로 '큰 활쏘기 의식'으로, 국왕이 신하와 함께 활쏘기를 하여 군신의

<hr>

343 『세조실록』 권34, 세조 10년 9월 기사.
344 『예종실록』 권2, 예종 즉위년 11월 갑신 ; 『성종실록』 권11, 성종 2년 9월 정해 ; 『성종실록』 권28, 성종 4년 3월 계묘 ; 『성종실록』 권82, 성종 8년 7월 신미.

화합과 단결을 도모하는 국가 의례였다. 따라서 활쏘기를 군례로 도입한 것은 군신의 명분 의식을 고취시켜서 통치 질서를 확립하겠다는 의지였다.

조선에서 대사례가 논의된 것은 태종과 세종 대였다. 그러다가 실제로 대사례를 시행한 국왕은 성종이었다. 1477년(성종 8) 성종은 성균관에 행차하여 공자에 제향한 뒤에 대사례를 거행하였다.[345]

연산군은 1502년(연산군 8)과 1505년에 두 차례 대사례를 거행했고, 중종도 1534년(중종 29)에 대사례를 거행하였다. 이처럼 조선전기에 간간히 시행되던 대사례는 1534년을 끝으로 더 이상 기록이 없다.

대사례가 다시 기록에 등장하는 시기는 1743년(영조 19)이다. 영조는 이 해에 성균관에서 대사례를 실시했고 이 행사의 전 과정을『대사례의궤』에 낱낱이 남겼다. 그렇다면 1743년은 어떤 해인가?

영조는 1741년(영조 17)에 정치적으로 자신의 발목을 잡던 신임옥사辛王獄死가 조작에 의한 무옥임을 밝히고, 연루자들에 대한 복권을 단행했다.(경신대처분) 즉위 후 17년이라는 인고의 세월을 견뎌온 영조는 이를 계기로 정통성을 세우고 당당한 국왕으로 설 수 있었다.

이제 영조는 자신의 존재감을 드러내는 행보들을 과감하게 이어나갔다. 이듬해인 1742년(영조 18)에『병장도설』를 편찬해 조선전기 5위五衛의 부활을 타진하였다. 독립적인 5개의 군영을 5위 체제처럼 국왕을 정점으로 한 일원적인 체제로 만들어보려는 의도였다. 그것은 곧 오군영을 하나로 통일시켜 국왕 중심의 군사 체계를 확립하려는 시도였고, 1749년(영조 25)에『속병장도설續兵將圖說』을 간행하면서 실천에 옮겼다.

국왕 중심의 군사 지휘 체계를 타진한 영조는 1743년에 신하들의 반대를 무릅쓰고 대사례를 거행했다. 대사례를 거행하고 난 영조는 자신의 심경을 '삼감三感'으로 표현했다. 2백년 만에 조종의 구례舊禮를 회복했다는 점, 자신이 맞힌 화살수가 성조聖朝의 고사故事에 맞았다는 점, 자신의 나이가 50세가 되었을 때에 이 행사가 열리게 되

---

345 『성종실록』권83, 성종 8년 8월 3일(정유).

었다는 것이다.

『대사례의궤』는 총 1책 94장의 필사본으로 서울대학교 규장각에 유일본이 남아있다. '의궤'란 왕실 및 국가에서 각종 행사를 수행한 뒤에 후일의 모범으로 삼기위해 그 전말을 정리한 기록으로, 조선시대 기록문화의 결실로 꼽히는 자료다.

『대사례의궤』의 체재는 목록, 도판, 본문으로 이루어져 있다. 첫 장에는 의궤를 5부 제작해 어람용御覽用·사고史庫·의정부·예조·성균관에 각 1건씩 보관했다는 내용이다. 도판은 어사례도御射禮圖(4면), 시사례도侍射禮圖(4면), 시사관상별도侍射賞罰圖(4면)

병장

로서 대사례의 시행 장면을 그림으로 나타냈다. 본문은 대사례도해大射禮圖解, 제집사급시사관좌목諸執事及侍射官座目, 계사질啓辭秩, 의주질儀註秩, 이문감결질移文甘結秩, 물목질物目秩, 대사례기大射禮記, 의궤〈부〉儀軌〈附〉로 이루어져 있다. 주요 내용은 대사례의 준비 및 진행 상황, 결과, 관청 사이의 협조 공문, 진행요원, 대사례에 필요한 물품 목록, 왕을 모시고 활을 쏘는 신하들의 명단 등이 담겨있다.

『대사례의궤』에 정리된 대사례 의식은 『국조오례의』와 『대명회전大明會典』, 그리고 조선왕조실록을 참고해 시행한 것이다. 이 행사는 출궁 → 문묘작헌례 → 알성문과 → 대사례 → 알성무과 → 합격자발표의식(방방의放榜儀) 순서로 진행되었다. 출궁은 윤4월 7일(양 5월 30일) 새벽에 원유관遠遊冠과 강사포絳紗袍를 입고 수레(여輿)를 타고 성균관에 도착하였다. 영조는 미리 마련된 악차幄次에 들어가 면복冕服으로 갈아입은 후 문묘에 나가 작헌례를 하였다.

작헌례를 마친 후 영조는 악차로 되돌아와 익선관翼善冠과 곤룡포袞龍袍를 갖춘 후 문과를 실시하기 위해 성균관 명륜당으로 나갔다. 영조는 오랜 가뭄 끝에 밤새 단비가 내리자 '희우관덕喜雨觀德'이라는 제목으로 시험문제를 출제한 후 악차로 왔다. 이어서 이 행사의 핵심이라 할 수 있는 대사례를 거행하였다. 영조가 어좌에서 내려오

대사례의궤(고려대학교박물관)

면 음악이 연주되고 활을 쏘는 자리에 이르면 음악이 그쳤다. 총 4발을 쏘아 3발을 맞추었다. 영조는 명중한 화살수가 중종 때와 일치하자 매우 기뻐하였다.

영조의 활쏘기가 끝나자 흑단령을 갖추어 입은 종친과 문무백관의 활쏘기가 시행되었다. 이것이 시사례侍射禮로서 총 30명이 참여하였다. 시사례가 끝난 후 무과가 거행되었다. 이렇게 하여 문과에서 6인, 무과에서 60인을 선발하였다. 모든 의식이 끝난 후 영조는 연輦을 타고 돈화문을 거쳐 환궁하였다.

대사례의 사후 행사는 성균관에 육일각六一閣을 지어 어궁과 어시 및 각종 도구들을 보관하였다. 그리고 예문관 대제학에게 대사례의 시행 과정을 적은 대사례기를 지어 올려 성균관 명륜당에 걸도록 하였다. 사단射壇도 존치시켜 후세에 남기도록 했다. 끝으로 대사례의궤를 만들어 궐내를 비롯한 4곳에 보관하였다.

이상으로 검토한 대사례는 군례의 하나로서 국가 의례라고 할 수 있다. 이 국가 의례가 영조를 만나면서 강력한 리더십을 행사하기 위한 발판으로 활용되었고, 신하 및 백성들은 대사례라는 의례를 통해 영조가 품은 새로운 국가 질서를 향한 강한 의지를 읽어냈다. 영조는 2백년 만에 대사례를 거행하면서 국왕과 신하의 화합을 통한 새로운 정치를 추구했고 새로운 비젼을 제시하고자 했다. 이런 측면에서 『대사례의궤』는 군례의 전형을 보여주는 상징적인 자료이자, 정권의 안녕을 향한 영조의 열정과 야망을 읽을 수 있는 자료라고 할 수 있다.

라. 만기요람「군정편」

1800년 6월 정조가 창경궁에서 승하하자 왕위는 정조 유언에 따라 아들 순조에게 돌아갔다. 순조는 1800년 7월 4일에 창경궁에서 즉위했다. 순조 나이 11살이었다. 순조가 즉위하자 그동안 권력 뒤켠에서 기회를 엿보던 영조의 두 번째 왕비 정순왕후가 수렴청정을 하였다. 정순왕후는 1805년 1월에 승하하였다.

순조는 1804년 12월부터 직접 정사를 보았다. 순조에게는 두 명의 외척이 있었다. 한 명은 외조부 박준원으로, 어머니 수빈 박씨의 아버지였다. 또 다른 외척은 장인 안동 김씨 김조순이었다. 순조는 1802년 10월에 아버지 정조가 생전에 재간택까지 끝내놓은 김조순의 딸을 왕비로 맞이했다.

그러나 순조는 영민한 군주였다. 기억력이 뛰어났고 공부하기를 좋아하던 순조는 홀로서기를 준비하다가 19세가 되던 해인 1808년 이후부터 독자적인 행보를 걷기 시작했다. 이 해에 순조는 유례없이 전국 각도에 암행어사를 파견해 민생을 챙기고, 직무 수행에 강한 의지를 표명하면서 각 관청의 직무와 제도, 관료들의 출신 및 이력을 파악했다. 또 안동 김씨가 장악하고 있는 군문^{軍門}의 상황을 신랄하게 비판하면서 자신의 입지를 강화할 수 있는 군사력 마련에 부심했다.[346]

순조대왕 태실
(충북 보은)

---

346 오수창, 「정국의 추이」『조선정치사』(상), 청년사, 1990, 84~86쪽.

순조의 노력은 여기서 그치지 않았다. 국정을 알지 못하면 신하들에게 끌려 다닐 수밖에 없다고 판단한 순조는 국가의 근간인 재정과 군제에 관심을 쏟았다. 그리하여 1808년 5월에 순조는 심상규沈象奎·서영보徐榮輔 등에게 서울과 지방의 재정·군제·토지에 관한 중요 사항을 파악해 책자로 만들어 올리라고 지시했다.[347] 이렇게 하여 완성된 책자가 바로 『만기요람萬機要覽』이었다.

『만기요람』은 크게 재용편과 군정편으로 구성되었다. '만기'란 『시경』 「고요모皐陶謨」편에 '일일 이일 만기一日二日萬幾'에서 나오는 구절로 임금이 정사를 할 때에 늘 삼가고 조심해야 한다는 의미다. 오늘날 『만기요람』의 편찬 연도는 정확하지 않으나 이 책에 담긴 내용을 토대로 유추해 보면 1808년 또는 1809년 무렵으로 판단된다.[348]

당대에 『만기요람』은 초본 그대로 이용되었다. 오늘날 그 전사본轉寫本만 11종으로 그 중 선본善本이 집옥재본集玉齋本(11책)[349]이다. 『만기요람』은 19세기 초 조선의 재정·군정 상황이 담긴 자료이므로 일제 강점기에 자연스럽게 조선총독부의 주목을 받았다. 그래서 조선총독부 자문기관이던 중추원中樞院에서 1938년에 집옥재본을 토대로 활인교정본活印校訂本을 간행했고, 이 간행본이 오늘날까지 가장 많이 이용되고 있다.

『만기요람』 군정편(7~11책)은 조선의 군사 분야에 대한 편람서라 할 수 있다. 주요 내용을 소개하면 제7책에는 오위·호위청·포도청·경영진식·형명제도·조점·봉수·역체·순라·비변사에 관한 내용이 수록되었다. 오위도총부·비변사 등 군무를 관장하는 주요 기관의 설립 경위와 기능, 직제와 정원 등을 상세히 밝혔고, 오위제五衛制의 변천 및 오위진도五衛陣圖도 실었다.

「경영진식」에는 국왕이 용호영·훈련도감·금위영·어영청·수어청·총융청의 합진合陣을 사열할 때 각 군영의 진陣 형태와 배치를 서술했다. 「형명제도」는 교룡기·대열기·사명기 등 군기軍旗 55종 및 신전信箭·나팔 등 신호용 기구 18종을 설명하였다. 「조점」은 성조城操와 수조水操의 방식을, 「봉수」에서는 직로봉수 60개소와 사잇봉수

---

347 『순조실록』 권11, 순조 8년 5월 을축.
348 김규성, 「만기요람해제」 『국역 만기요람』(재용편), 민족문화추진회, 1989, 9쪽.
349 집옥재 : 1868년(고종 5)에 중건된 경복궁의 북쪽에 위치한 신무문 안에 건립된 고종의 서재.

34개소의 위치를 소개했다. 「순라」는 대궐 및 도성의 순라 구역과 인원·군호軍號, 야간통행금지 등에 대해 설명했다.

제8책에는 병조·병조각장사례兵曹各掌事例·용호영·훈련도감에 관한 내용을 수록했다. 「병조」는 병조의 설치 경위와 직제職制, 정원, 기능 및 운영 등에 관해서 설명했다. 「병조각장사례」는 신전信箭·표신標信·신문고 등을 담당하는 결속색結束色, 입직·군호軍號를 관장하는 성기색省記色, 부신符信·유방留防·자물쇠 등을 담당하는 무비사武備司, 각종 취재를 담당하는 일군색 등 병조 산하 기구의 임무와 운영을 제시하였다.

「용호영」과 「훈련도감」에서는 설치 연혁 및 정원, 선발·조련과 각종 규식規式들을 상세히 설명하였다. 용호영은 금군청禁軍廳을 1775년에(영조 51) 개칭한 군영으로 국왕 시위를 전담했다. 훈련도감은 1593년(선조 26)에 설립된 이후 국왕 시위 및 한성의 경비·방위에 중추적 역할을 담당한 핵심 군영이었다.

제9책에는 금위영·어영청·총융청에 관한 내용으로 각 영의 설치 연혁, 정원 및 배치, 선발·조련과 각종 규식, 재정현황이 담겨있다. 금위영은 1682년(숙종 8) 도성 방어력을 증강하기 위해 어영청을 본떠서 정초청精抄廳과 훈련별대訓鍊別隊를 통합해 설치한 군영이다. 어영청은 인조반정 이후 후금의 침입에 대비하기 위한 중앙 군사력의 강화책으로 1624년(인조 2)에 창설되었다. 총융청은 인조반정 이후 후금과의 관계가 악화되고 이괄의 난 등 국내외 정세가 어수선하자 수도 외곽의 수비를 강화하기 위해 1624년(인조 2)에 설치한 군영이다.

제10책은 관방關防·해방海防·주사舟師로 구성되었다. 「관방」에서는 한성부·개성부·수원부·강화부·광주부의 성곽을 비롯한 방어 시설의 규모를 밝혔다. 이어서 8도의 주요 방어 요충지를 제시하였다. 「해방」에서는 동해·서해·남해의 해안 방어를 위한 요충지를 상세히 제시하고, 울릉도·쓰시마가 한반도의 영토임을 증명하는 내용들을 소개했다. 「주사」에서는 삼도통어영·경기수영·방어영·삼도통제영·경상우수영·경상좌수영·공충수영·전라좌수영·전라우수영·황해도수영·평안도방어영에 속한 읍진, 병선 및 병력 규모 등을 자세히 기술했다.

제11책에서는 조선 건국 이후 북쪽 변경 지역에서 발생한 국방 관련 사건들을 정리, 소개했다. 「육진개척」 및 「백두산정계」는 각종 자료에서 육진 개척 및 백두산정계와 관련한 기록들을 제시하였다. 「폐사군사실」에서는 폐사군전도廢四郡全圖와 함께 여연무창·우예·자성의 폐군廢郡 시말 과정을 소개했다. 「가도시말」은 평안북도 철산군에 위치한 가도에 1623년(인조 1) 명 군대가 주둔한 과정 및 결과를 소개했다.

『만기요람』이 완성된 후 순조의 앞길은 순탄치 않았다. 순조가 의욕적으로 펼친 정책들은 큰 실효를 거두지 못했고, 오히려 신하들의 냉소적인 반응을 초래했다. 더욱이 1811년(순조 11)에 평안도에서 홍경래가 주도한 농민 전쟁은 순조의 정치력을 훼손했고 자신감마저 잃게 하였다. 왕의 권위를 되찾으려는 시도에서 마련한 『만기요람』은 순조의 야망과 열정에 불을 지펴 주었으나, 시대는 순조에게 새로운 결단과 능력을 요구했고 『만기요람』을 넘어서라고 재촉하였던 것이다.

마. 무과총요

조선시대에 과거科擧 시험이란 관리 선발 시험으로 고위직 관리가 되려면 반드시 이 관문을 통과해야 했다. 이 때문에 많은 사람들이 과거 합격을 개인의 명예는 물론 집안의 영예로 여겼고, 과거 합격을 필생의 업으로 삼는 경우도 비일비재하였다.

과거시험에는 문과·무과·생원진사시·잡과가 있으며 이 중 무과는 무신을 선발하는 시험이었다. 조선시대에 문과는 1393년(태조 2)부터 시행되었고 무과는 1402년(태종 2)부터 시행되었다. 1402년에 무과가 시행된 이후 문과와 무과는 대거對擧라 하여 한쪽을 시행하면 다른 쪽도 반드시 함께 실시하였다.

무과급제자에 대한 1차 자료는 방목이다. 방목은 과거 시험의 합격자 명부로서 과거시험이 실시될 때마다 만들어졌다. 그런데 방목의 간행은 문과와 무과가 서로 달랐다. 조선은 문치주의 사회를 지향했으므로 문과급제자에 대한 전체 기록을 잘 남겨놓았다. 이에 비해 무과는 상대적으로 자료가 빈약한 실정이다. 조선시대에 무과의 실시 횟수는 총 800회인데 이 중 143회분(18%)의 방목만 현전한다. 이 분량은 다른 과거시험 가운데 가장 적은 양으로 무과나 무과급제자에 대한 기록이 얼마나 열악한 지 잘 보여준다.[350]

이런 측면에서 『무과총요』의 존재는 무과 및 무과급제자에 대한 풍부한 자료를 전해준다는 점에서 매우 소중하다고 할 수 있다. 『무과총요』는 병조에 소속된 서리書吏 임인묵林寅默이 편찬한 책으로 조선시대 무과에 관한 온갖 정보를 망라하였다. 오늘 날 『무과총요』(3책)는 한국학중앙연구원 장서각에 유일하게 소장되어 있다. 임인묵은 1807년에 초고를 완성한 이후 계속 원고를 다듬어 1810년(순조 10)에 『무과총요』를 완성하였다. 그리고 완성한 후에도 계속 보완하였다.

임인묵에 대해서는 현재 알려진 사실이 많지 않으며 생몰 연대도 미상이다. 대대로 서리 집안 출신인 임인묵은 1789년(정조 13)에 음서蔭敍[351]를 통해 서리로 진출했다. 임인묵이 음서로 출사할 수 있던 배경에는 그 집안이 대대로 서리를 지냈기 때문으로 판단된다. 그리고 3년이 지난 1792년부터는 병조에 소속된 무선사武選司에서 근무했 고, 1797년에는 병조의 인사 업무를 담당하였다. 무선사는 무신 선발 및 무과에 관한 사무를 관장하는 부서로서 임인묵이 『무과총요』를 편찬한 것도 이곳에서의 경험이 바탕이 되었다고 보인다.

『무과총요』의 구성을 살펴보면, 제1책은 앞부분에 제사題辭 2편, 무과 연혁, 서문, 목록이 나온 다음에 권1이 시작된다. 제사는 임인묵의 상관을 지낸 병조판서 남공철 (1810년)과 서영보(1816년)가 지었다. 서문은 임인묵이 직접 지었다. 임인묵은 서문 에서 무선사가 무과를 관장하는 곳임에도 불구하고 근거 자료나 참고할 만한 문헌이 제대로 없어 무과를 시행할 때마다 어려움을 겪어왔다고 호소하면서 시행착오를 줄 이고 업무를 효율적으로 수행하기 위해 이 책을 편찬했다고 밝히고 있다.

서문이 끝나면 제목이 없는 글이 나온다. 이 글에서는 무과의 시행 시기 및 운영 실 태에 관한 내용을 간략하게 소개하였다. 고려에서는 1390년(고려 공양왕 2)에 처음 무 과를 시행했으며, 조선에서는 1417년(태종 17)에 무과를 처음 시행했다고 적고 있다. 권1은 조선시대 법전을 비롯한 각종 자료에서 무과에 관한 법규와 시행 세칙 등을 뽑 아 수록하였다. 그리고 각 내용별로 『경국대전』, 『속대전』, 『수교집록受敎輯錄』, 『승전

---

350 문과방목은 조선시대 전 시기의 문과방목을 집성한 『국조방목』, 『국조문과방목』 등이 남아있다.
    생원·진사의 합격자 명부인 『사마방목』은 총 230회의 시험 가운데 현재 186회분(약 80%)이
    전한다. 역관·의관·기술관 등을 뽑은 잡과는 총 233회의 시험 중 현재 177회분(76.4%)이 남아
    있다.
351 음서 : 아버지·할아버지 등 선조의 공적에 따라 그 자손을 관리로 등용하는 제도.

등록承傳謄錄』, 『초기등록草記謄錄』, 『정식초출定式抄出』, 『과거등록科擧謄錄』, 『문헌비고文獻備考』 등 전거를 정확하게 밝혀놓아 책의 신뢰도를 높이고 있다.

제2책(권2)과 제3책(권3)은 무과의 시행과 무과급제자에 관한 정보가 실려 있다. 제2책은 1492~1723년까지, 제3책은 1725~1820년까지 시행된 문과·무과의 수석합격자 성명과 전체 급제자수 및 합격 기준 등을 연대순으로 수록하였다. 1492~1590년까지는 문과급제자 위주로 기록되다가 1591년(선조 24)이후부터 『무과총요』라는 책명에 걸맞게 무과급제자 위주로 기록되어 있다. 최종 시험인 전시殿試뿐만 아니라 초시初試에 대한 정보도 담았으며, '규구規矩'라 하여 무과의 시험과목 및 합격기준도 수록하였다. 그리고 문과의 장원급제자 및 전체 선발인원을 덧붙였다.

요컨대, 『무과총요』의 가치는 첫째, 무과의 시행에 관한 온갖 법규 및 세칙細則, 각종 사례, 논의사항 등을 철저하게 수집해 집성했다는 점이다. 무과의 응시자격, 무과급제자의 처우 및 관직 제수, 부정행위에 대한 처벌 기준, 무과의 시행 순서를 적은 홀기笏記, 무과의 각 단계별 시행세칙을 밝힌 초시절목初試節目·복시절목覆試節目·전시절목殿試節目 및 도과절목道科節目, 합격증 발급 양식(홍패식紅牌式), 시험관 및 차비관差備官의 종류, 과거합격의 취소 규정 등 법전이나 연대기자료에서는 다루지 않은 사소한 사항까지 세밀하게 기록했다.

다음으로 『무과총요』의 가치는 해당 연도에 실시한 무과시험의 급제자 총원을 수록했다는 점이다. 이와 함께 장원 급제자(수석합격자), 초시初試나 최종시험(전시)의 시험과목 및 합격 기준, 직부전시直赴殿試[352]의 선발 규모 등도 중요한 사항이다. 앞서 언급했듯이 현전하는 무과방목은 전체 시험의 18% 정도에 불과하기 때문에 무과급제자의 선발 규모를 전부 파악하기란 아직 가능하지 않다. 그래서 선발 인원을 파악하려면 여러 자료를 활용해야 하는데 그 중 유용한 자료로서 『무과총요』를 꼽을 수 있다.

『무과총요』는 무과에 대한 온갖 정보를 망라한 사례집이자 규정집이다. 무과에 관

---

352 직부전시 : 무과는 초시→복시→전시의 3단계를 거쳐 선발하였다. 직부전시란 초시나 복시를 면제받고 바로 전시에 응시할 수 있는 자격을 부여하는 제도로서 과거 급제나 다름없었고, 무수한 경쟁자를 배제하고 쉽게 과거에 급제할 수 있는 특권이다.

한 기록은 1차적으로 법전, 조선왕조실록이나 『승정원일기』 등 연대기자료, 『과거등록』 등에서 찾아볼 수 있다. 그러나 내용들이 단편적이고 문과 위주로 되어있어서 무과에 대한 종합 정보를 풍부하게 얻을 수 없다. 이런 측면에서 『무과총요』의 존재는 대단히 소중하다고 말할 수 있다.

(2) 진법과 군사훈련

가. 계축진설

하경복河敬復(1377~1438)은 일반인들에게 잘 알려진 인물은 아니지만 조선초기 북방의 야인 정벌을 이야기할 때 빼놓을 수 없는 명장 가운데 한 사람이다. 하경복은 관직 생활의 절반 이상을 함경도에서 보냈다. 그곳에서 하경복은 야인을 제압하는 중추적인 역할을 해냈고 이 때문에 세종의 신임도 두터웠다. 세종은 하경복에게 곧잘 편지와 선물을 내려 보냈고 지방에 있는 그의 어머니에게도 쌀을 내렸다.

『계축진설』은 함경도에서 오랫동안 야전 지휘관으로 활약한 명장 하경복이 참여해 만든 병서이다. 1433년(세종 15)에 병서가 완성되었는데 당시 하경복의 나이 57세였다. 하경복 이외에 형조판서 정흠지, 예문관 대제학 정초, 병조 우참판 황보인 등도 참여했다. 『계축진설』에 참여한 사람 가운데 무인은 하경복 한 사람뿐이었다. 그렇다면 세종대에 왜 『계축진설』이 만들어졌고 여기에 무장 하경복이 참여한 이유는 무엇일까?

세종은 "우리나라의 외환은 북방에 있다."[353]고 단언할 정도로 북방의 개척과 안정에 군사적 노력을 기울였다. 북방 영토의 개척은 이미 고려말 공민왕 대부터 시작되어 조선에 들어와서도 '조종의 옛 강토를 조금도 줄일 수 없다'는 영토 의식 아래 활발하게 진행되었다. 그 결과 태조·태종을 거쳐 세종 말년에 이르러 압록강 상류지역에는 여연·자성·무창·우예의 4군을, 두만강 하류 유역에는 종성·온성·회령·경원·경흥·부령의 6진鎭을 설치하는 개가를 올렸다. 이 성과는 이 지역에서 세력을 떨치던 여진족과 맹렬히 싸우면서 얻어낸 결과이기에 더욱 값지다.

---

353 『세종실록』 권55, 세종 14년 2월 10일(기해).

조선 건국 후에 조선이 북방 영토를 개척하는 과정에서 가장 큰 골칫거리는 여진 족이었다. 만주 일대에는 200여 여진 종족이 거주했고 이 가운데 80여 종족이 조선 의 북방과 인접한 지역에 살고 있었다. 조선과 연관을 맺은 여진족은 크게 토착여진 과 오랑캐(올량합兀良哈)·우디캐(올적합兀狄哈)로 구분할 수 있다. 여진족은 생활필수 품의 확보와 군사 보복을 목적으로 조선의 변경을 자주 침입했고 그때마다 사람과 물 자를 약탈해갔다. 이들은 200~500명 내외의 소규모 병력으로 기동력을 이용해 조선 의 북방 지역을 교란했다.

조선 건국 후에 옛 영토의 회복이라는 기치 아래 북방 경략에 적극적인 태도를 보 인 조선 조정에서는 여진족 침입에 맞서 회유책과 강경책을 병행했다. 여진족에게 동 화 정책을 쓰면서 귀화를 유도하는 한편 내부를 분열시켜 세력을 약화시켜 나갔다. 또 성을 쌓거나 군사력을 증강시켜 적극적으로 토벌 원정도 강행했다. 영토 개척에 진취적 의지를 보인 세종은 여진족 토벌을 위해 1차 정벌(1433.4.10~4.19)과 2차 정 벌(1437.9.7~9.16)을 단행했다.

『계축진설』은 세종의 제1차 여진 정벌 직후에 편찬된 병서로 이 책을 편찬한 해가 계축년(1433년)이므로 그대로 서명으로 사용되었다. 제1차 여진 정벌 이후에 4군·6 진의 설치가 본격화되었다는 점을 감안한다면 『계축진설』은 여진족을 제압하기 위해 편찬되었다고 할 수 있다. 이 때문에 여진족과 전투 경험이 풍부한 하경복이 무인으 로서 참여했다고 판단된다.

현재 『계축진설』은 간행본이 남아있지 않으나 다행히 『세종실록』(세종 15년 7월 을 묘)에 전문이 실려 있다. 행진行陣, 결진結陣, 군령軍令, 응적應敵 등 4개 항목으로 구 성되었다. 군사 훈련의 목표가 북방 여진을 효과적으로 제압하는 것이므로 『계축진 설』에서 구사하는 전술 역시 이 범주 안에서 이해를 구해야 한다. 그래서 『계축진설』 은 실전에 대비한 전투 훈련 교범서로서의 성격이 보다 뚜렷해졌고 내용도 풍부하게 보완되었다.

여진족은 대부분 기마병으로 압록강과 두만강의 울창한 산악지대에서 지형지물을 한껏 이용해 수 십 명 혹은 수 백 명 단위로 기습전을 펼치는 전술을 구사했다. 그러므 로 여진족을 제압하기 위해 조선군의 전술도 새롭게 구상해야 했다. 여진족에 대항한 조선군의 전술 변화는 이미 『진도법』에서 찾아볼 수 있다. 『계축진설』은 『진도법』에서 한 걸음 더 나아가 여진족과 전투 경험이 풍부한 하경복이 참여한 결과 실전 응용력이 크게 보강되었다.

『계축진설』에 나타난 전술의 특징은 기동력을 높이기 위한 소규모 부대의 운용, 여진족 기습에 대비하기 위한 척후 활동의 강화, 중소 화포의 개량으로 요약할 수 있다. 그리고 무엇보다도 기병을 선두 부대로 내세운 점이 두드러진다. 전투시 정병의 편제를 보면 가장 앞줄에 기사병을 배치하고 뒤이어 기창병 두 줄, 화통수·궁수 두 줄을 배열해 총 다섯 대열을 만들어

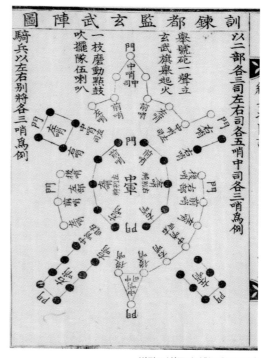

병장도설(규장각한국학연구원)

적군과 대적했다. 여진족에 대한 정벌전을 전개하는 동안 기병의 중요성을 깨닫고 이 경험이 『계축진설』에 반영된 결과라고 할 수 있다.

나. (오위)진법과 병장도설

『(오위)진법』은 조선전기 중앙군 조직인 5위의 부대 편성과 군사 훈련법을 밝힌 병서다. '진'이란 전투대형으로, 진법은 곧 전투대형을 구성하는 법을 뜻한다. 좀더 구체적으로 말하면 전쟁에 승리하기 위해 군사를 편제하고 훈련시키는 방법을 일컫는다.

『(오위)진법』은 1451년(문종 1)에 처음 만들어졌다. 군사나 병법에 관심이 많던 문종이 기존의 진법을 바탕으로 새로운 진법을 짓고, 수양대군(세조)를 비롯해 김종서·정인지·하위지 등 많은 학자들이 이 초안을 수정·보완해 완성한 책이 『(오위)진법』이다. 이후 세조대에 두 차례 다시 간행되었고 1492년(성종 23)에 다시 개정 간행되

었다. 1492년에 간행된 이 책이 오늘날 남아있는 『(오위)진법』이다.

　『(오위)진법』이 변화를 거듭한 데에는 조선전기 중앙군 조직이 몇 번의 개편을 겪었기 때문이다. 조선은 개국 후 중앙군을 고려의 중앙군 조직인 2군軍·6위衛를 계승해 8위로 조직했다. 당시 중앙군은 실제적인 군사력을 보유하지 못한 채 유명무실한 상태였고 그만큼 왕권의 기반도 취약했다. 동북면의 군벌 출신으로 조선을 개창한 태조 이성계는 병권 장악의 중요성을 누구보다도 잘 알고 있었다.

　태조는 국왕을 정점으로 한 강력한 군사 체제의 구축을 서둘렀다. 1393년(태조 2)에 의흥삼군부를 만든 후 의흥친군좌위·우위로 나누어 기존의 8위를 10위로 만들었다. 이듬해인 1394년에는 10위를 10사司로 고치고 세종 대에 12사로 늘렸다가 10사로 환원되고 1445년(세종 27)에 다시 12사로 늘어났다. 10사에서 12사로 변화를 거듭하던 중앙군 조직은 마침내 문종 대에 큰 변화를 맞이한다. 문종은 1451년(문종 1)에 12사를 5사로 개편하고, 중군에 의흥사義興司·충좌사忠佐司·충무사忠武司, 좌군에 용양사龍驤司, 우군에 호분사虎賁司를 배속시켰다.

　그러면 문종이 중앙군 편제를 5사로 개편한 목적은 무엇이었을까? 그것은 문종이 본인이 개발한 5단위 진법 즉 5위를 축으로 하는 5위 진법에 맞도록 부대조직을 개편한다는 취지에서 비롯되었다. 조선 초기 중앙군은 1394년(태조 3)에 10사로 명칭이 바뀌면서 각 사司를 의흥삼군부의 좌·우·중군에다 소속시켰다. 그러나 고려시대 이래 전투대형은 오진五陣 또는 오군五軍으로 존속되었는데 이를 삼군三軍에 소속시키다보니 여러 면에서 혼선을 야기했다.

　군사 문제에 조예가 깊던 문종은 연구 끝에 종래 군사 조직과 전투 편성의 이원적인 구조를 모두 5단위 체제로 통일시켰다. 이렇게 성립된 5사는 1457년(세조 3)에 비로소 5위로 개편되고 최고 군령기관으로 오위도총부가 마련되었다. 따라서 『(오위)진법』의 탄생은 조선전기 중앙군사조직의 골격을 만드는 과정에서 나온 것이었다. 즉, 새롭게 탄생한 오위의 부대편성과 군사훈련을 체계적으로 수행하기 위해서 간행한 병서라고 볼 수 있다.

　『(오위)진법』은 1책 52장으로 그리 많지 않은 분량이다. 책의 구성은 서문, 본문, 발문으로 짜여있다. ① 서문은 1451년(문종 1)에 수양대군이 쓴 글로 문종의 명으로

『(오위)진법』을 저술한 배경을 밝혔다. ② 본문 구성은 분수分數, 형명形名, 결진結陣, 용병用兵, 군령軍令의 5개로 이루어져 있다. 그리고 「군령」에 이어 장표章標, 대열의주 大閱儀注를 덧붙였고, 끝 부분에 앞에서 설명한 「형명」과 「결진」을 그림으로 나타낸 형명도形名圖가 있다. ③ 발문은 두 개로서 하나는 1455년(세조 1) 7월에 집현전 교 리 한계희, 또 하나는 1492년(성종 23) 8월에 홍문관 대제학 홍귀달이 썼다. 세조나 성종 대에 다시 간행한 과정을 소상히 밝혔다.

『(오위)진법』은 여러 차례 개정을 거듭한 끝에 조선전기 군사조직과 훈련법의 원형 을 이루었다. 곧 조선 건국 이후 줄기차게 연구되어 오던 군사 교련 이론을 계승·발 전해 조선에 정착시켰다는 의의를 갖는다. 『(오위)진법』에는 부대 편성과 훈련, 군법, 부대 지휘법 등 군사에 관한 사항이 망라되어 있다.

무엇보다도 『(오위)진법』의 장점은 『진도법陣圖法』이나 『계축진설癸丑陣說』과 달 리 대규모 부대를 수용할 수 있는 지휘체제를 정착시켰다는 점이다. 문종이 『(오위)진 법』을 지은 지 한 달 만에 중앙군을 5사로 개편한 것도 대규모 부대를 편성할 수 있 는 이 진법서가 있기에 가능했다. 또 『(오위)진법』은 대규모 부대 편성에만 머물지 않 고 부대 규모를 융통성 있게 변형시켜 국지전에 대비한 소규모 부대 운용도 가능토록 했다. 부대의 지휘 체계도 일원화하기 위해 형명形名 즉 깃발·징·북 등을 효과적으로 활용하는 방법을 제시했다.

그러나 15세기 후반 오위 조직이 균열의 조짐을 보이면서 『(오위)진법』은 유용한 교범이 되지 못했다. 더구나 조선-일본 전쟁 이후 척계광의 『기효신서』를 수용하면서 『(오위)진법』은 사장되고 말았다. 그러다가 조선-청 전쟁에서 청에 패배한 후 북방의 기병 부대에 맞설 전략 개발이 강하게 요청되면서 기병의 중요성이 다시 부각되고 오 위 복구론도 제기되었다. 이러한 분위기를 타고 『(오위)진법』은 다시 주목되어 『연병 지남練兵指南』이나 『단구첩록壇究捷錄』 등 여러 병서에 큰 영향을 미쳤다. 그리고 마침 내 1742년(영조 18)에 『병장도설』이라는 이름으로 복간되었다.

그렇다면 영조는 왜 『(오위)진법』을 『병장도설』이라는 이름으로 다시 간행했을까? 그것은 바로 오위제를 당대 시대에 맞게 새롭게 복구하기 위해서였다. 조선-일본 전 쟁(임진왜란) 이후 창설된 중앙군인 오군영제는 용병제가 시행되면서 국가의 재정 부

정탁 초상(한국국학진흥원)

담을 증대시키고 그 결과 군역軍役의 폐단을 초래했다.

또 조선-후금(청) 전쟁(호란)을 막아내지 못한 채 후금(청)에게 연전연패하면서 문제점이 드러났다. 더구나 군영이 각 당파와 이해관계가 얽히면서 각 당파의 재정·군사적 기반으로 변모해 갔다.

따라서 조정과 지식인들은 이러한 문제를 해결하기 위해 다양한 군제 개혁을 제기했고 오위제 복구도 그 중 하나였다. 요컨대, 『병장도설』의 간행은 "오위의 제도가 지금 비록 없어졌으나 그 절제와 약속은 여러 군문에 쓸 만하다."[354]는 지적처럼 오군영을 오위 체제에 따라 개편하고자 한 영조의 개혁적 의지가 반영되었다고 볼 수 있다.

다. 기효신서절요

『기효신서절요』는 명 장수 척계광이 지은 『기효신서』를 조선의 실정에 맞게 필요한 부분만을 간추려 엮은 책이다. 현재 서울대학교 규장각한국학연구원과 전북대학교 도서관에 소장된 이 병서는 간행연도나 편찬자에 대한 정보가 전혀 없다. 따라서 이 책을 누가 편찬했는지 언제 간행했는지 알 수 없다.

다행히 정탁鄭琢(1526~1605)이 1602년(선조 35)에 쓴 서문인 「기효신서절요서紀效新書節要序」가 남아 있어 『기효신서절요』에 대한 결정적인 정보를 얻을 수 있다. 정탁은 조선-일본 전쟁 당시 의주에서 명 장수를 만나고 나서 그 전후과정을 작성한 보고서인 『용만견문록龍灣見聞錄』의 저자로 유명하다.

---

354 『병장도설』 어제병장도설 후서.

정탁의 서문에 의하면, 『기효신서절요』는 조선의 신병법 도입 프로젝트에 의해 조선-일본 전쟁 중에 완성되었다가, 종전 후에 관찰사 이시발의 주도로 안동에서 다시 한번 간행된 것이었다. 이시발은 『기효신서』가 1593년(선조 26) 조선에 처음 수입될 때에 유성룡 휘하에 있으면서 『기효신서』를 연구하던 핵심 인물 중의 한 사람이었다.[355] 따라서 이시발이 『기효신서절요』의 간행을 다시 추진한 것은 결코 우연이 아니었다. 참고로, 오늘날 현전하는 『기효신서절요』는 훈련도감자로 알려져 있어 초창기 판본으로 여겨진다.

조선-일본 전쟁기 때 조총에 가려 주목받지 못했으나 일본군이 지닌 단병기短兵器[356]인 창·검의 살상력은 매우 컸다. 이미 16세기에 왜구를 통해 명에도 위력을 떨친 일본의 창·검술은 조선-일본 전쟁 때 조선군이나 명군에게 위협적인 무기로 인식되었다. 유성룡은 왜인의 장기로 조총·용검用劍·돌격의 세 가지를 꼽을 정도로 위협적으로 파악하였다. 특히 일본의 단병기는 조총과 긴밀히 결합된 전술로 인해 이전 시기보다 더 큰 위력을 떨쳤다.

이런 가운데 『기효신서紀效新書』가 조선에 알려진 시기는 1593년(선조 26) 1월 초명 제독 이여송이 평양성 전투에서 승리한 이후였다. 조선에 파병된 명군 가운데 남병이 화기와 단병기를 적절하게 구사해 일본군을 무력화시키는 전술은 조선-일본 전쟁 초기 속수무책으로 밀리면서 의주로 피신해 있던 조선 조정에게 주목할 만한 병법이 아닐 수 없었다.

이미 중국대륙 남방에서 효용성이 입증된 이 방법은 1593년(선조 26) 1월초 평양성 전투에서 명 장수 이여송 부대가 이 전법으로 일본을 대파하면서 조선에 알려졌다. 먼 곳에서 각종 화포와 화전火箭으로 공격해 왜의 기세를 꺾고 이어 낭선狼筅 등 다양한 단병기를 든 병사가 돌진해 적을 공격하는 명의 병법은 조선인 눈에 인상적이었다. 남병들이 사용한 화포인 불랑기나 호준포虎蹲砲, 단병기들은 당시 조선에서는 생소한 무기였다.

---

355 『선조수정실록』 권28, 선조 27년 2월 1일(경술).
356 단병기 : 가까운 거리에서 근접전을 벌일 때 사용하는 무기로서 검·도·창·당파·낭선등이 있다. 짧고 작은 모양의 무기를 일컫기도 한다.

호준포(육군박물관)

조선은 명 군대가 구사하는 강력한 화기의 위력과 단병기의 효과를 실감하면서 척계광의 병법을 적극적으로 수용했다. 조선-일본 전쟁을 계기로 화약 병기가 주요한 무기로 자리 잡아 가는 전술상의 변화에 적응하기 위해서였다. 이렇게 하여 『기효신서』는 조선의 군사 시스템을 빠르게 변화시키는 데에 큰 영향을 미쳤다.

『기효신서절요』는 1책 78장으로 「기효신서절요목록」과 본문으로 구성되어 있다. 본문은 총 14개의 장으로 속오束伍, 수기授器, 기고호령旗鼓號令, 비교比校, 조련操練, 행영行營, 실전實戰, 수성守城, 주사舟師, 군례軍禮, 군령軍令, 잡령雜令, 수휼收恤, 연장練將이다. 본문에는 도판 11장 있다.

그렇다면 『기효신서절요』는 『기효신서』에서 어느 부분을 얼마만큼 요약한 것일까? 여기서 비교 대상으로 삼은 『기효신서』는 중국의 여러 판본 중에서 14권 판본인 '이승훈본'이다.[357] 두 책의 목차와 내용을 비교한 결과 정확하게 일치하지 않으나 대강의 순서와 내용은 유사하다.

『기효신서절요』의 「속오」·「비교」·「행영」·「실전」·「주사」·「연장」은 『기효신서』의 해당 권의 내용을 요약한 것이다. 「수기」와 「기고호령」은 『기효신서』의 「이목」과 「수족」편의 내용이다. 「수성」은 『기효신서』의 「수초」편이며, 「군례」·「군령」·「잡령」·「수휼」 등은 『기효신서』의 「담기」 편의 내용을 수록하였다.

이상의 검토에서 알 수 있듯이 『기효신서절요』는 『기효신서』의 내용 가운데 중요하다고 판단되는 내용을 발췌, 재편집하여 실은 것이다. 발췌 기준은 정확하지 않지만 난해하던 내용이 이 책을 통해 새롭게 정리된 것으로 보아 조선의 상황에 걸맞는 내용을 간추리고 재편집했다고 판단된다.

결과적으로 『기효신서절요』는 새로운 병법을 조선의 실정에 맞게 새로이 이해하고

---

357 '이승훈본' 『기효신서』는 조선에서 1664년(현종 5)에 『기효신서』를 다시 간행할 때에 저본으로 사용한 책이다.

정리한 산물이라 할 수 있다. 조선의 병법 연구자들은 집요하였다. 모르는 단어나 의미는 명나라 진영을 방문하여 질문하고 그래도 이해되지 않는 동작은 수 십 번의 연습과 질의를 통해서 조선의 것으로 만들고야 말았다. 이는 전쟁 와중에서도 패배에 좌절하지 않고 조선군의 체질을 과감하게 변혁하고자 했던 피나는 노력과 의지가 있었기에 가능한 결실이었다.

라. 진설

『진설』은 1603년(선조 36) 한효순이 함경도 관찰사 겸 도순찰사로 있으면서 편찬한 병서이다. 조선-일본 전쟁(임진왜란) 발발 당시 나이 50의 한효순은 영해부사로 재직하면서 큰 공을 세웠고 이후 전쟁 기간 내내 여러 중임을 담당하면서 군사 관련 전문가로서 활약하였다.[358]

1598년(선조 31) 종전 후에도 한효순의 활약은 계속되었다. 왜란 전부터 조선의 북방에 출몰하면서 세력을 과시하던 건주여진의 동태가 심상치 않았던 것이다. 건주여진의 작은 부족에 불과하던 누루하치는 주변의 부족들을 공략하면서 세력을 팽창했고 1589년에는 스스로 왕이라 칭하였다. 만주 일대를 장악해가던 누루하치는 1605년에 국호를 건주국建州國으로 고치면서 명과 조선을 위협하였다.[359] 여진의 동향을 우려한 선조는 한효순을 1601년(선조 34) 11월에 함경도 관찰사로 임명하였다.

『진설』은 1책(39장)으로 본문, 부록, 발문으로 구성되었다. 내용은 팔진八陣·육화진六花陣·원앙진鴛鴦陣·매화진梅花陣·삼재진三才陣 등 5개 진법의 원리와 연습법을 설명하고, 분수分數, 형명形名, 결진結陣, 대진습전법大陣習戰法, 행군법行軍法의 내용을 실어놓았다. 부록은 총 79개조로 여러 인물들의 병략을 소개하고, 어로법禦虜法·어왜법禦倭法·일본고략日本考略 등도 함께 기술하였다. 발문은 1603년(선조 36) 가을에 한효순이 간행 동기와 배경을 직접 기록한 글이다.

『진설』의 가치는 무엇보다도 전투에 운용되는 여러 진법과 그 훈련법을 체계적으로 설명했다는 점이다. 한효순은 이 책 서두에서 "진법이 없다면 군대는 한 떼의 무

---

358 『선조실록』 권29, 선조 25년 8월 7일(갑오).
359 한명기, 『임진왜란과 한중관계』, 역사비평사, 1999, 225~227쪽.

리에 불과할 뿐이다.[360]"라면서 진법의 중요성을 강조하였다. 한효순은 조선초기에 편찬된 『진법』과 명 장수 척계광의 저서인 『기효신서』에 나오는 진법 가운데 팔진·육화진·원앙진·매화진·삼재진 등 5개 진법을 소개하였다. 그 내용은 다음과 같다.

- 팔진 : 중국 전국시대 제갈량(181~234)이 고대 병법의 진형들을 발전시켜 만든 전투 대형이다. 팔진은 병력이 많아 보이는 진형으로 적이 어느 진영을 공격해도 상호 호응이 가능하다. 또 방진을 원진으로 바꾸더라도 대오가 분산되지 않는다는 이점이 있다.[361] 팔진은 우물 '정井'자의 형태로 배치되는데 두 가지 방법이 있다. 하나는 중앙과 동·서·남·북의 다섯 구역에 정병을 포진하고, 나머지 네 귀퉁이에 기병奇兵을 배치한다. 또 하나는 중앙에 대장이 위치하며 나머지 여덟 구역에 여덟 개의 부대가 에워싸고 방진方陣을 친 형태다.

- 육화진 : 중국 당 장수 이정(570경~649)이 제갈량의 팔진을 참고해 창안한 전투 대형이다. 대진大陣 속에 소진小陣을 포함한 형태로, 바깥의 6군軍은 방진方陣을 이루고 내부의 1군은 원진圓陣을 이루는데 마치 여섯 갈래로 갈라진 꽃모양과 같으므로 육화진이라 하였다.[362] 『진설』에는 "육화진이란 6진이 각각 4백 보步의 땅을 차지하여 횡렬의 개인 간격은 5보, 종렬의 개인 간격은 4보로 하여 동·서로 2개 제대[양상兩廂]를 만든다. 그리고 공터 1천 2백보로 전투훈련장을 만든다. 군사 3만명을 훈련시킬 때에 진마다 5천인을 배치하되, 1진은 시범부대로 삼고 나머지 5진은 방진·원진·곡진·직진·예진의 형태로 만든다."고 되어있다.

- 원앙진 : 중국 명 장수 척계광이 독창적으로 만든 전투 대형으로, 원앙새처럼 장병기와 단병기가 짝을 이루어 협동 작전을 펼 수 있도록 고안되었다. 원앙진은 2열 종대의 형태로서 등패수-낭선수-장창수-당파수의 순으로 배치해 순차적으로 나가 싸우도록 하였다. 구체적인 형태는 두 패수牌手가 나란히 늘어서면 낭선수가 각각 패수 한사람씩 호위하고, 장창수 두 명은 각각 패수 한 명과 낭선수

---

360 한효순, 『진설』.
361 『이위공문대』 문대(상).
362 『이위공문대』 문대(중).

한 명을 나누어 보호하고, 당파수는 장창을 방어하도록 했다.

- 매화진 : '양의진兩儀陣'으로 더 많이 알려진 진법으로 척계광이 고안하였다. '양의'란 음과 양을 뜻하며 한 대隊를 2오伍로 편성해 진형을 만들었는데 원앙진의 변형이다. 진형은 좌우에 1오씩 배치하는데, 각 오마다 등패수-낭선수-장창수-당파 순으로 서서, 낭선이 등패수를 보호하고, 장창수가 등패수와 낭선수를 나누어 보호하고, 당파수가 장창수를 구원하도록 했다.

- 삼재진 : 척계광이 창안한 진법으로 원앙진의 변형이다. '삼재'란 천天·지地·인人을 가리키며 한 대隊를 세 대로 나누어 횡대 진형을 이룬다. 진형은 좌우에 각각 등패수 1인과 장창수 2인이 서고, 가운데에 낭선수 2명이 서고 그 뒤에 당파수 2명이 선다. 그리하여 장창이 등패수를 구원하고, 당파수가 낭선수를 구원하도록 하였다.

한효순은 『진설』에다 본인의 경험과 열정을 고스란히 담아내었다. 『진설』의 끝부분을 흉악하고 교활한 일본을 조심하라는 경계로 마감한 것도 왜란 때에 일본군과 맞서 싸운 경험의 소산일 것이다. 또 오랜 전장의 경험과 병서 연구로 다져진 혜안은 여진 문제에 대한 해법에서 더 빛났다. 한효순은 『기효신서』의 훈련법이 오랑캐를 방어하는 데 효과가 없다고 지적하면서 매우 짧은 분량이지만 전차戰車 개발을 제안하였다.

한효순은 넓은 들판에서 질주하면서 돌격하는 장기를 가진 여진족들은 전차가 아니면 공격할 수 없다고 간파하였다. 그런데 변경 지방에서 제작되는 전차는 너무 크고 이동이 불편하므로, 민간에서 사용하는 작고 가벼운 두 발 또는 한 발 달린 수레를 전차戰車·노차弩車·포차砲車 등으로 개량해서 보병·기병으로 방진方陣을 구성한 후에 각종 화기로 싸운다면 승리할 수 있다고 보았다.

한효순이 이 책에서 언급한 전차 및 『기효신서』의 효용성은 조선후기에 군사훈련법 및 전술을 둘러싼 논쟁의 핵심으로 발전하는 문제이다. 1636년 조선-청 전쟁(병자호란) 이후 본격화된 이 문제를 이미 언급한 한효순의 안목은 문제의식이 없었다면 결코 끄집어낼 수 없는 사안이었다. 이런 측면에서 한효순이야말로 그 누구보다도 전술 변화의 필요성을 일찍 예견한 인물이었다고 평할 수 있다.

마. 연병지남

조선-일본 전쟁 이후 조선을 둘러싼 국제 정세는 여전히 복잡하였다. 왜란 전부터 세력을 과시하던 건주여진의 동태가 종전 이후에 더 심상치 않았다. 건주여진의 작은 부족에 불과하던 누루하치는 주변 부족들을 공략하면서 세력을 팽창해 스스로 왕이라 칭하였다. 급기야 만주 일대를 장악한 누루하치는 1603년에 허투알라赫圖阿拉로 천도를 단행하고, 1605년에 국호를 건주국建州國으로 고치면서 명과 조선을 위협하였다.[363]

이제 조선도 이 새로운 적에 대처할 방책을 강구하지 않을 수 없었다. 그때까지만 하더라도 조선의 전법은 조선-일본 전쟁기에 도입한 『기효신서』에 몰입되어 있었다. 『기효신서』에는 창·검을 이용한 보병 중심의 전술이 담겨 있었고, 조선은 일본군을 막아내기 위해 이 전법을 적극 도입했다.

이러한 분위기에서 새로운 전법을 모색한 사람이 한교韓嶠로서 대對 기병 전술에 주목해 다시 척계광에 눈을 돌렸다. 『기효신서』를 지은 척계광은 1568년 봄에 남방 지역에서 북쪽 지역의 계주蓟州 총병으로 부임하였다. 이제 중국의 북방으로 전보된 척계광이 막아야 하는 적은 남방 왜구가 아니라 북방의 변경 지대에서 활약하던 몽골 기마 부대의 기습이었다.

척계광은 계주에서 15년간 재직하면서 두 번째 군사훈련서인 『연병실기』(1571년)를 편찬하였다. 『연병실기練兵實紀』는 기병을 쓰지 않던 『기효신서』의 전법과 달리 북방의 기마부대를 제어하기 위해 보병과 기병의 공조를 중시했다. 특히 척계광은 전차戰車를 이용한 전술을 크게 활용했다.

한교는 기마병을 대상으로 승리를 거두기 위해서는 척계광의 기병전술을 시급히 도입해야한다고 여겼다. 대외 환경이 달라지고 조선에서 상대해야 할 주적이 바뀌면서 『기효신서』만으로는 대처하기 어렵다고 판단한 것이다. 그 결과 한교는 연구 끝에 『연병실기』를 바탕으로 1612년(광해군 4) 조선의 실정에 맞는 기병 전법인 『연병지남』을 탄생시켰다. '지남'이란 지침서라는 의미로서 '연병지남'이란 병사들의 훈련 지

---

363 한명기, 앞의 책, 1999, 225~227쪽.

침서라는 의미다.

한교韓嶠(1556~1627)는 세조 때의 공신인 한명회의 5대 손으로, 아버지는 서얼 한수운韓秀雲이다. 따라서 한교 역시 서얼이었다. 그가 어떻게 하여 병학에 소양을 갖게 되었는지 자세하지 않으나 유성룡의 추천으로 훈련도감의 낭청[364]에 임명된 후 『기효신서』의 연구로 능력을 인정받았다. 종전 후에도 한교는 북방에 파견되어 여진의 동태를 보고하고 전차를 개발하는 등 군사전문가로 활약하였다.

『연병지남』은 1책(36장)이며, 본문은 거기보대오규식車騎步隊伍規式, 거기보합조소절목車騎步合操小節目, 거기보대조절목車騎步大操節目, 전차제戰車制로 구성되었다. 『연병지남』에서 가장 주목해야 할 특징은 우리말 해설(언해)을 달았다는 점이다. 이미 왜란 때부터 새로운 병법의 도입을 위해 노력한 한교는 『연병지남』에 한글 해석문을 달아 이 책이 군사 교범서로서 널리 활용되기를 바랐던 것이다.

『연병지남』의 내용을 한마디로 표현하면 전차를 중심으로 기병·보병을 하나로 통합하여 운용하는 전법이다. 「거기보대오규식」은 전차병·기병·보병이 대오를 편성하는 방식과 병사들의 행동 요령을 기술하였다. 거정車正 1인이 전차 1대를 전담하며, 총수 1대(8명)는 전차 뒤에 서서 적이 멀리 있으면 총을 쏘고 적이 가까이 있으면 4명씩 2번으로 나누어 1번은 수레를 밀고 다른 한 번은 그 총을 맡아둔다. 수레를 조종하는 타공舵工 2명은 두 바퀴 옆에 나누어 서서 적이 멀리 있으면 8명과 함께 나가 총을 쏘고 적이 가까이 오면 총을 맡긴 뒤 각각 큰 봉棒을 갖고 바퀴를 보호하며 나아가도록 했다.

「거기보합조소절목」은 전차병·기병·보병의 소규모 합동 군사훈련에 대한 시행절차를 담아놓았다. 보병이 삼재진·양의진·원앙진을 연습하는 방식은 『기효신서』를 따르도록 했고, 마병이 질주하여 적을 쫓는 연습 역시 보병의 방식대로 했다. 전투 형태는 전차를 중심으로 보병과 마병들이 대기해 있다가 적이 오면 먼저 조총 등을 쏘아 적을 제압하고 화전 및 호준포·불랑기로 공격하였다. 적이 다시 가까이 오면 활을 쏘아 막아내고, 적이 전차 앞까지 전진해오면 수레를 앞세워 보병과 기병이 달려 나가

---

364 낭청 : 각 관아에서 실무를 담당하는 관직. 훈련도감의 낭청은 종6품직이었다.

함께 공격하는 형태였다.

「거기보대조절목」은 대규모 합동 훈련을 하는 절차로서 전체 분량의 절반 이상을 차지하고 있어 이 책이 대규모 군사훈련에 큰 비중을 두었음을 알 수 있다. 전투 형태는 아군이 전차를 중심으로 보병들이 대기해 있다가 적이 오면 먼저 조총 등을 쏘아 적을 제압하고 화전 및 호준포·불랑기로 공격하였다. 적이 다시 오면 활을 쏘아 막아낸 후에 각종 단병기를 소지한 보병들이 함께 공격하였다. 이때 후진에 있던 마병들이 좌우에서 뛰쳐나와 적의 측면을 공격하는 형태였다. 끝으로, 「전차제」에는 정준붕鄭峻鵬이 고안하고 병마절도사 유형柳珩이 보완한 전차의 제작 방식이 나와 있다.

『연병지남』은 『연기신편』를 토대로 했으나 조선만의 특색을 찾을 수 있다. 대표적으로 궁수대의 조직이다. 『연병실기』에도 궁시를 소지한 보병의 존재를 상정하지 않았지만 『연병지남』에서는 적이 50보 이내에 들어왔을 경우 궁시를 발사하도록 하였다. 이 점은 조선의 전통적인 장기인 궁시를 조총의 보완 무기로서 활용하고자 했던 의도였다.

『연병지남』은 조선만의 특장을 살려 북방의 기마민족에 대항하기 위해 고안된 병서였다. 하지만 이 병법은 조선에서 각광받지 못하였다. 가장 큰 난관은 전차에 대한 불신과 전마를 확보하기 어려운 환경이었다.

그래서 조선에서는 북방의 기마병을 물리칠 수 있는 대안으로 수성법守城法을 선호하였다. 하지만 적이 성을 우회하여 곧바로 도성을 진격할 수 있으리라고는 예상하지 못하였다. 그 결과 조선은 이로부터 불과 25년 후인 1636년(인조 14)에 청에게 무참히 패하고 말았다. 북방의 적들이 강세했음에도 불구하고 전통적인 수성법을 크게 탈피하지 못한 탓이었다.

바. 병학지남

만일 필자에게 조선후기 군사 조련에 가장 큰 영향을 끼친 책이 무엇이냐고 질문한다면 주저 없이 『병학지남』을 꼽을 것이다. 『병학지남』을 한마디로 요약하면 '『기효신서』를 줄여서 엮은 책'[365]이라 할 수 있다. 특히 『기효신서』의 내용 가운데 군사훈련법을 간추렸다.

조선은 명 군대가 구사하는 화기의 위력과 단병기의 효과를 실감하면서 『기효신서』를 입수했다. 조선에서 『기효신서』를 수입한 시기는 1593년(선조 26) 2월 무렵이었다. 당시 조선은 군사력 증강이라는 현안을 해결하기 위해 『기

『병학지남』(전쟁기념관)

효신서』 가운데 군대 편성과 훈련에 주목했다. 그래서 『기효신서』의 「속오해束伍解」(1594.10)를 먼저 풀이했고 「편오법編伍法」(1595.12)도 각도에 내려 보냈다. 이외에 『기효신서』를 축약한 요약서 또는 촬요서 편찬이 여러 번 시행되었다.

현재 『병학지남』의 편자나 최초 간행 시기는 자세하지 않다. 『병학지남』 역시 『기효신서』에서 군사 조련의 요지를 뽑은 책으로 위의 책들 속에 섞여 왜란을 치르는 동안이나 종전 직후에 각도에 유포되었을 것이다. 이 과정에서 『병학지남』은 조선의 군사 훈련서로 자리 잡았고 각종 변형판도 양산되었다. 여러 지역이나 군영에서 『병학지남』을 수용할 때에 현실에 맞게 가감했고, 또 시대에 따라 내용의 중요도나 해석이 달라지므로 다양한 판본이 나올 수밖에 없었다. 따라서 『병학지남』의 다양한 판본은 『기효신서』의 병법을 오랜 기간 조선에 수용하는 과정에서 재조정한 결과물이었다.

조선-일본 전쟁 이후 『병학지남』은 여러 판본이 통용되었다. 어떤 책은 자세하기도 했고 또 어떤 책은 너무 소략했다. 또 내용 가운데 한글번역문인 언해諺解가 있는 부분도 적었고, 아예 두주가 없는 책도 통용되었다. 전국 각지에서 활용되는 군사 훈련의 기본서인 『병학지남』의 수준이 천차만별이다 보니 결과적으로 훈련의 결과나 수준도 다를 수밖에 없었다.

정조는 군사력 향상과 정비를 위해 무엇보다도 『병학지남』의 정본이 필요하다고 보았다. 그래서 훈련도감본·남한산성본·해서본海西本 등을 참조해 잘못된 부분을 바로잡고 대대적인 교정을 가했다. 그렇게 하여 1787년(정조 11)에 『병학지남』이 새롭

365 정조, 『병학지남』 서.

게 탄생했다. 이 책은 정조의 왕권을 군사적으로 뒷받침한 장용영에서 목판본으로 간행했다.

정조대에 간행한 『병학지남』은 1책으로 되어 있다. 책의 체재는 서문·목록·범례, 본문으로 이루어졌다. 서문은 정조가 1787년에 친히 지은 글로 『병학지남』을 다시 간행하게 된 배경과 함께 『병학지남』의 중요성을 강조했다. 범례는 총 7개 조항으로 『병학지남』을 새로 간행하면서 바로 잡거나 보완점을 밝혔다.

본문은 다섯 부분으로 나뉘어 있다. 권1이 기고정법旗鼓定法·기고총결旗鼓總訣, 권2가 영진정구營陣正彀, 권3·권4가 영진총도營陣總圖, 권5가 장조정식場操程式〈야조정식夜操程式 부附, 분련정식分練程式 부附〉, 성조정식城操程式, 수조정식水操程式이 실렸다. 한 가지 특이 사항은 권1의 「기고정법」「기고총결」, 권2의 「영진정구」의 경우 모두 한글 해석문(언해문)을 달았다는 점이다.

한 가지 특이 사항은 권1의 「기고정법」「기고총결」, 권2의 「영진정구」의 경우 모두 한글 해석문(언해문)을 달았다는 점이다.

『병학지남』에 담긴 내용의 핵심은 바로 형명形名과 진치는 법이다. 권1의 「기고정법」은 기치旗幟나 징·북 등 이용해 명령(호령)을 밝혀, 지휘관이 군사들을 효율적으로 통솔하는 방법이 담겨있다. 「기고총결」은 호포·호적·북·징·나囉·바라·나팔·솔발·취타·인기認旗·오방기·고초·당보기·등燈·기화起火·암령暗令 등 16가지 기·고의 용도 및 암호 등을 자세히 설명했다.

권2의 「영진정구」는 본격적으로 군사를 운용해 수비와 공격하는 방법을 설명했다. 대오 편성에서 무기, 진치는 법, 작전법, 행군과 야영법, 척후와 복병 운용, 실제 전투하는 요령 등 다양한 내용을 매우 구체적으로 설명한다. 특히 군사들이 피로하지 않게 미리 야영 훈련을 철저히 실시하고 밥을 배불리 먹인 뒤에 적과 싸우도록 했다.

권3·권4의 「영진총도」는 다양한 상황에서 진陣 치는 방법을 그림으로 자세히 밝혔다. '진'이란 전투대형을 뜻한다. 정조는 『병학지남』을 다시 간행하면서 내용도 손을 보았는데 「범례」에 따르면 가장 중요한 변화가 이 「영진총도」에 들어있다. 곧 거기영법車騎營法을 추가해 실었다는 점이다.

'거기영'은 '거영車營'과 '기영騎營'으로 척계광이 북방 기병을 막기 위해 고안한 전법으로 『연병실기練兵實記』에 실려 있다. 거기영법은 전차와 마병을 활용하는 병법으로 산이 많은 조선에서 실효성이 의문시되던 진법이다. 정조는 『병학지남』이 북방의 기병을 막아내기에 부족한 전법이라는 비판이 자주 있자 북방에도 활용할 수 있는 『병학지남』을 만들고자 했다. 그것이 바로 '거기영'을 수록하는 형식으로 나타난 것이다.

권5에는 요즘 식으로 표현하자면 각종 모의 훈련법을 다양하게 실어놓았다. 「장조정식」 「성조정식」 「수조정식」을 비롯해 「야조정식」 「분련정식」이 그것이다. '조操'는 군사 훈련이라는 의미로 '장조'는 훈련장이나 조련장에서 실시하는 훈련, '성조'는 성곽에서 행하는 수성 훈련, '수조'는 수군 훈련, '야조'는 야간 훈련이다.

요컨대, 『병학지남』은 조선-일본 전쟁기부터 조선후기까지 군사 훈련서의 근간이었다. 그런데 『병학지남』이 어왜전법禦倭戰法으로 개발된 『기효신서』를 근간으로 하다 보니 시대가 바뀌고 주변 상황이 달라지면서 여러 비판이 제기되었다. 가장 큰 문제는 보병 중심의 전술이어서 북방의 오랑캐를 막아낼 수 없다는 비판이었다. 그럼에도 불구하고 『병학지남』은 조선후기 군사 훈련서 가운데 가장 널리 활용된 병서였다.

사. 속병장도설

조선전기에 중앙군 조직은 오위였다. 하지만 조선-일본 전쟁(왜란)을 거치면서 무력함이 드러난 오위 제도는 점차 무너지고 대신 16세기말부터 17세기 후반에 걸쳐 중앙에는 오군영, 지방에는 속오군 제도가 성립했다. 오군영 체제는 숙종 초에 마무리되어 훈련도감·총융청·수어청·어영군·금위영으로 정비되었다.

오군영 체제는 도성방위를 중심으로 하는 군사 체제로서 본격적인 도성 방어론은 숙종대에 모색되었다. 1704년(숙종 30) 무렵부터 방어의 중심을 강도-남한산성에서 도성과 여기에 인접한 북한산성으로 옮기자는 주장이 등장했다. 이에 1709년(숙종 35)에 미완성 상태지만 도성이 수축되고 1711년(숙종 37)에 북한산성이 축성되면서 도성 방어력 강화에 일대 전기를 맞았다. 당시 외침의 위협은 적었으나 왕실을 포함한 중앙 정권의 안전장치로서 도성이 강조되었다.

1728년(영조 4)의 무신란은 도성 방어를 강화하는 결정적인 계기로 작용했다. 무신란은 영조의 즉위 과정에 불만을 품은 소론 일파가 경종의 복수와 밀풍군 이탄李坦(소현세자 증손)을 왕으로 추대한다는 명분을 걸고 일으킨 반란이었다. 무신란은 전국 규모로 확대되었고 청주성을 함락한 뒤 도성을 압박했다. 더구나 국왕 시위군인 금군禁軍의 일부가 반군과 내응한 사실은 영조에게 충격적이었다.

따라서 영조는 외환뿐만 아니라 내란에 대한 대비책으로 군영 배치를 수도권 중심으로 재편성하면서 도성 수비 체제를 강화했다. 또 영조는 각 군영이 보유한 지휘권도 병조판서의 관할로 만들어 국왕 직속의 통수체계로 일원화했다. 영조는 이미 1742년(영조 18)에 『(오위)진법』을 『병장도설』로 다시 간행하면서 오위진법의 복구를 타진하였다. 곧 5개의 군영을 5위처럼 하나의 체계로 운용할 의지를 보였다.

하지만 『병장도설』은 제대로 쓰이지 못했다. 영조가 『속병장도설』「어제범례御製凡例」에서 "지금 만약 오위제를 오군영제에 적용하면 반드시 그대로 계승하지 못하는 부분이 있을 것이다."고 밝혔듯이 오위와 오군영은 여러 부분에서 차이가 있었다. 『병장도설』이 간행되었으나 쓰이지 못한 것도 이 때문이었다. 그래서 영조는 병법도 시대와 제도에 따라 달라야 한다는 현실을 받아들여 당시 군영의 현실에 맞는 병서를 만들면서도 『병장도설』의 체재를 본 땄다. 책이름도 『속병장도설續兵將圖說』이라 하여 『병장도설』을 계승했음을 나타냈다. 한마디로, 『속병장도설』은 『병장도설』이 간행된 지 7년이 지난 시점에서 온고지신의 정신으로 새롭게 지은 병서였다.

『속병장도설』은 1749년(영조 25)에 1책(103장)으로 간행되었다. 1749년에 영조의 명을 받아 이 책의 편찬에 참여한 사람은 지중추부사 겸 공조판서·홍문관대제학·예문관대제학 조관빈趙觀彬, 어영대장 박문수, 총융사 구성임具聖任, 훈련대장 김성응金聖應, 금위대장 김상로金尙魯 등 5인이다. 체재는 크게 서문과 범례, 도설, 본문으로 구성되었다.

서문은 「어제속병장도설서」로서 조관빈이 영조의 명을 받들어 대신 지었다. 이어 「어제범례」 4조가 실려 있다. 범례는 편찬 원칙이다. 도설에는 형명도形名圖 59개와 진도陣圖 61개로 총 120개의 그림이 실렸다. '형'은 기치를, '명'은 징과 북 등을 뜻하며, 군사의 좌·작·진·퇴坐作進退를 지휘하는 기구들이다. '진陣'이란 전투대형으로, 싸움에서 승리하기 위해 군사를 편제하고 훈련시키는 방법을 일컫는다.

『속병장도설』의 도설에서 주목되는 것은 「오영합열진도」의 존재이다. 이 진도를 그린 이유는 영조가 다섯 군영을 조선전기의 오위 체제와 같이 하나의 체계에 편입해 "친히 열무閱武를 실시하려는 의도"(「어제범례」)였다. 훈련도감은 원진으로 중앙에 자리잡고, 수어청은 예진으로 앞에 잡고, 금위영은 직진으로 왼쪽에 자리잡고, 어영청은 방진으로 오른쪽에 자리잡고, 총융청은 곡진으로 뒤에 자리잡는데 각 영은 각기 그 영의 진치는 방식에 따라 진을 쳤다.

본문은 분수分數, 형명形名, 결진식結陣式, 용병用兵, 군령軍令, 친열親閱, 의주議注, 입교장入教場, 소개문小開門, 승장升場, 승기升旗, 초관기招官旗, 청발방聽發放, 순시발방巡視發放, 관기하지방官旗下地方, 개영행開營行, 분로分路, 열진列陣, 작전作戰, 하방영下方營, 발복로당보發伏路塘報, 발초급發樵汲, 사공죄査功罪, 수초급收樵汲, 취반炊飯, 사면조四面操, 수영收營, 회신지回信地, 사조謝操, 산조散操, 낙기落旗, 군총軍摠 등 32개 항목으로 이루어져있다. 대부분 『(오위)진법』과 『병학지남兵學指南』에서 군사 조련에 관한 부분만 발췌해 실어놓았다. 다만 「군총」은 다른 병서에서 찾아보기 드문 항목으로 금군청禁軍廳과 오군영의 연혁, 직제와 인원 등을 상세히 기록하였다.

『속병장도설』은 각기 다른 체재를 띠는 오군영을 하나로 합쳐 전투대형을 조직한 궁극적인 목적은 국왕 중심의 군사 지휘 체계를 확립하려는 의지였다. 『국조보감』에서 "앞서 세조가 『병장도설』을 편찬했는데 그것은 단지 국초의 오위제에 대해 방·원·곡·직·예의 오진법을 발휘한 것이다. 중기 이후로 오군영을 설치하고 『병학지남』으로 군사를 훈련하니 영營·사司의 제도와 조련법이 매우 달랐다. 그래서 『병장도설』을 (다시) 간행하도록 명했으나 전혀 쓰이지 못했다. 이에 왕께서 오군영의 대장에게 명해 지금의 군영제도에 의거해 『속병장도설』을 짓게 하고 이어 오군영에 명해 간행하도록 했다."[366]는 언급은 『속병장도설』의 간행 배경을 정확하게 지적했다고 보여진다.

아. 병학통

조선의 제22대 국왕 정조는 호학숭문好學崇文의 군주로 공부하고 책 읽는 학자였다. 『홍재전서弘齋全書』라는 방대한 문집을 남길 만큼 당대 최고의 학자들과 견주어도 결코 뒤지지 않았다. 그리고 더 주목해야 할 사항은 정조가 학술과 문예에만 관심을 쏟지 않고 군사 문제에도 깊은 관심을 보였다는 점이다.

정조는 문예와 군비라는 양 날개를 달고서 왕권 강화를 시도했다. 정조대에 규장각과 장용영 두 곳이 핵심 기관으로 떠오른 데에는 이러한 배경이 숨어있다. 전자는 왕실도서관으로서 문예 담당 부서이자 정책자문기관이고, 후자는 명실상부한 중앙 군영으로서 정조의 왕권과 정책을 뒷받침했다.

『병학통』이 세상에 나온 때는 1785년(정조 9) 9월이었다.[367] 이 책의 기획이 즉위하던 해인 1776년에 이루어졌으니 기획에서 간행까지 9년여의 세월이 걸렸다. 그런데 정조는 『병학통』이 간행되기 직전인 1785년 7월에 50명으로 구성된 장용위壯勇衛를 출범시켰다. 장용위는 국왕 호위를 전담하는 친위군으로 1788년 1월에 장용영으로 승격되었다. 『병학통』의 간행과 장용위 출범이 유사한 시기에 이루어진 점은 『병학통』에 정조가 왕권을 안정시키고 군권을 장악하는 과정이 고스란히 반영되어 있음을 뜻한다.

『병학통』은 수도 한양에 소재한 군영인 훈련도감·금위영·어영청 및 용호영의 군

---

366 『국조보감』 권64, 영조 36년 10월.
367 『정조실록』 권20, 정조 9년 9월 11일(정사). 서명선이 발문을 쓴 해는 1785년 7월이었다.

사 훈련과 진법을 하나로 통일해 정
리한 병서이다. 당시 각 군영은『병
학지남』을 토대로 군사훈련을 실시
했으나 훈련의 결과나 수준이 천차
만별이었다. 정조가 "저래서야 어떻
게 적을 상대할까?"라고 개탄해하
면서 즉위 초부터『병학통』을 기획
해 간행한 데에는 조선의 군사 훈련
의 강령을 정하고 통일시키기 위한

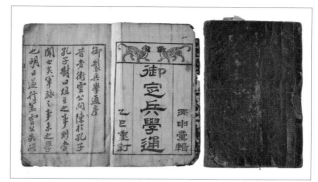

어제 병학통(규장각한국학연구원)

노력이 깔려있었다. 그래서 훈련도감의 장신將臣들에게 명해 네 개 군영의 훈련 정식
을 수집해 하나의 통일된 체제를 만들도록 했다.

　정조는『병학통』의 원류를 세조의『(오위)진법』(일명『병장도설』)을 거쳐 영조의
『속병장도설』에 두었다.『정조실록』에는 정조가 장용영의 강서講書 시험에『병학통』
을 사용한 것은 영조의 유지를 천명하기 위해서였다고 기록했다.[368] 따라서『병학통』
이『병장도설』과『속병장도설』을 집대성했다는 것은 정조가 온고지신의 정신으로 영
조의 국방 전략을 계승했다는 의미를 갖는다.

　『병학통』은『병학지남』에서 크게 벗어난 책이 아니다. 그렇다고 해서『병학지남』
만을 묵수하지도 않았다. 지리적으로 청과 일본에 이웃하는 조선은 기병과 보병 어느
한 가지라도 도외시할 수 없었다. 이러한 인식을 명확히 하고 전략을 세운 왕이 영조
이고, 정조는 영조의 유지를 받들어 오위 전법의 기병 전술을 당대 상황에 맞게『병학
통』에 반영했다.

　『병학통』은 1책의 간행본이다. 책의 체재는 서문·범례·목록, 본문, 발문의 순서로
이루어져 있다. 서문은 정조가 1785년(정조 9)에 친히 지은 글로『병학통』의 간행 배
경과 경위를 밝혔다. 서문 뒤에는 이 책에 참여한 신하 14인의 명단을 실었다. 범례는
6개 조항으로 본문과 진도陣圖의 수록 원칙을 제시했다.

368『정조실록』권37, 정조 17년 1월 12일(병오).

본문은 크게 두 부분으로 구성되었다. 하나는 장조·성조·수조 등 각종 훈련의 격식이고 다른 하나는 99개의 설명그림(도설圖說)이다. 권1이 장조場操〈훈련도감 부附 금위영·어영청·용호영〉, 별진호령別陣號令〈훈련도감 부 금위영·어영청·용호영〉, 분련分練〈훈련도감 부 금위영·어영청〉, 야조夜操, 성조城操, 수조水操 등 각 군영별로 각종 군사훈련법이 망라되었다. '조操'는 군사 훈련이라는 의미로 '장조'는 훈련장이나 조련장에서 실시하는 훈련, '성조'는 성곽에서 행하는 수성 훈련, '수조'는 수군 훈련, '야조'는 야간 훈련이다.

권2는 진도陣圖 99개가 있는데 권1의 내용을 그림으로 자세히 풀이해 이해를 돕고 있다. 「진도」에는 어영청이 빠져있는데 금위영과 어영청의 체재가 같으므로 두 개의 군영 가운데 금위영만 기록했다고 여겨진다. 앞부분 글로 설명한 내용을 「진도」에서 그림으로 다시 표현한 데에서 『병학통』을 현실에 적용시키고자 한 정조의 의지를 읽을 수 있다.

정조는 『병학통』이 완성한 1785년 9월에 『대전통편』도 반포했다. 『대전통편』은 『경국대전』과 『속대전』을 비롯해 수교受教[369]까지 통합해 편찬한 법전이다. 그리고 몇 년이 지난 1789년(정조13)에는 조선 무예의 전범을 확립하기 위해 『무예도보통지』를 간행했다. 여기서 주목되는 점은 『병학통』, 『대전통편』, 『무예도보통지』 모두 서명 속에 '통通'자가 들어간다는 사실이다.

정조는 '통'에 대해 바로 알다 또는 밝다는 의미로 거기에 밝으면 질서를 얻어 문란하지 않다고 해석했다.[370] 『병학통』이나 『무예도보통지』에 모두 '통'자를 넣은 것도 이 병서들을 통해 조선의 본보기를 만들겠다는 뜻이었다. 이를 통해 질서 있는 군대, 체계화된 군대를 일궈내겠다는 의지였다고 할 수 있다.

자. 각종 수군훈련서

조선시대에 수군 훈련은 보통 '수조水操'로 표현되었다. 여기서 '조'의 의미는 부대

---

369 수교 : 조선시대 각 관서에 하달되어 법적인 효력을 발휘하는 왕명. 곧 수교가 내린 시기에 시행된 '살아있는' 법이라 할 수 있고, 이후에 법전 편찬의 기초 자료로도 활용되었다.
370 『병학통』, 「御製兵學通序」.

를 다스리고 수습하여 조련장에서 병사를 사열하는 것을 뜻한다.[371] 곧 오늘날 해상 기동훈련이라 할 수 있다. 조선후기 수군 훈련은 도수조道水操와 합조合操가 있었다.

도수조는 각도의 수군절도사가 주관하는 훈련으로 예하 읍·진의 수군과 군선을 징발해 그 도의 앞바다에서 실시하였다. 합조란 삼도수군통제사가 경상도·전라도·충청도의 수군을, 삼도수군통어사가 경기·황해도의 수군을 모아놓고 실시하는 합동 훈련이다.[372] 수조는 1년에 두 차례 시행되었다. 2월에 실시하는 춘조春操는 경상·전라·충청 등 삼도 수군이 함께 훈련을 하는 합조合操를, 가을에는 각 도별로 수조를 실시하였다.[373]

조선후기 수군 훈련의 절차는 『병학지남』과 『병학통』을 통해 구체적인 모습을 파악할 수 있다. 이밖에 『만기요람』에도 수군 훈련의 절차가 실려 있다. 그러면 각 도에서 실시된 수군 훈련은 실제로 『병학지남』이나 『병학통』의 규정과 절차를 그대로 준수하였을까? 이 질문에 대한 답변은 현재 남아있는 각종 수조홀기水操笏記를 통해 제시할 수 있다.

'홀기'란 의식이 진행되는 순서 및 내용을 기록한 문서를 말한다. 따라서 '수조홀기'란 실제로 수군 훈련을 진행하던 곳에서 수군 훈련의 절차를 기록한 문서로서 수군 훈련의 실상을 세밀하게 파악할 수 있는 자료다. 현재까지 알려진 수조홀기류는 총 7종으로, 수조홀기 4종과 『수조절차水操節次』, 『임진세王辰稅』, 『수조정식守操程式』이 있다. 이 가운데 수조홀기 3종과 『임진세』, 『수조절차』는 삼도수군통제영에서 만들었고, 서울대학교 규장각본 수조홀기만 경상좌수영인 동래의 수군 훈련을 위해 작성된 자료이다. 국회도서관에 소장된 『수조정식』은 『병학지남』의 내용을 그대로 옮겨 놓은 것으로 어느 지역에서 만들어졌는지 알 수 없다.

371 이정상, 『병학지남연의』 권3, 「場操程式」.
372 장학근, 『조선시대해양방위사』, 창미사, 1987, 242쪽.
373 이민웅, 「17~18세기 수조 운영의 일례 고찰」 『군사』 38, 1999, 57~69쪽.

〈표 3-8〉 조선시대 수조홀기류 현황

책이름	실시한 곳	자료형식	소장처
수조홀기(1)	삼도수군통제영 (통영)	병풍식 수첩	해군사관학교 박물관
수조홀기(2)	삼도수군통제영 (통영)	병풍식 수첩	해군사관학교 박물관
수조홀기(3)	삼도수군통제영 (통영)	책자	미상
수조홀기(4)	경상좌수영 (동래)	병풍식 수첩	서울대학교 규장각
수조절차	삼도수군통제영 (통영)	병풍식 수첩	해군사관학교 박물관
임진세	삼도수군통제영 (통영)	병풍식 수첩	해군사관학교 박물관
수조정식	미상	병풍식 수첩	국회도서관

위의 수조홀기류 7종에 나와 있는 수군 훈련의 절차는 기본적으로 『병학지남』의 내용을 뼈대로 하였다. 『병학지남』에 규정된 「수조정식」은 주간조련을 시작하여 야간 조련을 마치기까지 총 25조로 구성되었다.

수군의 훈련 절차는 조련 전날 조련을 알리는 패 달기(현조패懸操牌)→초선 출발(발초선發哨船)→부대 배열(열영列營)→판옥에 오름(승선청升船廳)→관기 부름(초관기招官旗)→관기에게 명령 전함(관기발방官旗發放)→타공·요수·정수·대장에게 명령(타료정대장발방舵繚碇隊長發放)→관기가 정위치로 복귀(관기하지방官旗下地方)→모두에게 명령(일체발방一體發放)→깃발을 올려 조련 시작(승기기조升旗起操)→적선을 보고 먼저 화기 사용(간적선선용화기看賊船先用火器)→차례로 화기 사용(차용군화기次用軍火器)→적선 공격(대선공타對船攻打)→힘껏 싸워 적선 격파(역전쇄주力戰碎舟)→선단을 정돈해 배를 돌림(정종회선整艭回船)→방영 설치(하방영下方營)→생필품 구하기 위해 병사 내보냄(발초급發樵汲)→공죄 조사(사공죄査功罪)→생필품 구하러 간 병사 거두기(수초급收樵汲)→깃발 내리고 등 매닮(낙기현등落旗懸燈)→야간 정찰 명령 하달((발방야료發放夜瞭)→지나가는 수상한 배와 만남(우선과遇船過)→수상한 검은 풀더미를 만남(우흑괴遇黑塊)→적선 만남(우적선遇賊船)→조련 해산하고 귀항(산조귀항散操歸港)하는 순서로 진행되었다.

대부분 19세기 경에 작성되었다고 판단되는 이 자료들은 『병학지남』에서 규정한 절차를 가감하거나 변형해 제작되었다. 그러나 세부 사항으로 들어가면 각 자료별로 독특한 특징을 갖고 있으며 『병학지남』과 꽤 차이가 난다. 가장 중요한 특징은 수조홀기류에만 나타나고 『병학지남』에서는 찾아볼 수 없는 내용이 있다는 점이다. 대표적으로 치진일馳陣日, 점고일點考日, 군점홀기軍點笏記, 상영일절차上營日節次, 성진호령식成陣號令式, 인기호령식認旗號令式, 오리정절차식五里程節次式, 현등식懸燈式 등이다.

좌수영 성지(부산 동래)

치진일·상영일절차·오리정절차식은 주장의 진출입 의식과 절차를 기록한 것이다. 점고일은 수군 훈련에 참여한 각 군병 및 군선들의 무기 및 장비에 대한 조사 절차를 말한다. 현등식은 야간훈련시 각 군선에서 등을 밝히는 방식을, 성진호령식과 인기호령식은 신호 및 인기에 따라 진을 형성하라는 방식을 모아놓았다.

둘째, 수조홀기류에서 흥미로운 기록은 참현차서參現次序, 군례반차軍禮班次, 사례절차私禮節次다. 이 기록들은 수군 훈련을 책임지는 주장主將에게 중군中軍 이하부터 말단의 기생에 이르기까지 서열 순서대로 알현하는 의식을 상세히 밝혀 놓았다. 이 역시 『병학지남』이나 『병학통』에서는 찾아볼 수 없는 내용으로, 주장을 알현하는 엄중한 의식을 통해 위계질서를 바로 세우고 훈련의 권위와 위상을 높이는 기대 효과를 가져왔으리라고 판단된다.

셋째, 무엇보다도 수조홀기류에만 보이는 내용은 해당 지역의 군사 현황이 비교적 잘 정리되었다는 점이다. 이 자료들은 수군 훈련의 실시라는 실제적인 목적에서 작성되었던 만큼 다른 자료에서는 찾아보기 힘든 지역의 군사 및 군비 상황을 기록해두었다. 각 병종별 군사 규모 및 군선 보유 현황, 군향미를 비롯한 재정 상태는 해방海防 실태를 구체적으로 파악할 수 있는 기초자료로 활용할 수 있다.

요컨대, 수조홀기류에 기록된 수군 훈련의 절차는 『병학지남』에서 크게 벗어나지 않으나 세부적으로는 각 지역 및 수영의 특수한 상황들을 반영하였다. 이 때문에 수조홀기류는 수군 훈련의 실제 모습을 생생하게 복원할 수 있는 기초자료이자 지역사를 뒷받침해 줄 수 있는 자료라고 할 수 있다.

다만, 수조홀기 자료들이 대부분 삼도수군통제영 및 경상좌수영에서 생산되었으므로 그 밖의 지역에서 실시된 수군 훈련의 실상을 파악할 수 없다는 아쉬움이 있으나, 간접적으로 활용한다면 큰 도움이 되리라고 본다.

(3) 무기와 무예

가. 국조오례서례〈병기도설〉

조선 왕조는 고려 말의 혼란을 극복하고 새로운 국가를 정립하기 위해 다방면으로 서둘렀다. 무엇보다도 피폐해진 민생을 보듬기 위해 농본주의에 기초해 각종 민본 정책을 수행했고 이 과정에서 민民의 교화를 중시했다. 민의 이반을 막고 상명하복의 통치 질서 속에 안착시키기 위해서는 이들을 가르치는 일이 당면 과제였다. 그래서 교화의 방편으로 억압과 물리력이 아닌 교육을 택했고, 사회의 윤리 규범을 잘 따를 수 있도록 예의를 보급했다.

한편 조선 왕조는 '예의'를 왕실의 위엄을 높이고 국가 공신력을 확립하는 방편으로도 활용했다. 왕실에서는 적극적으로 유교적인 왕실 의례를 확립했고 그 결과가 1474년(성종 5)에 완성된 『국조오례의』였다. 조선 초기에 『국조오례의』의 편찬은 '예'가 단순히 예제가 아니라 국가가 의도하는 정치 질서를 구현하기 위한 훌륭한 방편으로 활용했음을 뜻한다.

『국조오례의』는 크게 「국조오례의」와 「국조오례서례國朝五禮序例」로 구성되었다. 「국조오례의」는 본문에 해당하는 부분으로 길례吉禮·가례嘉禮·군례軍禮·빈례賓禮·흉례凶禮 등 오례의 각종 의식 절차를 실어놓았다. 「국조오례서례」는 일종의 부록으로, 「국조오례의」에 실린 오례를 실제로 거행하도록 각 의례에 대한 설명을 달고 그림까지 붙여놓았다.

여기서 『국조오례의』의 설명을 다소 장황하게 한 이유는 「국조오례서례」에 실린 군례 때문이다. 「국조오례서례」 군례는 크게 병기도설兵器圖說·형명도설形名圖說·사기도설射器圖說로 구분된다. 〈병기도설〉은 간干, 창槍, 장검長劍, 검劍, 궁弓, 시矢, 궁대弓袋〈시복부矢箙附〉, 수은갑水銀甲〈유엽갑柳葉甲·피갑皮甲·지갑紙甲〉, 쇄자갑鎖子甲, 주胄, 차폭車輻, 모矛, 극戟, 월鉞, 총통완구銃筒碗口, 장군화통將軍火筒, 일총통一銃筒, 이총통二銃筒, 삼총통三銃筒, 팔전총통八箭銃筒, 사전총통四箭銃筒, 사전장총통四箭長銃筒, 세총통細銃筒, 철신포鐵信砲, 대발화통大發火筒, 지화통地火筒, 대질려포통大蒺藜砲筒, 대신기전발화통大神機箭發火筒, 대신기전大神機箭, 중신기전中神機箭〈소신기전부小神機箭附〉, 화전火箭, 신제총통新製銃筒, 화차火車로 구성되었다. 〈형명도설〉은 교룡기交龍旗, 대장기大將旗, 위장기衛將旗, 초요기招搖旗, 휘麾, 부장

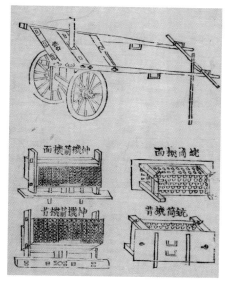

국조오례의서례(규장각한국학연구원)

기部將旗, 통장기統將旗, 둑纛, 각角, 소각小角, 탁鐸, 금金, 고鼓, 비鼙다. 〈사기도설〉은 웅후熊侯, 적的, 결決, 습拾, 핍乏, 복福, 풍豊, 치觶로 구성되었다.

　「국조오례서례」 군례에서 주목되는 항목은 〈병기도설〉에 실린 화기이다. 〈병기도설〉의 화기는 현전하는 병서 가운데 조선의 화기를 전하는 가장 오래된 책이기 때문이다. 〈병기도설〉에 기록된 총통은 총통완구, 장군화통, 일총통, 이총통, 삼총통, 팔전, 사전총통, 사전장총통, 세총통, 철신포, 신제총통 등 11종이다. 총통완구와 장군화통, 일총통 등은 무겁고 큰 대포류에 속하고 그 이하는 가볍고 작은 휴대용 화기이다. 특히, 세총통은 소형에다 무게도 가벼워 휴대와 사격이 편리한 개인 화기였다. 철신포는 신호용 포로 각 봉수대에 설치해 위급할 때 사용했다.

　질려포통은 일종의 폭탄이다. 둥근 목통 속에 화약과 철로 네 끝을 뾰족하게 만든 능철을 넣어 질려포가 폭발할 때 날아가 파편이 되어 적군을 살상하는 폭탄이다. 발화통은 종이를 말아서 만든 원통에다 화약을 넣어 사용했다. 발화통의 종류에는 대, 중, 소 그리고 대신기전발화통이 있다.

　로켓화기인 대신기전은 약통에다 화약을 넣고 위 끝을 종이로 여러 겹 접어 막은

세총통과 화살(육군박물관)

다음 그 위에 발화통을 올려놓고 약선을 연결한다. 불이 붙은 대신기전은 목표 지점에 다 날아갈 무렵에 자동적으로 폭발한다. 중·소신기전은 화전火箭과 같은 구조로 화살대 앞부분에 로켓 모터인 약통이 달려있는 형태다. 화차는 두 바퀴가 달린 수레 위에 총통기나 신기전 중 하나를 올려놓고 쏘는 독창적인 무기다.

우리가 흔히 '화기'라고 부르는 병기는 화약의 폭발력을 이용해 화살·돌·철탄 등을 발사하는 유통식有筒式 화기다. 유통식 화기는 동양과 서양에서 14세기 초부터 동시에 출현해 중국에서는 명의 통일을 촉진시키고 서양에서는 중세 기사를 무력화해 봉건사회를 무너뜨리는 원동력이 되었다.

한국에서 유통식 화기가 이용된 시기는 고려 말 공민왕대로 추정된다. 화기 제조는 화통도감火㷁都監이 설치되는 1377년(우왕 3) 10월 무렵이다. 당시에 화기 교범서도 만들어졌다고 추정되나 고려시대의 화기 교범서는 현재 알려진 것이 없다. 이와 달리 조선전기의 화기 교범서는 현재 몇 종이 알려져 있다.

먼저 이른 시기의 책으로 최무선이 직접 서술해 아들 최해산에서 비밀리에 전한 『화약수련법火藥修鍊法』과 최무선의 화약을 전하기 위한 것으로 보이는 『화포법』·『용화포섬적도用火砲殲賊圖』가 있다. 그리고 『총통등록銃筒謄錄』(1448), 『세종실록』에 수록된 「총통도銃筒圖」, 「국조오례서례」의 〈병기도설〉, 『총통식銃筒式』(1565) 등이 있다. 이 중 현전하는 화기교범서는 안타깝게도 〈총통도〉와 「병기도설」 뿐이다.

『세종실록』에 실린 「총통도」의 내용은 일총통·이총통·삼총통·세전총통·사전총통·팔전총통·대완구·소완구·발화 등 9종의 화기 그림이다. 그림만 있을 뿐 화기의 명칭이나 설명이 없다. 위의 9종의 명칭도 후대에 학자들이 고증해 밝힌 이름이다. 곧 「총통도」를 통해 세종 시대에 이러한 화기가 제작, 사용되었다는 사실만 알 수 있을 뿐이다. 이런 측면에서 「국조오례서례」〈병기도설〉의 가치는 매우 높다. 「병기도설」은 한국 역사상 초기 화기에 관한 중요한 도설을 제공하는 자료로서 초창기 화기를 이해하고 복원하는데 실증적인 자료를 제공하는 설명그림책이다.

나. 신기비결

조선-일본 전쟁은 조선·명·일본의 동양 3국의 화기 각축장이었다고 해도 과언이 아닐 만큼 전쟁 양상을 바꾸어놓았다. 조선-일본 전쟁을 계기로 조선에서는 선진 화기를 도입하

별황자총통(육군박물관)

면서 온갖 화기 개발과 제작에 힘썼다. 당시 중점 개발한 화기는 조총을 비롯해 호준포·불랑기·삼안총·백자총통 등이었다. 이러한 분위기에서 1603년(선조 36) 한효순(1543~1621)이 조선-일본 전쟁 이후 가장 먼저 본격적으로 화기를 다룬 병서『신기비결神器秘訣』을 편찬하였다.

조선-일본 전쟁 이전 조선의 전통 화기는 엄연히 존재했다. 고려말 이래 총통을 중심으로 우수한 화약 병기가 계속 발달했다. 조선-일본 전쟁 직전에도 승자총통이라는 작은화기가 개발되었다. 조선-일본 전쟁 초기에 조선군이 총통의 우수성에도 불구하고 일본군에게 밀린 이유는 조총의 성능을 파악하지 못한 채 화포를 제대로 운용하지 못한 전술의 부재에 기인했다. 육지에서와 달리 해전에서는 거북선과 판옥선에 천자·지자·현자·황자·별황자別黃字 등 총통을 장착해 일본 수군에 비해 월등한 화력과 전술을 구사해 연전연승했다.

조선은 건국 초기부터 화약 병기 기술이 왜인에게 누설되는 것을 우려해 철저하게 국가기밀로 취급했다. 1565년(명종 20)에 화기 비밀이라는 금기를 깨고 화기의 장방법을 담은『총통식銃筒式』이 간행되었다. 더구나『신기비결』에는 화기의 장방법은 물론 연습법도 상세히 밝혀져 있다. 그러면 조선 전기의 장방법이『신기비결』에 수록될 수 있는 까닭은 무엇인가? 고故 허선도 선생님의 견해에 따르면 "임란을 계기로 화약 기술 누설 방지가 현실적 의미를 잃었다."는 것이다.[374]

곧 16세기 초부터 왜인들이 화약 병기를 보유하면서 화약 병기의 금기책이 큰 의미를 발휘할 수 없었다. 한효순이 군졸들이 화기의 장방법과 연습법을 정확히 익히지

---

[374] 허선도, 「『신기비결』 연구」『조선시대 화약병기사 연구』, 일조각, 1994. 259쪽.

못하면 군사력의 증강을 가져올 수 없다는 비판도 바로 이러한 맥락에서 이해할 수 있다. 이제 화기의 습득과 확산이 곧 군사 강국으로 가는 지름길이 되어버렸고, 『신기비결』은 이러한 환경 변화의 소산물이었다.

『신기비결』은 1책 71장이며 활자본으로 간행되었다. 정식 제목은 『신기비결 제가병법부諸家兵法附』이다. '신기'란 당대의 무기 가운데 가장 신묘스러운 무기를 말한다. '제가병법부'는 여러 이론가(제가諸家)의 병법을 부록으로 덧붙였다는 뜻이다. 책의 체재는 크게 본문, 부록, 발문으로 이루어져 있다.

『신기비결』의 가치는 무엇보다도 화기의 장전에서부터 발사에 이르는 과정을 상세히 설명했다는 점이다. 『신기비결』의 핵심 내용을 담은 본문은 내용상 크게 세 부분으로 나눌 수 있다. 첫째, 천자총통~측자총통에 이르기까지 우리나라의 전래 화기와 조선-일본 전쟁(임진왜란) 이후 전래된 서양화기 총 18종에 대해 장전에서 발사에 이르는 과정을 설명했다. 18종의 화기는 천자총天字銃, 지자총地字銃, 현자총玄字銃, 황자총黃字銃, 불랑기佛狼機, 조총, 쌍안총雙眼銃, 백자총百子銃, 대승총大勝銃, 차승총次勝銃, 소승총小勝銃, 우자총宇字銃, 주자총宙字銃, 홍자총洪字銃, 황자총荒字銃, 일자총日字銃, 영자총盈字銃, 측자총昃字銃이다.

내용은 먼저 각 화기에 들어가는 화약, 화약선, 발사물의 양을 간략하게 밝힌 다음, '총가銃歌'라는 항목을 따로 두어 장방법을 실었다. '총가'의 의미가 무엇인지 분명치 않으나 내용을 보면 장방법이 분명하다. 단, 불랑기에서는 '총가'란 용어대신 '장법裝法', 쌍안총에서는 '장법裝法'과 '방법放法'으로 구분해 기재했다.

둘째, 대포·불랑기·조총의 세 가지 화기에 대한 '습법' 곧 실제 발사법을 실어놓아 매우 유용하다. 또 여기서 주목할 사항은 '습법' 항이 끝난 후 글자를 한 자 낮추어서 우리나라 화기의 장방과 사용법, 화기의 장단에 대한 저자의 의견을 밝혀놓은 부분이다.

예컨대, 대소승총大小勝銃이나 우·주자宇宙字 이하 모든 총을 사람들이 사용을 꺼리는 이유에 대해, "약선이 너무 빨리 타 들어가서 미처 조준하지 못하기 때문이다. 그러나 약선 끝의 반촌半寸 정도에 화약을 털어 내면 빨리 타들어 가지 않아 서서히 조준해 발사 할 수 있다."고 쓰고 있다. 이 밖에도 조선 총통의 장점, 불랑기의 납탄환의 장전법, 대포의 설치 위치 등에 대해 저자의 의견을 적고 있다.

셋째, 신기해神器解, 조총해鳥銃解, 단기장용해短器長用解의 세 가지 해설을 붙였다. 〈신기해〉는 조총의 중요성을 말하고 있고, 〈조총해〉는 조총의 장점과 탄환의 올바른 장전법 등을 설명했다. 〈단기장용해〉는 평상시 쌓은 실력을 실전에서 실수 없이 제대로 발휘할 수 있도록 끊임없는 연습을 권장하는 내용이다.

이처럼 『신기비결』의 가치는 무엇보다도 화기의 장방법과 연습법을 상세히 수록했다는 점이다. 다른 병서에도 장방법이 전혀 없지 않으나 개략적인 설명에 그치고 있어 『신기비결』의 존재는 더 소중하다. 또 화기의 비중을 우리나라의 전통화기 쪽에 둔 점도 인상깊다. 화기의 주종이 천자총통을 비롯해 '우'자~'측'자의 전통화기이며, 조총은 수록 순서나 비중이 높지 않다. 조총은 어디까지나 휴대용 소형화기 가운데 으뜸이지 전체 화기 가운데 최고가 아니라고 본 것이다.

다. 화포식언해

1623년(광해군 15) 인조반정 이후 국제 정세는 후금의 성장으로 혼란에 빠져들었다. 1619년에 사르호(살이호산薩爾滸山) 전투에서 명이 후금에 참패하면서 조선·명·후금의 3국 관계는 새로운 국면에 접어들었다. 이런 상황에서 광해군은 전화에 휘말리지 않기 위해 명과 후금사이에서 등거리외교를 펼쳤다.

하지만 인조 정권이 들어서면서 대외 정책은 반反후금 노선으로 선회하였다. 광해군을 쫓아낸 반정의 명분이 광해군이 조선–일본 전쟁 때 재조의 은혜를 베푼 명을 저버리고 오랑캐 후금과 교분을 맺었다는 것이다. 반정 세력이 명의 의리를 중시하는 입장이다 보니 후금에 적대적인 태도를 취할 수밖에 없었다.

이렇듯 국외 정세가 악화되자 인조 및 반정공신들은 권력기반으로서 군사력 강화에 많은 노력을 기울였다. 정권 안정을 위해 자연스럽게 궁궐 수비가 요청되었다. 또 후금의 침입이 예상되면서 북방은 물론 궁궐이 소재한 도성 및 경기도 수비의 강화가 절실해졌다. 인조 대에 조선후기 5군영 가운데 3개 군영인 어영청·총융청·수어청이 창설된 것도 바로 이 때문이었다. 그리고 『화포식언해』의 간행도 이와 무관하지 않은 것이다.

이서 신도비(경기 의정부)

『화포식언해』는 이서李曙가 각종 총 쏘는 방법과 화약 제조 방법을 밝혀 1635년에 간행한 병서이다.[375] 이서는 효령대군의 10세손으로 무과에 급제한 후 전형적인 무인의 길을 걸었다. 인조 반정으로 호조판서로 승진했고, 정국공신 1등으로 완풍군完豊君에 봉해지는 영예를 더했다.

이서는 군사전문가로 활약하면서 군비 확충에 진력했다. 1624년 6월에 이서는 기보총융사畿輔摠戎使가 되어 경기군의 정비를 도맡아했고, 어영청·총융청·수어청의 창설에 실질적으로 관여했다. 조선-후금 전쟁 이후인 1632년(인조 10)에는 공조판서에 특별 기용되어 각처의 산성을 수축해 후금의 침입에 대비했다.

또 명에 의존하던 염초 수입이 조선-후금 전쟁 이후 어렵게 되자 이서는 염초 생산을 증산할 수 있는 새로운 제조법 연구에 진력했다. 그 결과 성근이 개발한 염초 제조법을 『신전자취염초방』으로 정리해 내는 개가를 올렸고, 국내의 화약 소요에 광범위하게 대처해 나갔다.

요컨대, 인조 대에 국내외 정세가 불안정한 속에서 군비 확충에 주도적인 역할을 수행한 이서가 『화포식언해』를 간행한 것은 우연이 아니었다. 이 책을 간행한 해가 조선-청 전쟁 발발 1년 전이라는 사실을 감안하면 그 의도가 더 의미심장하다. 이서가 "화포의 제식諸式을 모아 한글로 번역해 학습에 편리하게 하고 또 자취법煮焰을 취해 권말에 붙여 중앙과 지방에 배포"[376]한 것은 당시 후금과 긴장이 고조되면서 화기

---

375 『화포식언해』는 내용상 크게 「화포식언해」와 「신전자취염초방」으로 나뉜다. 여기서 『화포식언해』라 지칭할 때에는 「신전자취염초방」을 제외한 「화포식언해」의 내용만을 뜻한다.
376 『화포식언해』 발.

와 화약의 수요를 적극적으로 반영하는 조치였다.

『화포식언해』는 서문 없이 바로 본문이 등장한다. 『화포
식언해』는 본문의 모든 내용을 한문으로 기재한 후 한글 해
석문(언해문)을 달았다. 그리고 한문 원문에는 한글 음과
구결口訣까지 달아놓았다. 한자를 잘 모르거나 익숙하지 않
은 사람들을 위해 "한문으로 번역해 학습에 편하게 하기 위
해서"였다.

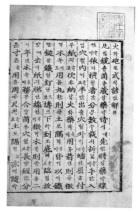

화포식언해(한국학중앙연구원)

본문은 크게 장약, 각종 화기사용법, 재작식裁作式, 제약
식으로 이루어졌다. 장약藏藥은 총통에 화약을 채어 넣는 방
법을 설명했다. 각종 화기 사용법은 약선藥線 길이, 화약 분
량, 토격·격목의 길이, 발사물의 종류와 수량, 화살이나 돌의 무게, 사정거리 등을 구
체적으로 제시했다.

대상 화기는 천자총통天字銃筒, 지자총통地字銃筒, 현자총통玄字銃筒, 황자총통黃字
銃筒, 별황자총통別黃字銃筒, 대완구大碗口, 중완구中碗口, 소완구小碗口, 소소완구小小
碗口, 진천뢰震天雷, 비진천뢰飛震天雷, 철신포鐵信砲, 불랑기佛狼機(1호·2호·3호·4호·5
호), 쇄마탄碎磨彈, 벽력포霹靂砲작, 호준포虎蹲砲, 대백자총大百子銃, 중백자총, 소백자
총, 승자총통勝字銃筒, 차승자총통次勝字銃筒, 소승자총통小勝字銃筒, 삼안총三眼銃, 질
려포蒺藜砲, 대통大筒, 중통, 소통, 중신기화차中神機火車, 화차火車, 우자총통宇字銃筒·
주자총통宙字銃筒, 홍자총통洪字銃筒, 황자총통荒字銃筒, 일자총통日字銃筒, 월자총통月
字銃筒, 영자총통盈字銃筒, 측자총통昃字銃筒이다.

『화포식언해』에서 주목되는 내용이 〈재작식〉과 〈제약식〉이다. 〈재작식〉에는 각종
폭탄과 약선의 제조방식을 간략하게 설명했다. 대발화大發火, 중발화中發火, 소발화小
發火, 중신기통中神機筒, 주화통走火筒, 지화地火, 대약선大藥線, 중약선, 소약선, 석류화
전石硫火箭, 명화明火다. 〈제약식〉은 각종 화약의 배합 비율과 제작법을 설명해 최종
적으로 화약을 제조하는 방법이 들어있다.

조선-일본 전쟁은 조선·명나라·일본 등 동양 3국의 화기 각축장이었다고 해도 과
언이 아닐 만큼 전쟁의 양상을 바꾸어놓았다. 이 전쟁을 계기로 조선에서는 선진 화

기를 도입하기 위해 온갖 화기 개발과 제작에 노력을 경주했다. 그 결과 조총·호준포·불랑기·삼안총 등을 개발하는 데 성공하며 이러한 성과를 담아 『신기비결』(1603년)과 『화기도감의궤火器都監儀軌』(1614년)를 간행했던 것이다.

『화포식언해』는 이 이후에 간행된 책으로 41종의 화기 사용법, 각종 폭탄과 약선의 제조방식, 각종 화약의 배합 비율과 제작법을 수록했다. 화기 18종을 수록한 『신기비결』(1603)과 비교해 비약적인 증가가 아닐 수 없다. 이로 인해 『화포식언해』는 『신기비결』 이후 변화된 화약 무기의 현황을 고스란히 전해주고 있다.

예컨대, 『화포식언해』에 등장하는 승자총통은 이전에 비해 화약량이 증가되고 화약선도 불어났으며 탄환 개수도 많아졌다. 이 점은 총의 무게와 길이가 증가되어 대형화되었음을 뜻한다. 또 '우'에서 '측'자 총통인 소형화기도 성능이 개선되었다. 불랑기도 『신기비결』에 한 종류가 있으나 『화포식언해』에는 1호에서 5호까지 늘어났다. 비격진천뢰도 『화포식언해』에 처음 출현한다. 호준포도 『신기비결』에는 명칭만 있는데 『화포식언해』에는 설명이 자세한 편이다.

라. 노해

『노해弩解』는 우리나라의 전통 무기인 쇠뇌(노弩)에 대한 해설서이다. 저자는 숙종 대에 활약한 무신 변진영邊震英이다.

쇠뇌는 중국 전국시대에 출현한 무기로 활틀 위에 활을 장전한 후 손이나 기계를 이용해 활시위를 당기고 방아쇠를 이용해 발사하는 무기다.[377] 일종의 기계활인 셈이다.

쇠뇌의 장점은 시위를 한번 걸어놓으면 발사 전까지 힘을 소모시키지 않았고, 궁력弓力이 강하여 원거리 사격이 가능할 뿐만 아니라 파괴력도 강하다는 점이다. 그리고 여러 개의 화살을 동시에 발사할 수 있는 점도 일반 활과 다른 점이다. 무엇보다도 다루기가 용이하여 특별한 기술 없이도 단기간의 훈련만으로도 사용할 수 있다. 그 대신에는 일반 활에 비해 연사 속도가 느리고, 명중률이 높지 않다는 단점을 갖고 있다.

---

377 민승기, 『조선의 무기와 갑옷』, 가람기획, 2004, 94쪽.

우리나라에서 쇠뇌가 언제부터 사용되었는지 정확하지 않으나 이미 기원전 2~1세기 무렵으로 추정되는 평양의 낙랑 유적에서 쇠뇌가 출토된 적이 있어 오래전에 한반도로 건너왔다고 추정된다. 이후 삼국시대를 거쳐 고려시대까지 쇠뇌는 중용 무기로 각광받았다.

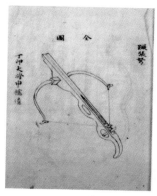

노해(육군박물관) 영조때 변진영이 노기에 대해 쓴 책이다.

그러나 조선이 건국되면서 사정은 달라졌다. 고려 말에 등장한 화약병기가 한반도의 무기 흐름에 큰 변화를 가져온 것이었다. 조선에서는 한반도에서 가장 중시되던 화살을 화기인 총통을 이용해서 발사하는 기술을 개발해 냈다. 더욱이 조선-일본 전쟁 이후 화기가 발달하고 검·창 등의 단병기가 각광받으면서 쇠뇌는 사양길로 접어들었다. 궁술의 쇠퇴에 더불어 쇠뇌의 제조 기술도 쇠락해 갔고 쇠뇌에 대한 관심마저 줄어들었다. 그러다가 18세기에 쇠뇌가 북쪽 지역의 관방에 전술적으로 유용하다는 논의가 제기되자 다시 주목을 받았고, 여기서 소개할 『노해』도 이러한 관심 속에서 탄생한 병서라고 할 수 있다.

『노해』는 1727년(영조 3)에 처음 간행된 후에 이중협에 의해 1789년에 다시 목판본으로 간행되었다. 오늘날 전하는 『노해』는 1책 18장으로 목판본이다. 체재는 크게 서문, 본문, 도판, 발문, 후서後敍로 구성되어 있다. 서문과 발문은 저자가 직접 작성하였다. 저자는 서문에서 쇠뇌의 필요성에 대해 피력하면서 책의 저술 배경을 밝혔다. 발문은 쇠뇌를 이용한 대오 편성법과 진법 등에 대한 필자의 견해를 적어놓았는데 저자의 군사사상을 엿볼 수 있어 흥미롭다.

본문은 총 13장으로 크게 네 부분으로 나눠볼 수 있다. 첫째, 쇠뇌의 장점을 제시한 부분으로, 「논병기論兵器」(병기총론)와 「용노지리用弩之利」(쇠뇌의 이점)가 여기에 해당한다. 저자는 일반 활은 당기기 힘들고 부러지기도 쉬워 위급한 상황에서 적을 효과적으로 제어할 수 없을 뿐만 아니라 활에 익숙하지 못한 사람은 쏠 수 없다고 보았다. 반면에 쇠뇌는 기계를 이용하므로 누구나 쉽게 쏠 수 있는 점, 사정거리가 좋아 멀리 나간다는 점, 화살의 힘이 커 명중률과 관통력이 우수하다는 점을 꼽았다.

두 번째, 쇠뇌의 제작법으로 「제궁노분수制弓弩分數」(쇠뇌 제조에 필요한 재료 및 규격), 「노기제도弩機制度」, 「녹로지제轆轤之制」(녹로제작법)가 여기에 해당한다. 세 번째, 쇠뇌의 사용법으로 「용녹로장기노법用轆轤張機弩法:녹로를 이용하여 노기의 시위를 당기는 법」, 「연노법連弩法」(여러 개의 쇠뇌를 연결하는 법)이 여기에 해당한다. 네 번째, 쇠뇌를 이용한 전술 및 전투법으로 「습노習弩」, 「운기運機」, 「설복노設伏弩」, 「임시발기臨時發機」, 「수성守城」, 「수전水戰」 부분이다.

본문이 끝나면 9개의 도판이 나오는데 궁전도弓箭圖, 조노기제구도造弩機諸具圖, 노기전도弩機全圖, 녹로분도轆轤分圖, 녹로전도轆轤全圖, 용녹노장노기도用轆轤張弩機圖, 장노기출녹로도張弩機出轆轤圖, 연노지도連弩之圖다. 도판은 본문에서 제시한 여러 기계들의 제작법이나 모양들을 이해하기 쉽도록 그림으로 자세히 나타낸 것으로, 오늘날에도 쇠뇌 연구에 유용하게 이용되고 있다.

끝으로 주목할 내용이 앞서 소개했듯이 발문이다. 변진영은 군대 운용의 성공 여부는 궁노의 운용에 달려있다고 자신했을 만큼 쇠뇌를 군대의 주요 무기로 바꾸기 위해 고군분투한 사람이다. 그래서 아마도 저자가 이 책을 통하여 전하고 싶던 최종 이야기는 쇠뇌를 이용한 진법이 아니었을까 싶다. 변진영은 장수들이 진법에서 쇠뇌를 적극 활용한다면 변화무쌍하면서도 조직적인 진을 짜서 적을 교란시킬 수 있다고 확신하였다. 적과 접전할 때에 쇠뇌를 매복시키고 적의 허실을 엿보다가 정병과 기병奇兵을 적절히 활용한다면 반드시 승리한다고 보았다.

그러나 결과적으로 조선후기에 쇠뇌는 변진영의 노력만큼 널리 유포되지 못했다. 이미 조선은 화기의 시대가 되어버리고 만 것이다. 그렇지만 변진영이 『노해』를 통하여 보여준 쇠뇌에 대한 열정과 노력은 결코 헛되지 않았다. 1725년(영조 1) 전라도 장흥의 무과출신자 김성대는 국왕에게 올리는 상소에서 쇠뇌의 부활을 주장하면서 변진영이 개발한 쇠뇌를 전국의 요해처에 설치하자는 의견을 제시하였다.[378] 그만큼

---

378 『승정원일기』, 영조 원년 9월 9일.

변진영의 주장은 설득력을 얻었고 여기에 동조하는 사람들도 적지 않았던 것이다.

마. 융원필비

『융원필비』는 문신으로 훈련대장에 오른 박종경朴宗慶(1765~1817)의 지휘로 편찬된 책이다. 그렇다면 문신이던 박종경이 병서의 편찬을 주도한 이유는 무엇일까? 그것은 다름 아닌 1811년(순조 11)에 발생한 홍경래의 난이었다.

박종경은 홍경래 난이 일어나자 백일하에 드러난 허술한 국방 체제에 놀라고 말았다. 무엇보다도 관군이 사용할 만한 무기가 없다는 현실이 가장 큰 충격이었다. 박종경은 "사용할 만한 무기가 없어서 공격과 수비를 적절한 시기에 할 수 없었을 뿐만 아니라, 전투에서도 믿을 만한 것이 없었다."고 진단했을 만큼 국가의 무기 실태는 형편없었다.

『융원필비』가 편찬된 때는 1813년 4월 하순이었다. 홍경래의 난이 진압된 지 1년 만이며 박종경의 나이 48세였다. 박종경은 문신으로서 훈련대장을 역임하면서 군비가 실종된 상황을 목도했고, 홍경래의 난을 통해 제대로 된 무기조차 갖추어지지 않은 조선의 현실을 깨닫게 되었다. 이에 박종경은 국방력의 부재를 절감하면서 무기 개발에 착수했고 그 결과물이 『융원필비』였다.

『융원필비』는 1책으로 크게 서문과 본문으로 이루어져 있다. 서문은 1813년 4월 하순에 박종경이 썼다. 본문은 먼저 「기계총론器械總論」 및 「융원필비총목」이 나오고, 이어 「융원필비도설」이라는 제목 아래에 무기 40개와 무기 배치 진도陣圖 2개가 있다. '도설'이란 그림과 설명문이 함께 들어있다는 의미로 이 책이 무기 제작과 쓰임새에 관한 전문서라는 점을 고려할 때 도판의 수록은 기술서로서의 가치를 높여준다.[379]

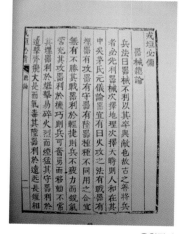

융원필비

---

379 전상운, 「해제-융원필비」 『신전자초방 · 융원필비』, 성신여자대학교출판부, 1986, 15쪽.

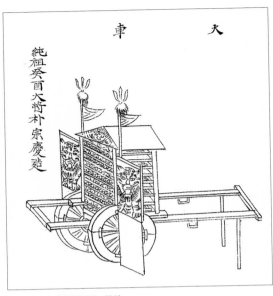

『융원필비』화차

「기계총론」에서는 무기들을 용도 및 기능으로 구분하여 간결하게 설명하고, 이 책의 편찬 원칙을 밝혔다.

「융원필비총목」은 책 내용을 화기류·봉인류鋒刃類·진류陣類로 구분하여 목차를 제시하였다. 본문은 각종 무기 및 탄환의 형태, 제조방법, 발사물의 종류와 수량, 사정거리, 조작방법, 화염 분사통이 달린 각종 창, 화기 배치를 위한 진도陣圖 등을 그림과 함께 구체적으로 설명하였다.

화기류는 천자총통, 지자총통, 현자총통, 황자총통, 별대완구別大碗口, 대완구, 중완구, 대장군전大將軍箭, 장군전, 차대전次大箭, 피령전皮翎箭, 동거童車, 비진천뢰飛震天雷〈별대別大, 대大, 중中〉, 단석團石〈별대別大, 대大, 중中〉, 수철연의환水鐵鉛衣丸〈부연환附鉛丸〉, 조총鳥銃, 비몽포飛礞砲, 찬혈비사신무통鑽穴飛砂神霧筒, 매화埋火〈부 주화附走火〉, 목통木筒, 목화수차木火獸車, 화차火車다. 봉인류는 이화창梨花槍, 화창火槍, 소일와봉小一窩蜂, 신기만승화룡도神機萬勝火龍刀, 환도環刀, 환자창環子槍, 도도掉刀, 삼릉창三稜槍, 무차武叉, 용도창龍刀槍, 사모蛇矛, 아항창阿項槍, 마병창馬兵槍, 편곤鞭棍, 간각칠궁間角漆弓, 장전長箭〈부 통아·편전附筒兒片箭〉, 갑주甲冑, 장패長牌다. 진류는 화차첩진도火車疊陣圖, 화차방진도火車方陣圖다.

우리나라에서 화기를 제조한 시기는 화통도감이 설치된 1377년(우왕 3)으로 추정되고 있다. 이때에 화기 교범서도 만들어졌으리라고 예상되나 현재 알려진 책이 없다. 조선전기에 『화약수련법火藥修鍊法』, 『화포법』 및 『용화포섬적도用火砲殲賊圖』, 『총통등록銃筒謄錄』(1448년), 『세종실록』에 수록된 「총통도」, 『국조오례서례』의 「병기도설」(1474년), 『총통식』(1565년) 등이 있으나 현전하는 책은 「총통도」와 「병기도설」뿐이다.

조선-일본 전쟁 이후 『신기비결』(1603년, 화기 18종)과 『화기도감의궤』(1614년),

『화포식언해』(1635년, 41종)가 제작되었다. 그러나 『화포식언해』이후 조선에서는 한동안 새로운 화기 교범서가 출현하지 않았다. 그러다가 1813년에 『융원필비』가 간행되면서 비로소 조선의 화기 교범서의 공백이 채워지게 된 것이다.

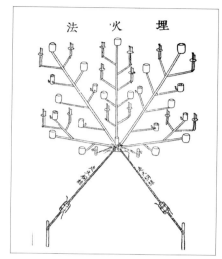

『융원필비』 매화법

『융원필비』에 실린 무기 40개 가운데 전통 화기에 속하는 총통은 물론 칼·창 등이어서 이 책이 선진 화기들을 수록한 책으로 평가하기 곤란하다. 그럼에도 『융원필비』가 화기의 역사에서 갖는 의미는 결코 작지 않다. 이 책에 등장하는 비몽포·찬혈비사신무통·매화 등은 이전 시기에는 찾아볼 수 없는 독특한 화약무기다. 찬혈비사신무통이나 매화는 오늘날 독가스나 지뢰와 비슷한 성능을 지니고 있다. 또 '봉인류'로 분류된 무기 가운데 이화창·화창·소일와봉·신기만승화룡도는 전통 단병기이지만, 모두 화염 분사통을 부착한 개량 무기여서 주목된다.

따라서 『융원필비』에는 획기적인 기술로 개발된 화기가 수록되었다기보다는 박종경이 지적했듯이 기존의 무기를 토대로 새롭게 개발된 화기들이 들어있다. 이 화기들은 실전에서 군사 개개인들이 사용하여 최대의 전과를 낼 수 있도록 개인들이 소지하는 단병기들을 변형시켜 만든 화기라고 할 수 있다. 지뢰를 파묻고 독가스를 살포해 대량 살상을 유도한 점도 이 책에서만 보이는 참신한 아이디어라고 할 수 있다. 요컨대, 『융원필비』는 19세기 초 민란의 시대를 맞아 적은 비용과 병력으로 고효율을 낼 수 있도록 고안된 무기들의 보고서라고 볼 수 있다.

바. 무예도보통지

오늘날 『무예도보통지』는 조선 무예서의 결정판이라는 평가를 받고 있다. 『무예도보통지』는 1789년(정조 13) 가을에 정조의 명으로 편찬을 시작해 이듬해인 1790년

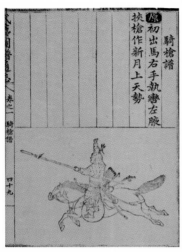

『무예도보통지』 기창보(규장각한국학연구원)

에 완성되었다.

그러면 정조가 『무예도보통지』의 편찬을 지시한 1789년은 어떤 해인가? 이 해 7월에 정조는 당쟁의 와중에 비참하게 돌아가신 아버지 사도세자의 묘를 경기 양주에서 수원의 화산花山으로 옮기기로 결정했다. 그리고 이 해 10월 16일(양 12월 2일)에야 이장을 마무리짓고 새로 조성한 묘소를 현륭원이라 했다.

『무예도보통지』의 편찬이 현륭원 조성과 같은 시기에 이루어진 사실은 시사하는 점이 크다. 정조는 『무예도보통지』가 사도세자의 뜻을 계승했다는

점을 여러 번 강조했다. 사도세자는 1749년부터 뒤주에 갇혀죽은 1762년까지 영조를 대신해 10년 넘게 대리청정을 맡았다. 이 기간 동안 사도세자는 한교가 정리한 무예 6기에다 12기를 더해 『무예신보武藝新譜』를 편찬했다. 그러나 『무예신보』는 사도세자의 억울한 죽음과 함께 세상에 묻혀버렸다. 이에 정조는 아버지의 묘역을 새로 조성하면서 그 유업을 이어 무예서를 새롭게 편찬했다.

〈표 3-9〉『무예제보』, 『무예신보』, 『무예도보통지』에 수록된 무예들

무예서	무예 총수	수록 무예		
무예제보	6기	장창, 당파, 낭선, 등패, 곤봉, 장도(쌍수도)		
무예신보	18기	『무예제보』 (6기)	장창, 당파, 낭선, 등패, 곤봉, 쌍수도	
		추가 무예 (12기)	죽장창, 기창, 예도, 왜검, 왜검교전, 월도, 협도, 쌍검, 제독검, 본국검, 권법, 편곤	
무예도 보통지	24기	『무예신보』 (18기)	장창, 당파, 낭선, 등패, 곤봉, 쌍수도, 죽장창, 기창, 예도, 왜검 왜검교전, 월도, 협도, 쌍검, 제독검, 본국검, 권법, 편곤	
		추가 무예 (6기)	기창, 마상쌍검, 마상월도, 마상편곤, 격구, 마상재	

『무예도보통지』는 정조의 특별한 지원 속에서 이덕무李德懋·박제가朴齊家·백동수白東脩가 의기투합해 만든 무예서다. 정조는 『무예도보통지』의 편찬실을 다름 아닌 장용영에 열었다. 장용영은 정조 시대에 정조의 왕권을 군사적으로 뒷받침하는 핵심 군영이었다. 정조가 승하하자 장용영이 해체된 사실만 봐도 이를 잘 알 수 있다. 정조는 편찬 실무를 맡은 이덕무, 박제가, 백동수에게 궁궐 안에 보관된 병서 20여 종을 내려 편찬을 독려했다.

이덕무는 옛 서고의 비장 서적들을 열람해 참고하는 편집자의 역할을, 박제가에게는 찬집하는 틈을 이용해 원고를 정서해 판본을 새기는 선사자善寫者의 역할을 맡겼다. 백동수는 무예에 능숙한 장용영 장교들과 함께 직접 기예를 실연하고 검토하도록 했다. 즉 이론과 실기를 배합해 한쪽이 기울지 않도록 했다.

『무예도보통지』는 철저한 고증과 확인을 거쳐 이루어진 무예서였다. 이 책에서 인용한 서책만도 148여종으로, 『기효신서』, 『무비지』는 물론 병서·경서·사서·제가백가서·예서·농서·의서·박물서 등 각종 서적이 망라되었다. 『무예제보』에 실린 6기 이외에 사라졌거나 제대로 전수되지 못한 나머지 무예들은 온갖 문헌을 뒤지고 사람들을 찾아다니면서 고증해 재현해냈다. 무기도 제대로 된 표준 무기를 제시하기 위해 실물을 찾아다녔다. 또 각 군영에서 전수되는 무예 기법을 조사해 차이점을 밝혀내고 어떻게 표준 무예를 만들지 고민했다.

『무예도보통지』는 4책으로 24기技의 무예를 실어놓았다. 무예는 크게 찌르기(자刺)·베기(감砍)·치기(격擊)의 세 가지 법으로 이루어졌다. 그래서 『무예도보통지』에 실린 24기 역시 이 순서에 따라 창槍(찌르기)·도刀(베기)·권拳(치기)의 차례로 배열했다. 먼저 찌르기 중심의 장창·죽장창·기창旗槍·당파·기창騎槍·낭선 등 창류 6기를 실었다. 다음으로 쌍수도·예도·왜검·교전·제독검·본국검·쌍검·마상쌍검·월도·마상월도·협도·등패 등 베기 중심의 도검류 12기를, 이어서 권법·곤봉·편곤·마상편곤 등 권법류 4기와 격구·마상재 2기를 실었다.

본문은 24가지 기예마다 도식圖式, 설說, 보譜, 도圖, 총보總譜, 총도總圖를 두어 내용을 꼼꼼하게 이끌어가고 있다. '도식'은 여러 기계도식을 참고해 각 병기의 제도를 그림으로 나타냈다. '설'은 이 책의 중요 부분으로 고금의 서적을 섭렵한 지식을 바탕

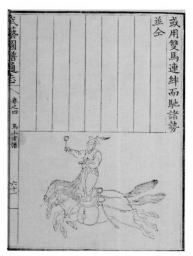

『무예도보통지』 마상재(규장각한국학연구원)

으로 해당 병기나 무예에 대해 풍부한 사례를 들어 설명했다. 주로 병기 설명에 대한 내용이 많아 병기의 제도나 기원, 제작법, 재료 등을 수록했다. '보'는 무예 동작을 글로 풀이하고, '도'는 무예 동작 하나 하나를 그림으로 나타냈다. 각 기예의 첫 번째 동작부터 최종 동작에 이르는 과정을 상단에서는 설명(보), 하단에서는 그림(도)으로 나타냈다. 총보는 처음 동작부터 마지막 동작까지 동작(자세) 이름을 종합해 정리했고, 총도는 각각의 자세를 이어 그린 종합도다. 총보가 글로써 전체 동작을 정리했다면, 총도는 그림으로써 전체 동작을 정리했다. 그 결과『무예도보통지』에 나오는 그림 수만 총492개이다.

이 가운데 마상무예는 조선-청 전쟁 이후 조선의 적이 달라지면서 전술이나 전법의 변화가 필요한 현실을 수용한 결과였다. 전투에서 기병의 임무는 일제히 돌격해 근거리 육박전을 통해 적진을 무너뜨리는 것이다. 말 위에서 휘두르는 편곤은 가볍고 파괴력이 뛰어나 적에게 큰 타격을 주었다. 또 적진까지 달려가기 위해서는 적의 사격으로부터 몸을 피하거나 감추는 동작이 필요했다. 마상재는 단순히 말 위에서 벌이는 곡예가 아니라 바로 이러한 목적에 부합한 무예였다.

(4) 병학서

가. 어제병장설

세조는 1453년(단종 1)에 계유정난을 일으켜 김종서·황보인을 비롯한 많은 정적을 모조리 살해하고 권력을 장악했다. 유혈쿠데타로 왕위에 오른 세조는 자연스럽게 군사 문제에 깊은 관심을 나타냈다. 먼저 1457년에 문종 때 성립된 5사司를 5위五衛로 개편했다. 또 병서 간행도 활발했으며 세조 자신이 병서를 손수 짓기도 했다.

『어제병장설』은 1462년(세조 8)에 신숙주·최항·서거정·이승소 등이 세조가 지은 『병장설』에다 주석과 해설을 붙여 간행한 책이다. 일찍이 군무에 깊은 관심을 갖고 있던 세조는 1461년에 「병설兵說」과 「장설將說」로 이루어진 『병경兵鏡』을 지었다. 세조는 사정전에서 종친과 대신들에게 손수 지은 『병경』을 내보이고, 신숙주·홍윤성 등에게는 집에 가지고 가서 보도록 명했다.

세조의 명으로 『병경』을 읽어본 신숙주는 곧 주석 작업에 착수했다. 신숙주는 『병경』이 병가兵家로서 반드시 알아야 할 긴요한 내용이 담겨있으나, 문장이 너무 함축적이어서 독자들이 어렵게 느낄 수 있으므로 주해를 붙이게 되었다고 한다. 주해 작업의 중심은 역대 전쟁의 사적을 뽑아 성패의 요소를 징험하고, 옛 사람의 논설을 인용해 잘잘못의 본보기를 밝히는 일이었다. 그리고 『병경』이라는 서명도 후에 『병장설』로 고친 듯하다.

『어제병장설』은 1책이며 아름다운 을해자乙亥字로 인쇄되었다. 내용은 크게 전문箋文·서문, 본문, 부록으로 나눠볼 수 있다. 권두에는 1462년 2월에 신숙주가 작성한 「어제병장설주해전御製兵將說註解箋」과 「어제병장설서御製兵將說序」가 실려있다. '전문'이란 나라에 길사 또는 흉사가 있을 때에 임금에게 일정한 문장체로 써서 올리는 글이다. 따라서 『어제병장설』이 완성된 후 전문을 바친 것으로 보아 『어제병장설』의 간행이 국가적인 경사로 간주되었음을 짐작할 수 있다.

본문은 「병설」과 「장설」로 나뉜다. 세조가 직접 지은 원문은 큰 글씨로 하고, 신하들이 붙인 주해는 한 호수號數 작은 활자로 했다. 주해는 세조가 쓴 원문의 이해를 돕기 위해 각 문단마다 어려운 한자에 음을 달거나 뜻을 풀이하고, 문단의 전체적인 대의를 밝힌 해설(신등문臣等聞)을 실었다. 그리고 역대 전쟁의 사례나 고사를 매우 풍부하게 뽑아 '부록'으로 덧붙였다.

「병설」의 내용은 군을 운용하는 원칙을 '이지운용 이용응지以智運用 以用應智(지로써 용을 쓰고 용으로써 지에 응한다.)' 여덟 자로 집약하고 이를 연역적으로 풀이했다. 핵심적인 내용을 꼽으면 가장 앞부분에 나와있는 "병兵이란 '지智'로써 '용用'을 운영하고 '용'으로써 '지'에 응하는 것이다. '지'는 인의仁義에 근본하고 아군과 적군의 형세를 판단해 지형의 이점을 살피는 것이요, '용'은 형명形名·분수分數를 밝히고 한결같이 절제하며 무기와 장비(기계)를 예리하게 갖추는 것을 말한다."고 할 수 있다. 곧 정신적인 면으로서 지智와 행동적인 면으로서 용用의 상호 보완을 강조하고 있다.

「장설」은 장수들이 스스로 장수로서의 자질을 닦도록 경계하면서 장수의 인품을 상·중·하의 3등급으로 나누어 제시했다. 칭찬을 들어도 기뻐하지 않고 모욕을 받아도 성내지 않으며 두루 묻고 아랫사람의 역량에 의지하는 사람, 항상 활쏘기·말달리기를 일삼고 겸하여 유업儒業 익히는 사람, 이익을 보면 의리를 생각하는 사람을 상품의 인물로 보았다. 다음으로, 지혜를 쌓고도 지혜 있는 인재를 구하고 재능을 쌓고도 재능있는 인재를 구하며 과단성있게 일을 성공시키는 자, 학자를 비방하고 무용武勇을 숭상하되 경거망동을 삼가는 자, 술잔을 들 때마다 취할까 염려하는 자를 중품의 인물로 보았다. 반면에, 하늘을 보고도 굽히지 않고 어진 이를 보고도 경의를 표하지 않고 일을 마음대로 처리하는 자, 힘을 믿고 세력을 의지해 거만한 자, 분수 밖의 물건을 탐하는 자를 하품의 인물로 보았다.

끝 부분에 별도로 「병설病說」이라 하여 여러 가지 병통이 될 만한 사항 28개 조항을 실어놓았다. 〈타위병처打圍病處〉 7항목, 〈행군병처行軍病處〉 3항목, 〈선전관병처宣傳官病處〉 5항목, 〈사옹다주방병처司饔茶酒房病處〉 6항목, 〈잡류장병처雜類將病處〉 3항목, 〈대장수병처大將帥病處〉 4항목이다.

사냥(타위打圍)할 때의 병폐는 대오가 끊기거나, 퇴각의 형세를 취하거나, 혼자서 짐승을 쫓아 달려가는 사항 등이다. 행군할 때의 병폐는 뒤를 돌아봄, 타 부대의 지원을 기다림, 곡식을 짓밟는 행위다. 사옹원 다주방茶酒房의 병폐는 불결, 낭비, 형체를 나타냄, 떠듦, 무질서, 느림이다. 잡류雜類 출신 장수의 병폐는 권력을 두려워하고, 위엄이 없으며, 단속하지 못하는 것이다. 대장수大將帥의 병폐는 함부로 죄인을 석방하고, 무고한 죄인을 늦게 석방하고, 흩어져 행군하거나, 한 군데에 몰려 휴식하는 것이다. 요컨대, 『어제병장설』은 세조가 병가의 원론을 밝힌 병서였으나, 여기에다 당대 최고 학자들이 풍부한 전쟁 사례나 고사를 집어넣어 부록으로 덧붙였다. 그래서 이 책은 병법의 원리는 물론 전쟁사나 고사를 통해 수많은 교훈을 도출할 수 있는 교양서로 탈바꿈한 것이다.

나. 무신수지

『무신수지武臣須知』는 이정집李廷爆(1741?~1782?)과 그의 아들 이적李迪(?~1809)

이 2대에 걸쳐 완성한 병학서다. 두 사람은 자신의 저서만큼이나 우리에게 잘 알려져 있지 않은 생소한 인물이다. 그렇다면 이정집과 이적은 누구이며 어떤 연유로 하여 『무신수지』를 남겼는지 매우 궁금해진다.

현재 두 사람에 대해 알 수 있는 자료는 미비하다. 이정집은 전주 이씨로 선조의 제 7자인 경창군慶昌君 이주李珘의 4대손이다. 무신으로서 활약하다가 향년 42에 별세했다. 아들 이적은 무과에 급제해 부사府使를 지냈다. 이정집과 이적은 무신이면서도 병서만 아니라 유교 경전까지 심도 있게 탐구했다. 이적은 아버지 이정집이 병학에 조예가 깊었다고 한다. 또 본문에서 "나 역시 무신이지만 의리를 밝히는 글과 세상을 경륜하는 학문에 정진하려고 했다."고 밝히고 있다.

조선은 조선-일본 전쟁·조선-청 전쟁 이후 대외 전쟁이 없는 가운데 2백년 이상 평화의 시기를 유지했다. 평화의 기간이 오래되면서 국방에 대한 관심은 희미해졌고 자연히 군사제도나 국방체제도 허술해졌다. 이러한 때에 저자는 수령으로 있으면서 민정을 체험하고 문란한 군정으로 국방력의 부재를 절감한 듯하다. 이에 작금의 현상에 대해 경종을 울리고 무신들의 분발을 촉구하기 위해 『무신수지』를 편찬하게 되었다.

『무신수지』는 간행 연도도 확실하지 않다. 이적이 자서自序를 쓴 시기가 1798년 (정조 22)이므로 이 때 편찬을 완료했다고 보인다. 그런데 1798년이 곧 간행 연도는 아니었다. 자서에 이어 1806년(순조 6)에 영의정 이병모가 쓴 서문과 1809(순조 9)년에 좌의정 김재찬이 쓴 서문이 있기 때문이다. 책 마지막 부분에는 1805년(순조 5)에 쓴 공조참판 겸 금위대장 이인수의 발문도 붙어있다.

서·발문의 내용으로 보아 『무신수지』가 간행된 해는 이적이 죽은 해인 1809년을 넘지 않는다고 추정된다. 따라서 편찬 이후 간행까지 11년 정도 걸렸음을 알 수 있다. 책의 간행이 늦어진 이유는 자세하지 않다. 다만 본문에 경제적인 여유가 없어 저자 본인이 지은 다른 책을 간행하지 못한다는 언급이 있으므로

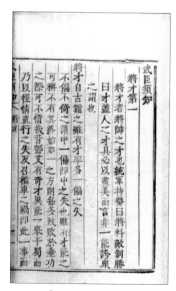

『무신수지』(한국학중앙연구원)

재정 문제도 한 몫 했을 가능성이 높다.

『무신수지』는 이정집이 편찬하다가 마치지 못한 병서를 아들 이적이 완성한 책이다. 그래서 본문에서 저자의 견해가 나오면 이것이 이정집의 말인지 이적의 견해인지 정확하게 판단하기가 어렵다. 다만, 이정집이 주해를 제대로 붙이지 못하고 세상을 떴다는 점으로 미루어 볼 때『무신수지』에 나오는 집주는 대부분 이적의 글로 판단할 수 있다.

『무신수지』는 1책으로,『무경칠서』및 여러 병서 가운데 장수의 재질이나 진법의 내용을 모아 분류하고 저자의 견해를 덧붙여 쓴 책이다. 본문은 크게 장재將材·경권經權·진법陣法으로 이루어졌다. 각 항목마다 총론을 붙였고 그 아래에 다시 소항목을 배치했다.

「장재」는 장수로서 갖추어야 할 자질과 덕목을 서술했다. 장수의 자질로서 무예의 단련(습궁마), 문필의 겸비(중문묵), 기력의 배양(양기력), 취사선택의 신중성(심취사), 진법의 활용(명기우), 지형의 숙지(도산천), 물자의 완비(치기구), 주색 경계(계주색) 등을 거론했다. 평소 떳떳한 행실을 행하는 데 도움이 되는 명언이나 경구를 실어놓았다. 또한 〈장재차제도〉의 경우 장수가 군사를 거느려 지휘권을 탁월하게 발휘하기 위해 항상 실천해야 할 일이 무엇인지를 도표로 그려 설명했다. 깊이 있는 독서, 학문 정진, 목표 설정, 충성심 고취, 신의 확립, 재물 활용, 첩보원 활용, 참모 우대, 기밀 유지, 정병·기병奇兵의 적절한 운용, 신상필벌, 지혜 등이 저자가 강조하는 사항이다.

「경권」은 적과 싸울 때 정도正道로 싸우는 방법과 임기응변의 방법인 권도權道를 서술했다. 먼저 아군과 적의 상황에 따라 정도로 할 것인가 권도로 할 것인가를 판단한다. 그리고 판단의 근거로 보국의 신념(보국), 인재 등용(임세), 군령 엄수(금령), 출병 요령(행군), 적정 탐지(요적), 적 동향의 파악(망기), 성 지키기(수성), 성 공격하기(공성) 등 군사력을 결정하는 다양한 요소를 항상 파악하도록 강조했다.

「진법」은 먼저 총론에서 진의 운용이나 전법 등 실제 전투에 임했을 때 구사할 전술을 구체적으로 밝혀놓은 다음 반사진과 권사진을 그림을 그려 설명했다. '진陣'이란 적과 대치한 아군의 전투대열로 적정에 따라 아군의 대열을 변화시키는 것을 말한다. 반사진은 대열을 원형으로 만든 진형이다. 권사진은 적의 공격 시에 반사진을 반원 모양으로 만든 진형으로 '지형에 따라 진형을 정한다'는 의미다.

이어 전법을 익히는 데 도움을 주기 위해 옛 명장들의 실천 사례 11가지를 뽑아놓았다. 군사 선발(선사), 임기응변(권변), 적세 탐지(지적), 매복(복병), 수공과 화공(수화), 심리전(심기), 양동 전술(형병), 거북점·주역점 등 미신 타파(결의), 추격(궁구), 기략(기계), 신상필벌(형상), 선견지명(선찰), 이간책(반간) 등을 잘 활용해 전쟁에서 승리한 실례를 다양하게 제시했다.

『무신수지』의 저자는 당대 유명한 사람이 아니었다. 어찌 보면 평범하다 할 수 있는 무신의 손에서 일구어진 병학서다. 저자가 관료 생활을 하면서 군사력의 미비 그리고 국방 의식의 해이를 절감하면서 최소한 국방에 종사하는 무신이나마 병법을 익혀야 한다는 생각에서 펴낸 책이 바로 『무신수지』다.

그러기에 『무신수지』가 병법을 깨우치는 입문서 역할을 하면서도 당대를 바라보는 저자의 생생한 견해가 곳곳에 숨어있게 되었다. 이 덕분에 다행히 우리는 18세기 말 또는 19세기 초반에 살던 무신이 당대 군사 문제에 대해 어떤 시각을 가졌는지, 어떤 책을 읽으면서 무슨 생각을 키워나갔는지를 엿볼 수 있는 소중한 책을 만나게 되었다.

다. 풍천유향

『풍천유향風泉遺響』은 송규빈宋奎斌(1696~?)이 저술했다. 책이름만큼이나 저자의 이름도 낯설기 그지없다. 지금까지 밝혀진 송규빈에 대한 내용은 본관은 연안이며 자는 이형爾衡, 호는 매곡梅谷 또는 매와梅窩라는 사실이다.

송규빈의 신분에 대해서는 몇 가지 추측이 제기되었다. 송규빈의 시詩들이 중인층의 시문집에 수록된 점 등을 근거로 하여 중인 이하의 신분이라는 의견이 있어왔다. 그런데 최근에 송규빈의 가계가 3대에 걸쳐 무과武科에 합격한 무신 집안이라는 주장이 있다.[380] 송규빈이 무과에 급제했는지 여부는 확인할 수 없으나, 개성, 해주, 통영 등을 거쳐 도성에서도 근무하고 강화도 군관 및 위장衛將으로도 활동한 사실은 확인

---

380 송규빈의 생애에 대해서는 백기인, 『조선후기 국방론 연구』, 혜안, 2004, 23~41쪽 참조.

할 수 있다.

송규빈이 이 책을 최종 완료된 시기는 1778년(정조 2)이었다. '풍천유향'이라는 제목은 망국의 한을 읊은 『시경詩經』 「비풍匪風」에서 '풍천'을 따왔으며, 여기에 애처롭게 부르짖는다는 '유향'을 덧붙인 것이다. 곧 조선-일본 전쟁과 조선-청 전쟁에서 겪은 수모와 치욕을 되풀이하지 않기 위해 군비를 철저히 하자고 호소한다는 의미에서 붙여진 말이다. 제목 자체가 망국의 한을 읊조린다는 뜻이니 저자가 이 책을 통해 가장 하고 싶은 이야기는 조선-일본 전쟁과 조선-청이라는 뼈아픈 역사적 경험과 이를 극복하기 위한 국방 대책이었다.

풍천유향(규장각한국학연구원)

『풍천유향』은 필사본으로 1책 106장이다. 체재는 서문, 본문, 발문으로 구성되었고, 서문과 발문은 모두 송규빈이 스스로 쓴 글이다. 본문은 총 40개 항목으로 이루어졌다. 「관견」은 조선-일본 전쟁과 조선-청 전쟁에 대한 뼈아픈 반성을 토대로 국방의 강화와 방어 전략의 필요성을, 「수도성」은 도성 사수를 위한 네 가지 방책을 제시하였다.

「목성」은 천연적으로 형성된 큰 고개에는 수목을 빽빽하게 길러 방어막을 형성하고, 산성이나 요해처에도 수목을 길러 적침로를 봉쇄하자는 주장이다. 「청야」는 청야 전술이야말로 진정한 수성守城이라 말하고 있다. 「연융대」는 1711년(숙종 37) 도성과 북한산성을 잇기 위해 세검정 동구洞口에 쌓은 연융대의 중요성을 역설하였다.

「송도」는 서쪽 요충지인 개성에 관방 시설을 하자는 주장이다. 「강도」는 조선-청 전쟁의 참화를 직접 겪은 강화도의 외곽에 성곽을 쌓고 참호를 파고 목책을 설치하자고 제안하였다. 「남성」은 남한산성 방어책으로 주변 지세를 적극 활용해 지원 태세를 강화하고 주민을 안착시킬 방도를 제시하였다. 「도성」에서는 도성이 지키기 어려운 성이라는 편견을 깨고 도성 사수 방책을 소개하였다.

「수원독성산성형편」은 수원 독성산성이 도성의 울타리이자 삼남지방과 연결된 요충지임을 강조하면서 성곽을 보수하고, 장단·수원·양주·광주를 하나로 묶던 진관 제도를 복구하자고 주장했다. 「등비지장」은 도성 수비를 위해 『병장도설』의 오위五衛에 따라 도성 병력 배치 및 담당 구역 등을 제시하였다.

「제병자일기후」는 『병자일기』를 읽고 난 후에 비분강개하면서 당시 전황에서 미처 시행하지 못한 대응책을 서술하였다. 「서새주략」은 서북 변경의 방어책으로 적침로를 봉쇄하고 관방 시설을 설치하자고 주장했다. 「한담」은 저자와 손님의 대화 형식을 통해 청천강을 중심으로 한 관서 지역의 방어책 및 북벌 논의를 열정적으로 소개하였다. 「해서수륙방수론」은 경기의 관문인 황해도를 수륙으로 방비할 대책을, 「북새통론」은 함경도 수비책을, 「해방총론」에서는 "나는 충무공에 대한 말을 하게 되면 저절로 기운이 산처럼 솟는다."고 하면서 전선들을 거북선 모양으로 바꾸고 대포를 장착하자고 제안하였다.

「논병학지남진제」에서는 척계광 전법이 오랑캐를 막기에 타당하지 않은 점을 지적하였다. 「논오위」는 오위진법의 복구를 주장했고, 「논경외군제」는 당시 서울과 지방 군제에 대한 비판이다. 「주사정구」는 통영의 조련법을 비판하고 수군 훈련의 개선책을 다음의 조항에서 제시하였다. 즉 「수병요패정면」에서는 수군의 신분 증명을 위해 허리에 차는 요패의 기재 방식을, 「서사증감결식」은 출정시 장병의 서약문을, 「배정원근기계」는 각 계급별 병기의 통제 및 조작법을, 「약속군령」은 대장 이하부터 군졸에 이르기까지 군법을 제시하였다.

「논비변문답」에서는 양란을 교훈으로 삼아 변경 수비 대책을, 「논수총양영」에서는 오위진법과 진관제도를 복구하고 수어청과 총융청의 혁파를, 「청구폐언」은 양역良役, 과거제도, 무략武略, 인재등용, 선혜청, 관방, 대동미, 환자 등 국정의 폐단들을 지적하였다. 「구폐」는 국정폐단의 개선책으로 군포징수, 난전亂廛, 문학진흥, 선혜청, 관방, 전결세田結稅, 역참 등에 대해 다루었다. 「칠애가」와 「제칠애가후」는 조선-일본 전쟁(왜란)과 조선-청 전쟁(호란)의 치욕을 씻기 위해 와신상담을 하자는 호소문이다.

「남호관견신제상승진서」·「상승진병도」·「신제상승진도가」·「상승진일영군졸곡계배정」·「상승진좌이신곡호령」·「수영일와봉재방거제」·「혹문」·「연기신편거진총설부」는 저자가 개발한 검차영劍車營과 상승진常勝陣에 대한 설명이다. 상승진은 네 겹으로

된 방영方營을 구성하고 검차와 병사를 함께 배치하는 형태다. 송규빈은 검차의 가치에 대해서 첫째, 칼날과 창이 앞에 장착되어 적의 철마도 충돌하지 못하고, 둘째, 짐승 얼굴을 붙인 방패 가운데에 큰 대포를 설치하여 적병이 육박하지 못하며, 셋째, 병사들이 방패로 적의 화살과 탄환을 피할 수 있고, 넷째, 검차와 검차 사이에 거마창을 연결해 단병기短兵器를 휴대한 적의 근접을 막을 수 있다고 지적했다.

송규빈이 고안한 상승진은 오위법과 마찬가지로 조선이 『기효신서』에서 벗어나지 못하는 현실에 대한 반성에서 시작되었다. 송규빈은 북방의 기병을 제어하기 위해서는 새로운 진법이 필요하다고 역설했고, 그 결과 척계광이 북방에서 기병을 제어하기 위해 전차병戰車兵을 사용한 사례를 활용해 조선의 실정에 맞는 진법을 만들었다. 그래서 상승진이 척계광이 고안한 거영진車營陣과 차이를 보이는 것도 '조선'을 한시도 잊어본 적이 없던 송규빈의 뜨거운 가슴과 노력 때문이었다. 끝으로 「계아배」는 후손에게 경계하는 글이다.

(4) 전쟁사와 명장전

가. 역대병요

우리 민족의 생활터전이 한반도로 축소되면서 한반도와 인접한 북방 지역은 점차 여진 등 이민족이 거주하게 되었다. 북방 지역의 영토 개척은 이미 고려 말부터 시작되었고 조선의 건국 후에도 활발히 진행되었다. 태종은 1410년(태종 10)에 여진 정벌에 나서 단 하루 만에 여진 160여 명을 죽이고 27명을 생포하는 전과를 올렸다. 그러나 여진은 생활필수품의 약탈과 군사적 보복을 이유로 자주 내습해왔다.

여진의 침입이 계속되자 신하들 사이에서 이 지역을 포기해야 한다는 주장이 제기되었다. 그러나 세종은 이 같은 여론에 굴하지 않고 여진족과의 잦은 마찰 속에서 1차 여진 정벌(1433.4.10~4.19)과 2차 여진 정벌(1437.9.7~9.16)을 단행했다. 세종의 적극적인 대처는 마침내 성공을 거두어 압록강 상류지역에 4군郡을 설치하고 두만강 하류 지역에 6진鎭을 설치하는 개가를 올렸다. 4군은 1443년(세종 25)에, 6진은 1449년(세종 31)에야 마무리되었다.

북방 영토 개척이 4군 6진의 설치로 마무리되자 세종은 내치에 더 힘을 쏟아 무릇

잘된 정치를 하려면 반드시 앞 시대의 치란治亂의 사적을 보아야 한다."[381]하면서 우리나라와 중국의 역대 사적 중에서 정치의 귀감이 될 만한 사건들을 뽑아 1445년에 『치평요람治平要覽』을 완성했다.

역대병요(규장각한국학연구원)

세종은 『치평요람』이 거의 완성되어 가자 이번에는 우리나라와 중국의 역대 전쟁 가운데 경계하고 본받을 만한 사례를 수집해 책으로 만들도록 했다. 세종 자신이 직접 내용을 취사선택해 『역대병요』라고 하고 수양대군(세조)의 감수 아래 20여 명의 학자가 참여했다. 『역대병요』는 1451년(문종 1)에 완성되어 세종은 이 책의 완성을 보지 못하고 세상을 떠났다.

『역대병요』는 총13권으로 이루어진 방대한 분량으로 총 263개 항목으로 구성되었다. 내용은 중국의 역대 전사에 큰 비중을 두었고 한국의 전사는 전체 항목 가운데 23항목(8.8%)에 불과하다. 중국의 경우 동양 역사상 최초의 전쟁기록인 BC 26세기 황제皇帝와 치우蚩尤 전쟁에서 시작해, 1368년 원 멸망까지 방대한 전쟁 사례를 다루었다. 한국은 삼국시대가 총 7건, 고려시대가 16건으로 342년 고구려의 고국원왕故國原王부터 1382년 고려 말엽까지 주요 대외 전쟁 사례 및 전사를 수록했다. 고려시대 16건 중 11개 항목은 태조 이성계의 활약상에 초점을 맞추었다.

한국 역대 전사의 내용으로는 권5의 〈연왕황패고구려燕王皝敗高句麗〉에 342년 연의 모용황이 정예병 4만을 이끌고 고구려를 침략해 환도성을 함락시킨 사례를 실었다. 권7의 〈수양제벌고구려대패이환隋煬帝伐高句麗大敗而還〉에는 612년 수 양제가 고구려를 정벌하려다가 대패하고 철군한 기사를, 〈수양제복벌고려양현감반인환隋煬帝復伐高麗楊玄感反引還〉에는 613년에 수 양제가 고구려를 다시 침략했으나 당시 예부상서 양현감의 반란으로 철군한 내용을 실었다.

권8의 〈당태종정고려唐太宗征高麗〉에는 644~645년에 당 태종이 고구려를 침략해

381 『세종실록』 권93, 세종 23년 6월 28일(계사).

요동성을 함락시킨 사례를 실었고 여기에 안시성 전투도 함께 등장한다. 〈당고종견소정방여신라멸백제唐高宗遣蘇定方與新羅滅百濟〉에는 당 소정방이 660년에 신라와 함께 백제를 공격한 기사를 실었고, 백제는 이 해에 신라에게 황산벌 전투에서 패해 항복했다. 〈당고종조유인궤진백제唐高宗詔劉仁軌鎭百濟〉는 661~663년에 당 고종이 유인궤를 대방주자사帶方州刺史로 삼은 후 백제에 주둔시킨 기사이며, 〈당고종견이적평고려唐高宗遣李勣平高麗〉는 666년 고구려의 연개소문이 죽자 당 고종이 이적으로 고구려를 치게 한 일을 수록했다.

권11의 〈고려여계단화高麗與契丹和〉는 993년 거란이 고려를 침입하자 서희가 거란군의 진영으로 가서 소손녕과 담판해 강화를 성사시킨 일을 담았다. 〈계단주벌고려契丹主伐高麗〉는 1009년에 거란 성종이 고려에 침입해 여러 성을 함락하고 개성에 입성한 후 회군했는데 이때 고려군이 거란군에게 함락된 성들을 수복한 기사를 수록했다. 〈고려강감찬대파거란소손녕高麗姜邯贊大破契丹蕭遜寧〉은 1018년 거란의 장수 소배압이 10만 대군을 이끌고 고려를 침입하자 강감찬 장군이 흥화진에서 거란군을 대파한 기사를 수록했다. 권12의 〈고려박서김경손어몽고병高麗朴犀金慶孫禦蒙古兵〉은 1231년 고려를 침공한 몽고군을 박서·김경손 등이 여러 차례 격퇴한 기사를 실었다.

권13의 〈고려파합단高麗破哈丹〉은 1291년에 고려에 침입한 원의 반당反黨인 합단적을 격파한 기사를 실었다. 〈아태조평홍건적我太祖平紅巾賊〉은 1359년 12월 고려를 침범한 홍건적을 격퇴한 기사, 〈아태조주원납합출我太祖走元納哈出〉은 1362년 이성계가 함흥평야에서 원의 나하추를 격퇴한 기사, 〈아태조대파원덕흥군병我太祖大破元德興君兵〉은 1364년 1월에 고려에 침입한 원의 덕흥군을 대파한 기사, 〈아태조취원올랄성我太祖取元兀剌城〉은 1370년 1월 이성계가 원 올랄성을 공파한 기사, 〈아태조취원동녕성我太祖取元東寧城〉은 1370년 11월에 이성계가 요양성을 공격, 함락시킨 기사를 실었다.

〈아태조파왜적우지리산我太祖破倭賊于智異山〉은 1377년에, 〈아태조파왜적우해풍我太祖破倭賊于海豊〉은 1378년에, 〈아태조파외적우해주我太祖破倭賊于海州〉는 1377년에, 〈아태조대파아기발도어운봉我太祖大破阿其拔都於雲峰〉은 1379년에, 〈아태조파왜적우토아동我太祖破倭賊于兎兒洞〉은 이성계가 지리산·해풍(풍덕)·해주·운봉·함흥 등지에서 왜구를 격퇴한 기사를 수록했다. 〈아태조대파여진호발도我太祖大破女眞胡拔都〉는 1382년 7월에 이성계가 동북면을 침략한 여진족 호발도를 격퇴한 기사를 다루었다. 참고로, 이 책에 실린 한국의 역대 전사 23개 항목 중 왜구 토벌 항목 5개를 뺀 나머지 18개 항목이 『동국병감』에 그대로 수록되었다.

『역대병요』는 단종과 세조대에 무관의 선발시험인 무과의 과목으로 채택되었다. 여기에 담긴 내용이 단순히 전쟁이나 전술에 관한 기록이 아니었기 때문이다. 수양대군이 서문에서 밝혔듯이 전쟁을 역사를 통해 역사를 바로 보고 유비무환의 자세를 배우고자 한 것이다. 이런 점에서 『역대병요』는 전사를 주제로 한 정치 교범서이자 역사 교훈서인 셈이다.

다만, 『역대병요』에서 눈에 띄는 결함은 고구려를 벌伐했다' '고려를 평정平定했다' 등 중국을 주체로 한 표현이다. 전투 기록도 중국 측의 부대편성이나 전술 등은 자세히 기술한 반면, 우리측 내용은 소략하거나 패전을 강조하기도 했다. 이 문제는 조선 초기 전쟁 인식과 관련해 앞으로 보다 많은 연구가 필요한 부분이다.

나. 동국병감

『동국병감』은 중국 한족과 북방 오랑캐의 침입에 대항한 우리 민족의 항전 기록을 담은 책이다. 조선의 제5대 임금인 문종이 기획한 이 책은 당시 조선과 명을 둘러싼 북방의 정세와 무관하지 않다.

당시 명에게 큰 위협이 된 존재는 원 멸망 이후 몽골 지역으로 퇴각한 몽골족이었다. 특히 서북의 오이라트(와랄瓦剌)는 북원北元 세력이 크게 약화된 상태를 이용해 몽골로 진출해 명 변방을 위협했다. 이후 에센(야선也先)이 실력자로 등장해 영토를 급속히 확장하면서 오이라트는 북방에서 맹위를 떨쳤다.

1449년(세종 31) 명과 오이라트가 조공 무역을 둘러싸고 갈등이 일자 에센은 명을 침범했다. 이에 명 영종英宗이 50만 대군을 이끌고 친정에 나섰다가 참패하고 말았다. 1453년(단종 원년) 에센은 정적政敵 태태불화를 제거하고 '대원전성대가한大元田盛大可汗'으로 자칭하면서 유목왕국의 전성기를 구가했다. 이처럼 오이라트의 맹위로 북방 정세가 긴박해지자 조선도 긴장을 늦추지 않고 대규모방어체제로 전환했다.

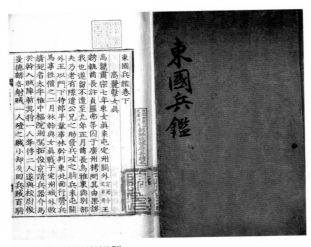

동국병감(한국학중앙연구원)

당시 조선의 북경 지역에서 조선을 괴롭히던 존재는 여진족이었다. 원 내내 몽골인의 지배에 놓여 있던 여진에게 오이라트는 커다란 위협이었다. 따라서 오이라트가 여진족을 공략하면 여진족이 이를 피해 조선으로 몰려 올 가능성이 높아졌다. 압록강 상류 유역에 설치했던 4군 중 3군을 철폐하자는 주장이 문종 즉위년에 제기된 것도 이와 무관하지 않다.

문종이 즉위한 1450년은 명 영종이 오이라트에게 패배한 이듬해였다. 따라서 문종이 즉위하자마자 『동국병감』의 편찬을 기획한 것은 북방의 정세 변화에 기민하게 대처하기 위해서였다. 『동국병감』은 외적의 침입을 막아내기 위한 전략을 우리 역사 속에서 찾자는 의도에서 편찬되었다. 우리나라가 역대 외적과 맞서 싸운 전쟁에서 어떤 방어책을 썼고, 승리와 패배의 요인은 무엇이었는지를 철저히 분석해 교훈을 찾아내자는 의미였다. 이를 위해서 한국의 전쟁사를 필수적으로 알아야 한다는 점을 강조했던 것이다.

당시 편찬된 『동국병감』에 왜구 토벌 항목이 빠져있는 것도 『동국병감』이 단순한 역사책이 아닌 실전에 대비하기 위한 전쟁 사례집으로 활용하기 위해서였다. 또 국제 정세에 대한 경각심을 일깨우면서 무장들의 정신 무장을 강화하기 위한 목적도 내포되었다. 이와 관련해 1510년(중종 5) 삼포왜란 직후에 『동국병감』에 왜구 토벌 기사와 삼포왜란의 사적을 수록해 증보판을 간행하자는 논의가 주목된다. 이는 외적이 북방 민족에서 왜구로까지 확대되자 왜구와 치른 전쟁 사례를 연구해 새로운 적에 대항하려는 자세였다.

『동국병감』은 우리나라와 중국 및 북방 민족 사이에 벌어진 전쟁을 다룬 전쟁 통사로서 2책으로 이루어졌다. 아쉽게도 서문이나 발문도 없고 누가 참여했는지 최초 간행 연도는 언제인지도 미상이다. 1458년(세조 4)에 경상좌도 절제사 이호성이 세조에게 올린 상서에서 『동국병감』의 내용이 언급되므로, 1458년 무렵에 이미 『동국병감』이 신하들에게 유포된 상태였다. 따라서 문종 대에 기획된 『동국병감』은 세조 초년에 이미 편찬을 완료했다고 보여진다.

내용은 총 37개 항목으로 구성되었다. 시기별로 고조선 1개 항목, 삼국시대 16개 항목, 고려시대 20개 항목이다. 상권은 총 20개 항목으로 '중국 한 무제가 고조선을 침략해 4군을 설치하다'부터 거란이 세 차례나 고려에 침입한 내용을 수록했다. 하권은 '고려가 여진을 격파하다'에서부터 '고려가 호바투군(호발도胡拔都)을 격퇴하다'까지 17개 항목이 실려있다.

『동국병감』이 기획되던 1450년은 『역대병요歷代兵要』의 편찬이 한참 진행되던 때였다. 그래서 『역대병요』에서 우리나라의 역대 전사 23개 항목 중 왜구 토벌 항목 5개를 뺀 나머지 18개 항목이 『동국병감』에 고스란히 수록되었다. 이 점은 두 병서가 유사한 주제로 비슷한 시기에 원고가 쓰여지면서 발생한 결과로 보인다.

서술 방식은 편년체로 연도와 날짜를 기록한 후 전쟁 경과를 담았다. 주요 내용을 보면 상권의 〈한무제정조선위사군〉은 BC 109년 중국 한 무제가 왕검성을 침입해 이듬해에 위만조선을 멸하고 4군을 설치한 내용, 「고구려격항선비」는 고구려가 BC 9년에 요동의 선비족을 쳐서 항복시킨 내용, 〈고구려어한병〉은 고구려가 28년에 후한의 침입을 지구전으로 물리친 내용, 〈고구려공요동현토〉는 고구려가 121년에 한에 속한 요동·현토 및 요대현 등을 공격한 내용, 〈고구려패한사〉는 172년, 184년에 대군을 이끌고 고구려에 침입한 한을 막아낸 내용을 실었다.

〈위관구검공함환도성〉은 246년에 위의 관구검이 고구려의 환도성을 공격한 내용, 〈연모용외침고구려〉는 293년에 고구려가 연 모용외의 군사를 막아낸 내용, 〈수문제벌고구려〉는 588년에 고구려를 침공한 수 군대가 자연 재해로 타격을 입고 철수한 내용, 〈당급신라벌고구려〉는 661년에 신라와 당의 연합군이 고구려를 공격해 평양성을 포위했다가 사수에서 패하고 철수한 내용, 〈당벌신라〉는 670~676년까지 당과 신라 사이에 벌어진 크고 작은 전투를 담고 있다.

하권의 〈고려격여진〉은 1104년에 고려에서 임간을 출정시켜 동여진을 친 일, 〈단적구고려〉는 1216~1219년 사이에 고려에 침입한 거란군을 김취려·조충 등이 이끄는 고려군이 맞서 싸운 내용, 〈고려김희제격동진〉은 1226년 고려 장군 김희제가 금 장수 우가하의 군사를 대파한 내용, 〈몽고침고려〉는 1236~1257년까지 고려를 침공한 몽고군을 물리친 기사를 실었다.

『동국병감』의 '병감'이란 '전쟁의 거울'이라는 뜻이다. "『동국병감』에는 우리나라의 형세와 병가兵家의 승패가 기록되지 않은 것이 없어 무사들이 마땅히 배워야 하는 책이다"[382]는 지적처럼 우리나라 사람들이 중국의 전쟁사는 필수 지식으로 여기는데 반해서 우리의 역대 전쟁사는 제대로 알지 못하는 폐단을 막기 위해 필독서로 권장하던 책이다. 비록 『동국병감』의 서술 방식이 우리나라를 '적'으로 표현하는 등 중국 중심으로 되어있으나 그 내용은 세계 역사상 최대 '제국'이라 일컫던 한·수·당의 무력에도 결코 물러서지 않던 한민족의 저항 정신과 주체성을 일깨우기 때문이었다.

다. 국조정토록

조선 초기 국방의 기본 방향은 '옛 땅을 회복한다.'는 기치 아래 두만강과 압록강 유역의 영토를 개척하는 진취적인 국토론이었다. 『국조정토록』은 조선의 진취적인 국방관을 엿볼 수 있는 책으로 조선전기 대외 정벌의 역사를 기록한 책이다. 1419년(세종 원년) 쓰시마정벌부터 1510년(중종 5) 삼포왜란까지 총 7차례의 대외 전쟁을 수록했다. 이 책은 침입한 외적을 막아낸 전쟁이 아닌 '정벌'이라는 능동적인 전쟁을 선정해 편찬했다는 점에서 큰 의미를 갖는다.

이 책의 편찬 시기는 정확하지 않다. 다만 여러 가지 자료를 통해 고찰해본 결과 조선-일본 전쟁 이전에 필사본으로 편찬되었다가 1614년(광해군 6) 무렵에 다시 정서正書되었다. 그러다가 광해군대 말년에서 인조대 초반에 활자로 다시 간행되었다고 여겨진다.

『국조정토록』은 1책으로 상권·하권으로 구성되었다. 상권의 목차는 정대마도征對

---

382 『중종실록』 권15, 중종 7년 1월 5일(신해).

馬島(1419.6.1~7.3), 정파저강征
婆猪江(1433.2.27~4.20), 정건주
위征建州衛(1467. 9.24~10.4), 하
권의 목차는 정건주위征建州衛
(1479.12.1~12.16), 정니마거征尼
麻車(1491.10.18~11.2), 정서북노
구征西北虜寇(1391.8.20~8.22), 정
삼포반왜征三包叛倭(15 10. 4.19)
다. 「정대마도」「정삼포반왜」의

2건만 일본의 왜구 정벌이며 나머지 5건은 만주의 여진족 정벌 기사다. 즉, 조선전
기까지 대외관계에서 여진족이 차지하는 비중이 매우 높았음을 단적으로 알려주고
있다.

『국조정토록』의 서두에는 이 책의 편찬 원칙을 밝힌 〈범례〉 4개항이 실려 있다. 여
기서 밝힌 이 책의 편찬 특징은 첫째, 서술 방식이 년·월·일에 따라 사건을 기록하는
편년체 방식으로 이루어진 점이다. 둘째, 이 책은 중국에서 정통론에 입각해 역사를
서술할 때 사용하는 강목체를 이용해 용어를 사용했다. '구寇'·'반叛' 등의 표현은 정
통을 넘보거나 어지럽힌 무리 또는 그 행동을 지칭하며, '정征', '토討', '참斬' 등은 이
러한 무리를 응징한다는 뜻이 내포되어 있다.

이처럼 『국조정토록』은 편년체로 쓰였으므로 전쟁 경과나 양상을 한 눈에 파악할
수 있다. 출정기간부터 정벌 원인, 지휘 체계, 작전 명령, 부대 편성과 군량, 공격 과
정, 전과 및 포상에 이르기까지 정벌의 모든 과정을 서술했다. 여기서는 부대 편성과
전과를 중심으로 간략하게 내용을 소개하고자 한다.

• 쓰시마 정벌 : 이 정벌은 1419년에 왜선이 충청도 비인을 공격하자 이를 응징
  하기 위해 단행되었다. 이종무가 병력 1만 7천여 명과 병선 227척을 인솔해 몇
  차례 진격 끝에 적선 129척을 빼앗고 민가 2천여 호를 불태우고 123명을 참수
  했다. 조선 측도 백 수 십 명의 전사자를 내었다.

- 파저강 정벌 : 건주위 여진이 평안도 여연군을 침입한 사건이 발단이 되었다. 최윤덕 등이 이끄는 총 1만 5천명의 병력이 압록강을 건너 건주위 여진의 근거지를 공격했다. 그 결과 포로 241명, 사살 140명, 생포 45명, 말 67마리, 소 110마리 등의 전과를 올렸다. 조선도 전사자는 약간의 전사자를 내었다.
- 건주위 정벌 : 1467년(세조 13) 정벌은 명의 협공 요구가 있어 단행되었으나 실제로 명군은 오지 않았다. 윤필상 등이 이끄는 기병·보병 총 1만 여 명이 도강하여 건주위 여진을 급습했다. 그 결과 120여 명을 사살하는 전과를 냈다. 1479년(성종 10) 정벌 역시 명이 건주위를 공격할 때 지원군을 요청해 파병한 것이다. 명군이 공격한 직후인 12월 13일(양 1480년 1월 24일)에 윤필상이 기병 950명을 이끌고 압록강을 건너 공격하고 귀환했다. 15명을 참수하고 2명의 귀를 베어왔다.
- 니마거 정벌 : 니마거는 여진 부락의 이름으로 호전적인 종족으로 알려져 있다. 이 정벌은 니마거가 함경도 조산보를 습격한 일이 발단이 되었다. 허종을 도원수로 하여 기병·보병 총 2만 명을 동원했으나 이미 정보가 누출되어 민가만 불태우고 돌아왔다.
- 서북오랑캐 정벌 : 이 정벌은 건주위 여진이 조선의 변경을 침입해 군사적 보복을 여러 차례 감행한 데에 대한 응징으로 실시되었다. 서북면 도원수 이극균이 군사를 이끌고 싸워 적 39명의 목을 베었다.
- 왜구(삼포왜란) 정벌 : 1510년(중종 5) 삼포三浦에 거주하는 일본인들이 쓰시마 병선 수백 척을 끌어들여 영등포·제포·부산포를 공격한 사건이 일어났다. 이에 도원수 유순정 등이 군사 4,900명을 이끌고 반격을 시도해 선박 5척을 침몰시키고 왜구 298명을 참획하는 큰 성과를 올렸다.

『국조정토록』은 전쟁에 관한 기사를 시간의 흐름을 쫓아 정리했으므로 전쟁의 전체 흐름을 파악할 수 있는 요긴한 자료다. 조선-일본 전쟁 중에 일본군이 탈취해 도요토미 히데요시에게 바칠 정도로 조선의 전쟁 사례를 이해하는데 귀중한 역사서이기도 하다. 광해군대에도 명이 조선의 파병을 요청하자 광해군이 이 책을 탐독하면서 조선의 입장과 파병 전략을 구상했다. 이런 점에서 『국조정토록』은 '역사는 현재의 거울'이라는 교훈을 다시한번 일깨워주고 있다.

라. 해동명장전

『해동명장전』은 한국의 애국 명장들의 전기집이다. 삼국시대부터 조선의 인조 대까지 외침으로 인해 국가 안위가 위태로웠을 때 큰 역할을 한 장수의 생애와 무훈을 한 권의 책으로 엮었다.

이 책은 1794년(정조 18)에 홍양호洪良浩(1724~1802)가 저술하였다. 홍양호는 조선의 문예부흥기라 할 수 있는 정조 시대의 뛰어난 학자이자 문장가였다. 나라의 온갖 문서를 작성하고 도서를 관장하는 문한文翰 기구인 홍문관과 예문관의 최고 책임자(대제학大提學)를 겸임한 홍양호는 글씨로도 일가를 이루어 뛰어난 작품을 다수 남겼다.

홍양호는 나이 71세 때에 이 책을 완성했다. 홍양호의 말년에 해당하는 시기로서 완숙한 사상과 높은 경륜 속에서 이 책을 저술했다고 볼 수 있다. 홍양호는 18세기 말 전쟁이 없는 평화 시기에 대외적으로 위기의식을 절감하면서 조선의 국방력을 강화시키고 무비에 대한 중요성을 강조하기 위해 이 책을 저술했다. 두 번의 큰 전쟁을 겪고도 무비를 도외시하는 국정 담당자들에게 지난날을 거울삼아 후일을 경계하라는 따끔한 질책을 간접적으로 표현했다고 볼 수 있다.

『해동명장전』은 3책으로 이루어져 있다. 1책 첫머리에 저자의 서문이 있다. 본문은 정사正史의 열전列傳 형식을 본받아 해당 인물의 일대기를 기술했다. 선정 인물은 신라인 5인, 고구려인 3인, 백제인 1인, 고려인 22인, 조선인 24인 등 총 55인이다. 이들 대부분은 외적의 침략을 극복하는데 큰 공을 세운 무장이며, 묘청·삼별초·이시애의 난 등 국내 반란을 제압한 인물이나 휴정·유정·영구 등 승려들도 포함했다.

삼국의 경우 김유신은 삼국통일의 공, 장보고·정년은 신라 바닷길의 요충지인 청해진을 수호한 공, 심나는 백제군을 막아낸 공, 소나는 북쪽 변방의 방어, 부분노는 고구려 건국 초기 선비족을 제압한 공, 을지문덕은 수나라의 침략을 막아낸 공, 안시성주(양만춘)는 당나라군의 침략을 저지한 공, 흑치상치는 당나라에 항복한 후 당나라에 들어가 토번·돌궐 정벌 때 세운 공을 자세히 소개했다.

고려인 유금필은 북번을 격퇴하고 후백제 견훤의 침공을 막아낸 공, 강감찬·양규·조충·김취려는 거란군을 막아낸 공, 윤관·오연총은 여진 정벌, 김부식은 묘청 난의 진압, 박서·송문주·김경손·이자성은 몽고군을 막아낸 공, 김방경·한희유는 삼별초 난의 평정과 여·원여합군의 출정, 안우·김득배·이방실·정세운·안우경은 홍건적 격퇴, 정지·최영은 왜구 격퇴와 요동정벌에 기여한 공을 적고 있다.

조선인 이지란은 개국공신으로서의 공과 건주위 정벌, 최윤덕은 쓰시마정벌, 이종생·어유소은 이시애 난의 평정과 건주위 정벌, 이순신·권율·곽재우·정문부·황진·휴정·유정·영규·정기룡·김시민·이정암·임중량·김덕령·정충신·유형 등은 조선-일본 전쟁(왜란) 때 장수 또는 의병으로서 왜적 격퇴의 공, 김응하는 건주위 정벌, 김응해·임경업·유림 등은 조선-청 전쟁(병자호란) 때의 공을 주요한 내용으로 다루었다.

홍양호는 이 책을 짓기 위해『삼국사기』,『고려사』,『동국통감』등의 관찬 사서, 안정복의『동사강목』등 여러 문헌을 두루 이용했다. 금석학자답게 금석문 자료까지 이용했다. 여기에다 자신이 들은 전설이나 체험담을 수록했다. 예를 들면,「이지란」에서는 사뭇 감동스러운 어조로 "나 홍양호는 북쪽 변방에서 벼슬살이를 하면서 그(이지란)의 사당에 가 화상에 참배했다. 그의 체격은 보통사람에 지나지 않으나 얼굴은 미인처럼 두 볼이 붉고 눈동자가 샛별처럼 빛났다.……"고 적고 있다.

또 다양한 자료를 이용하면서도 이설이 있으면 여러 설을 소개하고 고증학적인 입장에서 전거를 밝혔다.「강감찬」에서는 "조선조 정조 때에 개성부에서 옛날 탑 하나를 발견했다. 여기에 '강태사위국기복명姜太師爲國祈福銘'이 있다. 이 석비에 강감찬의 '찬贊'을 '찬贊'이라 썼다. 오늘날 강감찬의 이름자는 이 석본을 따르는 것이 옳다고 본다."고 적고 있다.

조선에서는 17세기 이후 수기修己 측면의 도덕 수양을 중시하는 성리학적 분위기 속에서 인물 전기집이 편찬되기 시작했다. 여기에다가 가문이나 문벌 의식 그리고 종통宗統 의식의 심화로 인물과 가문에 대한 연구가 활발했다. 그런데 이 전기집들은 주로 문신이나 유학자의 전기가 중심을 이루고 있다. 무신이나 무장의 기록은 여기에 부분적으로 포함되었을 뿐이다. 이런 점에서『해동명장전』은 무장의 전기로서 유일한 역사 전기라고 할 수 있다. 홍양호는 정통 유학자로서 무인을 경시하던 사회 분위기 속에서 무장의 생애와 전투사를 집중적으로 조명해냈다.

이런 점에서 이 책은 무장 전기로서의 가치뿐만 아니라 18세기 후반 사상계의 새로운 조짐을 읽을 수 있는 책이기도 하다. 요컨대 홍양호는 외적의 침략에 대한 경계심을 강조했을 뿐만 아니라, 문신에 비해 천대받던 무장을 강조함으로써 또 다른 사회사적인 의미를 던져주고 있다.

제4장

근·현대

제1절

개항 전후 '해방론'과 부국강병책

1. 서구열강의 침략과 '해방론'

1) 서구열강의 침략과 중·일의 해방론

19세기에 들면서 동아시아 삼국은 강력한 군사력으로 무장한 서구 열강의 침략에 직면하게 되었다. 1840년 영국이 아편전쟁을 도발하고 1842년 불평등조약인 난징조약[南京條約]을 체결한데 이어 1860년에는 영불 연합군이 베이징北京을 함락하는 충격적인 사건을 겪으면서 중국은 자본주의 세계체제에 급속하게 편입되었다. 이에 따라 조공朝貢과 책봉冊封을 매개로 유지되어 오던 전통적인 중화적 질서에도 심각한 균열이 나타나게 되었다.

중국이 '서양 오랑캐'에게 패배한 사건은 조선과 일본에 큰 충격을 주었고, 이를 계기로 동아시아 삼국은 대외적 위기감 속에서 서양 오랑캐의 침략을 막아낼 방안 마련에 노력했다. 조선, 중국, 일본 세 나라의 지식인들

아편전쟁

은 바다를 통해 이루어지는 서양 오랑캐의 침략에 효과적으로 대처하기 위한 방책으로 해안 방어를 강화하자는 '해방론'을 제기했다.[1]

제1차 중영전쟁(일명 아편전쟁) 이래 화이사상華夷思想에 근거한 중화적 질서 관념이 차츰 변화하기 시작했고, 우월한 무력을 지닌 새로운 서양의 해상 세력에 대한 방비책이 활발하게 논의되었다. 종래 북방 변경을 위협했던 유목민과는 질적으로 다른 해상세력들이 견고한 선박과 뛰어난 대포를 앞세워 중국의 해안에 등장함으로써 이에 대한 방비가 중요한 문제로 인식되었다.[2] 제1차 중영전쟁을 직접 겪은 중국 지식인들이 자신들의 경험을 토대로 서

『해국도지』 표지

양에 대한 다양한 지식을 담아 이른바 '해방서海防書'라 불리는 서적들을 간행하기 시작했다. 린저수[林則徐]의 『사주지四洲志』, 웨이유안[魏源]의 『경세문편經世文編』・『성무기聖武記』・『해국도지海國圖志』, 쉬지위[徐繼畬]의 『영환지략[瀛環志略]』 등이 그 대표적인 예다. 이들 서적은 서양의 역사・지리에 대한 구체적인 정보와 함께 전쟁 패배를 경험한 중국 지식인들의 반성이 담겨 있다는 점에서 서양에 대한 대비책 마련에 부심했던 조선과 일본의 지식인들에게 큰 영향을 주었다. 중국의 해방론을 대표하며 조선과 일본의 해방론에 가장 큰 영향을 끼친 서적은 웨이유안의 『해국도지』이다.[3]

---

1 바다로부터 침략해 오는 적에 대한 방비를 강조하는 해방론은, 육로를 통해 침입해 오던 북방 민족에 대한 방비를 중시하던 전통적인 '육방론' 혹은 '새방론'에 대비되는 개념이다. 이에 대해서는 최희재, 「1874~5년 해방・육방논의의 성격」『동양사학연구』 22, 1985 ; 「중화제국질서의 동요」『강좌 중국사 Ⅴ』, 지식산업사, 1989 참조.
2 최희재, 앞의 논문, 1985, 85~86쪽.
3 『해국도지』에 대해서는 李光麟, 「『海國圖志』의 韓國傳來와 그 影響」『(改訂版)韓國開化史研究』, 一潮閣, 1995 ; 원재연, 「『해국도지』 수용 전후의 여양론과 서양인식」『서세동점과 조선왕조의 대응』, 한들출판사, 2003 ; 李憲柱, 「병인양요 직전 姜瑋의 禦洋策」『韓國史研究』 124, 2004(a) ; 李憲柱, 『姜瑋의 開國論 研究』, 고려대학교 대학원 박사학위논문, 2004(b) ; 崔鎭旭, 『19세기 海防論 전개과정 연구』, 고려대학교 대학원 박사학위논문, 2008 참조.

웨이유안은『해국도지』에서 서양의 대포가 중국의 포보다 성능이 우수하다는 것을 인정하고 이들을 막아내려면 그들의 장점인 기술을 배워야 한다고 주장했다.[4] 특히 웨이유안은 자신의 견해를 권두의 주해편에서 적극적으로 피력했는데, 여기에 담긴 해방론이야말로『해국도지』의 중심사상이라 할 수 있다.[5]

그는 이 책의 서문에서 서양의 실상을 정확하게 파악하고 그들의 장점인 기술을 익힘으로써 궁극적으로 서양의 침략을 막아낼 수 있다고 하면서[6] 의수議守, 의전議戰, 의관議款이라는 세 가지 방책을 제시했다. 그는 지키고守, 싸우고戰, 화친하는款 세 가지 방법 가운데 가장 중요하고 또 우선해야 할 것이 지키는 것이라고 보았다. 이는 수비를 못하면 싸우는 것도, 화친하는 것도 불가능하기 때문이었다.[7] 이러한 어양책禦洋策은 대외관계의 방법론적 측면에서 보면 '의수'와 '의전'은 군사적 방법인 어적禦敵에, '의관'은 외교적 방법인 관적款敵에 속하는 방법론이다.[8]

'의수'란 서양의 침입을 효과적으로 방어하는 방법으로서 서양 선박이 큰 힘을 발휘할 수 있는 외양이나 해구를 피하고 적함을 좁고 얕은 곳으로 유인하여 기동성을 떨어뜨린 뒤, 사방에서 포위하여 수륙 양면으로 포격과 화공 등을 이용하여 공격하는 방법이었다.[9] '의전'은 '의수'보다 한층 공세적인 어양책으로서 서양 오랑캐의 원수를 활용하는 방법('이이공이以夷攻夷')과 오랑캐의 장점인 기술을 배워 오랑캐를 제어하는 방법('사이제이師夷制夷')이었다.[10] 즉 그는 영국이 꺼려하는 러시아·프랑스·미국 등 3개의 원수국과 네팔·미얀마·태국·베트남 등 중국 속국 네 나라가 영국을 '해공海攻' 혹은 '육공陸攻'하는 것을 '이이공이'의 예로, 또한 오랑캐와 화친을 맺은 이후 서양의 장기인 전함, 화기, 군대 양성 및 조련법 세 가지를 익혀서 양이를 제압하는 것을 '사이제이'의 예로 들었다.[11]

4 신승하, 「19세기 중국의 서양인식과 세계관의 변화」『19세기 중국사회─서양의 충격과 대응─』, 신서원, 2000, 35~38쪽.
5 李光麟, 앞의 논문, 1995, 3~4쪽.
6 魏源, 『海國圖志』, 「海國圖志敍」.
7 魏源, 『海國圖志』「籌海篇」1, '議守上'.
8 원재연, 앞의 논문, 2003, 289쪽.
9 李憲柱, 앞의 논문, 2004(b), 71쪽.
10 魏源, 『海國圖志』「籌海篇」1, '議守上'.

'의관'의 두 가지 방법은 서양 각국의 통상 요구를 들어 주어 조약을 체결하는 것과 우선 시장에서 아편鴉片의 유통을 허락하는 것 등을 들었다.[12] 이것은 수세적인 어양책으로서 서양의 도발을 군사적 방법으로 물리칠 수 없는 어쩔 수 없는 상황에서 조약을 체결한 후, 그들과 체결한 조약과 무역통상 관계를 어떻게 하면 서양을 물리치는 방향으로 연결할 수 있을 것인가를 논한 것이다.

웨이유안이 『해국도지』에서 제기한 해방론의 내용 중 하나인 '사이제이'의 논리가 펑귀이펀[曾國藩]에 의해 중체서용론으로 발전했고, 동치제同治帝(1861-1874)와 광서제光緖帝(1874-1908) 재위 시기 양무파洋務派 관료들에 의해 계승, 발전되면서 양무운동洋務運動을 이론적으로 뒷받침했다.[13]

한편 이 무렵 일본에서도 해방론이 제기되고 있었다. 18세기 후반 러시아를 비롯하여 영국 등의 선박이 나타나면서 이에 대비한 해방론이 제기되었다. 19세기에 들어 외국 선박이 일본 근해에 나타나 통상을 요구하자 막부는 1825년 서양 선박을 직접 공격하라는 '타불령'을 영국 선박을 비롯한 모든 외국 선박으로 확대했다.[14] 그러나 이 시기 해방론에서는 외국 선박의 도래 목적이 일본을 침략하려는 것이 아니라 '타불령'에 의해 통제 가능한 단순한 해적행위에 지나지 않는 것으로 인식했다.[15]

그러나 제1차 중영전쟁에서 중국이 패했다는 소식이 전해지자 상황은 급변했다. 서구 열강이 일본을 직접 군사적으로 침략할 가능성도 커졌기 때문에 에도 주변 해안선의 방어를 주요 목적으로 하는 막부의 해방론은 한계가 있었다. 이에 대응하여 1842년 11월 사쿠마 쇼잔[佐久間象山]이 「해방에 관한 번주 앞으로의 상서」를 통해 일본 전체의 안위를 염두에 둔 해방론을 제시했다.[16]

그는 오랑캐가 자연스럽게 마음으로 두려움을 느껴 일본을 넘보지 않도록 하는 것이 가장 좋은 책략이라며, 해방을 위해 일본 연안의 모든 전략지점에 방비시설을 구

---

11 魏源, 『海國圖志』 「籌海篇」 3, '議戰'.
12 魏源, 『海國圖志』 「籌海篇」 1, '議守上'.
13 신승하, 앞의 논문, 2000, 39~43쪽.
14 朴三憲, 「幕末維新期의 대외위기론」 『문화사학』 25, 2005, 86쪽.
15 朴三憲, 앞의 논문, 2005, 86~88쪽.
16 朴三憲, 앞의 논문, 2005, 89~90쪽.

축하는 것이 필요하며 그 가운데 가장 시급한 것으로 서양제 전함과 대포를 구비할 필요성을 제기하면서 특히 전함이 해방의 성공을 담보할 무비武備임을 강조했다. 또한 그는 막부가 서양식 포술砲術과 같은 서양의 기술을 독점하면서 진행하는 해방을 반대하면서 해방론을 진정으로 완성하려면 세상이 서양 여러 나라의 강성함과 그들이 보유하고 있는 기술의 탁월함을 상세히 알아야 한다고 강조했다. 결국 쇼잔은 19세기 중반의 대외적 위기 상황을 극복하는 과제가 신분이나 계급적인 차이를 뛰어넘어 일본의 모든 국민의 몫이 되어야 한다고 보았다. 이처럼 '국력 제일주의'가 그 골격인 그의 해방론이 자연스럽게 내셔널리즘의 논리로 귀결되어 가고 있음을 보여준다.[17]

이처럼 '양이攘夷'에 대비한 '국력 제일주의'에 골격을 둔 쇼잔의 해방론은 자연히 개국 후 수용할 서양 문물 가운데 군사적인 측면에 한정되었고 서양의 정치나 경제 제도 및 가치체계에 대한 고려는 찾아보기 어려웠다.[18] 자연스럽게 내셔널리즘의 논리로 귀결되어 간 쇼잔의 해방론은 그의 제자이며 존왕양이파였던 요시다 쇼인[吉田松陰]에 의해 적극적인 대외 팽창론으로 변화되었다. 그가 대외팽창의 대상으로 생각하고 있었던 근린지역 중 가장 중심적 위치를 점한 곳이 조선이었다. 이러한 쇼인의 논리는 이후 그의 문하생들에 의해 정한론으로 발현되었다.[19]

2) 조선의 해방론

조선에서의 해방론은 18세기 후반 안정복, 이덕무 등 실학자 등에게서 제기되었다. 이들은 해외 정세에 대한 무지와 무관심 그리고 해안 방어의 허술함을 지적하면서 만주족이나 일본의 침략에 대비한 변방 방어와 해방에 힘쓸 것을 주장하는 등[20] 이미 일

---

17 朴三憲, 앞의 논문, 2005, 90쪽 ; 丸山眞男,「幕末における變革―佐久間象山の場合」『忠誠と反逆―轉形期日本の精神史的位相―』, 筑摩書房, 1992, 117~122.

18 송석원,「사쿠마 쇼잔(佐久間象山)의 海防論과 대서양관」『韓國政治學會報』37집 5호, 2003, 42~45쪽.

19 朴三憲, 앞의 논문, 2005, 91~95쪽.

20 河宇鳳,「18세기 實學者의 日本觀」『朝鮮後期 實學者의 日本觀』, 一志社, 1989, 133~136쪽.

본이나 서양에 대한 경계의식이 형성되어 있었다. 19세기 들면서 서양 선박의 출몰이 잦아지면서 한치윤, 유득공, 정약용 등 여러 실학자들도 해방론을 주장했다. 이들 역시 해방의 구체적인 대상으로 일본을 상정하고 서양세력을 당장의 위협 요소로 생각하지는 않았지만 서양세력의 접근에 대한 비상한 관심과 이에 대한 대비책을 마련하고자 했다.

이러한 해방론이 서양세력을 적으로 상정하기 시작한 것은 중영전쟁의 소식이 전해진 19세기 중반 이후였다. 중영전쟁 이후 조선도 서양세력의 침략을 받을 가능성이 있다는 위기의식이 높아지면서 이들의 침입에 효과적으로 대처하기 위해 해안 방어를 강화해야 한다는 주장이 나타나기 시작했다. 또한 『해국도지』·『영환지략』 등 중국의 해방서가 국내에 전래되면서 지식인들 사이에 큰 영향을 미쳤다. 서양의 침입을 막는 방법으로 외교와 전쟁의 양면적 방법을 소개한 이 책에서는 서양의 침입을 막으려면 우선 서양에 대해 알아야 하고 서양의 장점인 기술을 배워야 한다는 것, 또 서양과의 전쟁에서는 해안선을 방어해야 한다는 것 등 해방사상이 제기되었다.[21]

중영전쟁 이후 대외적 위기의식이 높아지면서 다양한 대응론이 나타났지만, 그 내용은 동도東道에 대한 확고한 신뢰를 바탕으로 내수內修에 힘쓰며 천주교의 확산 방지에 힘쓴다는 수준을 벗어나지 못했다. 이러한 논의들은 서양의 물리적 침략에 대응할 현실적인 방책이 될 수 없다는 점에서 한계가 있었다. 특히 1860년 베이징 함락 소식은 중국이 서양 오랑캐를 잘 제어하고 있다고 믿고 있었던 조선에 큰 충격을 안겨주어 극도의 위기의식에 사로잡히게 했다.[22] 이때 제시된 서양에 대한 대표적인 방어책이 훈련천총 윤섭尹燮의 어이방략禦夷方略과 전 헌납獻納 박주운朴周雲이 올린 상소 등이다.

베이징 함락 직후인 1861년 윤섭은 어양책을 담은 상소에서 서양의 침략에 대한 해방책과 함께 중원에서 밀려난 청의 침략에 대비한 육방책을 제시했다.[23] 그가 상소한 방어론의 핵심은 서양의 장점인 뛰어난 대포와 함선을 무력화시키고 우리의 장점

21 河炳富, 「19세기 初·中葉의 海防論과 朴珪壽」 『全南史學』 7, 1993, 406쪽.
22 閔斗基, 「十九世紀 後半 朝鮮王朝의 對外危機意識」 『東方學志』 52, 1986, 269쪽.
23 金瀯, 「訓練千摠尹燮論禦夷方略」 『海上奇文』.

인 험준한 지세를 최대한 이용한다는 것으로 그 구체적 방책은 불리한 수전을 회피하고 육전을 유도하자는 전통적인 거험청야전술據險淸野戰術에 의한 지구전이었다.[24] 전헌납 박주운 역시 조선의 장점을 최대한 살린 거험청야전술에 의한 지구전을 방어책으로 제시했다.

여기에는 서양의 군사력을 가볍게 본 탓도 있지만 해안에서의 수전을 피하라는 중국 측의 권고도 한 몫을 했다. 1866년 프랑스가 자기나라 선교사를 처형한 대가로 조선을 침략할 것이라는 소문을 듣고 그 진상을 파악하려 간 주청사 일행에게 청은 '조선이 서양의 화륜선에 대적할 수 없으므로 수전을 삼가고 대신 산성 중심의 방어책을 강구하라'고 권고했던 것이다.[25]

그러나 1866년 제너럴 셔면호사건과 프랑스 군함의 양화진 침입 등 서양의 침략이 현실로 나타나면서 『해국도지』의 해방론을 수용한 보다 적극적인 방어책이 제기되었다.

강위姜瑋는 1866년 8월 프랑스 군함의 양화진 침입이 있은 뒤 강화도 현지를 답사하고 서양오랑캐의 침범에 대한 방어대책을 담은 「청권설민보증수강방소請勸設民堡增修江防疏」를 지었다.[26] 강위가 이 상소에서 제시한 해방론은 재래의 해방론과는 완전히 다른 전술개념으로서 바다로부터 침입해 오는 적을 내하 깊숙이 끌어들여 격파하는 전술, 즉 '강방江防'이었다. 그가 강방을 제시한데는 불과 한 달 전에 벌어진 제너럴셔면호 사건에서 검증된 전술이라는 점도 작용했다. 대동강에 침입한 제너럴셔면호를 화공과 포격으로 격침시킨 경험은 「주해편」의 전술을 상당히 신뢰할 만한 것으로 간주하게끔 만들기에 충분했기 때문이다.[27]

즉 강방의 구체적 방안으로 우선 물에 익숙한 수졸水卒과 헤엄 잘 치는 어부漁夫를 경강으로 모으자는 것은 『해국도지』의 '연수용練水勇'에서 착안한 것이었고, 물속에 말뚝을 박아 내하로 침입한 적선의 기동성을 떨어뜨려 공격하려 한 점이나 함포를 이

---

24 노대환,『동도서기론 형성 과정 연구』, 2005, 200쪽.
25 연갑수, 「병인양요 이후 수도권 방비의 강화」『서울학연구』 8, 1997, 61~64쪽 참조.
26 李重夏, 「本傳」『姜瑋全集(上)』, 아세아문화사, 1978, 372쪽.
27 李憲柱, 앞의 논문, 2004(a), 125쪽.

352 한국군사사 - 군사사상

용하고 땔나무를 쌓은 뗏목으로 화공하려 한 점 그리고 한강 양안에 세운 모래 돈대에 대포를 배치하여 적을 공격하는 방법 등은 『해국도지』에서 언급된 내용이었다.

한편, 대원군 집권기 군무를 주관했던 신헌申櫶 역시 해방책으로 내수어양책內修御洋策을 제시하고 실천했다. 그는 서양 대포가 바다나 평지에서만 효과가 있고 산성에서는 쓸 수 없기 때문에 산성을 거점으로 방어해야만 한다고 하면서, 서울로 들어오는 인천·부평·김포·통진·남양 등 5곳의 길목에 진지를 쌓아 정예한 포수를 주둔시키고 연안 각지에 민보民堡를 설치하여 해방을 강화할 것을 주장했다.[28] 또한 신헌은 『해국도지』를 이용하여 훈련도감에서 한강을 거슬러 올라오는 침략선에 대비하여 서양식 무기인 수뢰포를 제작하기도 했다.[29]

이처럼 개항 직전 해방론은 『해국도지』의 전술을 수용했다는 점에서는 분명 진전된 것이지만, 기본적으로 수전을 포기한 상태에서 적의 해안 상륙을 일차 저지하고 이것이 여의치 않으면 내지로 끌어들여 대적한다는 전술이었다. 비록 수뢰포 등의 서양식 무기가 제조되기도 했지만 이들 해방론은 무비武備의 근대화가 배제된 채 전술 운용의 변화를 꾀한 것이기 때문에 근대적 무기로 무장한 서양세력을 물리치는 데는 실효를 거두기 어려웠다.

2. 개항 후 부국강병론과 군사근대화

1) 부국강병책과 정병론

개항 이후 조선 정부는 일본에 비해 군사력이 절대적으로 열세라는 사실, 서구열강에게 조선의 군사력이 빈약하다는 사실이 알려질 경우 외압이 더욱 심해질 것이라는 우려와[30] 함께 임오군란을 겪으면서 국왕에게 절대 충성할 수 있는 군대의 양성 등이

---

28 주 25)와 같음.
29 수뢰포 제작에 대해서는 연갑수, 『대원군집권기 부국강병정책 연구』, 서울대학교출판부, 2001, 185~194쪽 참조.

절실해졌다. 또한 조선을 속국화하려는 청과 조선을 대륙침략의 발판으로 삼으려는 일본이 각축하면서 대외적 위기의식은 더욱 높아졌다. 이런 상황에서 조선의 국가정책의 목표는 당연 부국강병이었다. 고종은 "부국富國은 강병強兵에 있고, 강병은 족식足食에 있다."라고[31] 하며 부국을 위해서 먼저 강병을 이루어야 함을 강조했다. 따라서 국가적 과제는 근대적 국방체제를 확립하여 외침을 방어해야 하는 것이었다. 이를 위해 조선 정부는 청·일 양국간의 균세均勢를 조정하면서 모병제에 기초한 정병 정책을 적극 추진했다.

조선 정부는 조선군의 정병화를 위해 청의 모병제를 채택했다. 여기에는 1884년 정변 이후 조선의 군제가 청군식 친군체제로 통일된 청의 영향력이 크게 작용했고 이에 대한 조선 측의 긍정적 인식도 함께 했다. 즉 1883년 12월 20일자 『한성순보』에서는 "근일 중국에서는 민병을 모집해서 방어에 종사하고 있다. 이들 민병은 매우 용맹하다. 무기는 모두 서양식으로 정교하고 훌륭하며 대포는 거의가 신식이다. 훈련법도 양제洋制이다. … 중국의 근래 군병은 조련이 잘 되어 군사들이 모두 정예하여 이전에 비해 크게 달라졌다. 무기도 모두 상급에 속한다. 프랑스가 만일 중국과 전쟁을 한다면 마음대로 하기가 어려울 것이다."라고[32] 했듯이 청의 모병제를 긍정적으로 평가했다. 당시 개화파 역시 정병론을 긍정적으로 인식했다. 이들은 육군조직체계나 훈련방식 면에서 일본 군제를 받아들였지만 병역제도 면에서는 징병제인 일본 군제를 수용하지 않고 모병제에 의거한 소수정예의 상비군체제를 지향했다.[33]

또한 고종이 정병육성의 방안으로 중시한 것은 직접 군사훈련을 주관하여 훈련 상태를 점검하고 시상하는 방식이었다.[34] 고종은 중앙군은 물론 심지어 평양감영에서 선발한 군대나 강화진무영의 군사 등 지방군까지도 상경시켜 조련을 직접 주관하고 시상했다.

이 시기 정병론의 핵심은 우수한 장교의 지휘 아래 일사분란한 명령체계를 확립하

30 『高宗實錄』, 高宗 13年 2月 6日.
31 『承政院日記』, 高宗 23年 3月 26日.
32 『漢城旬報』, 1883年 11月 21日.
33 차선혜, 「1884년 정령의 군제 개혁구상과 성격」『역사와 현실』 30, 1998, 139~140쪽.
34 玄光浩, 『大韓帝國의 對外政策』, 신서원, 2002, 190쪽.

는데 있었다. 이러한 정병론의 연장선상에서 설립된 일종의 사관학교가 연무공원이었다. 연무공원은 다이William M. Dye 등 4명의 미국교관이 훈련을 담당했다. 그러나 연무공원은 1년 뒤 2명의 교관이 재정문제로 해고되어 2명의 교관이 훈련을 담당하게 됨으로써 큰 성과를 거두지 못했다.[35]

또한 고종은 정병육성을 위해 정밀하고 예리한 무기가 필요하다고 인식하고 신식무기의 제조를 추진했다. 즉 기기국을 설치하여 무기제조를 주관하게 하고 기기창을 확장하여 신식무기의 대량생산을 계획했다. 그러나 기기창은 정부의 무분별한 무기도입, 청의 지원 축소 등으로 그 기능을 발휘할 수 없

한성순보

었다.[36] 더구나 조선에 수입된 총기마저도 총기수출국이 낙후된 것을 판매했기 때문에 실제 군사력증강에 크게 기여하지 못했다.

모병제에 의거한 정예병 양성에는 무엇보다 풍부한 재정이 뒷받침돼야 했다. 용병은 그 속성상 충분한 급료가 지불되지 않을 경우 기강이 이완될 가능성이 많았다. 그런데 조선 정부는 재정부족으로 급료를 재 때 지급할 수 없었고 이 때문에 정상적인 급료를 받지 못한 용병들이 군율을 어기고 빈번히 군영을 이탈하는 현상이 속출했다. 조선 정부에서는 군비문제를 해결하려고 내적으로 둔전제를 검토하기도 했다. 둔전제는 과거 군사부문의 지출로 인한 국가재정의 압박을 완화할 목적으로 등장한 제도였다.[37] 그러나 이 역시 논의만 있었을 뿐 실현되지 못했고 결국 이 문제는 전국 각지에서 군대 규모를 축소하여 용병의 급료를 보전하는 대신 군사정원을 감축하는 편법으

35 李光麟,「美國軍事敎官의 招聘과 鍊武公院」『震壇學報』28, 1965, 35~36쪽.
36 金正起,「1880年代 機器局·機器廠의 設置」『韓國學報』10, 1978, 117쪽.
37 白壽寅,『中國軍事制度史』, 국방군사연구소, 1998, 337~338쪽 참조.

로 해결하고자 했다.

이와 같이 개항 후 조선 정부는 청·일 양국간의 균세를 조정하면서 용병제의 틀 안에서 군사력증강을 추진했고 그 전제가 소수정예의 상비군체제인 정병론이었다. 이 정병론은 우수한 장교를 양성하여 이들의 지휘 아래 소수정예의 용병을 육성하자는 것이었다. 그런데 용병들의 주된 임무는 내란진압과 치안유지에 있었다. 용병들이 민란을 효과적으로 진압하지 못한다면 외세의 개입은 필연적이었기 때문이다. 그러나 조선은 근대적 장교육성의 실패, 신식무기 제조의 좌절, 재정부족 등으로 정예군을 창출하지 못했다. 즉 조선군은 중앙군과 지방군을 막론하고 정예화의 성과를 거두지 못했다.[38] 또한 조선 정부의 정병론이 실패한데는 이런 내적인 원인뿐만 아니라 조선을 속방화 내지는 보호국화하려는 청과 일본의 간섭도 주요한 원인 가운데 하나였다.

2) 군사근대화와 군제개편

개항 이후 조선 정부의 당면과제는 무엇보다 부국강병, 그 가운데서도 무비武備의 근대화였다. 두 차례에 걸쳐 서양 세력의 강화도 침공을 겪은 데다 운요호 사건과 조일수호조규 체결 과정에서 경험한 일본의 군사력은 예상을 뛰어넘는 놀라운 수준이었기 때문이다. 고종이 일본에서 돌아온 수신사 김기수에게 전선電線, 화륜선, 농기계 등 일본의 근대문물 외에 일본군이 사용하는 무기의 성능, 총의 크기, 병력 수 등 일본의 군사력과 병기의 성능에 관해 질문했듯이[39] 고종은 근대적 무기의 생산과 도입에 높은 관심을 보였다.

고종의 부국강병 정책은 1880년 말부터 본격화되었다. 그해 12월 근대적 개혁의 전담기구로 통리기무아문을 설치한 조선 정부는 군사근대화를 위해 1881년 조사시찰단의 일본 파견과 교련병대(별기군)의 창설, 영선사의 청국 파견 등 청국과 일본을 통한 근대적 군사 기술과 정보 수집에 노력했다.

조선 정부는 1881년 4월 초부터 윤7월까지 약 4개월 동안 일본에 조사시찰단을

---

38 玄光浩, 앞의 책, 2002, 200쪽.
39 『承政院日記』, 高宗 13年 6月 1日.

파견하여 메이지 일본의 문물제도를 견문하고 시찰케 하는 한편, 근대화된 일본의 무기 체계와 군제를 시찰하고, 화학, 공업 등 무기개발에 필요한 기술을 배우게 했다. 뿐만 아니라 이들은 일본의 대만 출병과 유구琉球 병합 등과 관련된 사태의 전말을 소상히 파악하고, 청·일 양국의 군비 실태를 살필 수 있는 기회를 가짐으로써 국방정책의 수립과 대외관계 설정에 필요한 중요한 정보를 획득했다.[40]

또한 조선 정부는 신식 군기軍器 제조법을 익히려고 그 가능성을 청국에 자문을 보내 의논했다. 그 내용은 군기 제조와 무기 구입, 연병練兵 등에 관한 구체적인 방법이었고 그 골자는 화약·탄약 제조를 중심으로 군기 제조를 위해 38명의 조선 유학생을 보내어 톈진기기국[天津機器局]에서 교육시킨다는 것, 기존 1만의 서울 병력을 3만으로 증원함과 함께 마병 3,000명, 포병 3,000명, 보병 24,000명으로 구분하여 무장시키고 무기의 조련을 위해 변병弁兵 수십 명을 톈진 창포대鎗砲隊에 배속시키는 한편 수뢰水雷·전기電機 학습도 병행시킨다는 것이었다.[41]

이에 따라 조선 정부는 1881년 김윤식을 영선사로 삼고 유학생 38명 등 총 69명의 정식 인원과 개인이 동반한 수종 14명을 파견했다. 이들은 군계학조사軍械學造事라는 중요한 임무를 띠고 파견되었지만 소기의 목적을 달성하지 못한 채 1년여 만에 전원 철수하고 말았다. 그러나 영선사행은 1883년 3월 톈진에 있었던 종사관 김명균金明均이 4명의 톈진 공장工匠을 데리고 귀국하여 삼청동 북창에 처음으로 기기창機器廠을 창건하는 기초가 되었다.[42]

이와 함께 조선 정부는 군제 개편을 추진하여 신식 군대인 교련병대를 창설하고 종래 5군영을 양영제兩營制로 개편했다.

조선 정부는 원래 청국의 군사교관을 초빙하여 근대식 군사 교육을 할 계획이었으나[43] 고종은 일본인 교관을 초빙하여 신식군대를 훈련시키는 것으로 방향을 바꿨다. 여기에는 청국에 일방적으로 의존하기보다는 자주적인 국방 강화를 모색하려 했던

---

40 裵亢燮, 『19世紀 朝鮮의 軍事制度 研究』, 국학자료원, 2002, 159~160쪽.
41 權錫奉, 「청국유학생(영선사)의 파견」 『한국사 38-개화와 수구의 갈등-』, 국사편찬위원회, 1999, 125~127쪽.
42 權錫奉, 『淸末 對朝鮮政策史研究』, 一潮閣, 1997, 184쪽.
43 崔炳鈺, 『開化期의 軍事政策研究』, 경인문화사, 2000, 159~161쪽.

기기국 번사창
근대 무기를 제작하던 기기국 소속의 번사창 건물로 1884년 지어졌다.

고종의 의도,[44] 청·일 양국의 무기를 비교해 본 결과 청국보다 일본의 무기가 더 우수하다는 판단, 그리고 일본군 호리모토 레이조[堀本禮造]를 활용할 경우 군사교관 초빙에 따른 예산과 시간을 절약하고 즉시 훈련을 실시할 수 있다는 장점 등이 크게 고려되었기 때문이다.[45] 이렇게 하여 일본공사관 소속 육군 소위 호리모토가 교관으로 초빙되어, 4월 12일(5월 9일)부터 모화관을 임시교장으로 삼아 5군영에서 선발한 병력 80명의 훈련에 돌입했다.[46] 교련병대는 1882년 6월 임오군란이 일어나자 창설된 지 1년 2개월 만에 해체되었다.[47]

고종은 1881년 11월 종래 5군영이었던 중앙군을 양영제로 개편했다.[48] 이에 따라

---

44 裵亢燮, 앞의 책, 2002, 170~171쪽.
45 崔炳鈺, 앞의 책, 2000, 163~168쪽.
46 裵亢燮, 앞의 책, 2002, 175~176쪽.
47 그러나 1882년 8월 10일(9월 21일) 교련병대 소속 병력을 총융청에 소속시켜 총융사의 지휘 아래 이전과 같이 훈련하라는 지시가 내려지고 있어 실제로는 완전히 해체되었다고 보기는 어렵다 (崔炳鈺, 앞의 책, 2000, 175~176쪽).

무위소·훈련도감·용호영·호위청扈衛廳을 합하여 무위영武衛營으로, 금위영·어영청·총융청을 합하여 장어영壯禦營으로 개칭되었다.

조선 정부가 의욕적으로 추진한 교련병대 등 근대적 군사교육은 국민적 통합과 재정적 뒷받침이 수반되지 못한 한계가 있었고, 특히 교련병대는 군비강화에 도움을 주기보다는 차별대우에 따른 구식군인들의 분노를 폭발시켜 임오군란의 원인이 되었다.[49]

임오군란 이후 조선의 중앙군은 사실상 와해된 상태였기 때문에 군대 재건은 물론 국왕에게 절대 충성할 수 있는 군대양성이 시급한 과제였다. 군대정비에 대한 고종의 의중과 조선군의 재건에 적극 간여하여 일본 및 러시아를 견제하고 나아가 조선 군대를 자기나라의 영향력 아래 두려는 청국의 의도가 맞물리면서 급속히 진행되었다. 조선군의 부대 편성과 군사 훈련을 의뢰받은 위안스카이[袁世凱]는 1882년 10월 조선 군대를 500명씩 2개부대로 편성하여 친군좌·우영으로 개편했다.

그러나 임오군란 이후 청국의 지나친 내정간섭과 청국식 군제 개편에 불만을 품은 고종은 개화파인 박영효朴泳孝·윤웅렬尹雄烈을 통해 일본식 신식 군대를 양성하려고 했다.[50] 광주부 유수로 부임한 박영효는 수어사를 겸직하면서 신병 100명을 모집하여 일본식으로 군사훈련을 시켰고,[51] 남병사南兵使로 부임한 윤웅렬도 북청에서 병사들을 모아 470여 명 규모의 일본식 훈련을 받은 신식군대를 양성했다.[52] 고종은 이렇게 일본식 군사훈련을 받은 이들 병력도 친군으로 편제하여, 남한산성에서 온 병력을 위해 새로 설치한 교련소를 '친군전영親軍前營'으로[53] 그리고 1884년 7월 평창의 연융대鍊戎臺에 주둔하고 있는 부대를 경복궁 옆으로 옮겨 친군후영으로 개칭했다.[54] 따라서 친군 전·후영은 친군 좌·우영과 달리 일본식 색채가 짙은 부대였다.

48 『承政院日記』, 高宗 18年 11月 24日.
49 裵亢燮, 앞의 책, 2002, 178쪽.
50 박은숙, 『갑신정변 연구』, 역사비평사, 2005, 58쪽.
51 『漢城旬報』, 1883年 10月 21日.
52 박은숙, 앞의 책, 2005, 59쪽.
53 『承政院日記』, 高宗 20年 10月 23日.
54 『日省錄』, 高宗 21年 7月 22日.

박영효

　이렇게 하여 조선후기 이래 중앙군의 골격을 이루어 오던 5군영체제는 완전히 무너지고 전·후·좌·우영과 친군영으로 구성된 친군 5영체제가 성립되었다. 친군 각영은 모두 청국식 혹은 일본식의 근대적 훈련을 받았다는 점에서는 분명 기존 군영에 비해 진일보한 제도였다. 또 복색을 통일시키고 조련국操鍊局을 설치하여 군사훈련 면에서도 일원화를 꾀했기 때문에 친군 각영은 외형적으로 통일성이 높아졌다. 그러나 친군영 안에는 청국식 훈련을 받은 부대와 일본식 훈련을 받은 부대로 나뉘어져 있어, 양자 간에 전장에서 서로 총부리를 겨눌지도 모른다는 의견이 나올 정도로 갈등과 대립이 심각한 상태였다.[55] 게다가 친군 각영은 국왕 호위를 주요 목적으로 하여 설치되었던 만큼 근본적으로 국가 방위와 거리가 먼 군사제도의 개편이었다.[56]

　갑신정변을 무력으로 진압한 이후 청국의 간섭이 심화되는 가운데 고종은 정변으로 흐트러진 민심을 수습하고 도성방어를 위한 군비 재정비를 위해 1884년 11월 7일(12월 23일)에 4영에 나뉘어 배속되었던 금위영과 어영청 병사들을 따로 모아 새로이 '친군별영親軍別營'을 창설하고,[57] 이듬해 3월에는 마군소馬軍所를 용호영龍虎營으로 개칭하여 복설하는 조치를 취했다.[58] 용호영의 복설은 1884년 8월의 군제변통에 따라 발생한 금군禁軍의 약화를 해소하고 청국의 지나친 간섭에 대해 반발하며 신변의 안전을 확보하려는 의도였다.[59] 이처럼 고종은 청국의 내정간섭이 강화되는 속에서 국정운영권을 회복하고자 하는 의도에서 전통적인 조선군의 후신으로 다른 4영에 비하여 청·일의 영향력이 약했던 친군별영을 중심으로 병권을 적극적으로 장악하고자 했다.

55 裵亢燮, 앞의 책, 2002, 209~211쪽.

56 崔炳鈺, 앞의 책, 2000, 219쪽.

57 裵亢燮, 앞의 책, 2002, 215쪽.

58 『高宗實錄』, 高宗 22年 3月 6日.

59 裵亢燮, 앞의 책, 2002, 222쪽.

　1888년에 들어서 고종은 친군 5영을 통위영·장위영·총어영의 3군영으로 개편하는 한편 1891년 2월에는 1884년 8월 군제 개편 당시 친군 4영에 나누어 배속되어 해체되었던 총융청의 병력을 빼어내어 경리청經理廳을 다시 설치했다.[60] 이에 따라 도성방위를 담당하는 군영은 통위영, 장위영, 총어영 3군영과 궁궐숙위를 전담하는 용호영, 북한산성을 담당하는 경리청으로 변화했다.[61] 1892년에는 용호영, 총어영과 함께 경리청에도 '친군' 칭호를 붙이게 함으로써[62] 중앙군영은 사실상 임오군란 이전의 편제와 유사하게 5영으로 복구되어[63] 갑오개혁까지 큰 변화없이 유지되었다.

　이렇게 고종은 임오군란과 갑신정변을 겪은 이후 대외방어보다는 신변의 안전을 우선시했다. 즉위 직후부터 자신의 왕위에 위협을 느끼고 있었던 고종은 임오군란과 갑신정변 이후 군사력을 국왕인 자신을 보호하기 위해 필요한 것으로 파악하고 있었다. 때문에 해안이나 국경지역 등의 국토방위에는 별다른 신경을 쓰지 않았다. 그래

---

60 『高宗實錄』, 高宗 28年 2月 27日.
61 裵亢燮, 앞의 책, 2002, 269쪽.
62 『高宗實錄』, 高宗 29年 9月 17日.
63 裵亢燮, 앞의 책, 2002, 269쪽 ; 崔炳鈺, 앞의 책, 2000, 248쪽.

서 개항 이후 고종의 군비 강화 정책은 시종일관 숙위군宿衛軍의 강화에 집중될 수밖에 없었다.[64] 또 군제는 친군영 체제로 개편되었지만 그 내실 면에서는 이전 시기의 군영과 다를 바가 없어 중앙과 지방을 막론하고 군비가 제대로 갖춰지지 못하여 사실상 군사력의 강화는 불가능했다.

3. 반청정책과 자주적 국방의 좌절

1) 반청 자주적 국방책의 추구

개항 이후 국제정세에 대한 이해가 깊어지면서 당시의 국제질서를 사대교린관계로 파악하던 인식에서 벗어나기 시작하면서 고종은 청과의 사대관계를 개편하려고 시도했다. 고종은 1882년 2월 어윤중과 이조연을 리훙장李鴻章에게 보내어 '통상장정의 체결, 사신의 북경주재, 평안도와 함경도의 개시開市 및 그에 따른 접대 폐기, 사대 의례를 위한 사신 파견 폐지'를 요구했다.[65] 고종의 시도는 사대관계의 폐지가 아니라 청원의 형태를 띤다는 점에서 한계가 있지만 구래의 사대관계를 '만국공법'적 관계로 바꾸려는 의지였다.[66]

그러나 고종의 이러한 의도는 임오군란 당시 조선에 군대를 파견한 청국에 의해 좌절되었다. 청국이 조선에 군대를 파견한 목적은 무력과 외교를 적절히 구사하여 일본의 개입을 방지하면서 조선을 속국화하려는데 있었다. 조선에 직접 개입할 기회를 노리고 있던 청국에게 때마침 발생한 임오군란은 좋은 기회를 제공했다. 청국은 이를 기화로 적극적으로 개입하여 조선을 자신의 세력 내로 완전히 끌어들임으로써 의례적이던 조공관계를 근대적인 식민지 관계로 전환하려 했다.[67]

---

64 崔炳鈺, 앞의 책, 2000, 260~261쪽.
65 『高宗實錄』, 高宗 19年 2月 17日.
66 李炳天, 『개항기 외국상인의 침입과 한국상인의 대립』, 서울대 경제학과 박사학위논문, 1895, 25~27쪽.
67 임오군란 이후 청국의 조선 지배방식의 변화 모습에 대해서는 具仙姬, 앞의 책 참조.

임오군란이 진압된 이후 조선의 중앙군은 사실상 와해된 상태였기 때문에 고종은 임오군란 직후 정치개혁 방안으로 「선후사의육조善後事宜六條」를 작성했는데 그 세 번째 조항이 군제 정비와 관련된 '정군제整軍制'였다. 이에 대해 청국은 큰 관심을 보이며, 조선군의 청국식 훈련을 위해 청국 교관의 파견이 가능하다는 등 조선 군제에 영향력을 행사하려는 의지를 표명하며,[68] 조선 정부의 군대재건 문제에도 적극적으로 개입하기 시작했다. 군제 정비에 대한 고종의 의중과 조선군을 청국의 영향력 아래 두려 했던 청국의 의도가 맞물리면서 군제 개편은 급속히 실현되어 청군의 지도로 1882년 10월 그동안 조선의 중심병력이었던 훈련도감은 임오군란의 진원으로 지목되어 혁파되고 청국식 군제인 친군 좌·우영이 신설되었다. 청국의 이러한 움직임은 단순히 조선군의 양성을 위한 것이 아니라 일본 및 러시아를 견제하고 더 나아가 조선의 군대를 자신의 영향력 아래에 두려는 목적에서 추진되었던 것이다.[69]

한편, 고종과 신료들 사이에서 청국의 지나친 내정간섭에 대한 반감이 차츰 높아지고 있었다. 청국식 군제 개편에 불만을 품은 고종은 광주유수로 부임한 박영효에게 신병 100명을 모집하여 일본식으로 군사훈련을 시켰고, 남병사로 부임한 윤웅렬도 북청에서 병사를 모아 일본식 훈련을 받는 신식군대를 양성했다.[70] 또한 고종이 1883년 여름 미국공사를 만나 병사들의 훈련을 위해 군사교관의 파견을 요청한 것도 청국의 지나친 내정 간섭에 대한 반발에서 나온 것이었다.[71]

고종의 이러한 반청 노선은 임오군란 이후 조선의 연해를 자국의 지배 아래 두려던 청의 '해방대담海防代擔'에 맞선 기연해방영畿沿海防營 창설에서 뚜렷이 드러났다. 당시 조선 속국화 정책을 추진하고 있던 청은 자국 방어를 위해 조선의 해방권을 탈취해야 한다는 조선연해해방론을 전면에 내세우고 있었다. 인천 연해지방의 방비를 강화하려는 기연해방영의 설치는 이러한 청의 의도를 저지하기 위한 것이었다.

고종은 1883년 12월 5일 경기도 연해지방을 방어할 병사와 포군의 훈련을 관장할

---

68 具仙姬, 위의 책, 1999, 65~72쪽.
69 崔炳鈺, 앞의 책, 2000, 203~207쪽.
70 박은숙, 앞의 책, 2005, 59쪽.
71 『尹致昊日記』, 1883年 12月 18·21日.

목적으로 민영목閔泳穆을 총관기연해방사무總管畿沿海防事務로 임명하고 이듬해 1월 부평에 기연해방영을 설치했다. 청국과 프랑스 사이에 전쟁이 일어나면 청군이 틀림없이 조선 연해에 주둔할 것으로 예상했던 고종은 군사를 인천에 집결시키고 미국 기함의 교사를 초빙하여 훈련시켜 만약의 사태에 대비하고자 했다.[72] 이 무렵 일본은 임오군란 후 조선이 배상금으로 지불한 50만 중 40만원을 돌려보내 주면서 조선의 강병책을 위한 자금으로 쓸 것을 당부했다.[73] 이는 일본이 조선 안의 반청세력에게 힘을 실어주려는 의도였다.

그러나 고종의 이러한 의도는 갑신정변이 발발하고 정변의 진압과 함께 친청세력이 강화됨으로써 좌절하고 말았다. 갑신정변 후 기연해방영은 일반 군영과 같이 격이 낮아지고 군사력도 대폭 감축되었다. 그리고 반청성향이 농후하던 친군전·후영의 군제를 청국식의 군사제도를 따르고 있던 친군좌·우영의 예를 따르도록 했다. 또한 톈진조약에 따라 1885년 청군과 일본군의 공동 철군이 이루어지자마자 인천에 북양함대 3척을 배치했다.[74] 조선에서 일본의 영향력 역시 크게 후퇴했다.

1885년 새로 위안스카이가 부임하면서 청의 내정간섭은 더욱 강화되었다. 그는 1886년 7월 「조선대국론朝鮮大國論」을 조선 정부에 보내 조선이 청의 외교에 의지해야 한다는 점 등을 강조하고 그렇지 않을 경우 청이 직접 군사를 이끌고 조선을 침략할 것이라며 노골적으로 협박했다.[75] 이처럼 청국의 지나친 간섭과 이에 대한 고종의 반발로 조·청의 갈등이 고조되고 있었던 상황에서 '제2차 조러밀약 사건'이 발생했다. 당시 고종은 러시아를 끌어들여 청을 견제하려는 인아거청책引俄拒淸策을 은밀히 추진하다가 발각된 것이다.[76] 위안스카이는 이 사건을 구실로 1886년 7월 반청적인 고종을 폐위시키고 대신 국왕의 조카인 이준용李埈鎔을 세자로 옹립하고 대원군이 섭정하도록 한다는 '고종폐위음모'를 계획했을 정도로 고종을 노골적으

---

72 『尹致昊日記』, 1883年 12月 4日.
73 『高宗實錄』, 高宗 21年 9月 15日.
74 金正起, 앞의 논문, 1994, 131~132쪽.
75 『高宗實錄』, 高宗 23年 7月 29日.
76 제1·2차 조러밀약과 이에 대한 조·청간의 움직임에 대해서는 具仙喜, 「갑신정변직후 反淸政策과 청의 袁世凱 파견」『史學研究』51, 1996 참조.

로 협박했다.[77]

2) 해군 창설과 반청 노선의 좌절

1880년대 조선은 청·일간의 세력균형을 조정해 가면서 강병책을 강구했지만 청·일 양국은 오히려 조선 정부의 강병책에 기생하여 자국의 세력을 조선에 부식하려고 경쟁적인 노력을 기울였다.[78] 이것은 조선의 개항을 계기로 청의 조선속국화 정책과 일본의 대륙정책이 한반도에서 대립상태를 형성하게 된 원인이었다. 즉 청이 조선의 허약한 해방력을 대신 담당하고 그대신 조선의 국방력 강화를 위해 군사유학생의 파견을 종용한데 반해 일본은 자신들이 동양에서 제일 우수한 해군력을 보유한 국가임을 강조하고 조선이 해군력을 강화하려면 일본을 그 모델로 삼을 것을 주장했다. 일본의 의도는 조선의 국방력강화라는 구실을 이용하여 조선 연해에 그들의 군함을 주둔시키고 부산과 절영도를 군사기지화하려던 속셈이었다.[79]

임오군란 이후 조선이 청과 조청상민수륙무역장정을 맺으면서 조선의 해방은 사실상 청이 대신 담당하게 되었다. 청은 1882년 체결한 조청상민수륙무역장정 제7조에 '청의 병선이 조선 해안을 경비하다가 필요시 조선 항구에 정박하게 되면 대외적인 면에서 열강의 해방도발을 막고 내적인 면에서는 해적의 준동을 억제할 수 있다'고 하면서 조선해방대담朝鮮海防代擔을 규정했다.[80] 청의 해방대담이란 당시 근대적 군함을 한 척도 보유하고 있지 못하고 국가 재정상 수군을 조직하기도 어려운 사정을 구실로 조선의 해양방위를 청의 해군에게 위임한 것이다. 그러나 이것은 조선에 대한 실질적인 종주권 행사를 강화하는 한편, 일본의 군사력 침투를 한반도에서 차단하려는 청의 군사전략이기도 했다. 따라서 조선의 입장에서는 도둑을 지키려고 이리를 기르는 격이 되어 청에게 정치적·경제적·군사적 지배를 받게 되었다.[81] 고종이 1883년

---

77 裵亢燮, 앞의 책, 2002, 233쪽.
78 金正起, 앞의 논문, 1978, 99쪽.
79 張學根, 「舊韓末 海洋防衛政策」『史學志』18, 1986, 94~95쪽.
80 『高宗實錄』, 高宗 19年 10月 17日.
81 張學根, 앞의 논문, 104쪽.

강화 진해루 터 우물(인천 강화)

12월 부평에 기연해방영을 설치하고 장차 근대적 해군 창설을 꾀한 것도 이 때문이었다.

고종의 자주적 해방책 추구는 갑신정변으로 좌절되었지만 해군을 창설하려는 노력은 재개되었다. 고종은 1893년 1월 연해 요충지의 방비가 소홀하다는 이유로 청주에 있던 통어영을 남양부로 옮겨 해연총제영海沿總制營을 설치하고[82] 3월에는 근대적인 해군을 육성할 목적으로 강화도 갑곳에 있던 진해루鎭海樓에 해군학교를 설치했다. 이런 일련의 움직임은 장차 근대적 해군의 창설을 목적으로 하고 있었다.

조선 정부의 근대적 해군 창설 계획은 해연총제영을 설치하기 전부터 있었다. 1892년 12월 조선 정부는 경기 연해 어딘가에 장소를 정하여 수 군 몇 개 소대를 훈련시킬 계획을 세우고 이에 필요한 교관을 영국총영사를 통해 요청했다. 이 계획은 영국 정부에서 별다른 대답이 없어 차일피일 미루어지자 조선 정부는 해연총제영을 설치한 후 영국총영사에게, 해방학당 혹은 해군학당을 세워 학도를 선발한 후 대포와 수뢰 기술의 교육, 윤선 1척의 구입 그리고 해군교관이 도착하기 전까지 영어교사를 고빙한 사전 영어교육 등의 계획을 설명하고 교관 파견을 독촉했다. 이처럼 해연총제영 및 총제영학당의 설치는 해군사관을 양성하고 군함을 구입하여 근대적인 해군을 육성하기 위한 것이었다.[83]

영국 정부는 조선 정부가 수차례 독촉한 다음에야 군함 판매에 대해서는 거론하지 않고 군사교관 2명을 파견했고 이들은 1894년 4월 조선에 도착했다. 이들이 조선

---

82 『高宗實錄』, 高宗 30年 1月 26日.
83 裵亢燮, 앞의 책, 2002, 275쪽.

에 도착한 시기는 동학농민항쟁이 일어나 정국이 매우 어수선한 시기였다. 이를 반영하듯이 1893년 9월부터 각도에서 17세 이상 23세 이하의 건장한 청년들을 대상으로 수병과 생도를 모집하여 300명을 모집했으나 영국교관이 강화도에 도착할 무렵에는 겨우 160명만이 남아 있었지만[84] 곧 이은 청일전쟁의 발발로 군사교육은 효과적으로 이루어지지 못했다.

10년 전의 기연해방영이 갑신정변 직후 청의 간섭으로 즉각 좌절된 것과 마찬가지로 이번에는 해연총제영은 일본에 의해 경복궁이 점령된 다음날인 1894년 6월 22일 제일 먼저 폐지되었다.[85] 이후 총제영학당의 교육생들 가운데 일부는 농민군 진압에 투입되어 일본군으로 진출했고 나머지 교육생 다수는 한성영어학교로 감으로써 총제영학당 역시 폐지되었다. 이로써 자주적 해방과 근대적 해군 창설을 위한 조선 정부의 시도는 좌절되었고,[86] 그만큼 청·일 양국이 조선의 강병책 특히 해군의 창설과 증강을 꺼려했던 것을 알 수 있다.

---

84 裵亢燮, 앞의 책, 2002, 276~277쪽.
85 『高宗實錄』, 高宗 31年 6月 22日.
86 裵亢燮, 앞의 책, 2002, 282~283쪽.

제2절

대한제국의 군사정책과 군사사상

1. 갑오개혁 이후 군사정책

1) 갑오개혁기 일본식 군사제도

1894년 6월 21일 일본군이 경복궁을 점령한 이후 일본의 원조를 받은 집권개화파는 조선의 내정개혁을 위한 최고 의결기구로 군국기무처를 설치하고 의정부 이하 각 아문의 관제를 개정, 전국의 육군과 해군에 관한 정사를 도맡아 관할하며 군인, 군속을 감독하고 관하 각 부대를 감독 통솔하는 군무아문을 설치했다. 일제에 의해 강요된 갑오개혁기 군부관제 개혁의 목적은 기존의 군대해산에 주안점을 두고 있었다.

일제의 이러한 의도는 그해 7월 3일 오오토리[大鳥圭介] 일본 공사가 고종을 알현하는 자리에서 제의한 5개조의 개혁안에 잘 나타난다. 일본은 5개조의 개혁안 가운데 군사 및 치안과 관련된 제4조에서 "一. 국내의 민란을 진압하고 안녕을 보지保持함에 필요한 병비 및 경찰을 설치할 것, 一. 사관士官을 양성할 것, 一. 구식 수륙병水陸兵을 일체 폐지하고 재력이 허용하는 바를 작량酌量하여 신식병을 증설할 것, 一. 경성 및 각 성읍城邑에 엄정한 경찰을 설치할 것"을 요구했다.[87] 일본이 이 개편안에서 의도한

---

87 『統署日記』, 高宗 31年 6月 9日.

군제개혁의 목표는 자신들이 군대개혁을 주도하면서 기존의 조선 군대를 철저히 무력화시키는데 있었다. 조선의 군사력을 일본이 주도하는 신식군대로 재편하면서 군제를 그들에 예속시키는 한편 조선의 보호국화 정책에 필요한 민란 진압 및 치안 유지에 필요한 최소한의 군대를 조직하려 했던 것이다.[88]

일본은 군국기무처를 중심으로 일본식의 군제개편을 꾀하지만 그 실질적인 개편은 청일전쟁에서 일본의 승리가 확실시된 1895년 초 이후에 이루어졌다. 군제개혁의 방향은 일본공사의 건의로 기존 군조직을 해체하고 훈련대를 중심으로 한 새로운 근대적 군사조직을 설치하는데 두었다. 이에 따라 근대적 군사개혁이란 명목 아래 군사기구의 대폭 축소 내지 폐지가 본격화되었다.

이처럼 일본의 의도대로 군제개편이 진행되자 고종은 별도의 시위대를 신설하여 궁궐 수비를 담당하게 했다.[89] 그러나 일본이 궁궐 수비의 시위대를 자신들의 영향력 아래 있는 훈련대로 교체하여 독자적 군제개편을 용납하지 않으려 하자 고종은 "작년 6월 이래의 칙령은 모두 나의 의지가 아닌 것으로 취소한다."는 극언까지 하며 반발

시위대

---

88 조재곤, 「대한제국기 군사정책과 군사기구의 운영」 『역사와 현실』 19, 1996, 103쪽.
89 이 시위대는 일본의 영향력에서 벗어나 있던 고종이 신임하던 군대로 미국인 교관 다이William M. Dye 등이 주도하던 군대였다.

했다. 그런데도 중앙군의 편제는 훈련대에 준하여 편제되었고 이후 일제는 조선군의 모든 무기류를 압수하고, 각도 외영外營, 병영兵營, 수영水營, 진보鎭堡 등을 폐지하는 등 조선 국방의 해체를 기도했다.

이것은 1880년대 이후 조선 정부가 추진해 온 강병정책을 철저하게 파괴하는 행위였다. 따라서 갑오개혁기에 탄생한 근대식 군대인 훈련대는 군대 편제, 훈련체계, 무기체계 등에서 모두 일본식 군제의 영향을 받았고 나중에 을미사변에까지 가담하는 결과를 낳았다.

2) 아관파천기 러시아식 군제변동

갑오개혁 이후 군대의 핵심이 된 훈련대는 일본에 예속된 군대나 마찬가지여서 왕명에 의해 움직이기 보다는 일본인 군사교관이나 이를 배경으로 하는 몇몇 군벌에 의해 지도되었다. 을미사변 직전인 7월에는 훈련연대 편제를 시위대에도 적용하여 시위대보다 우월한 위치에 있었고, 1894년 8월 22일에는 군부고시로 시위대를 훈련대에 이속·편입시켰다. 그러나 훈련대의 지휘관 및 병사들이 일본에 협조하여 왕후살해에 가담한 혐의가 드러나면서 1895년 9월 13일 칙령 제169호로 훈련대의 폐지가 결정되었다. 이어 같은 날 칙령 제170호 「육군편제강령」[90]을 통해 국내 육군을 친위·진위대의 2종으로 편제하여 친위대는 왕성수비를, 진위대는 지방 진무와 변경수비를 전담케 했다.

그러나 갑오개혁기 정착한 일본식 군제에 대한 근본적인 변화는 1896년 2월 아관파천俄館播遷 이후 가능했다. 아관파천으로 친일 갑오정권이 붕괴되면서 그 동안 일본의 위협과 조종에 의해 국왕이 발표한 긴급명령 대다수가 취소되고 친일 세력들이 살해되거나 일본으로 망명하는 등 중앙 권력에 일대 변화를 가져왔다. 또한 일본식 군제에 대한 대대적 개편 역시 추진되었다.

정부에서는 1896년 5월부터 중앙의 친위대를 증강하는 한편 갑오개혁 때 폐지한

---

90 宋炳基 外編, 『韓末近代法令資料集』Ⅰ, 국회도서관, 1972, 581~582쪽(이하 『韓末近代法令資料集』).

구액병舊額兵을 모아 지방대라 칭하고 통영·대구·강화·청주·공주·해주·북청·춘천·강계 등 주요지 9처에 설치하여 지방 진무를 위한 군사를 확충했다. 각 지방대는 을미년의 친위대·진위대 편제를 모방하여 편성했다.[91]

이는 당시 위약한 군주권을 강화시킬 수 있는 전제를 제공했고 또한 지방대의 설치로 인해 갑오개혁기 해산된 군인들이 재등장할 수 있었다. 이러한 군제 개편과 함께 일본의 영향에서 벗어나 독자적으로 근대식 군대를 양성하고, 동시에 왕권의 친위세력을 강화하려는 조처는 러시아 군사교관단의 고빙으로 이어졌다.

러시아 황제 대관식에 참석한 민영환 등 사신 일행은 1896년 6월 5일 외부대신 로바노프를 방문하여 조선 정부의 당면과제로서 다섯 가지를 제안했다. 그것은 '조선군대가 믿음직한 군대로 조련될 때까지 왕의 호위를 위한 경비 지원', '군사교관 지원', '궁내부 및 광산·철도를 담당할 고문관의 파견', '조선과 러시아 간의 전신가설', '일본에서 빌린 국채 상환을 위한 300만 엔의 차관 제공'이었다. 이에 대해 러시아는 군사고문과 재정고문의 파견만 승낙했다. 러시아가 조선 측의 제안에 소극적이었던 것은 자국 군대를 조선에 파견할 경우 러시아의 남하정책에 대립하던 영국과 독일이 반대하고 서울에서 일본군과 마찰을 일으키게 될 것을 크게 우려했기 때문이다.

러시아 군사교관단은 1896년 10월 민영환과 함께 조선으로 들어왔다. 이들은 곧바로 새로운 부대창설 준비에 착수하여 1897년 3월 친위대에서 선발한 병정들로 시위대를 다시 창설하여 궁궐 수비와 도성경비를 강화했다.[92] 또한 몇 달간의 연기와 지연 끝

민영환

---

91 『韓末近代法令資料集』Ⅱ, 156쪽.
92 이 시위대는 1895년 윤5월 창설되었다가 그해 8월 훈련대로 편입된(『高宗實錄』, 高宗 32年 8月

에 서울에 있는 모든 조선군대는 1897년 9월 러시아 교관들에게 인계되었다. 러시아 교관에게 배속된 4개 부대 총 1500여 명 가운데 엄격한 심사절차를 거쳐 훈련에 적합한 991명만 선발했고, 군역에 부적합한 인원들은 받아들이지 않았다.[93] 러시아식 군사훈련과 교육은 중앙군뿐만 아니라 지방대 및 진위대에서도 실시되었다.

이 무렵 일본은 러시아 군사교관에 의한 새로운 시위대 편제에 위기의식을 느끼고 조직적인 방해공작을 벌였지만 고종의 단호한 의지에 의해 저지되었다. 일본은 1897년 7월 19일 외부대신을 통해 '러시아 교관단의 초청이 러시아의 강요에 의한 것이 아니냐'며 조선 정부에 공식 항의했다. 이에 군부대신은 '필요한 경우에 교관을 초빙하는 문제'는 "어느 나라 사람이든지 초빙할 수 있으며 그 선택에서 우리는 완전한 독립이다. 하물며 이를 위해 무슨 이유가 있을 수 있겠는가?"라고 답변하며[94] 일본의 항의를 일축했다.

그러나 러시아에 의한 조선 정부의 군제개편도 제도적으로 잘 정착되지 못하여 여러 가지 문제를 낳았다. 조선의 군제에 또다시 러시아식 군제와 훈련체계가 도입됨으로써 향후 대한제국 군대 인맥과 정계에 친러적 성향의 군인들이 등장하는 계기가 되었다. 또한 군제와 훈련방식에 이전의 일본식과 러시아식이 뒤섞여서 군대 지휘계통상에 적지 않은 문제점을 초래하게 되어 "지금의 군제는 모두 다른 나라의 법을 채용하고 있고 또 지휘계통이 통일되지 않아 장영 졸도들이 사당화私黨化하여 점차 저괴猜乖하는 바가 되고 또 후박의 구별이 있음으로서 교만·원수하는 바가 되었다."[95]라는 등의 비판을 받기도 했다.

이처럼 갑오개혁 이후 군제는 조선군이 일본식 군복을 입고 러시아제 베르당Berdan 소총을 사용하고 있었듯이 일본식 군제와 러시아식 군제가 급격히 교체되거나 양자가 혼합되어 가는 과정이었다. 이런 제도적 혼용 속에서도 근대적 군사편제의 도입과

22日) 시위대의 명칭을 그대로 사용한 것으로 앞서 훈련대에 흡수된 시위대와는 특별한 연관은 없는 부대였다.

93 제정러시아 대외정책문서보관소 페이예르가 무라비요프에게 보내는 보고(조재곤, 「제4장 제3절 아관파천 전후 군제의 변화」『근현대Ⅰ』에서 재인용).

94 제정러시아 대외정책문서보관소 자료, 베베르가 무라비요프에게 보내는 보고(위와 같음).

95 『承政院日記』, 建陽 2年 2月 14日.

그로 인한 외형적 기틀은 이때부터 마련되었다. 그러나 당시 군제개편은 주체적 입장에서 이루어진 것이라기보다는 일본과 러시아라는 제국주의 국가의 압력이 지배적으로 작용하고 있었고 그로 인하여 군제의 자주적 개혁이라는 점에서 한계가 있었다.

2. 대한제국의 군사정책과 영세중립국론

1) 대한제국의 국방정책

1897년 2월 러시아공사관에서 경운궁(현 덕수궁)으로 돌아온 고종은 그해 10월 대한제국을 수립하고 강력한 황권을 바탕으로 한 자주외교와 독립을 지키고자 했다. 이 무렵 러시아의 적극적인 만주와 조선 진출로 조성된 긴장관계는 1898년 4월 러시아와 일본 사이에 이미 조선에서 빼앗은 이권을 서로 승인하는 이른바 '로젠-니시협정'을 체결함으로써 일단 해소되었다. 이 사이에 일본은 러시아와의 전쟁에 대비하여 군사력을 강화하는 한편, 영국, 미국을 대상으로 제국주의 군사 동맹 외교를 강화해 나갔다. 만주와 한반도를 두고 러시아와 일본이 서로 견제하는 과정에서 일시 형성된 세력 균형은 역으로 한반도에 국가의 자율성을 어느 정도 허용하는 공간을 만들어주었다.

고종은 이런 공간을 활용하여 외세의존적인 성향에서 벗어나 자주적 입장에서 개혁정책을 추진하고자 했다. 그러나 대한제국이 출범되자마자 곧바로 황제권이 강화된 것은 아니었다. 아직까지 부국강병의 목표는 지향점에 불과했으며 특히 '강병'의 대상인 군대는 특히 더 그러했다. 고종이 환궁한 뒤인 1898년 초까지도 러시아 세력은 대한제국 정부에 영향력을 강하게 행사하여 고종의 군통수권도 제대로 이루어지지 못했다. 이에 따라 가장 시급한 문제는 갑오개혁 이후 약화되었던 군사기구를 자주적 입장에서 강화시키는 일이었다.

이 무렵 러시아는 극동정책의 방향을 선회하여 한국에서 발을 빼고 만주에 집중코자 했다.[96] 이에 따라 비교적 온건한 인물로서 내정불간섭 정책을 꾀한 마튜닌N.

Martunine이 신임 공사로 부임하자 고종은 이를 기회로 황권강화에 노력, 우선 친러 계열의 대표적 인물인 김홍륙 등을 제거하는 한편, 1898년 3월 대한제국군 장교와 마찰을 빚던 러시아 교관을 한국에서 철수시킨 이후 주체적 입장의 군제개혁을 본격적으로 실행했다. 고종은 러시아 교관이 철수한 뒤 '군용軍容을 더욱 장壯하게 할 것'을 군부에 지시했다.[97] 이에 따라 갑오·을미년 간에 도입된 근대식 군대가 일본과 러시아 등 외세의 영향을 받아 자주 국방을 위한 군대로서 정립되어 있지 못한데 대한 반성을 거쳐 1898년 4월부터 본격적인 군제개혁을 추진했다.

그 결과 1898년 4월 무관학교 설립안이 의정부회의를 통과했고 이어 5월에는 개정된 무관학교관제가 반포되어[98] 7월 2일 18세에서 27세 사이의 남자 200명의 학생을 선발하여 무관학교를 개교했다.[99] 6월에는 '육해군 친총'에 관한 조칙을 내려 원수부를 궁궐 안에 설치한 다음 각국 대원수 예에 의거하여 황제가 친히 육·해군을 총관하고 황태자로 원수를 삼아 일체를 통솔케 하되 출정할 때가 아니고서는 비록 황자·황손이라도 대장을 삼을 수 없도록 하여 황제 중심의 군사편제를 마련했다.[100] 또한 7

대한제국 무관학교

---

96 당시 러시아의 극동정책에 대해서는 崔文衡, 「歐美列强과 日本의 韓國併合-1898年을 前後한 露日의 相互牽制를 中心으로-」 『歷史學報』 59, 1973 참조.

97 『高宗實錄』, 光武 2年 3月 24日.

98 『官報』, 光武 2年 5月 18日.

99 『軍部來去文』, 光武 2年 5月 19日.

100 『韓末近代法令資料集』Ⅱ, 377-378쪽.

월 2일 '육군증설과 해군정제定制'에 관한 조칙을 내려 군부로 하여금 상비군 준비와 육군 10개 대대 증설, 해군편제 방법 및 그 경비 확충에 관한 제도적 기반을 마련토록 했다.[101] 이는 그동안 명목상으로 유지되어 오던 황제의 군사통수권을 계통적으로 확립하려는데 목적이 있었다.

대한제국이 성립되면서 황제의 절대권 확보와 관련하여 그 물리력으로 작용하는 강력한 군대 건설의 필요성은 황제뿐만 아니라 정계 및 재야에서도 제기되었다. 당시 독립협회에서도 기왕의 군제에 대한 비판과 자강을 위한 군사력 정비를 건의했다.[102] 개항 이후 근대적 군대를 위해 양성한 군대는 지휘체계의 문란으로 갑신정변, 일본군의 경복궁 점령, 을미사변 당시 왕실을 수호하지 못하는 등 황제를 정점으로 하는 군제 및 지휘체계의 통일이 절실히 필요했다. 이에 따라 1889년 2월 대한제국 출범 이래 추진되어온 황제권 강화 노력의 결정판으로 「대한국국제大韓國國制」가 반포되었다.[103]

대한제국의 헌법과 같은 「대한국국제」는 황제의 절대권을 구체적으로 명시함으로써 대한제국이 전제군주국임을 천명한 것이며, 특히 제3·4조에 "대황제는 무한한 군권을 향유하며 이를 침손侵損한 자는 신민의 도리를 상실한 것으로 간주한다."라고[104] 하여 대한제국은 무한한 군권을 가진 대원수가 지배하는 강력한 전제국가를 지향했다.

2) 소수 정예의 용병제에서 징병제 실시론으로

대한제국이 성립된 후에도 군사정책의 목표는 국방과 왕권수호에 있었다. 무관학교를 설립한 뒤 고종이 "나라에서 방비를 사전에 철저히 하는 것이 가장 급선무이다. 오늘이 더욱 그러하다. 군사의 위력은 수가 많은데 있는 것이 아니라 어떻게 양성하고 교련하여 이용하는가 하는데 달려 있다."고 언급하며 소수정예의 용병제를 선호했다.[108] 이것은 고종 자신이 추구해 온 용병제가 군사정예화에 부합하고 또 국왕에 대

---

101 러시아 대장성 편, 『國譯 韓國誌』(정신문화연구원 역), 1984, 682쪽; 『韓末近代法令資料集』Ⅱ, 378~379쪽.
102 『독립신문』, 建陽 2年 2月 27日 · 光武 元年 9月 21日.
103 서인환, 『대한제국의 군사제도』, 혜안, 2000, 107쪽.
104 『高宗實錄』, 光武 3年 8月 17日.

한 충성심이 강하다고 판단했던 것이다. 당시 일본도 한국정부에 대해 소수정예의 용병제를 고수하라고 충고했는데 이것은 한국군의 역할이 국방이 아니라 내란 진압에 한정되기를 기대했기 때문이다.[106] 그러나 비슷한 시기 일본이 징병제에 기초하여 대대적인 군대증설을 추진하고 있던 현실을 고려할 때 소수정예의 용병제는 국권수호에 적합하지 않았다.[107]

사실 소수정예의 용병제와 달리 상비군 체제를 전제한 징병제는 갑오개혁 당시 일본의 강요에 의해 선언된 「홍범 14조」에 명시되었지만[108] 시행되지 못했다. 그러나 대한제국의 대대적인 군사력증강 사업이 정부재정의 부족으로 순조롭게 진행되지 못하고 특히, 1900년을 전후한 주변 정세의 급격한 변화는 징병제론이 다시 제기되는 계기가 되었다.

1900년 중국에서 의화단사건이 일어나고 이를 빌미로 러시아가 만주에 출병하여 군사적으로 점령하는 사태가 일어났다. 1901년 6월경에는 제국주의 열강의 무력에 쫓긴 의화단 3천여 명이 압록강 부근에 출몰하고, 러시아 역시 이를 구실로 압록강 어귀에 육군과 군함을 파견하는 등 한국국경을 위협했다. 이에 고종은 군사비 절감과 군액증대의 방편으로 1900년 말경 용병제를 폐지하고 징병제 실시를 검토했다.[109]

1901년 8월 원수부는 외국의 징병법에 따라 국민 중에서 빈부귀천을 막론하고 18세 이상의 남자를 병적에 편입하여 3년 동안 훈련시킨 후 귀가시킨다는 내용의 징병제 시행안을 만들었다. 그러나 이 안은 대다수의 반대로 인하여 시행이 좌절되었다.[110] 여기에는 갑작스런 징병제 실시에 양반·관료들은 신분제 붕괴를 우려했고, 농민이나 소상인 층에서는 생산 활동에 지장이 있음을 주장하는 등 많은 반발이 예상되었던 것이다.[111] 빈부귀천을 불문하고 모든 국민을 대상으로 삼아 국민군을 창설하려는 징병

---

105 『高宗實錄』, 光武 2年 7月 2日.
106 하야시 일본공사는 한국정부에 한국군은 국내질서를 유지하는데 비중을 두어야 하며 그런 점에서 소수정예 원칙을 취해야 한다고 충고했다(국사편찬위원회, 『駐韓日本公使館記錄』16, 138쪽).
107 玄光浩, 앞의 책, 2002, 208쪽.
108 "징병법을 적용하여 군제의 기초를 확정한다"(『高宗實錄』, 高宗 31年 12月 12日).
109 玄光浩, 앞의 책, 2002, 221쪽.
110 『皇城新聞』, 1901年 8月 26日.
111 조재곤, 앞의 논문, 1996, 116쪽.

제는 사회 전체의 구조적 변화를 전제로 한 것이기 때문에 전제군주제를 지향한 대한제국에서의 실시에는 한계가 분명했다.

그러나 1903년에 들어 징병제 문제가 다시 본격적으로 대두되었다. 이미 한국군대는 용병제 특유의 문제점을 드러내고 있었다.

영일동맹 축하기념엽서

군인들은 황제의 군대라는 위세 하에서 민간의 토지를 빼앗거나 주변 주민에게 잡세를 강제 징수하는 등 민폐를 자행했다. 또한 한국군이 애국의 의무와는 거리가 먼 고용병이고 이런 군대를 유지하려고 거액을 투입하는 것은 낭비이며 현존하는 군대가 정예하지도 않고 외침을 저지할 능력이 없다는 비판이 끊임없이 제기되었다.[112] 게다가 러시아의 만주 점령에 대응하여 1902년 1월 제1차 영일동맹이 체결됨으로써 러·일의 대립이 첨예화하자 정부 안에서는 군비절감과 상비군 체제를 위한 징병제 실시론이 다시 진지하게 검토되었다.

이에 따라 고종은 정부 안팎의 징병제 실시론을 받아들여 1903년 3월 징병제 실시에 대한 조칙을 반포했다.[113] 곧바로 원수부는 기존의 용병제를 폐지하고 조선의 5위도총부와 일본의 징병제를 참작한 「징병조례」를 검토하여, 17세 이상 40세 이하의 장정을 선비·후비·예비·국민병으로 모집하는 내용의 「징병조례안」을 작성했다.[114] 그렇지만 이 징병조례는 시행되지 못했다. 그것은 무엇보다도 다수의 상비군을 양성할 만큼 재정적 여유가 없었고 이에 필요한 예산조차 확보되지 못한 상태에서 추진한 것이기 때문이다. 결국 그해 12월이 되도록 징병제는 실시될 수 없었다.

징병제를 통한 상비적 군주제 군대의 설치문제는 근대화 과정에 있어서 매우 중요한 것이었다. 이 시기 많은 제국주의 국가들은 이를 통하여 자국의 국방을 공고히 하

고 나아가 식민지 경략에 치중할 수 있었다. 상비군 제도가 어느 정도 이루어져야만 근대국가를 달성하는데 있어서 명실상부한 물리적 기반을 갖출 수 있기 때문이었다. 그러나 여기에는 국민의 기본권을 보장하는 정치체제의 변혁과 재정 개혁을 전제로 징병 대상의 자발적 동의를 얻을 수 있어야 하는데 대한제국은 이에 실패함으로써 징병제 실시가 무산되었던 것이다.

3) 영세중립국론과 일본의 한일군사동맹론

1903년 들어 동북아시아에 일시 형성되었던 세력 균형에 균열이 일기 시작하면서 러시아와 일본 사이에 전운이 감돌기 시작했다. 중국에서 일어난 의화단사건의 진압에 일본과 서구 열강이 몰두하는 사이 러시아는 만주를 군사적으로 점령한데 이어 열강의 군사철수 요구를 거절하고 1903년 만주를 완전히 봉쇄했다. 이에 일본이 가장 발끈했고 러시아의 남하정책을 견제했던 영국과 미국 역시 반발했다. 영국은 1902년 1월 일본과 제1차 영일동맹을 맺었고 미국 역시 만주 개방을 이유로 일본을 지지했다. 이처럼 만주와 한반도를 두고 러시아와 일본 사이에 군사 대립이 본격화하면서 대한제국은 열강을 상대로 은밀히 중립화정책을 적극 모색, 추진했다.

고종은 1899년 궁내부 고문으로 초빙한 주한미국공사관 서기관 샌즈Sends를 통해 대한제국을 스위스·벨기에와 유사한 형태의 영세중립국으로 만들고자 하여, 그 대안으로 열강의 보장을 통해 평화조약 혹은 국제협약을 체결하려 했다. 고종은 중국에서 의화단사건이 발발한 뒤 서구 및 일본 등 열강이 출병하여 중국이 영토분할의 위협에 직면한 상황을 간파하고 특명전권공사 조병식을 1900년 8월 7일 일본에 파견하여 한국을 스위스·벨기에와 같이 중립화하는 데 동의해 줄 것을 요청했다. 일본이 거절하자 조병식은 다시 주일미국공사 버크Buck를 통해 한국의 독립과 중립에 대해 미국 정부를 중심으로 한 국제적인 보장을 요청했지만, 이 역시 효과를 거두지 못하고 귀국할 수밖에 없었다. 당시 러시아도 한국의 현재 실정으로는 중립화가 불가하다며 황제 고종에게 이를 조속히 철회할 것을 요구했다.[115]

이 무렵 러시아와 일본 사이에 한국의 분할점령안이 적극 협의되었다. 러시아는

1900년 7월 일본에게 대한제국의 양분과 상호 수비병 파견을 제의한 이른바 '러·일 간 세력범위 확정안'을, 다시 12월 2일에는 열강 보증하의 한국중립화안을 일본에 제시했다. 그러나 일본은 한국중립화의 전제로 만주중립화도 동시에 진행되어야 한다고 회답하면서, 러시아군의 만주철수 없이는 어떠한 협상도 할 수 없다는 방침을 다시 확인했다.[116]

1902년에 들어서자 러·일·미 3국 공동 보증하의 한국중립화안이 다시 제기되었다. 그해 9월 러시아는 러시아·일본·미국의 3국 공동 보증 아래 대한제국의 중립화안을 발의토록 하자는 안을 미국에 제안했다. 그러나 당시 일본은 이 안이 오히려 만주의 문호개방을 주장하는 미국의 입장과 상치된다면서 미국으로 하여금 이 제의에 반대하도록 적극 교섭했다.[117] 미국은 '한국의 정치문제 불간섭 정책'을 내세워 거절함으로써 러시아가 구상한 한국중립화안이 무산되어[118] 러시아와 일본 사이의 전쟁이 더욱 기정사실화되어 갔다.

이와 같이 러일 전쟁이 현실화될 가능성이 높아지면서 대한제국 정부도 여러 외교 경로를 통해 중립화정책을 적극적으로 모색했다. 1903년 9월 3일 주일 특명전권공사 고영희는 일본 외무대신 고무라 주타로[小村壽太郎]에게 영토보전을 위해 국외중립을 선언하겠다고 통보했다. 같은 해 11월 23일 한국정부도 장차 러·일 간에 전쟁이 발발하면 국외중립을 선언하겠다고 공개 표방했다.[119] 그러나 한국의 이러한 외교노선은 단일하게 통일된 것이 아니었다. 정부 안에서는 개별적인 이해관계와 정파에 따라 러시아 또는 일본과의 제휴를 제창했는데 이지용·민영철·이근택 등 황제와 일정한 선을 긋고 있던 일부 고관들은 '한일동맹론'을, 반면 황실 측에서는 이용익 주도로 중립화노선을 추진했다.

이와 함께 황실에서는 일본의 침략 욕구가 더욱 강해지면서 현실적으로 이를 억제할 수 있는 힘을 가진 나라는 오직 러시아뿐이라고 단정하고 중립화노선과는 별개로

115 玄光浩, 앞의 책, 2002, 82~84쪽.
116 서영희, 『대한제국 정치사 연구』, 서울대학교출판부, 2003, 128~130쪽.
117 서영희, 위의 책, 2003, 130~131쪽.
118 서영희, 앞의 책, 2003, 131~132쪽.
119 日本外務省 編纂, 『日本外交文書』37-1, 明治 37年 1月 21日, 嚴南堂書店.

러시아의 적극적인 지원을 요청하는 이중외교를 은밀히 추진했다. 1903년 8월 고종은 러시아 황제 니콜라이 2세에게 비밀 서한을 보냈다. 이 서한에서 고종은 일본을 우리나라의 '누대의 원수'이자 '적국'으로 규정하고 만약 전쟁이 일어나면 대한제국은 반드시 러시아군을 돕고 최대한 편의를 제공하여 일본을 물리칠 것을 약속했다.[120]

일본은 이 같은 한국 측의 이중외교를 봉쇄하려고 한일군사동맹안을 추진했다. 일본 외무대신 고무라는 군사동맹안이라는 강경책을 실현하려고 1903년 9월 29일 주한 일본공사 하야시 곤스케에게 대한제국 측과 모종의 밀약 체결 방법을 숙고하라고 지시했다.[121] 주한일본공사관측은 한국정부를 상대로 한일군사동맹 체결을 교섭하는 한편, 일본정부는 그해 12월 한국에 군대를 파병할 계획을 세우고 대한제국 황실의 보전을 조건으로 한국이 일본군을 지원한다는 골자의 양국간 공수동맹 체결을 강요했다.[122]

그러나 고종은 러일전쟁 직전인 1904년 1월 유럽 및 러시아 출장에서 돌아 온 현상건에게서 러시아 측의 지원에 대한 기대를 확신하자 한일동맹안과는 다른 전시중립안을 구상했고 이를 열국의 영사관이 모여 있던 중국 산둥의 츠푸[芝罘]에서 '전시중립선언'으로 공식 발표했다.[123] 이용익·이학균·현상건 등은 벨기에 고문, 영국·프랑스·독일어학교 등 외국어 교사들과 같이 국외중립선언을 준비했고 프랑스 공사관의 협조를 얻어 한국 주재 총영사를 겸직하고 있었던 중국 츠푸 주재 프랑스 부영사를 통해 외부대신 이지용 명의로 '전시중립선언'이 각국에 타전되었다. 그 내용은 러·일 사이에 평화가 결렬될 때 한국정부는 엄정 중립을 지키겠다는 것이다. '츠푸선언'은 전시 국외중립 선언이므로 영구적인 것이 아니고 다만 러일전쟁 시 엄정 중립을 지킨다는 일시적인 것이었지만 한국의 전시 중립을 보증할 당사국인 러시아·일본·미국은 아무 반응이 없었다.

일본은 1904년 2월 8일 러시아와의 전쟁을 개시하고, 다음날 일본군 제12사단을

---

120 모스크바 제정러시아대외정책문서보관소, 소장자료(76~79, 1903.8.15).
121 서영희, 앞의 책, 2003, 163쪽.
122 玄光浩, 앞의 책, 2002, 120쪽.
123 玄光浩, 위의 책, 2002, 119·121~122쪽; 서영희, 앞의 책, 2003, 178·181쪽.

서울에 들여보냈고 이때 하야시 공사는 황제를 알현하고 다시 한일동맹조약 체결을 강요했다. 이어 2월 11일 궁내부 고문 가토오[加藤增雄]는 한국의 '전시중립선언'을 강력히 반대했고, 이는 실제로 국제적으로도 아무런 효력이 없다면서 이를 속히 철회하고 한일동맹조약 체결을 재차 강조하여 결국, 23일 일본이 견지해오던 군사동맹적 성격을 강조한 「한일의정서」를 맺게 됨으로써 대한제국이 열강의 틈바구니에서 독립을 지키려고 추진해 온 중립화정책이 무산되고 말았다.

3. 항일의병항쟁의 전개와 이념

1) 전기 의병항쟁과 위정척사론

항일의병항쟁은 시기에 따라 전기의병과 후기의병으로 나뉜다.[124] 전기의병은 민왕후 시해사건과 단발령을 계기로 척사파 유생이 중심이 되어 일어난 반일항쟁이라면 후기의병은 1904년 러일전쟁을 전후한 일제의 군사적 침략이 발단이 되었고 1907년 8월 군대해산을 계기로 의병전쟁으로 발전한 민족운동이었다.

1894년 동학농민항쟁이 일제의 무력 진압으로 좌절된 뒤 들어선 갑오정권은 이른바 갑오개혁을 추진했으나 그 본질은 침략자 일본의 무력간섭 아래 이루어진 것이었다. 때문에 갑오정권은 민중으로부터 외면을 당했을 뿐만 아니라 동학농민항쟁을 진압할 당시 연합했던 위정척사를 기치로 내건 지방 유생층의 반발도 샀다. 즉 갑오개혁의 과거 폐지로 출세의 길이 막히고 반상班常의 폐지로 양반특권을 빼앗기고 또 을

---

124 한말의병운동의 시기구분은 연구자에 따라 큰 차이가 있다. 연구 초기에는 특별한 구분없이 의병이 일어난 연도를 기준으로 '乙未義兵', '乙巳義兵', '丁未義兵' 등으로 지칭해 왔으나 의병운동사에 대한 연구가 심화되면서 시기 구분은 을미의병을 전기(또는 초기), 1904년을 기점으로 후기로 나누는 2시기 구분, 의병의 발생원인과 전개 양상을 기준으로 전기의병(1894~1896), 중기의병(1904~1907), 후기의병(1907년 이후)로 구분한 3시기 구분, 그리고 한말 전체 의병운동을 한 흐름으로 보고 그 자체 발전 양상을 기준으로 초기단계-재기단계-고조단계-퇴조와 전환단계로 구분한 4시기 구분 등이 있는데 여기서는 한말 정치경제사와 관련하여 1904~1905년을 기준으로 전·후기로 2시기 구분했다.

제천의병 기념탑(충북 제천)

미개혁으로 관제·행정구역 변경과 태양력 사용 등은[125] 지방 유생층의 전통적 정치기반을 붕괴시킬 뿐만 아니라 그들의 성리학적 세계관마저도 부정하는 것이었다. 이때 일어난 민왕후 시해사건과 뒤이은 단발령 시행은 봉건 유생에게 갑오·을미개혁을 추진한 친일내각과 이들을 조정한 일제를 표적으로 하여 의병을 일으키게 한 직접적인 계기가 되었다.

먼저 강원도 춘천에서 이소응이 의병을 일으켰고 이어서 충청도 제천을 중심으로 유인석이 봉기, 각지의 의병들이 여기에 모여들었다. 또 경상도에서는 안동에서 권세연, 선산에서 허위, 진주에서 노응규 등이 봉기했다. 또 전라도 장성에서 기우만, 충청도 홍주에서 김복한·이설 등이, 강원도 철원에서는 유진덕 등이 봉기했는데 이들은 당시 지방의 저명한 척사파 유생이었다.

제천의병에 모인 의병들이 화서(이항노)학통 유생의 총집결체이듯이 전기의병은 척사이념으로 결집되어 있었고 또한 집성촌락과 친족문중이나 그들의 지방적 기반이었던 서원 조직이나 향약같은 향토성을 배경으로 이루어졌다.[126] 지방의 명망 유생이자 지주인 이들은 소작농민과 함께 포군砲軍을 모아 의병을 조직했고 특히 포군은 실질적인 전투력이었다. 이렇게 의병운동이 급속히 확산되자 정부에서는 선유사를 파견하고 동시에 친위대를 파견하여 의병운동을 군사적으로 탄압했고 일본군 역시 의병진압에 적극적으로 개입했다.

제천을 본거지로 한 유인석 의병부대는 1896년 2월 17일 포군대장 김백선을 선봉

---

125 趙東杰, 『韓國民族主義의 成立과 獨立運動史硏究』, 지식산업사, 1989, 28쪽.
126 趙東杰, 앞의 책, 1989, 28~29쪽.

장으로 내세워 충주성을 공격하여 단숨에 점령하고 단발령을 강제 시행한 충주부관 찰사를 처형했다. 이후 이들은 충주성을 에워싼 관군과 일본군을 상대로 교전을 거듭하다가 중과부적으로 다시 제천으로 밀려났다. 이처럼 강원·충청 일대의 유인석 부대, 경상도 일대의 이강년 부대 등 몇 개의 의병부대를 제외하고는 전투다운 전투 없이 쉽게 진압되거나 자진 해산되었다. 더구나 그해 2월 11일 아관파천으로 친일정권이 무너지고 곧바로 단발령 중지 조칙이 내려졌다. 의병봉기는 민왕후 시해사건에 분개하고 단발령이 발단이 되어 일어난 것이므로 의병에게 알려 해산시키고 곧 철병하라는 '해산조칙'이 내려졌다.[127] 이로써 의병봉기의 대의명분을 상실하게 되었다.

그러나 해산조칙에도 불구하고 의병은 신속히 해산되지 않았다. 제천의병처럼 경상도·전라도·강원도 등지의 의병은 오히려 공세를 취했다. 그러나 4월에 접어들면서 관군의 압박이 강화되면서 의병들은 유력한 근거지를 잃고 전반적으로 후퇴했고 평안도 지방으로 이동한 유인석 부대가 그해 8월 의병부대를 해산하고 압록강을 건너 중국 땅으로 건너갔듯이 전기의병도 막을 내리게 되었다.

전기의병의 지도이념인 '위정척사'의 본질은 봉건적 질서의 재확립이었다. 의병의 지도층인 척사론자는 민왕후 시해사건·단발령 실시가 봉건적 질서를 붕괴시키는 것이며 이에 대한 반대야말로 '대의명분'에 맞는 행위라고 주장했다. 예컨대 유인석은 격문 「격고팔도열읍檄告八道列邑」에서 갑오개혁에 대해 "지금은 당당한 정통국가가 소일본小日本이 되"어 "요堯·순舜·우禹·탕湯 제왕의 전승이 오늘에 이르러 끊어졌고 정자程子·주자朱子 성현의 맥 또한 부지할 사람이 없"다고 했듯이[128] "반드시 중화를 받들고 오랑캐를 물리침으로써 국가를 위하여 복수하고 치욕을 씻는"[129] 것을 의병봉기의 대의명분으로 삼았다.

이처럼 개항 이후 일련의 개화정책을 구래의 봉건적 지배질서의 위기로 파악하고 척사와 반개화의 논리를 관철하기 위한 전기의병은 반일반개화항쟁이었다. 이런 전기

---

127 『高宗實錄』, 建陽 元年 2月 11日.
128 柳麟錫, 『義菴集』 卷45.
129 明治 2月 8日字 機密 第3號, 「原次官 앞으로 보낸 上野專一 원산총영사의 서간에 딸린 문서」 『報告』(糟谷憲一, 「의병운동의 사회적 기반과 전개과정」 『韓國近代政治史研究』, 사계절, 1985, 410쪽에서 재인용).

의병의 척사이념은 동학농민항쟁에서 확인된 민중의 반봉건 이념과는 배치되었지만 일제의 침략을 저지하려 한 점에서 전기의병은 봉건적 성격이 강한 반일·반침략 민족운동이었다.

2) 후기 의병항쟁과 전술적 발전

동학농민항쟁이 좌절된 뒤에도 각지에서는 양반지배층의 침탈과 일본 및 서구 열강의 침략에 항의하는 투쟁이 여러 형태로 이어졌다. 각지의 무장농민집단의 등장에 이은 영학당·활빈당 투쟁 그리고 광산과 부두 등지에서의 초기 노동자들의 파업투쟁도 이어졌다. 이런 가운데 1904년 2월 일제가 러일전쟁을 도발하고 동시에 한반도를 군사적으로 점령하자 경기, 강원, 충청도 및 경상북도 일대에서 모두 '토왜討倭(타도 일제)'를 외치는 의병 운동이 일어나기 시작했다.[130] 이에 고무된 척사파 유생들도 격문을 돌리면서 의병 봉기를 호소했고 그 결과 1904년 9월 강원도 홍천을 시작으로 1905년 초에는 충청남도 서산·해미·홍주, 충청북도의 보은 등지에서 의병부대가 조직되었고 5월에는 원용팔元容八이 강원도 원주에서 의병을 일으켰다.

1905년 11월 을사늑약의 체결 소식이 알려지면서 의병운동은 대중적 기반 위에서 발전했다. 을사늑약에 항의하여 종로 상인들이 일제히 철시하고 조병세·민영환 등이 자결하는 가운데 의병운동에 불을 지폈다. 1906년 3월 충청남도 정산에서 전 참판 민종식이 의병을 조직하고 5월 홍주성을 단숨에 점령했고, 6월에는 전라북도 태인에서 최익현이 의병을 일으켰다. 그는 의병을 이끌고 순창으로 나아가 정부군과 마주치자 '동족 사이의 살육전은 피해야 한다'라며 의병부대를 해산하고 스스로 체포되었다.

강원·경북·충청도의 접경지대인 태백산 줄기에는 신돌석, 정순현 등이 그동안 '폭도', '적도'로 불리던 농민 무장집단과 결합하여 맹렬한 반일 항쟁을 벌였다. 특히 '태백산을 나는 호랑이'로 불렸던 신돌석은 강원도·경상북도의 접경지대와 동해안 일대

---

130 『梅泉野錄』卷4, 光武 9年 乙巳條.

신돌석 생가(경북 영덕)

를 누비며 일본군을 위협했다. 중·남부 지방에서는 1906년 말까지 60여 군에서 의병 봉기가 일어났고 서북부 지방까지 급속히 퍼져 나갔다.

의병항쟁은 1907년 군대해산을 계기로 새로운 전기를 맞았다.[131] 8월 1일, 일제의 군대해산에 반대하여 자결한 시위대 제1연대 제1대대장 박승환의 죽음은 곧 시위대의 봉기로 이어졌다. 원주, 홍천, 충주, 강화도 등지의 지방 진위대도 잇달아 봉기했고, 수많은 해산군인들이 의병 대열에 속속 참여했다. 이들의 의병 참여로 이제 일본군이 전면에서 의병을 공격함으로써 민족모순이 한층 선명하게 드러나 종전보다 훨씬 다양한 계층이 의병에 참여하게 되어 의병항쟁은 전국으로, 전 계층으로 확산되었다.

황해도와 경기도에서는 김수민과 강화진위대 출신의 연기우가, 경기도와 강원도 일대에서는 혁신 유생인 허위가 정대용, 윤인순, 이은찬 등과 함께 활동했다. 함경도에서는 포수 출신인 홍범도와 차도선 같은 평민의병장이, 호남에서는 기우만이 의병

---

131 군대해산과 그것이 의병운동에 미친 영향에 대해서는 成大慶, 「韓末의 軍隊解散그 蜂起」『成大士林』 1, 1965·朴成壽, 『獨立運動史硏究』, 창작과 비평사, 1980, 123~145쪽 참조.

을 일으켰다.

의병항쟁이 전국적으로 확산되자 경기도와 충청도 등 중부 지역에서 활동하던 양반 유생 의병장들은 1907년 12월 이인영을 총대장으로 하는 13도 연합의병부대를 결성했다. 경기도 양주에 모인 연합의병은 서울을 공격, 탈환하여 일제와 담판할 계획이었다.[132] 그러나 이듬해 1월 군사장 허위가 이끄는 부대가 동대문 밖 30리 지점에서 일본군의 선제공격을 받아 패배하면서 서울진공계획은 실패했다.[133] 이 계획이 실패한데는 근대적 무기를 앞세운 일본군과 전면전을 택한 전술적 한계도 있지만 당시 총대장 이인영이 부친의 부음을 받고 의병 해산을 명령하면서 가져 온 혼선도 한 원인이었다.

13도 창의군탑(서울 중랑)

서울진공작전이 실패한 뒤 각지 의병운동의 전술에 큰 변화가 나타났다. 당시 유인석은 서울진공작전에 대해 "매우 위험한 일이다"라고 평가하고 "지금 의병은 지구전만이 묘책이다. 지구하면 반드시 기회가 올 것이다. 지구전의 요체는 근거지를 얻는데 있다"라고[134] 하며 일본군을 상대로 한 무모한 정면 공격을 비판했다. 이처럼 근대식 군사훈련을 받고 풍부한 전투 경험을 가진 일본군을 상대로 무기와 전술 면에서 절대적으로 불리한 상황에서 이에 대응한 전술의 변화를 꾀하지 않을 수 없었다. 그것은 '유격전술'과 '소부대 분산 및 연합' 전술이었다.

의병들은 대부대를 통한 일본군과의 대회전을 피하고 소부대로 나뉘어 익숙한 지형을 십분 활용하여 토벌대의 포위망을 따돌리면서 그들의 허를 찌르는 기습작전을 벌이거나 때로는 주변 부대와 연합하여 일본군을 공격했다. 때문에 토벌에 나선 일본

132 金正明, 『朝鮮獨立運動』Ⅰ, 原書房東京, 1967, 53쪽(이하 『朝鮮獨立運動』Ⅰ).

133 독립운동사편찬위원회, 『독립운동사자료집』 2, 1974, 1795쪽.

134 柳麟錫, 「與諸陣別紙」 『毅菴集』 上, 景仁文化社, 592쪽.

군조차 "비단匪團(의병부대-인용자)의 행동은 언제나 토벌부대의 이목을 피해 각지를 돌아다니며 놀랄만한 신속과 정확성을 가지고 우리 행동을 찰지察知하고 토민의 원조와 지리적 편의에 의해 수시수처에 출몰"한다고 했다.[135] 이러한 전술변화가 가능한데는 군사 지식을 갖춘 해산군인의 참여 때문이기도 하지만 지역 주민의 지원도 큰 역할을 했다. 지역 주민들은 일본군에게 의병의 행동을 밝히지 않았을 뿐만 아니라 오히려 그들의 보초가 되어 의병 소재지 주위를 경계하고 혹은 밀정이 되어 관헌의 행동을 통고하는 등 다대한 편의를 주었다.[136]

일제는 이같은 의병의 전술적 발전에 대해 "그들의 행동은 시간이 지남에 따라 더욱 교묘함을 극했다. 또한 그들의 첩보 근무 및 경계법 등은 놀랄만큼 진보되고 그 행동도 더욱더 민첩하여 때로는 우리 토벌대를 우롱하는 듯한 태도로 나올 때도 있다"고 하며 의병 토벌의 어려움을 호소했다.[137] 또한 연합의병부대가 무너진 뒤 이인영, 허위, 이강년, 민긍호 등 주요 의병장이 체포되거나 전사하면서 그 빈자리를 해산군인, 농민 등 다양한 계층이 채우며 항쟁을 이어 나갔다. 한 연구에 의하면 1907~1909년 사이 활동한 의병장 가운데 양반유생 출신은 25%밖에 되지 않지만 농민, 노동자, 해산군인, 포수 등 평민 출신 의병장이 70~75%를 차지할 정도로[138] 민중성이 강화되었다.

일본군도 이러한 의병의 전술 변화에 대응하여 군대·헌병·경찰 등의 병력을 확대하고 그 배치를 더욱 조밀하게 하는 등 의병의 활동 반경을 축소시키는 한편, 무자비한 살육전인 '초토화 작전'을 실시하여 지역 민중을 의병과 격리시키려 했고 그에 따라 민중의 피해도 날로 늘어났다.

1908년~1909년의 2년 동안 의병항쟁은 전국 곳곳에서 하루에도 수차례 전투가 있을 정도로 치열했는데 그 가운데서도 호남 지역은 가장 격렬했다. 이 시기 호남의

---

135 朝鮮駐箚軍司令部, 『朝鮮暴徒討伐誌』, 1913, 664쪽(이하 『朝鮮暴徒討伐誌』).
136 『朝鮮暴徒討伐誌』, 1913, 793~794쪽. 당시 의병활동을 직접 취재했던 맥켄지는 『韓國의 悲劇』에서 "전초를 세울 필요가 없었습니다. 모든 한국인이 다 우리의 보초입니다."하는 의병의 말을 전하고 있다(독립운동사편찬위원회, 『독립운동사자료집』제3집, 1973, 472쪽).
137 『朝鮮暴徒討伐誌』, 1913, 792쪽.
138 朴成壽, 앞의 책, 1980, 224쪽.

의병장 고광순 순절비(전남 주례 연곡사)

병이 일본 군경과 벌인 전투 횟수는 전체 전투 횟수의 25%를, 참가 의병 수는 전체 의병의 반 이상을 차지할 정도로 호남 지방은 당시 의병항쟁의 최대 격전지였다.[139] 호남 지역에서 의병운동이 가장 치열했던 것은 이곳이 개항 뒤 일제의 경제 침탈이 집중되어 어느 지역보다도 식민지적 모순이 가장 극명하게 표출된 지역이었기 때문이다.[140] 여기에다가 해산군인이 참여하여 발전된 유격전은 강력한 일본군과 치열한 항쟁을 이어 나갈 수 있게 했다.

1907년 9월 전라남도 장성에서 기삼년, 고광순 등이 의병을 일으켰고 이듬해 5월 이후에는 전해산, 심남일, 안규홍 등 새로운 의병장과 의병부대가 뒤를 이었다. 머슴 출신 의병장 안규홍은 "담사리라 칭하는 안모(안규홍-인용자)가 의병을 모집하여 보성군내에 활동하는데 주민에게는 조금도 피해도 없다더라"라고[141] 할 정도로 명성이 자자했다. 심남일과 전해산은 '삶을 미리 판단하는 심남일, 신출귀몰한 전해산'이라는 말을 들을 정도로 용맹을 떨쳤다.

1909년 들어 일제가 병력을 증강하고 토벌을 강화하면서 의병항쟁이 점차 약화되는 가운데 호남지방에서의 의병운동은 그치지 않았고 오히려 이들의 행동은 더욱 교묘해지고 민첩해졌다. 그리하여 일제는 호남지역의 의병을 자신들의 경제 침략과 식민지화 정책 추진에 커다란 장애물로 간주하고[142] 대규모 토벌을 단행했다. 일본군은

139 朴成壽, 앞의 책, 1980, 168~169쪽.
140 洪淳權, 『韓末 湖南地域 義兵運動史 研究』, 서울대학교출판부, 1994, 76~77쪽.
141 『大韓每日申報』, 1909年 5月 30日.
142 洪淳權, 앞의 책, 1994, 136쪽.

1909년 9월부터 2개월 동안 호남지방을 해안과 육지에서 완전히 봉쇄한 뒤 전라남북도의 의병을 완전히 박멸한다는 목표 아래 '남한대토벌 작전'을 벌였다. 일본군이 지나간 곳은 무자비한 살육·방화·약탈로 완전히 잿더미가 되었고 이 기간 동안 체포, 학살된 의병수가 의병장 103명, 의병 4,138명이나 되었다.[143]

남한대토벌 작전으로 호남의병이 무너지면서 의병항쟁은 차츰 중부 이북지방과 경상북도와 강원도 경계의 산악지대로 밀려나면서 퇴조하기 시작했다. 경기도의 임진강 유역에서는 허위부대의 의병장이었던 이은찬·윤인순·정용대 등이 전사하거나 체포되자 헌병보

일경에 체포된 의병장 채응언

조원 출신의 강기동 등이 연기우 부대와 연합하여 활동했다. 황해도에서는 이진룡·한정만·김정안 등이, 황해도와 강원도 북부 함경남도 일대의 산악지대에서는 강두필과 채응언이 항일투쟁을 이어갔다.

그러나 1909년 전후로 병합이 현실화되고 일제의 대대적인 토벌이 거듭되면서 의병들은 나라 안에서 더 이상 항쟁을 이어갈 수 없었다. 홍범도, 이진룡 등 많은 의병들이 두만강과 압록강을 건너 간도와 연해주로 이동하여 나라 밖에서 새로운 항일운동의 근거지를 확보하고자 했다. 일제가 한국을 강제 병합한 뒤인 1915년 최후의 의병장 채응언이 체포됨으로써 10여 년에 걸친 의병전쟁도 막을 내렸다. 한말 의병항쟁은 일제의 식민 획책을 막고 국권을 회복하는데 실패했지만 동학농민봉기의 반봉건·반침략 투쟁을 계승한 민중적 민족주의운동이었고 이후 독립군운동으로 이어졌다.

---

143 金正明 編, 『日韓外交資料集成』 8, 巖南當書店東京, 1964, 100~105쪽.

3) 후기 의병항쟁의 이념

을사늑약에 의해 외교권을 빼앗기고 재정·행정권은 물론 고종마저 강제로 양위를 당한 상태에서, 의병들에게 현실은 고개를 들어 하늘을 보면 더 이상 하늘은 "창창蒼蒼하던 우리 대한의 하늘이 아니며" 고개를 숙여 땅을 보면 그 땅 역시 "망망茫茫하던 우리 대한의 땅이라 할 수 없"는[144] 상태로서 사실상의 식민지나 다름없었다. 때문에 당시 의병의 창의 목적은 국권 회복일 수밖에 없었다. 이것은 일제의 민왕후 시해와 단발령 등 갑오정권의 개화정책이 계기가 되어 봉기했던 전기 의병의 척사파 유생 의병장들이 인식했던 위기의식과 그 성격이 달랐다. 때문에 후기 의병들은 "우리는 피로서 하고 앞선 자가 넘어지면 뒤따르는 자가 계속하여 나아가고 오늘 패하면 내일 다시 일어나 우리 이천만인 가운데 다 죽고 오직 1인만 남아도 맹세코 일본과 함께 살지 않을 것"이라며[145] 최후의 1인까지 일제와 항쟁할 것을 결의했다.

당시 의병들은 일제의 침략에 대해 "옛날 미국이 영국을 배척하여 독립하는데는 단지 8년의 혈전血戰에 있지 않고 영국의 물화에 있었으니 우리 애국동포여 어찌 저들과 같지 않겠는가"라고[146] 하며 일제의 침략이 제국주의 독점자본에 의한 식민지 초과이윤을 목적으로 하고 있음을 직시했다. 일제 침략에 대한 이 같은 인식과 그로 인한 망국의 현실은 더 이상 척사파의 화이론적 세계관으로는 설명될 수 없는 현상이었다.

이에 따라 이 시기 의병에 참여한 척사파 유생 역시 개항 이후 일본을 비롯한 서구 열강과의 관계를 척사론의 '양이주의'가 아닌 '만국공법'의 틀 내에서 일제를 비판했다. 예컨대 각국 영사관에게 보낸 의병 격문에서 일본이 "우리 국가를 멸하여 그 땅을 빼앗으니 고금천하에 어찌 이와 같은 학독虐毒함이 있을까. 마땅히 만국공법에 비추어 제재를 가해야 할" 것이며 일제를 "천하의 강도요 만국의 잔적殘賊"이라고 비판했듯이[147] 후기 의병들은 전기의병과는 달리 일본의 침략을 국제적 공의公義에 바탕한

---

144 『秘暴徒檄文集-抗日義兵鬪爭史料』(琴秉洞 解兌), 綠蔭書房(東京), 1995, 34쪽(이하 『秘暴徒檄文集』).
145 『秕暴徒檄文集』, 328쪽.
146 한국정신문화원·한민족문화연구소, 『한말의병자료집-暴徒檄文』, 선인, 2000, 39쪽.

만국 교린의 질서를 깨뜨리는 것으로 인식했다. 이것은 이인영이 1907년 10월 서울 진공에 앞서 각국 공사관에 통문을 보내 "일본의 불의를 성토하고" "의병은 순연한 애국혈단이니 열강도 이를 국제공법상의 전쟁단체로" 인정해 줄 것을 요구한 것도 마찬가지였다.[148] 의병들의 이 같은 인식은 이전 '충군忠君'과 '왕실王室'을 우선하던 전통적 사유에서 벗어나 국가를 우선하는 국가주의國家主義로 인식을 전환하는 계기가 되었다. 즉 의병이 서울에 들어가 일제와 담판을 한다는 논리는 군주가 주권행사를 하지 못하는 것을 전제한 것이니 군주주권이 아니라 국가주권의식에서 나온 논리였다.[149]

의병들이 자신들을 국권회복을 위한 '국제공법상의 전쟁단체'로 인정해달라고 한 데는 또 다른 이유가 있었다. 이들은 일제에 의해 고종이 강제 양위되고 군대마저 해산된 대한제국이 사실상 멸망하고 국권을 통감이 오로지 하는 것으로 인식했다. 이 때문에 통감이 지배하는 현 정부는 의병에게 있어 '우리 정부'가 될 수 없었다.[150] 즉 이들은 일제가 역신과 결탁하여 을사늑약과 정미늑약을 체결하고 재정권, 행정권 일체를 장악하고 조정에 일제의 앞잡이가 가득한 지금 정부를 우리 정부로 인정할 수 없다고 했다.[151]

그리하여 의병들은 일제의 침략으로 인한 '국망'의 현실을 천하가 공존해야 할 만국공법의 공의公義를 파괴한 것으로 인식하고 자신들을 국권회복을 위한 유일한 집단으로써 '대한민국의 대표자'라 주장하며 항일전쟁에 나섰던 것이다. 또한 이들은 "오늘 우리는 국가를 위하여 온 힘을 다하는 자"로서 "현 정부를 전복하고 장래 우리의 시대"를 열 것이라며[152] 종사宗社보다는 국가를 우선했다.

후기의병은 왕실이나 종사보다는 국가를 우선하는 국가주의 경향을 띠었다. 의병들은 친일매국노의 처단을 주장하면서 '왕실을 반역'한 '역적'이 아니라 '나라를 팔아

147 『秘暴徒檄文集』, 350쪽.
148 『大韓每日申報』, 1907年 7月 30日.
149 趙東杰, 앞의 책, 지식산업사, 1989, 57쪽.
150 김순덕, 앞의 논문, 2002, 294쪽.
151 『秘暴徒檄文集』, 29~30쪽.
152 국사편찬위원회, 『韓國獨立運動史資料』 12, 1983, 391쪽.

먹은' 매국노로 다스리겠다고 했다. 즉 '역逆'과 '충忠'의 기준이 왕이 아니라 국가가 되었던 것이다. 이런 점에서 후기의병은 종사의 보존을 우선하며 왕에 대한 충성을 다하던 전기의병의 근왕주의적 성격에서 벗어나 국가의 보존을 우선하는 국가주의적 성향을 띠었던 것이다.

이와 같이 후기의병들은 '국망'의 현실을 극복하고 국권을 회복할 수 있는 집단으로써 자신들을 '대한민국의 대표자이다'라고 당당하게 주장할 수 있었던 것이다. 이러한 인식은 곧 국권회복의 일차적 과제를 '국가의 보존'에 두는 국가주의적 경향을 낳게 했다. 즉 국망의 상태에서 군주보다는 국가를 우선하는 국가주의적 입장에서 의병들은 현정부를 전복하고 우리 시대가 되기를 희망했던 것이다. 또한 이들은 '우리 시대'가 곧 민권이 보존, 증진되는 시대라고는 했지만 근대적 국민주의에는 이르지 못했다.

제3절

대한민국 임시정부의 독립운동방략과 한국광복군

1. 상해 대한민국임시정부의 '독립전쟁' 방침과 군사계획

1) '독립전쟁의 원년' 선포와 독립방략

제1차 세계대전의 전후 처리를 위해 열린 파리강화회의가 1919년 6월 28일 베르사이유조약의 체결로 종결되면서 세계 정치·경제의 주요 무대가 유럽에서 상대적으로 미국의 전략적 이익의 관건이 달려 있던 아시아·태평양지역으로 이동되었다.[153] 이 조약에 따라 일본은 독일이 가졌던 중국 산둥반도의 이권과 태평양의 적도 이북의 섬들을 획득함으로써 극동과 태평양에서의 우세를 차지했다.[154]

파리강화회의가 끝난 뒤 중국의 산둥문제 및 태평양 문제를 두고 미국과 일본 사이에 격렬한 외교 분쟁이 일어났다. 이 외교적 갈등은 1921년 10월에 열린 워싱턴회의(태평양회의)에서 종결되었지만[155] 그 사이 미국과 일본의 갈등에서 연출된 '미일전쟁

---

153 조민, 「제1차 세계대전 전후의 세계 정세」 『3·1민족해방운동연구』, 청년사, 1989, 59쪽.

154 陽昭全, 『中國에 있어서의 韓國獨立運動史』, 한국정신문화연구원, 1996, 276쪽.

155 미국은 영국·프랑스 중심의 베르사이유체제를 변화시켜 극동과 태평양에서 새로운 세력 균형을 모색하려고 영국, 일본, 프랑스, 중국, 이탈리아, 네덜란드, 벨기에, 포르투칼 등 9개국과 합의하여 1921년 워싱턴회의를 열었다. 회의 결과, 미국 등 회의 참가 9개국이 '중국사건에 대한 적용 원칙 및 정책에 관한 9개국가의 조약('9국조약')을 체결함으로써 중국을 독점하려던 일본의 야

파리강화회의에 참석한 임시정부 대표단

설'은 파리강화회의에 실망하고 있던 임시정부에게 또 다른 희망을 갖게 했다. 일본이 "산둥으로 제2의 만주와 제2의 한국을 만들려는 야심"이 "오래지 않아 동아東亞에 대참극을 양성할 것"이라며 임시정부는 미일전쟁설에 큰 기대를 걸었다.

이 무렵 연해주와 시베리아 지역의 정세도 임시정부를 크게 고무시켰다. 레닌의 소비에트 정부가 1918년 독일이 항복하기 직전 제국주의 전쟁을 반대하고 모든 자본주의국가의 노동자에게 반전 반정부투쟁에 궐기하라며 혁명을 촉구하자 연합국은 그 대응책으로 무력간섭을 결정했다.[156] 일본은 이 결정에 따라 1918년 4월 연합군 가운데 간섭군을 가장 먼저 파견했다. 일본은 황국신민의 권리와 생명을 보호한다는 명분을 내세웠지만 그 본심은 다른 열강에 앞서 극동지역을 장악할 의도였다.[157]

연해주 및 시베리아에서 벌어진 소련과 일본 사이의 군사 충돌은 미일전쟁설과 함께 임시정부를 크게 고무시켰다. 임시정부는 소련이 대한의 독립을 승인했고 대한의 독립을 원조하기를 성언했다고 하며 소련과 일본의 전면적 전쟁 가능성을 크게 기대했다.

이처럼 파리강화회의가 끝난 뒤 미일전쟁설, 소일전쟁설 등이 고조되면서 임시정부는 이를 독립을 할 수 있는 좋은 기회로 받아들였다. 1919년 말에 이르러 임시정부는 노령지역 일부를 제외하고는 서·북간도의 대다수 독립운동 단체의 지지를 받음으로써 독립운동의 최고기관으로서의 권위를 가지게 되었다. 임시정부가 이러한 내외 정세의 변화에 따라 1920년을 '독립전쟁의 원년'으로 선포했다.

심을 꺾고 미국 자본이 중국에서 대규모로 확장할 수 있는 기반을 마련하여 미·일 사이의 외교 분쟁이 이로써 일단락되었다(陽昭全, 앞의 책, 1996, 277~278쪽).
156 김준엽·김창순, 『韓國共産主義運動史 4』, 청계연구소, 1986, 91~92쪽.
157 김준엽·김창순, 앞의 책, 1986, 92~93쪽.

이동휘가 1919년 11월 국무총리로 취임한 뒤 국무회의에서는 독립전쟁 방침을 정하기 위한 논의가 이어졌다. 임시정부의 각부 총장 및 재야인사의 의견을 모두 모아서 12월 15일 국무회의에서 대정방침을 확정한 뒤 내외에 알릴 고유문을 제정하기로 했다.[158] 또한 이동휘는 독립이 국제연맹에 대한 요구에 있는지 아니면 최후 혈전주의로 해결할 것인지 대정방침에 대해 미국에 있던 임시대통령 이승만의 의견을 구했다.[159] 이승만은 최후 수단을 사용하여 국토를 회복할 수도 있지만 최후 운동에는 준비가 필요하며 단 미국인의 항일열이 극도에 이르면 우리는 금전과 기타 긴요한 물건을 얻을 수 있기 때문에 차제에 우리가 위험한 일을 행하는 것은 무익하다고 답변해 왔다.[160] 즉 이승만은 준비부족과 미국의 동정을 구실로 즉각적인 독립전쟁을 반대했다.

국무회의에서는 미국의 이승만과 재야인사들의 의견을 모아서 1920년을 '독립전쟁의 원년'으로 하는 대정방침을 확정, 선포했다. 이어 임시정부는 그해 1월 우선 독

상해 임시정부청사의 현재 모습

---

158 「國務會議議案(1919.11.15)」『梨花莊所藏 雩南李承晚文書(東文篇) 6』(中央日報社·延世大 現代韓國學研究所) 1998, 247쪽(이하『李承晚文書』).
159 「李東輝→李承晚(1919.11.29)」『李承晚文書 17』, 459~460쪽.
160 「李承晚→李東輝(1919.12.2)」『李承晚文書 16』, 164~165쪽.

립전쟁의 실현에 관건적 지역인 노령과 만주의 동포와 독립운동단체에게 '국무원 포고 제1호'를 공포하여 "대한민국의 주권이 행사되는 최고기관이며 동시에 독립운동의 모획과 명령의 중앙본부"인 정부의 명령 아래 통일할 것을 요구했다.[161] 군무부에서도 혈전을 위한 "제일의 급무는 전투의 기초인 군인의 양성과 군대의 편성"이라며 2천만 남녀는 대한민국의 군인에 응모해 달라고 당부했다.[162]

상해 임시정부의 독립전쟁 방침은 1920년 3월 2일 국무총리 이동휘가 임시의정원에서 밝힌 정부의 시정방침에서 구체화되었다. 이동휘는 시정방침 제5항의 '개전 준비'에서 "독립운동의 최후 수단인 전쟁을 대대적으로 개시하여 규율적으로 진행하고 최후의 승리를 얻기까지 지구하기" 위해 향후 정부가 실행할 준비 방법을 제시했다. 그 가운데 중요한 항목은 군사상 수양과 경험이 있는 인물을 조사·소집하여 군사회의를 열고, 노령·중령 각지에 10만 이상의 의용병 편성을 위해 국외 의용병을 모집 훈련하며, 이미 성립한 군사기관을 조사하여 군무부에 예속케 하고, 중·노령과 정부 소재지에 사관학교를 설립하고, 미국·소련 기타 외국과 군수물자 수입을 교섭하는 일 등이었다.[163]

1920년을 독립전쟁의 원년으로 정한 임시정부의 대정방침은 만주와 노령에 대규모 독립군을 양성하여 일제가 더욱 팽창하여 러일전쟁 혹은 미일전쟁이 일어날 때 독립전쟁을 결행하여 조국광복을 쟁취한다는[164] 1910년대 독립전쟁론의 연장선상에 있었다.

2) 대한민국 육군 '임시' 편제와 임시군구제

1920년을 '독립전쟁의 원년'으로 선언한 임시정부는 독립전쟁을 위한 군사 준비를 본격화했다. 이미 서·북간도에서는 독립군이 형성되어 항일운동을 벌이고 있고 이들

---

161 「國務院布告第1號」『독립신문』, 1920년 2월 5일.
162 「軍務部布告(第1號)」『독립신문』, 1920년 2월 14일.
163 『韓國民族運動史料(中國篇)』, 139~141쪽.
164 尹炳奭, 「1910年代 西北間島 韓人團體의 民族運動」『國外韓人社會의 民族運動』, 一潮閣, 1995, 11~12쪽.

독립군단들이 임시정부를 지지하는 상황에서 체계적인 군사제도를 마련, 이들 독립군단들을 통합, 통일하는 것은 시급한 과제였다.

우선 임시정부는 1919년 11월 5일 '대한민국임시관제'를 공포하여 군의 통수체제와 중앙군사제도의 기본 골격을 마련했다. 대한민국임시관제에서는 임시대통령의 직할기관으로 임시대통령을 원수元帥로 하고 군사의 최고 통솔부인 대본영大本營, 국방및 용병에 관한 모든 계획을 통솔하는 참모부 그리고 군사의 중요 사무에 관한 임시대통령의 자문기관인 군사참의부軍事參議部의 설치를 규정했다. 그리고 육해군 군정에 관한 모든 사무를 관장하고 육해군인·군속을 통할하고 소관 각 부서를 감독할 군무부를 두었지만[165] 해군은 사실상 현실성이 없었다. 때문에 실질적으로 편성이 가능한 것은 독립군 즉 육군이었고 그 대상도 중국과 러시아에 있는 한인 동포였다.

이어 임시정부는 1919년 12월 18일 군무부령 제1호로 '대한민국육군임시군제'를발포하여 육군의 편성 및 관제에 대한 세부 규정을 마련했다. 이에 따르면 군대는 분대, 소대, 중대, 대대, 연대, 군단으로 편제하여 총 2내지 5개 여단으로 군단을 편성하고 독립전쟁을 수행할 병력 규모는 1만 명에서 3만 명 내외로 계획했다. 그리고 군대의 지휘통솔과 군기·풍기를 엄정 유지하려고 군인의 등별(계급)은 무관武官과 병원兵員 2종으로 나누고, 무관에는 정장正將·부장副將·참장參將의 장관將官, 정령正領·부령副領·참령參領의 영관領官, 정위正尉·부위副尉·참위參尉의 위관, 정사正士·부사副士·참사參士의 하사 그리고 일반 병사로는 일등병·이등병·삼등병의 계급을 두었다.

대한민국육군임시군제는 대한제국의 군대와 흡사했다. 이는 대한민국임시정부가대한제국을 역사적으로 계승한다는 의미와 함께 국무총리 이동휘, 군무총장 노백린, 군무차장 김희선 등 임시정부의 주요 인사들이 대한제국기 장교출신이라는 것과도관련이 있었다.

한편, 임시정부는 육군과 해군에 각각 비행대를 둔다는 계획을 세웠다. 즉 1919년11월 임시정부에서 공포한 대한민국임시관제에서 군무총장은 "육해군 군정에 관한사무를 장리"하며 육군국에는 '육군비행대'에 관한 그리고 해군국에는 '해군비행대'

---

[165] 이상 「大韓民國臨時官制」에 대해서는 『대한민국임시정부자료집』1(국사편찬위원회), 2005, 55~79쪽 참조(이하 『대한민국임시정부자료집』1).

노백린 묘(동작 국립현충원)

에 관한 사항을 규정했다.[166] 다만 공군은 비록 미국에서이지만 군무총장 노백린과 미주 동포의 지원으로 비행사양성소가 설치되어 비행사 양성이 이루어지기도 했다.

또한 임시정부는 '육군 초급장교를 양성하기 위하여 군무부 관할 아래 육군무관학교를 설치'한다는 대한민국육군임시군제의 규정에 따라 1920년 3월 '임시육군무관학교조례'를 마련했다. 조례에 따르면 "육군무관학교는 중학 이상의 학력이 있고 만 19세 이상 30세 이하인 대한민국 남자로 입학케 하여 초급 장교되기에 필요한 교육을" 목적으로 설립되었다. 학도의 수학기는 만 12개월로 하고, 12개월을 이수하여 졸업 시험을 마친 때는 교장은 각 교관, 학도대장 및 중대장을 집합하여 회의를 열고 성적을 평가한 후 급제자의 순서를 정하고 군무총장의 인가를 받아 졸업증서를 수여하도록 했고, 졸업생은 참위로 임명했다.[167] 임시정부는 여러 어려운 조건 속에서도 1920년 5월과 12월 두 차례 임시육군무관학교의 졸업생을 배출했지만 임시정부 직

---

166 「大韓民國臨時官制(續)」 『독립신문』, 1919년 12월 2일.
167 「臨時陸軍武官學校條例」 『대한민국임시정부자료집 9』, 32~34쪽 참조.

속의 육군이 없었기 때문에 이들 졸업생들은 실제 군부대에 배치되어 활동하지는 못했다. 또 이후 임시육군무관학교의 졸업생 배출이 없는 것으로 보아 제2회 졸업생을 끝으로 임시육군무관학교는 사실상 유명무실화되었다.

한편 임시정부는 '대한민국육군 임시군제'에서 "총사령부의 관할 아래 소관 구역 내의 군대를 지휘 관리"할 지방사령부를 설치하도록 한 규정에 따라[168] 1920년 2월 '대한민국육군 임시군구제'를 마련하여, 서북간도와 노령 등지에 있는 독립군 단체들을 임시정부 산하의 지방사령부로 편성하려고 했다. 이에 따라 임시정부는 서북간도와 노령 일대를 세 군구로 나누었다. 즉 하얼빈이남 지린성 부근, 펑톈성 전부를 서간도군구로, 옌지 일대는 북간도군구로, 노령 일대는 강동군구로 칭하고 이곳에 지방사령본부를 두고 사무는 임시로 지방사령관이 겸임하게 했다. 다만 "한국이 독립하는 동시에 무효"로 한다는 단서 조항을 두어 독립 후에는 임시군구제가 폐지되도록 했다.[169] 이 조항은 군구제의 대상 지역인 중국과 노령이 독립 후 영토의 대상이 아님을 염두에 둔 조처였다.

임시정부는 지방사령부 건설을 위해 서북간도에 정부파견원을 보내어[170] 현지 단체들과 지방사령부 건설 등의 논의가 있었지만 별다른 성과를 거두지 못했다. 다만 북간도지역에서는 이 지역의 대다수 독립군단이 참여하는 북간도군구 북로사령부를 설치하는 성과를 거두었다.

이와 같이 임시정부는 서·북간도와 노령을 군무부 관할 아래 세 군구로 나누어 각 군구에 거주하는 한인들을 군적에 편입시켜 독립군으로 편제, 지방사령부를 건설하려고 했으나 북간도군구의 북로사령부를 제외하고는 별다른 성과를 거두지 못했다. 그러나 이마저도 1920년 10월 일본군의 간도침략과 뒤이은 '경신참변'으로 서북간도

---

168 「大韓民國陸軍 臨時軍制」『대한민국임시정부자료집 9』, 27~28쪽.

169 이상 '대한민국육군 임시군구제'에 대해서는 「大韓民國陸軍 臨時軍區制」『대한민국임시정부자료집 9』, 30~32쪽 참조.

170 「島山日記」(1920.4.19), 『安島山全集 中』(도산기념사업회), (株)汎洋社, 1990. 서간도 파견원으로 결정된 桂奉瑀는 5월 10일 국무회의에서 조상섭 또는 선우혁을 대신 파견하기로 변경되었고 (「島山日記」, 1920년 5월 10일), 실제 파견시에는 안정근·왕삼덕을 북간도 및 노령에, 조상섭을 서간도에 파견했다(「조선민족운동연감」(1920.5.17), 『독립운동사자료집 7』(독립운동사편찬위원회), 1973.

의 독립군 단체들이 큰 피해를 입음으로써 사실상 해체되었다.

2. 1920년대 독립운동방략 논쟁

1) 외교론과 독립전쟁론

독립의 기대를 걸었던 파리강화회의가 아무런 성과도 없이 끝나자 임시정부 안팎에서는 외교론에 치우친 정부 활동을 비판하는 기운이 일기 시작했다. 파리강화회의가 끝난 시점인 1919년 8월 이후 임시정부의 기관지인 『독립신문』에서는 임시정부의 독립운동 노선 문제를 두고 '외교론'과 '독립전쟁론'이, 그리고 1920년을 '독립전쟁의 원년'으로 선포한 뒤에는 '준비론'과 '주전론'이 뜨거운 논쟁을 벌였다.

임시정부가 파리강화회의가 종결된 뒤인 1919년 10월 워싱턴에서 열릴 예정인 국제연맹회의에 기대를 걸고 외교 사업에 다시 역량을 집중하자 이에 대한 비판이 제기되면서 1차 독립노선 논쟁이 시작되었다. 이 논쟁은 그해 8월 21일자 『독립신문』에 게재된 철혈鐵血이란 필명이 기고한 「시무감언時務感言」이란 글에서 국제연맹이 진정한 우리 민족의 독립을 후원하는 것이 아니며 미국의 동정이 진정한 우리 민족의 사업을 완성해 주는 것이 아니며 다만 어느 정도 독립의 단서를 개도할 뿐이라고 외교론을 비판하고 오히려 당시 독립전쟁의 현장인 간도에 관심을 가질 것을 정부에 촉구했다.[171] 이어 난파蘭坡라는 필명 역시 「의뢰심을 타파하라」라는 글에서 국제연맹회에서 열국이 우리의 독립을 승인하기를 희망하는 것은 자신의 실력을 고려하지 않고 남에게 의지하는 어리석은 생각이며 제일로 우리에게 요구되는 것은 우리의 실력이고 또 외교도 필요하지만 그것은 독립운동의 전부가 아니라 부분적 활동에 지나지 않으며 열국도 이해관계가 깊을 때 우리를 돕기 때문에 국제연맹회에 절대적으로 의지해서는 안된다고 경고했다.[172]

---

171 「時務感言」, 『독립신문』, 1919년 8월 21일.
172 「依賴心을 打破하라」, 『독립신문』, 1919년 10월 7일.

독립전쟁론자들은 두 가지 점에서 외교론자와 문제의식을 달리하며 비판했다. 하나는 제국주의에 대한 인식의 차이였다. 외교론자들이 파리강화회의나 국제연맹회의 등에 참여한 미국을 비롯한 열강을 '정의'와 '인도'의 나라로 인식한 데 반해 독립전쟁론자들은 열강도 이해관계에 따라 움직이는 제국주의

임시 정부에서 발행한 각종 외교 선전물

국가로 인식했다. 다른 하나는 독립전쟁론자들이 외교론자의 열강 의뢰성을 집중 비판했듯이 외교도 필요하지만 그것은 독립운동의 전부가 아니라 부분적 활동에 그쳐야 한다고 강조했다.[173]

독립전쟁론자들은 이러한 관점에서 보다 적극적인 독립전쟁의 추진을 주장했다. 자신을 극단의 주전론자라고 밝힌 묵당默堂은 먼저 매주 열리는 국무회의에서조차 군무에 대한 공론일망정 아무 의론이나 결의도 하지 않는 국무원과 군무부에 맹렬한 반성을 촉구했다. 그리고 지금 임시정부가 전력해야 할 당면 과제는 '외교의 성공'을 기다리는 것보다 '상무적 국민성을 고취'하고 독립전쟁을 위해 상하이의 군무부를 북방으로 옮겨 노령·서간도·지린 세 곳에 중견적 통일의 최고기관을 설치하는 것이라고 주장했다.[174]

독립전쟁론자의 이러한 주장에 대해 외교론자들은 즉각 반박에 나섰다. 외교론자들은 현재 일본과 전쟁할 실력이 없는 상태에서 지금 수백, 수천의 결사대로 일본군에 대항한다는 것은 아무런 실익도 없다고 독립전쟁론을 혹평하고 다만 참전할 시기는 대국大局의 변화와 일본인의 학살운동이 일어날 때이므로 이때까지 조급한 행동을 하지 말고 외채와 제3국의 후원을 얻어 군사 행동을 준비해야 한다고 주장했다.[175] 외

---

173 윤대원, 『상해시기 대한민국임시정부 연구』, 서울대학교출판부, 2006, 141쪽.
174 「時務感言:軍務當局에 望함」 『독립신문』, 1919년 9월 16일.
175 「外交와 軍事」 『독립신문』, 1919년 10월 11일.

교론자들이 독립전쟁을 반대하는 이유는 지금 '거대한 제국 일본'과 싸울 수 있는 군사적 준비가 되지 않았다는 실력부족론이었다. 이러한 인식은 당연히 준비론으로 귀결될 수밖에 없었다.

반면 이들은 1919년 10월에 열릴 예정이던 국제연맹회의의 연기는 우리 민족에게 큰 행운이고 외교 사업을 통해 국제연맹 회원국 32개국의 동의만 얻으면 완전한 독립국이 될 수 있는 천재일우의 기회이므로 이를 위한 만반의 준비에 모든 전력과 인재를 집중해야 한다며 외교의 중요성을 강조했다. 여기에는 "우리 민족에게 동정적인 외국 인사들이 군사행동은 이롭지 못하다"거나 "지금 우리 민족의 인도를 기초로 문화와 통일에 대한 신용이 절대로 필요한 시기에 암살이나 부분적 전쟁이나 불통일의 행동은 실로 자살적 행동이라"며[176] 외교론자들은 독립전쟁 내지 의열투쟁에 부정적이었다.

외교론자와 독립전쟁론자들은 외교와 군사 두 가지 노선의 중요성을 인정하면서도 약육강식의 논리가 지배하는 제국주의 시대의 현실과 절대 독립에 대한 인식의 차이 때문에 서로 강조점이 달랐다. 외교론자들은 실력부족과 제국주의 열강이 겉으로 내세우는 '평화'·'인도' 등의 선전 구호를 액면 그대로 믿고 즉각적인 독립전쟁을 반대한 반면, 독립전쟁론자들은 외교론의 대외의존성을 반대하고 절대 독립을 우선한 것이다. 또 양측 모두 외교의 필요성을 인정했지만 그 목적 또한 달랐다. 외교론자들은 열강의 독립 승인에 목적을 두었다면 독립전쟁론자는 교전단체로서의 승인 획득에 목적이 있었다.[177]

이 논쟁은 상해 임시정부가 1920년을 '독립전쟁의 원년'으로 선포함으로써 일단락되었다. 임시

이동휘   안창호

176 「外交와 軍事」『독립신문』, 1919년 10월 11일.
177 姜德相 編, 『現代史資料 26』, みすず書房, 1967, 160쪽.

정부의 독립전쟁 방침은 독립노선을 둘러싸고 대립하고 있던 외교론과 독립전쟁론을 절충한 결과였다. 또 이것은 외교론 및 준비론을 주장해 온 안창호계열과 독립전쟁론을 주장해 온 이동휘계열의 연합이었다.

2) 준비론과 주전론

임시정부가 1920년 3월 독립전쟁을 시정방침으로 천명한 지 얼마 지나지 않아 나라 안팎에서 즉각적인 개전을 촉구하는 목소리가 빗발쳤다. 정부에서 독립전쟁을 선언만 했지 이에 대한 가시적인 조처가 없고 개전 시기도 불분명해진 상태에서 임시정부 안팎에서 '즉각 개전론'이 제기되자 준비론자들은 이를 비판하고 나섰다. 이때부터 '준비론'과 '주전론'을 둘러싼 논쟁이 『독립신문』의 지면을 통해서 벌어졌다.

준비론자들은 비록 정부가 올해 안에 선전포고를 하려고 해도 준비가 없으면 10년, 100년까지라도 할 수 없으며 "혈전의 시기는 그 준비의 완성하는 날"이고 이때 준비란 곧 민심의 통일, 국민군의 편성, 인재의 집중, 재력의 중앙정부 집중 그리고 최후의 승리를 위한 외국의 원조 등이라고 하며[178] 즉각 개전론을 반대했다.

주전론과 준비론의 논쟁에서 '언제 개전할 것인가' 하는 독립전쟁의 개전 시기 문제가 가장 큰 쟁점이 되었다. 노령이나 서북간도, 국내에서 '즉각 개전'을 요구하는 목소리가 높자 준비론자들은 혈전의 시기는 이 달, 다음 달 또는 올해, 내년과 같은 구체적 시기가 아니라 독립전쟁의 준비를 완성하는 날이 곧 혈전이 개시될 시기이며 개전 시기를 앞당길 준비의 완성에 더욱 노력할 것을 주장했다.[179] 그리고 혈전의 시기인 준비의 완성 시기는 최소한 일제와 싸워 승패를 가늠할 수 있을 정도의 준비가 이루어진 때라고 했다.[180]

반면 주전론자의 입장은 달랐다. 주전론자들은, "만일 조직적·구체적·규모적 독립전쟁이 되면 누구나 요구하는 바가 아님은 아니"나 "내가 절대 주장하는 바는 비록

---

[178] 「獨立戰爭의 時機」『독립신문』, 1920년 4월 1일.
[179] 「獨立戰爭의 時機」『독립신문』, 1920년 4월 1일.
[180] 「島山日記」(1920년 5월 10일), 『安島山全集 中』(도산기념사업회), (株)汎洋社, 1990.

부분적 행동이나마 몇 발의 총이 몇 지점에서 나면 마치 박랑철추博浪鐵椎 일성에 천하영웅이 우루루 일어나듯 그 총성을 울리는 그가 곧 선봉대장 또 그날이 곧 선전포고하는 날, 그날이 조직적·구체적·규모적 모든 것이 따라 성립되는 날"이라며[181] 즉시 개전을 주장했다. 준비론이란 결국 준비가 안되면 혈전도 없다는 주장이라며 오히려 혈전의 시작이 곧 준비론에서 주장하는 조직적·구체적·규모적 준비를 완성해 나가는 계기임을 강조했다.

주전론과 준비론의 논쟁은 외교문제로 쟁점이 확대되었다. 준비론자는 지금은 열강의 신용이 절대로 필요한 때이고 더구나 외국인 역시 군사행동은 불이익을 줄 뿐이라고 여긴다는 이유로 먼저 외교로써 열국의 동정과 지원을 얻은 뒤에야 비로소 전쟁이 가능하다는 '선외교 후전쟁'의 입장을 견지했다.[182] 이에 반해 주전론자들은 우리가 비참한 전투를 한 뒤에야 세계가 움직이고 국민의 단합이 완성될 것이라며 '선전쟁'을 주장했다.[183]

주전론과 준비론의 논쟁이 진행되던 1920년 10월 '간도사변'의 소식은 상하이의 여론을 들끓게 했고 독립전쟁론이 다시 뜨거운 쟁점이 되었다. 국무총리 이동휘가 의정원 의원 및 기타 각 단체 대표들을 초대하여 이 문제를 논의했을 때 "일대혈전을 결하자."는 혈전론과 "더욱 냉정 침착하게 장래의 대혈전을 준비하자."라는 준비론의 양론이 대치했다.[184]

결국 준비론에서는 독립전쟁을 군비부족을 이유로 '최후의 수단'으로 간주한 반면, 주전론에서는 '무장투쟁을 최후의 수단'으로 삼은 데 큰 차이가 있었다.[185] 그러나 1920년 10월 이후 임시정부가 태평양회의에 한국문제를 상정하려고 또다시 역량을 집중하면서 독립전쟁의 시정방침은 아무런 성과를 거두지 못하고 공언에 그치고 말았다.

---

181 「義兵傳(十)」『독립신문』, 1920년 5월 27일.
182 박성수, 「1920年代 初 獨立運動의 諸問題」『韓國史學』14, 한국정신문화연구원, 1994, 29쪽.
183 「尹琦燮氏等의 提出한 軍事에 關한 議案」『독립신문』, 1920년 4월 3일.
184 「間島事變과 獨立運動 將來의 方針(1)」『독립신문』, 1920년 12월 18일.
185 강만길, 「獨立運動의 歷史的 性格」『分斷時代의 歷史認識』, 창작과 비평사, 1978, 168쪽.

3. 충칭[重慶] 대한민국임시정부의 한국광복군과 군사정책

1) 정부승인 외교전략과 독립방략

1932년 윤봉길의거 이후 상하이를 떠난 임시정부는 오랜 이동시기를 끝내고 중국정부를 따라 1940년 충칭에 정착함으로써 중경 임시정부 시대를 맞이했고 이듬해 12월 미국과 일본 사이에 태평양전쟁이 일어났다. 태평양전쟁의 발발은 임시정부가 오랫동안 바라던 일이었고 예견한 일이었다. 독립운동가들은 일본이 계속적으로 세력을 팽창하게 되면 결국 일본과 중국·미국 사이에 전쟁이 일어날 것이라고 보았다. 1910년대 이래 독립운동의 전략도 독립군을 양성했다가 일본이 중국·미국과 전쟁을 벌일 때 이들과 함께 대일전쟁을 벌여 독립을 쟁취한다는 것이었다.

태평양전쟁이 발발하자 임시정부는 일제가 진주만을 기습 공격한 지 이틀 후인 12월 10일 일본에 대해 선전포고를 했다.[186] 임시정부의 '대일선전포고'는 한국도 반세기 전부터 반침략전선에 참가하고 있다는 사실과 함께 이미 일본에 선전포고를 한 다른 연합국들과 함께 하나의 전쟁단위로서 일본과 전쟁을 시작한다는 것이다. 이것은 곧 임시정부도 연합국의 일원으로서 그리고 독립된 교전단체로서 인정받겠다는 뜻이기도 했다.

이처럼 태평양전쟁 발발을 계기로 임시정부의 외교활동의 방향이 크게 바뀌었다. 태평양전쟁 이전 임시정부는 주로 국제여론의 향배에 영향이 큰 국제회의나 강대국을 향한 선전활동에 치중했다. 그러나 태평양전쟁 발발 이후 임시정부는 연합국으로부터 교전단체 승인을 얻기 위한 외교활동에 적극 나섰다. 이것은 임시정부가 연합국의 일원으로서 대일전쟁에 참여하여 교전단체 승인을 받게 되면 자연스럽게 독립을 획득하고 정부 자격을 승인받을 수 있다는 판단에서였다.[187]

임시정부가 중국에 소재하고 있고 중국정부의 원조를 받아 항일운동을 하는 상황

---

186 『대한민국임시정자료집 6』, 2005, 42쪽.
187 鄭容郁, 「태평양전쟁기 임시정부의 대미외교」『대한민국임시정부수립80주년기념논문집』하, 1999, 275쪽.

충칭의 임시정부 청사(1995년 복원)

에서 중국정부의 정부 승인은 향후 임시정부의 위상에 중대한 영향을 미칠 수밖에 없었다. 또한 태평양전쟁을 주도하고 있고 전쟁이 끝난 뒤 이 지역에 영향력이 절대적일 미국이 임시정부에 대해 어떤 정치적 태도를 취하는가도 향후 임시정부의 향배에 중요한 영향을 미칠 것이 분명했다. 그리하여 임시정부는 태평양전쟁을 전후하여 중국과 미국을 상대로 정부 승인 외교를 적극 벌였지만 전후 동아시아 질서 재편에 대한 미국과 중국의 구상과 맞물려 성과를 얻지 못했다.

중국은 임시정부의 승인에 대해서는 다른 나라보다 먼저 승인하지만 적당한 시기를 택해서 결정한다는 '유보적' 방침이었다.[188] 중국이 겉과는 달리 실제 정부승인에 '유보적' 입장을 취한 데는 전후 동아시아에 대한 구상을 관철시키고 한반도에 대한 영향력을 확보하겠다는 의도에서였다. 즉 중국정부는 한반도에 대한 소련의 영향력을 배제하려고 자신들이 지원하는 임시정부가 주도권을 장악한 가운데 한국이 독립하는 것을 기대했다. 이런 점에서 자신들의 영향력에서 벗어날 수도 있는 임시정부의 즉시 승인은 바람직하지 않았다.

미국 역시 정부승인에 부정적이었다. 미국은 소련을 대일항전에 끌어들이려고 했고 그런 점에서 한국 문제 등으로 소련과 마찰을 일으키는 것을 원치 않았고, 전후 한국 문제 처리도 즉시 독립이 아닌 국제신탁통치를 구상하고 있었다. 영국 역시 임시정부의 승인에 부정적이었다. 그것은 임시정부를 승인할 경우 영국이 소유한 방대한 식민지에 독립 문제가 파급되는 것을 우려한 때문이었다.[189] 이런 미국과 영국의 전후

---

188 胡春惠, 『中國안의 韓國獨立運動』, 단국대출판부, 1978, 94쪽.
189 張世胤, 「대한민국임시정부와 중국과의 관계」『대한민국임시정부수립80주년기념논문집』하, 1999, 262쪽.

구상 아래 1943년 11월 미·영·중 정상들은 카이로회담을 열고 한국을 '적절한 과정을 거쳐서' 독립시킨다는 이른바 '카이로선언'을 공포했다.

카이로선언으로 확인된 한국의 독립 문제 처리 방식은 당시 대일전에 소련을 끌어들이려고 한반도에 대해 연합국의 국제적 공동처리 방식을 제의한 미국의 정책이 그대로 관철된 것이나 마찬가지였다. 또한 미국의 원조를 받아 대일항전을 치르는 처지에 있던 중국은 미국의 이해관계를 무시할 수 없었다. 때문에 중국은 임시정부를 다른 나라보다 먼저 승인하겠다고 여러 차례 공언했지만 이 문제는 결국 미국의 대한정책에 종속될 수밖에 없었다. 그리하여 중국정부의 공언과는 달리 임시정부의 승인은 끝내 이루어지지 않았다.

미국 역시 정부승인에 냉담했다. 미국은 임시정부는 지배 영토도 없고 국내 인민의 신임을 확보하는 절차를 결여하고 있고, 또 다른 항일 단체와 비교해 배타적 대표성을 주장할 만한 근거가 없기 때문에 그 대표성을 인정할 수 없다는 것을 근거로 불승인정책을 취했다. 미국의 이런 정책의 이면에는 보다 복잡한 정치적 이해관계가 깔려 있었다. 무엇보다도 임시정부 승인은 미국이 전후 해결책으로 한국에 적용할 국제신탁통치와 배치되었다. 즉 국제신탁통치안은 기본적으로 한국인의 자결권 부정을 전제로 한 것이고, 또한 한국에 대한 전후처리 원칙으로 국제신탁통치안을 다른 나라들로부터 직접내지 묵시적 동의를 받은 상태였기 때문이다.[190]

이처럼 임시정부의 정부승인 외교의 대상이었던 중국과 미국은 자신들이 구상하는 전후 동아시아 질서가 보다 중요했기 때문에 임시정부는 두 나라로부터 끝내 정부승인을 얻을 수 없었던 것이다.

한편, 중경 임시정부는 정부승인 외교와 함께 광복군을 창설하여 연합군의 일원으로 참여하여 교전단체로 승인을 받을 계획을 세웠다. 사실 임시정부는 1932년 상하이를 떠난 뒤 정부 구성조차 어려운 상황에서도 여러 차례 독립전쟁 계획을 세웠으나 이를 뒷받침할 인적 자원과 재정 문제로 번번이 무산된 경험이 있었다. 그러나 1937년 중일전쟁이 발발하면서 임시정부는 전시체제에 대한 대비와 적극적인 군사 활동

---

190 鄭容郁, 앞의 논문, 1999, 284~285쪽 참조.

의 필요성을 절감하고 군무부 산하에 독립전쟁의 연구, 독립군 간부 양성을 위한 군사위원회의 설치와 기본 군대 1개 연대의 편성을 계획했다.[191]

이 계획은 계속된 일본군의 공격으로 중국군이 퇴각하면서 무산되었지만 임시정부는 1939년 11월 이 계획을 실천할 세부 계획인 '독립운동방략'을 결정했다. 독립운동방략에서는 먼저 국무원의 6대 임무로서 ① 국내 대중의 대한민국 완성에로의 의식 전환, ② 광복운동자 전체의 체계적 통일, ③ 광복운동자의 정당적 조직화와 무장화, ④ 당과 무장독립군의 확대, ⑤ 당과 군을 양대 우익으로 삼는 문무병진文武竝進의 전술 구사, ⑥ 삼균주의三均主義 국가 건설 등을 제시했다.[192] 즉 당·정·군의 삼각 협력체제 구축을 통한 독립운동방략을 구상했던 것이다.

또한 과거와는 달리 '진일보한 신방침'을 3년 계획으로 실천할 것을 밝혔다. 이 계획에 의하면 독립운동방략이 최종 마무리되는 3년차인 1942년에는 당원 11만 명, 장교 1천 2백 명, 무장군인 10만 명, 유격대원 35만 명, 선전기관 6개국으로 총인원 54만 1천 2백 명에 이르는 대규모 군대를 마련할 계획이었다. 임시정부는 이상의 역량이라면 최소한 일본군을 중국 관외로 내쫓고 궁극적으로 한국 국경 안으로 들어가 일본의 군경을 구축할 수 있다고 판단했다.

국군 편성과 독립전쟁을 목표로 한 독립운동방략은 임시정부가 연합국의 일원으로 참전하여 교전단체로서 승인을 받겠다는 것이었다. 그러나 이 계획은 인적 자원과 재정이 현실적으로 뒷받침될 수 없는 '이상적' 계획이었다. 이의 실현을 위해서는 중국정부의 승인과 지원이 절대적으로 필요했고, 그것은 임시정부에 대한 중국정부의 공식적인 지원이 이루어지는 1940년 이후에야 실현될 수 있었다.

2) 한국광복군의 창설과 자주성 문제

1937년 중일전쟁이 발발하면서 한중 사이에 반일공동전선의 형성을 위한 정세가 조성되었다. 이에 따라 임시정부는 '평등적 우의'를 원칙으로 '정부승인의 획득과 무

---

191 국사편찬위원회, 『韓國獨立運動史料』 1, 1973, 84~86쪽.
192 이하 독립운동방략에 대해서는 삼균학회, 『素昻先生文集 上』, 햇불사, 1979, 135~139쪽 참조.

장부대 건설'을 대중국외교의 기본방침으로 설정했다.[193] 한중연합작전과 국내진공을 목적으로 군사계획을 준비했던 임시정부의 창군계획은 1939년 5월 9일, 임시정부의 여당인 한국독립당(이하 한독당)을 결성하면서 본격 추진되었다. 한독당은 당강 6조에서 "국방군을 편성하기 위해 국민의무병역을 실시한다." 또 당책 3조에서 "장교 및 무장 대오를 통일, 훈련하여 광복군을 편성한다." 라고 규정하여,[194] 광복군 창설을 중심 과제로 설정했다.

광복군 창군은 중국 안에서 군대를 편성하는 일이고, 군대편성과 유지는 물론 독립전쟁을 수행하는데 필요한 비용을 중국정부의 원조에 의지해야 하기 때문에 중국 당국의 승인이 필요했다. 한독당은 곧바로 중국정부를 상대로 광복군 창군 교섭을 벌였다. 중국 측과의 창군 교섭 결과 1940년 4월 11일 장제스[蔣介石]으로부터 광복군 창군 지원의 인준을 받았다.[195] 이에 따라 임시정부는 5월 한국광복군의 편제 및 운영의 기본 방향을 담은 '한국광복군훈련계획대강'을 중국 측에 전달했다. 그것은 '항일전에 중국군과 한중연합전을 벌이며 광복군을 한국광복군총사령에 예속하며 단, 연합작전을 벌일 때만 중국군사 최고영수가 한중연합군 총사령관의 자격으로 이를 통솔 지휘하며 이에 필요한 재정적 지원은 중국이 한다'는 것이었다.[196] 장제스는 "한국광복군이 중국 항전에 참가"한다는 전제 아래 이 '계획대강'을 비준하고 조속히 실현하도록 중국군사위원회에 지시했다.[197]

그러나 중국군사위원회에서는 광복군은 "마땅히 군사위원회에 예속되어야" 한다고[198] 주장하며 아무런 실질적인 조치를 취하지 않았다. 광복군의 관할 문제로 창군 문제가 벽에 부딪히자 임시정부는 독자적 창군 방침을 결정하고 일방적으로 광복군 창군을 추진했다. 우선 광복군을 조직해 놓고 중국의 원조 문제는 나중일로 미루었던 것이다.

193 국회도서관,『大韓民國臨時政府議政院文書』, 1974, 281쪽.
194 국사편찬위원회,『韓國獨立運動史資料 3』, 1973, 495쪽.
195 독립운동사편찬위원회,『독립운동사 6』, 1969, 738쪽(이하『독립운동사 6』).
196 『대한민국임시정부자료집 10』, 8~9쪽.
197 『독립운동사 6』, 653~654쪽.
198 『대한민국임시정부자료집 10』, 21쪽.

시안(西安)의 한국 광복군 총사령부 의식 기념(1940년)

임시정부는 '계획대강'에서 주장한대로 상층조직부터 편제에 착수하여 1940년 8월 4일 이청천을 총사령으로 하는 총사령부 구성을 완료하고, 9월 15일 '임시정부의 군사조직법에 의거하여' '조국의 독립을 위한' 광복군임과 중국과 공동의 '일본제국주의를 타도하기 위한 연합군'으로서 '9월 17일 한국광복군총사령부를 창립함'을 내외에 알리는 '한국광복군선언문'을 공포했다.[199] 이 선언으로 광복군의 창군 주체가 한독당에서 임시정부로 바뀌면서 한국광복군은 당군黨軍에서 '국군'이 되었다. 이어 임시정부는 9월 17일 오전 7시 충칭의 가릉빈관에서 역사적인 한국광복군총사령부 성립전례를 거행, 광복군을 창설했다.

임시정부는 1940년 11월 광복군총사령부를 시안西安으로 이전하여 단위부대를 편성하는 등 활동을 시작했다. 하지만 중국군사위원회는 곧바로 각지의 군사장관들에게 광복군의 활동을 '엄밀히 단속'하라는 지시를 내려[200] 광복군의 활동을 불가능하게 하

---

199 『대한민국임시정부자료집 10』, 22~23쪽.
200 독립운동사편찬위원회, 『獨立運動史資料集』 別集2, 1977, 97쪽.

는 등 광복군을 인정하지 않았다. 그리하여 임시정부는 중국정부와 군사위원회를 상대로 광복군 승인 교섭에 적극 나섰지만 군사위원회의 태도에 전혀 변화의 기미가 없었다.

광복군 승인 문제로 1년 넘게 시간을 끌자 임시정부에서 결국 중국군사위원회의 요구를 받아들이기로 함으로써[201] 광복군 관할문제가 해결되었다. 이렇게 하여 중국군사위원회는 1941년 11월 15일 '한국광복군행동구개준승韓國光復軍行動九個準繩'(이하 9개준승)을 광복군총사령 이청천에게 통보했다.[202] 9개준승은 광복군을 중국군사위원회에 직예直隸하고 참모총장이 장악 운용한다는 기본 원칙 아래 광복군이 '중국의 군령을 받는 기간에는 한국독립당 임시정부와의 고유한 명의관계名義關係를 보류한다'라고 하여, 광복군에 대한 임시정부의 통수권을 완전 박탈했다. 뿐만 아니라 중일전쟁이 끝나기 전 광복군이 한국 국경내로 진입할 경우에도 중국군사위원회의 군령을 접수하도록 한 굴욕적인 것이었다.[203]

임시정부가 이 굴욕적인 9개준승을 받아들이지 않을 수 없었던 이유는 중국의 승인과 지원이 없이는 아무 것도 할 수 없는 광복군의 현실적 처지 때문이었고, 또한 어떻게 하든지 광복군의 기초세력만 생겨 만주로 진출하면 중국이 가혹하게 구속하지 않을 것이라는 막연한 기대도 있었다.[204]

임시정부가 '9개준승'을 부득이 받아들였지만 그것은 주권을 심각하게 침해한 굴욕적인 것이었다. 때문에 이를 취소 내지 개정해야 한다는 주장이 곧바로 임시정부 안팎에서 한 목소리로 나왔다. 임시정부는 9개준승의 폐기와 평등 호혜적 입장에서의 우의적 원조를 요구하라는 임시의정원의 결의를 근거로 중국 측

이청천

201 『國民政府與韓國獨立運動史料』(中央研究院近代史研究所), 臺北, 1988, 248~251·260~264쪽 (이하 『國民政府與韓國獨立運動史料』).
202 『國民政府與韓國獨立運動史料』, 335~342쪽.
203 『대한민국임시정부자료집 10』, 99~100쪽.
204 『大韓民國臨時政府議政院文書』, 777쪽.

과 교섭에 들어갔지만, 중국 측에서는 9개준승 취소 문제는 '임정이 정식으로 승인된 후에야 가능할 것', '광복군의 구성요소가 복잡하고 사상적으로 통일되지 않고 있다.'라는 등의 이유로 논의 자체를 진전시키지 않음으로써.[205] 9개준승 수개문제는 오랜 시간 교착상태에 빠지게 되었다.

교착 상태에 빠진 9개준승 수개문제에 중국 측이 긍정적 반응을 보이기 시작한 것은 1944년 중반에 들어서였다. 9개준승의 일방적 실효를 선언하겠다는 임시정부의 강경한 입장과 카이로회담에서 미국·영국·중국이 한국 독립 문제를 결정한 국제 환경의 변화도 영향을 미쳤다. 마침내 중국 측은 그해 8월 23일 9개준승을 취소한다는 통보를 해 왔다. 이로써 중국군사위원회에 예속되어 광복군의 활동을 속박하던 굴욕적인 9개준승이 3년 6개월 만에 취소되어, 광복군은 임시정부의 군대로 거듭나게 되었다.

중국 측이 광복군의 독립성을 인정하지 않는 표면적인 문제는 광복군을 임시정부의 직할군대로 할 것이냐 아니면 중국군사위원회에 예속할 것인가 하는 것이었지만 그 본질은 임시정부의 승인과 관련된 광복군의 국제법상의 지위 문제였다. 즉 광복군이 한중연합작전의 '단순한 국제지원군'이냐 아니면 '주권국가의 동맹군'이냐 하는 문제였다. 여기에는 당시 주중 미국대사가 9개준승에 대해 "이것을 담보로 일제 패망 후 한국의 상황을 장악할 수 있을 것이다"라고 평가했듯이[206] 종전 후 한반도에 대한 정치적 영향력을 확보하려는데 그 목적이 있었다.

미국에 의해 중국이 전후 4강 가운데 한 나라가 되면서[207] 중국정부는 전후 동아시아 질서에 대한 나름의 구상을 관철시키고 한반도에 대한 영향력을 확보하겠다는 생각에서 임정승인 문제를 다루었다. 특히 전후 소련의 한국지배를 차단하려면 한국에 대한 일정한 영향력이 필요했으므로 이를 임시정부를 통해서 확보한다는 생각을 가지고 있었던 것이다.[208] 이런 중국의 정치적 목적이 9개준승으로 나타났던 것이다.

205 『독립운동사 6』, 298쪽.
206 「육군정보과에서 국무장관에게」, 1943년 1월 21일(구대열, 『한국국제관계사 연구』 2, 역사비평사, 1995, 103쪽에서 재인용).
207 謝俊美, 「항일전쟁시기 중국 국민정부의 한국독립운동의 관계에 대한 약론」『중국항일전쟁과 한국독립운동』, 시대의 창, 2005, 20쪽.

3) 해방 전후 임시정부의 건군 전략

중경 임시정부는 한국광복군을 창설한 뒤 "한국광복군은 일찍이 1907년 8월 1일 일제에 의한 군대해산과 동시에 성립된 것"이며 "적들이 우리 국군을 강제로 해산시킨 날이 바로 광복군의 창립일"이라고 했다. 곧 한국광복군을 1907년 8월 일제에 의해 강제 해산된 대한제국의 군대 그리고 항일의병과 이들을 뒤이은 남북만주의 독립군을 역사적으로 계승한 "대한민국의 건국군이요 약소민족의 전위대"로 규정했다.[209] 또한 1940년 공포된 건국강령에서는 광복군에게 일반적인 국군과는 달리 '파괴'와 '건설'이라는 두 가지 임무를 부여했다. 즉 일제를 타도하고 일제 잔재와 봉건적 요소를 일소하는 '복국復國' 즉 광복 시기의 '혁명군'으로서 그리고 광복 후에 건설될 새로운 국가의 '건설군'으로서의 임무였다.

해방 직전 열린 임시의정원에서 박건병 의원이 "건군에 관한 일입니다. 국방계획도 없"다라고 정부를 비판했듯이 임시정부는 해방 후 국방계획에 대한 구체적인 안을 가지고 있지 않았다. 그것은 중국 관내라는 지역적 사정과 함께 최후 국내진공을 위한 광복군의 강화가 우선이었기 때문이다. 하지만 1944년 2월 개정된 관제 제4절 군무부 제61조에 의하면, "군무부장은 육해공군 군정에 관한 사무를 통할"한다고 했듯이[210] 기본적으로 육해공의 3군 체제의 건군계획을 가지고 있었다.

종전을 눈앞에 둔 1945년 3월 임시정부는 "한국의 완전 독립을 쟁취하고 동아시아의 영구한 평화를 확보하기 위하여 국내외 전체 한국동포를 동원하여 광복군을 확대하며 속히 동맹군과 배합 작전하여 일본제국을 격멸할" 국내진공작전을 계획했다.[211] 최후 대일전 승리를 위한 임시정부의 군사계획은 일본의 갑작스런 항복으로 수정되지 않을 수 없었다. 즉 일본의 항복으로 완전한 자주독립국가 건설과 광복군의 국군으로의 재편이 새로운 과제가 되었다.

208 정용욱, 앞의 논문, 1999, 280쪽.
209 『대한민국임시정부자료집 14』, 21~23쪽.
210 『대한민국임시정부자료집 6』, 130쪽.
211 『대한민국임시정부자료집 11』, 86~87쪽.

한국 광복군 훈련 모습

임시정부는 1945년 9월 3일, 최단 시간 내에 국내에 들어가 과도 통치권을 장악하고 임시정부 통제 아래 각 정치세력을 망라한 과도정부와 정식정부를 수립한다는 '임시정부 당면정책'을 발표하여[212] 건국강령을 계승한 건국방안을 제시했다. 그러나 한반도는 이미 38선을 경계로 남북한을 미국과 소련이 분할 점령한 상태였기 때문에 임시정부의 건국구상은 연합국의 협력과 동의가 절대로 필요했다. 그리하여 임시정부는 소련이 북한을 공산기지로 강화하여 남한까지 공산화하는 것과는 반대로 남한을 강력한 민주기지로 강화하여 그 세력을 북한으로까지 연장해야 하며 이를 위해서는 민주주의의 핵심세력인 임시정부와 광복군을 강화시켜야 한다고 주장했다.[213] 즉 임정은 중국과 미국의 협력을 바탕으로 남한 정국을 주도하고 이때 광복군을 중요한 정치적·군사적 기반으로 삼겠다는 의도였다.

임시정부는 이러한 건군 구상의 실현을 위해 일본군 내 한적사병의 인원을 10만으로 추산하고 이들을 광복군에 편입시켜 이미 설치된 광복군 3개 지대 외에 7개의 지대를 증설해 총 10개 지대로 광복군을 확장한다는 계획을 수립했다. 즉 각 지대를 1만 명의 병력을 보유한 완전한 사단 편제로 조직함으로써 국군의 모체 조직으로 삼는다는 계획이었다.[214] 이러한 광복군 확군의 1차 대상은 중국 관내의 일본군 소속 한적

---

212 『대한민국임시정부자료집 8』, 316~317쪽.
213 염인호, 「해방 후 韓國獨立黨의 中國關內地方에서의 光復軍 擴軍運動」 『역사문제연구』 1, 1996, 271쪽.
214 『독립운동사』 6, 545~547쪽.

광복군 제3지대

韓籍 장병이었다. 이에 따라 김구는 귀국 직전 장제스에게 중국내 '한적 사병의 광복군 편입'을 요구하는 한편[215] 미군정 당국에도 '신국가 건설에 필요한 군대를 귀국 후 구성하겠다'고 통보했다.[216]

임시정부는 이렇게 광복군을 확군하여 국내로 진주시켜 건립될 국군의 근간으로 삼으려 했다. 임정의 이 구상은 물론 임정이 국내로 귀환하여 연합국의 인정을 받아 국내정국을 주도한다는 가정에서만 가능한 일이었다.[217] 그러나 임정의 이 구상은 안팎으로 벽에 부딪혔다.

우선 중국 정부는 종전 후 임시정부 지원을 통해 한반도에서의 국가 건설에 영향력을 행사하려는 의지를 갖고 있었다. 즉 임시정부를 주축으로 정권을 수립시킨 뒤 군사기지 설치, 철도경영권확보 등을 통해 내정에 개입할 계획을 갖고 있었다.[218] 그리하

---

215 국사편찬위원회, 『韓國獨立運動史資料』27, 1994, 41~42쪽.
216 백범김구선생전집편찬위원회, 『백범김구전집』8, 대한매일신보사, 1999, 47~48쪽.
217 염인호, 앞의 논문, 1996, 272쪽.
218 국가보훈처, 『大韓民國臨時政府와 韓國光復軍』, 1996, 90~96쪽.

여 중국 정부는 해방 직후 임정이 요구한 사항들을 승인·지원하는 외에도 임정 요인의 귀국 주선, 차관형식의 재정 등을 적극적으로 지원했다. 그러나 중국 정부의 이런 정책은 1945년 말이 되면서 광복군의 확군 금지 정책으로 돌아섰다. 여기에는 미국의 대한정책이 지대한 영향을 미쳤다.

미국은 김구와 임정세력을 가장 유력한 친중국세력으로 간주하고 중국 정부가 임시정부를 지원하는 것은 중국이 한반도 문제에 개입하겠다는 의지의 표명으로 인식하고 적극 견제했다.[219] 해방 전후 미국은 임시정부의 정부승인 요구에 대해 국내에 기반이 없고 다른 단체들과 비교해 배타적 대표성을 주장할만한 근거가 없다는 등의 이유로 거부했고 여기에는 무엇보다 정부승인은 신탁통치안에 깔린 미국 측 의도와 배치되었고 또한 임정의 민족주의적 성향도 경계 대상이었기 때문이다.[220]

그런데 1945년 12월 모스크바 삼상회의에서 전후 한반도의 처리 방침이 국제신탁통치로 정리되면서 임시정부의 '이용가치'가 사라졌다. 중국 정부는 초기 협조적 태도를 바꾸어 광복군의 확군 금지 정책을 취했다.[221] 그 핵심은 일본군내 한적사병을 광복군에 편입시키지 않고 중국군이 관리한다는 것이었다. 나아가 미국의 임정불승인 정책에 따라 광복군이 군대가 아닌 개인자격으로 입국하게 되면서 중국정부는 1946년 초반 광복군에게 제공했던 무장을 회수했다.

더 이상 중국 관내에서 광복군을 유지할 수 없게 된 광복군총사령부측은 광복군과 교포들의 수송이 완료된 다음 최종 배편으로 귀국하기로 결정하고, 1946년 5월 16일 광복군총사령 이청천이 복원선언서復員(해산)宣言書를 발표함으로써[222] 한국광복군은 사실상 해체되었고, 해방된 조국의 '국군'으로 거듭나려던 건군의 희망도 물거품이 되고 말았다.

---

219 김정인, 「임정 駐華代表團의 조직과 활동」『역사와 현실』 24, 1997, 126쪽.
220 정용욱, 「해방 전후 백범 김구의 활동과 미국」『백범과 민족운동연구』 5, 2007, 334~335쪽.
221 秋憲樹,『資料韓國獨立運動』1, 연세대학교출판부, 1971, 495~496쪽.
222 국가보훈처, 앞의 책, 1996, 441쪽.

참고문헌
찾아보기

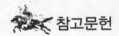 **참고문헌**

[고려시대 군사사상]

1. 사료

『역주 삼국사기』(한국정신문화연구원, 1996)

『삼국유사』(민족추진회, 1977)

『신편 고려사』(2002, 신서원)

『신편 고려사절요 상·중·하』(옮김이 민족문화추진회, 신서원, 2004)

『국역 고려도경』(민족문화추진회, 1977)

『국역 동국이상국집』(민족문화추진회, 1978)

『동국병감』(임홍빈·유재호·성백효 역, 국방부전사편찬위원회, 1984)

『국역 동국통감』(세종대왕기념사업회, 1996~1997)

『국역 동사강목』(민족문화추진회, 1980)

『발해고』(경문사, 1976)

『국역 여사제강』(세종대왕기념사업회, 1997~1998)

『역대병요(상·중·하)』(국방군사연구소, 1996)

『역대병요(Ⅰ~Ⅴ)』(임홍빈·유재호·성백효 역, 국방부전사편찬위원회, 1991~1994)

『국역 해동역사』(민족문화추진회, 1999~2003)

『해동명장전』(유재호 역, 국방부전사편찬위원회, 1987)

『고려사병지역주』(고려사연구회, 경인문화사, 1969)

『조선왕조실록』(국사편찬위원회 영인본, 탐구당, 1984)

『구오대사(舊五代史)』(대만 상무인서관)

『신오대사(新五代史)』(『문연각사고전서』 제279책, 대만 상무인서관)

『요사』(중화서국 표점교감, 경인문화사 영인본)

『거란국지(契丹國志)』(국립중앙도서관 원문정보)

『금사』(중화서국 표점교감, 경인문화사 영인본)

『송사』(중화서국 표점교감, 경인문화사 영인본)

『원사』(중화서국 표점교감, 경인문화사 영인본)

『신원사(新元史)』(중국서점 영인본:북경)

『원고려기사(元高麗紀事)』(문전각서장:북경)

『문헌통고(文獻通考)(상·하)』(중화서국: 북경)

『발해국지』(태학사 영인본)

『중국역사지도집(中國歷史地圖集)』(중국사회과학원, 中國地圖出版社出版)

『고려사중중한관계사료휘편(高麗史中中韓關係史料彙編)』(金渭顯, 食貨出版社:臺北, 1983)

『송대여사자료집록』(장동익, 서울대학교출판부, 2000)

2. 단행본

(1) 국내

권영국, 『고려후기 군사제도 연구』, 서울대학교 박사학위논문, 1994.

김남규, 『고려양계지방사연구』, 새문사, 1989.

김당택, 『원 간섭하의 고려정치사』, 일조각, 1998.

김당택, 『고려의 무인정권』, 국학자료원, 1999.

김상기, 『신편 고려시대사』, 서울대학교 출판부, 1985.

김성남, 『전쟁으로 보는 한국사』, 수막새, 2005.

김순자, 『여말선초 대원對元·명明관계 연구』, 연세대 박사학위논문, 1999.

김위현, 『고려시대 대외관계사 연구』, 경인문화사, 2004.

김위현, 『거란사회문화사론』, 경인문화사, 2004.

김일우, 『고려초기 국가의 지방지배체계 연구』, 일지사, 1998.

김재만, 『거란민족발전사의 연구』, 독서신문사, 1974.

김재만, 『거란·고려 관계사 연구』, 국학자료원, 1999.

김종래, 『유목민이야기-바람에 새겨진 역사』, 자우출판, 2002.

김한규, 『한중관계사』(1·2), 아르케, 1999.

김한규, 『요동사』, 문학과 지성사, 2004.

김현길, 『중원의 역사와 문화유적』, 청지사, 1984.

노계현, 『고려영토사』, 갑인출판사, 1993.

노계현, 『대몽외교사』, 갑인출판사, 1993.

문경현, 『고려사 연구』, 경북대학교출판부, 2000.

민병하, 『고려무신정권연구』, 성균관대출판부, 1990.

박용운, 『고려시대사(상·하)』, 일지사, 1985·1987.

박용운, 『고려시대사 연구의 성과와 과제』, 신서원, 1999.

박종기, 『5백년 고려사』, 푸른역사, 1999.

박종기, 『새로 쓴 5백년 고려사』, 푸른역사, 2008.

박한남, 『고려의 대금외교정책연구』, 성균관 대 박사학위논문, 1993.

방동인, 『한국의 국경획정연구』, 일조각, 1997.

방향숙 외, 『연구총서8-한중 외교관계와 조공책봉』, 고구려연구재단, 2005.

변태섭, 『고려사의 연구』, 삼영사, 1982.

서병국, 『거란제국사연구-거란제국의 지나인 통치 성공이유』, 한국학술정보(주), 2006.

서인한, 『한국 역대파병사』, 국방부군사편찬연구소, 2002.

송기호, 『발해정치사연구』, 일조각, 1995.

손영식, 『한국성곽의 연구』, 문화재관리국, 1987.

신안식, 『고려 무인정권과 지방사회』, 경인문화사, 2002.

신채식, 『동양사개론』, 삼영사, 1993.

심재석, 『고려국왕 책봉 연구』, 혜안, 2002.

안주섭, 이부오, 이영화, 『영토한국사』, 소나무, 2006.

유재성, 『여요전쟁사』, 국방부전사편찬위원회, 1990.

유재성, 『한민족전쟁통사Ⅱ』, 국방군사연구소, 1993.

윤용혁, 『고려대몽항쟁사연구』, 일지사, 1991.

이근화, 『고려전기 북방정책의 전개연구』, 경희대 박사학위논문, 1988.

이기백, 『고려병제사연구』, 일조각, 1968.

이기훈, 『전쟁으로 보는 한국역사』, 지성사, 1997.

이동복, 『동북아세아사연구-금대 여진사회의 구성』, 일조각. 1986.

이병도, 『고려시대의 연구』, 아세아문화사, 1980.

이정신, 『고려 무신정권기 농민·천민항쟁 연구』, 고려대출판부, 1991.

이정신, 『고려시대의 정치변동과 대외정책』, 경인문화사, 2003.

이춘식, 『중국사서설』, 교보문고, 1991.

장동익, 『고려후기 외교사연구』, 일조각, 1994.

전해종, 『한중관계사연구』, 일조각, 1970,

이춘식, 『중국사 서설』, 교보문고, 1992.

이효형, 『발해유민사 연구』, 혜안, 2007.

임용한, 『전쟁과 역사 2-거란·여진과의 전쟁』, 혜안, 2004.

장철균, 『서희의 외교담판-고구려 영토수복 어떻게 가능했나-』, 현음사, 2004.

장학근, 『고려의 북진정책사』, 국방부군사편찬연구소, 2004.

정경현, 『고려전기 2군6위제연구』, 서울대 박사학위논문, 1992.

정해은, 『한국 전통병서의 이해』, 국방부군사편찬연구소, 2004.

채상식, 『고려후기불교사연구』, 일조각, 1991.

하현강, 『한국중세사연구』, 일조각, 1988.

한규철, 『발해의 대외관계사』, 신서원, 1994.

허선도, 『조선시대 화약병기사연구』, 일지사, 1994.

허흥식, 『한국중세불교사연구』, 일조각, 1994.

홍영의, 『고려말 정치사 연구』, 혜안, 2005.

홍원기, 『고려전기 군제연구』, 혜안, 2001.

황을순, 『고려 공민왕대의 개혁과 그 성격에 관한 연구』, 동아대 박사학위논문, 1989.

국사편찬위원회 편, 『한국사 10-발해』, 1996.

국사편찬위원회 편, 『한국사12-고려 왕조의 성립과 발전』, 1993.

국사편찬위원회 편, 『한국사15-고려 전기의 사회와 대외관계』, 1995.

국사편찬위원회 편, 『한국사 20-고려 후기의 사회와 대외관계』, 1994.

국사편찬위원회 편, 『한국사 22-조선 왕조의 성립과 대외관계』, 1995.

사회과학원 고고학연구소, 『고려의 성곽』(조선고고학전서 45, 중세편 22), 진인진, 2009.

군사연구실, 『고려군제사』, 육군본부, 1983.

(2) 국외

장페이페이, 『한중관계사』(김승일 역), 범우사, 2005.

전백찬翦伯贊 편, 『중국전사中國全史 (하)』(이진복·김진옥 옮김), 학민사, 1990.

중국사연구실 편역, 『중국역사(하)』, 신서원, 1993.

중국사학회 엮음, 『중국역사박물관-遼·西夏·金』(강영매 옮김), 범우사, 2004.

청위·장허성 지음, 『중국을 말한다(12)-철기와 장검』(김춘택·이인선 옮김), 신원문화사, 2008.

杉山正明, 『유목민이 본 세계사』(6쇄)(이진복 옮김), 학민사, 2006.

일본동아연구소 편, 『북방민족의 중국통치사』 (서병국 옮김), 한국학술정보(주), 2002

宮崎市定, 『중국사』(조병한 편역), 역민사, 1983.

룩 콴텐, 『유목민족제국사』(송기중 역), 민음사, 1984.

르네 구루쎄 지음, 『유라시아 유목제국사』(1판 11쇄)(김호동·유원수·정재훈 옮김), 사계절, 2009.

버나드로 몽고메리, 『전쟁의 역사(개정판)』(승영조 역), 책세상, 2004.

티모시 메이 지음, 『칭기즈칸의 세계화 전략 : 몽골병법』(신우철 옮김), 2009, 대성닷컴(주).

베야 블라디미르초프, 『몽골사회제도사』(주채혁 역), 대한교과서주식회사, 1990.

올호노드 하인잔 샥달, 『칭기스칸 전쟁술』, 육군본부 군사연구소, 2009.

3. 논문

강성문, 「고려말 홍두적 침구에 관한 연구」『한국 군사사의 재조명』, 황금알, 2005.

강옥엽, 「고려시대의 서경제도」『국사관논총』 92, 국사편찬위원회, 2000.

강은정, 「12세기초 고려의 여진정벌과 대외관계의 변화」『북악사론』9, 2002.

강재광, 「대몽전쟁기 최씨정권의 해도입보책과 전략해도」『군사』66, 2008.

고병익, 「몽蒙·麗려의 형제맹약」『동아교섭사의 연구』(4판), 서울대학교출판부, 1988.

김갑동, 「고려의 건국과 후삼국통일의 민족사적 의미」『한국사연구』143, 2008.

김광수, 「고려건국기 패서호족과 대여진관계」『사총』21·22, 1977.

김구진, 「공험진과 선춘령비」『백산학보』21, 1976.

김구진, 「북방문제」『한국사 20』, 국사편찬위원회, 1994.

김구진, 「윤관 9성의 범위와 조선 6진의 개척-여진세력 관계를 중심으로」『사총』 21·22, 1977.

김당택, 「고려말 대외관계의 격동과 무장세력의 정치적 지향」『한국사시민강좌 35』, 일조각, 2004.

김대봉·이임수, 「정약용 군사사상의 현대적 의미」『군사연구』128집, 육군군사연구소, 2010.

김명철, 「고려토성의 축조 형식과 방법」『조선고고연구』제78호, 1991.

김상기, 「여진관계의 시말과 윤관의 북벌」『동방사논총』, 서울대출판부, 1974.

김성규, 「고려 전기의 여송관계-송조 빈례賓禮를 중심으로 본 고려의 국제지위 시론-」『국사관논총』92, 2000.

김순자, 『여말선초 대원對元·명明관계 연구』, 연세대 박사학위논문, 1999.

김위현, 「거란의 해인奚人에 대한 정책고」『명지사론』3, 1990.

김위현, 「서희의 외교」『서희와 고려의 고구려 계승의식』, 학연문화사, 1999.

김창겸, 「후삼국 통일기 태조 왕건의 패서호족과 발해유민에 대한 정책연구」『성대사림』4, 1987.

김호동, 「몽고제국의 형성과 전개」『강좌중국사Ⅲ』, 지식산업사, 1989.

노계현, 「고려예종의 구성九城 구축과 영토처리」『국제법학회논총』65, 1989.

노명호, 「고려시대의 다원적 천하관과 해동천자」『한국사연구』105, 1999.

노명호, 「고려시대의 다원적 천하관과 해동천자」『한국사연구』105, 1999.

민현구, 「고려 공민왕의 반원적 개혁정치에 대한 일고찰」『진단학보』68, 1989.

민현구, 「고려전기의 대외관계와 국방정책-문종대를 중심으로」『고려정치사론』, 고려대출판부, 2004.

박경안, 「고려인들의 여진족에 대한 인식과 대외관계」『경기향토사학』9, 2004.

박경안, 「고려전기 다원적 국제관계와 국가·문화 귀속감」『동방학지』129, 2005.

박성래, 「고려초의 역(曆)과 연호(年號)」『한국학보』4, 1978.

박용운, 「14세기의 고려사회-원간섭기의 이해 문제」『14세기 고려의 정치와 사회』, 민음사, 1994.

박종기, 「고려시대의 대외관계」,『한국사 6』, 한길사, 1994.

박종기, 「조선중기 대외정책의 변화에 대하여- 선종대를 중심으로」『한국학논총』16, 1994.

서성호, 「고려 태조대 대거란 정책의 추이와 성격」『역사와 현실』34, 1999.

서일범, 「서희가 축성한 성곽과 청천강 이북 방어체계」『서희와 고려의 고구려 계승의식』, 1999.

송인주, 「공민왕대 군제개혁의 실태와 그 한계」『한국중세사연구』5, 1998.

송인주, 「원압제하 고려왕조의 군사조직과 그 성격」『역사교육논집』16, 1995.

신안식, 「고려 최씨무인정권의 대몽강화교섭에 대한 일고찰」『국사관논총』45, 1993.

신안식, 「고려시대 양계의 성곽과 그 특징」『군사』66, 2008.

심재석, 「세계제국 몽고와 맞선 고려 민중의 힘」『고려시대 사람들 어떻게 살았을까』, 청년사, 1997.

안병우, 「고려와 송의 상호인식과 교섭 : 11세기 후반~12세기 전반」『역사와 현실』43, 2002.

오영선, 「고려 무신집권기 사병의 성격」『군사』33, 1996.

오영선, 「최씨 집권기 정권의 기반과 정치운영」『역사와 현실』17, 1995.

오종록, 「고려후기 군사지휘 체계」『국사관논총』24, 1991.

윤무병, 「고려북계지리고(上)」『역사학보』4, 1953.

윤무병「길주성과 공험진-공험진 立碑問題의 재검토」『역사학보』10, 1958.

이기동, 「신라하대의 패강진-고려왕조 성립과 관련하여-」『한국학보』4, 1976.

이기성, 「한국 군사사상의 중요성과 연구 활성화 방안」『군사연구』122집, 육군군사연구소, 2006.

이동복, 「金의 시조전설에 대한 일고찰」『동국사학』15·16합집, 1981.

이상국, 「고려시대 군호의 편제와 본관제」『군사』 56호, 2005.

이석현, 「고려와 요금의 외교관계-조공책봉관계를 중심으로」『연구논총』 8, 고구려연구재단, 2005.

이익주, 「고려 대몽항쟁기 강화론의 연구」『역사학보』 151, 1996.

이재범, 「고려전기의 군사제도」『한국군사사연구 1』, 1998.

이재범, 「여요전쟁시 고려와 요의 군사력 비교」『서희와 고려의 고구려 계승의식』, 1999.

이혜옥, 「고려초기 서경세력에 대한 일고찰」『한국학보』 26, 1982.

이홍두, 「고려 거란전쟁과 기병전술」『사학연구』 80, 2005.

임상선, 「발해 유민의 부흥운동」『새롭게 본 발해사』, 고구려연구재단, 2004.

임상선, 「발해의 건국과 국호」『새롭게 본 발해사』, 고구려연구재단, 2004.

장동익, 「원의 간섭과 자주성의 시련」『한국사 20』, 국사편찬위원회, 1994.

정수아, 「윤관세력의 형성」『진단학보』 66, 1988.

조인성, 「고려 양계 주진의 방수군과 주진군」『고려광종연구』(이기백편), 1981.

채웅석, 「통일신라에서 고려로의 왕조 교체를 어떻게 평가할 것인가」『한국사시민강좌 40』, 일조각, 2007.

주채혁, 「몽골-고려사 연구의 재검토 - 몽골-고려사의 성격문제-」『국사관논총』 8, 1989.

주채혁, 「고려 내지의 達魯花赤 치폐에 관한 소고」『청대사림』 1, 1974.

최규성, 「고려초기 여진문제의 발생과 북방경영」『백산학보』 26, 1981.

최규성, 「거란 및 여진과의 전쟁」『한국사 15』, 국사편찬위원회, 1995.

최규성, 「북방민족과의 관계」『한국사 15』, 국사편찬위원회, 1995.

추명엽, 「11세기 후반~12세기 초 여진정벌문제와 정국동향」『한국사론』 45, 2001.

추명엽, 「고려시기 '海東'인식과 해동천하」『한국사연구』 129, 2005.

추명엽, 「고려전기 '蕃' 인식과 '동·서번'의 형성」『역사와 현실』 43, 2002.

추명엽, 「고려전기 關·津·渡의 기능과 商稅」『국사관논총』 104, 2004.

홍승기, 「고려초기 중앙군의 조직과 역할-경군의 성격-」『고려정치사연구』, 일조각, 2001.

홍영의, 「고려 최씨 정권은 왜 강화로 천도했을까?」『내일을 여는 역사』 19, 서해문집, 2005.

[조선시대 군사사상]

1. 사 료

『朝鮮王朝實錄』(國史編纂委員會, 탐구당, 1984)

『高宗實錄』(탐구당, 1970)

『CD-ROM 국역조선왕조실록』(서울시스템)

『承政院日記』(國史編纂委員會, 탐구당, 1969)

『備邊司謄錄』(國史編纂委員會, 민족문화사, 1982)

『日省錄』(서울대학교 奎章閣, 1982)

『經國大典』『續大典』『大典通編』『大典會通』

『增補文獻備考』(한국학진흥원, 1987)

『園行乙卯整理儀軌』(서울대학교 규장각, 1994)

『華城城役儀軌』(서울대학교 규장각, 1994)

『武科總要』(아세아문화사, 1972)

『萬機要覽』(民族文化推進會 간행본, 1989)

『海東地圖(上·下)』(서울대학교 규장각, 1995)

『新增東國輿地勝覽』(民族文化推進會 간행본, 1971)

『東國輿地備攷』(서울史料叢書 1, 1956)

『鎭管官兵編伍册』(朝鮮史編修會, 1935)

『民堡議』(한국정신문화연구원)

『民堡輯說』(국립중앙도서관)

『民堡議·民堡輯說(附漁樵問答)』(柳在浩 譯, 國防部戰史編纂委員會, 1989)

『民堡新編』(성균관대학교)

『民堡新約』(연세대학교)

『국역 제승방략』(세종대왕기념사업회, 1999)

『兵學指南演義』(成百曉譯, 국방군사연구소, 1995)

『紀效新書』(國防軍事研究所, 1998)

『武藝圖譜通志』(1981, 景文社)

『武備志』(국립중앙도서관)

『備禦考』(서울대학교 규장각)

『武備要覽』(趙禹錫)(일조각, 1982)

『帳幕軍案』(한국정신문화연구원 장서각)

『河東府束伍軍兵保人戊午式改都案』(서울대학교 규장각)

『耽羅巡歷圖』(제주대학교박물관, 1994)

『國朝人物考』(서울대도서관 영인본, 1978)

『尙州周氏大同譜』(回想社, 2001)

『江都誌』(李衡祥)(韓國精神文化研究院, 1990, 『國譯甁窩集』 수록)

『姜瑋全集』(姜瑋)(아세아문화사, 1978)

『經濟野言』(禹禎圭)(서울대학교 규장각)

『農圃問答』(鄭尙驥)(한길사, 실학사상독본 4, 1992)

『亂中雜錄』(趙慶南)(民族文化推進會 간행본, 1989, 『國譯大東野乘』 수록)

『南漢日記』(石之珩)(국립중앙도서관)

『湛軒書』(洪大容)(民族文化推進會 영인본, 2000)

『萬機要覽』(民族文化推進會, 1989)

『與猶堂全書』(丁若鏞)(경인문화사, 1973)

『經世遺表』(丁若鏞)(民族文化推進會 간행본, 1989)

『茶山詩文集』(丁若鏞)(民族文化推進會 간행본, 1986)

『牧民心書』(丁若鏞)(茶山研究會 譯註, 창작과 비평사, 1984)

『梅泉野錄』(黃玹)(金濬 譯, 교문사, 1994)

『磻溪隨錄』(柳馨遠)(韓長庚譯, 충남대학교, 1968)

『丙子錄』(羅萬甲)(국립중앙도서관)

『北學議』(朴齊家)(국사편찬위원회, 1971)

『西厓全書』(柳成龍)(서애선생기념사업회, 1991)

『星湖僿說』(李瀷)(民族文化推進會 간행본, 1982)

『宋子大全』(宋時烈)(民族文化推進會 간행본, 1988)

『鎖尾錄』(吳希文)(海州吳氏楸灘公派宗中,

1990)

『順庵集』(安鼎福)(民族文化推進會 간행본, 1996)

『雜同散異』(安鼎福)(아세아문화사, 1981)

『燃藜室記述』(李肯翊)(民族文化推進會 간행본, 1989)

『燕巖集』(朴趾源)(民族文化推進會 영인본, 2000)

『阮堂全集』(金正喜)(民族文化推進會 간행본, 1995)

『林下筆記』(李裕元)(성균관대학교 대동문화연구원, 1961)

『壬戌錄』(국사편찬위원회, 1958)

『懲毖錄』(柳成龍)(서애선생기념사업회, 1991, 『西厓全書』)

『迂書』(柳壽垣)(民族文化推進會 간행본, 1989)

『芝峰類說』(李睟光)(朝鮮古書刊行會, 1915)

『風泉遺響』(宋奎斌)(成百曉 譯, 국방부 전사편찬위원회, 1990)

『海東諸國紀』(申叔舟)(조선총독부, 1933)

『華西集』(李恒老)(大洋書籍, 1975)

2. 단행본

(1) 국내

강성문, 『조선전기의 무기개발과 제조에 관한 연구』, 육군사관학교, 1994.

강성문, 『韓民族의 軍事的 傳統』, 봉명, 2000.

강재언, 『서양과 조선-그 이문화 격투의 역사』, 학고재, 1998.

김기웅, 『무기와 화약』, 세종대왕기념사업회, 1974.

김동욱, 『수원 화성』, 대원사, 1989.

김우철, 『朝鮮後期 地方軍制史』, 景仁文化社, 2000.

김재근, 『거북선』, 정우사, 1992.

김종수, 『朝鮮後期 訓鍊都監의 設立과 運營』, 서울대 박사학위논문, 1996.

김종원, 『근세 동아시아관계사 연구-朝淸交涉과 東亞三國交易을 중심으로』, 혜안, 1999.

김태준, 『洪大容評傳』, 민음사, 1987.

고석규, 『19세기 조선의 향촌사회연구』, 서울대학교 출판부, 1998.

권희영·이원순·장동하·조광, 『병인양요의 역사적 재조명』, 한국정신문화연구원, 2001.

노영구, 『朝鮮後期 兵書와 戰法의 연구』, 서울대 박사학위논문, 2002.

문화재관리국, 『全國山城調査報告書』, 1980.

문화재관리국, 『全國文化遺蹟現況』, 1983.

민두기, 『日本의 歷史』, 지식산업사, 1976.

민현구, 『朝鮮初期의 軍事制度와 政治』, 한국연구원, 1983.

박영재·박충석·김용덕, 『19세기 일본의 근대화』, 서울대학교출판부, 1996.

박영준, 『明治時代 日本軍隊의 形成과 膨脹』, 국방군사연구소, 1997.

박 주, 『朝鮮時代의 旌表政策』, 일조각, 1990.

박현모, 『정치가 정조』, 푸른역사, 2001.

방동인, 『韓國의 國境劃定研究』, 일조각, 1997.

배우성, 『조선후기 국토관과 천하관의 변화』, 일지사, 1998.

백기인, 『18世紀 宋奎斌의 國防論 硏究』 한국

정신문화연구원 한국학대학원 박사학위논문, 1999.

서인한, 『壬辰倭亂史』, 국방부 전사편찬위원회, 1987.

서인한, 『丙寅·辛未洋擾史』, 국방부 전사편찬위원회, 1989.

서태원, 『朝鮮後期 地方軍制研究-營將制를 중심으로-』, 혜안, 1999.

송복남, 『권율전기』, 고양문화원, 1999.

손영식, 『韓國城郭의 研究』, 문화재관리국, 1987.

송찬섭·홍순권, 『한국사의 이해』, 한국방송대학교출판부, 1998.

신용하, 『朝鮮後期 實學派의 社會思想研究』, 지식산업사, 1997.

심정보, 『韓國 邑城의 研究』, 학연문화사, 1995.

신대진, 『朝鮮後期 實學者의 國防思想 研究』, 동국대 박사학위논문, 1995.

연갑수, 『대원군집권기 부국강병정책 연구』, 서울대학교출판부, 2001.

오수창, 『朝鮮後期 平安道 社會發展 研究』, 一潮閣, 2002.

오영교, 『朝鮮後期 鄕村支配政策 研究』, 혜안, 2001.

원영환, 『朝鮮時代 漢城府 研究』, 강원대학교출판부, 1990.

유봉학, 『정조대왕의 꿈-개혁과 갈등의 시대』, 신구문화사, 2001.

유승주 외, 『韓國武器發達史』, 국방군사연구소, 1994.

유재성, 『丙子胡亂史』, 국방부 전사편찬위원회, 1986.

유재춘, 『近世 韓日城郭의 比較研究』, 국학자료원, 1999.

유홍준, 『완당평전』, 학고재, 2002.

이형석, 『壬辰倭亂史(上·中·下)』, 壬辰倭亂史刊行委員會, 1974.

이근호·조준호·장필기·심승구, 『조선후기의 수도방위체제』, 서울시립대학교 서울학연구소, 1998.

이성무, 『조선왕조사(1·2)』, 동방미디어, 1998.

이상태, 『한국 고지도 발달사』, 혜안, 1999.

이원승, 『류성룡의 군사분야 업적 재조명』, 청문각, 1992.

이장희, 『壬辰倭亂史研究』, 아세아문화사, 1999.

이재철, 『朝鮮後期 備邊司研究』, 집문당, 2001.

이채연, 『壬辰倭亂 捕虜實記 研究』, 박이정, 1995.

이태진, 『朝鮮後期의 政治와 軍營制 變遷』, 한국연구원, 1985.

이태진, 『朝鮮儒教社會史論』, 지식산업사, 1989.

이화여자대학교한국여성사편집위원회편, 『韓國女性史(1)』, 이화여자대학교출판부, 1972.

임재해, 『안동하회마을』, 대원사, 1992.

장학근, 『朝鮮時代 海洋防禦史』, 창미사, 1988.

정연식, 『조선후기 '役摠'의 운영과 良役變通』, 서울대 박사학위논문, 1993.

정옥자, 『조선후기 조선중화사상 연구』, 일지사, 1998.

정해은, 『朝鮮後期 武科及第者 研究』, 한국정신문화연구원 한국학대학원 박사학위논문, 2002.

조정기, 『西厓 柳成龍의 國防政策 研究』, 단국대 박사학위논문, 1990.

차문섭, 『朝鮮時代軍制研究』, 단국대학교 출판부, 1973.

차문섭, 『조선시대 군사관계 연구』, 단국대학교 출판부, 1996.

차용걸, 『高麗末·朝鮮前期 對倭 關防史 研究』, 충남대 박사학위논문, 1988.

차용걸·심정보 편, 『壬辰倭亂 前後 關防史研究』, 문화재연구소, 1989.

천관우, 『韓國史의 再發見』, 일조각, 1974.

천관우, 『近世朝鮮史研究』, 일조각, 1979.

최영희, 『壬辰倭亂中의 社會動態』, 한국문화원, 1975.

최규진, 『남원과 정유재란』, 신영출판사, 1997.

최홍규, 『禹夏永의 실학사상연구』, 일지사, 1995.

최홍규, 『정조의 화성건설』, 일지사, 2001.

최병옥, 『開化期의 軍事政策研究』, 홍익대 박사학위논문, 1987.

최효식, 『朝鮮後期軍制史研究』, 신서원, 1995.

하우봉, 『朝鮮後期實學者의 日本觀研究』, 일지사, 1989.

한국학연구소 편, 『18세기 조선지식인의 문화의식』, 한양대학교출판부, 2001.

한명기, 『임진왜란과 한중관계』, 역사비평사, 1999.

허경진, 『한국의 읍성』, 대원사, 2001.

허선도, 『朝鮮時代 火藥兵器史研究』, 일조각, 1994.

한국보이스카우트연맹, 『韓國의 城郭과 烽燧(상,중,하)』, 1989.

한국정신문화연구원, 『京畿地域의 鄕土文化』, 1997.

한영우, 『朝鮮後期史學史研究』, 일지사, 1989.

한영우, 『正祖大王華城行幸 班次圖』, 효형출판, 2000.

(2) 국외

大橋武夫, 『兵書研究』, 日本工業新聞社(국회), 1980.

童來喜, 『戚繼光』, 軍事科學出版社, 1991.

藤原彭, 『日本軍事史』(엄수현 역), 시사일본어사, 1994.

馬明達 校註, 『紀效新書』, 人民體育出版社, 1988.

徐子宏 等編, 『中國兵書十種』, 湖南出版社, 1993.

楊泓, 于炳文, 李力 共著, 『中國古代兵器與兵書』, 北京 : 新華出版社(국회), 1992.

王貴元 등, 『明清兵書名著精華』, 警官教育出版社, 1993.

王兆春, 『中國火器史』, 北京 軍事科學出版社, 1991.

王兆春, 『中國歷代兵書』, 商務印書館, 1996.

王兆春, 『中國科學技術史 : 軍事技術』, 科學出版社, 1998.

劉慶, 『中國宋遼金夏軍事史』, 人民出版社, 1994.

劉伯溫 著 ; 魏汝霖 註釋, 『劉伯溫兵書釋註釋』, 臺北 : 黎明文化事業(국립), 1985.

劉申寧, 『中國兵書總目』, 北京 : 國防大學出版社(국립), 1990.

劉旭, 『中國古代火砲史』, 上海人民出版社, 1989.

李零 主編, 『中國兵書名著今譯』, 軍事譯文出版

社, 1992.

日本史蹟研究會, 『日本武將100選』, 秋田書店, 1970.

張文達 編, 『中國軍事人物辭典』, 哈爾濱, 黑龍江人民出版社, 1998.

張文才 等 譯註, 『中國兵書十大名典』, 遼寧人民出版社, 2000.

井上宗和, 『城』, 東京 法政大學出版局, 1973.

鳥羽正雄, 『日本城郭辭典』, 東京堂出版, 1971.

존 키건, 『세계전쟁사』(유병진 옮김), 까치, 1996.

周 緯, 『中國兵器史稿』, 明文書局, 1981.

周嘉華 외, 『中國古代化學史略』, 河北科學技術出版社, 1992.

中國兵書集成編委會 編, 『中國兵書集成』(1~50), 北京: 解放軍出版社(국립), 1987~1998.

피터 두으스, 『일본근대사』(김용덕 역), 지식산업사, 1983.

『朝鮮册譜』1-3, 東洋文庫.

『中華民族傑出人物傳』(第2集), 中國青年出版社, 1983.

『學研の圖鑑·日本の歷史·近世の人びと[下]』, 學研研究社, 1973.

3. 논문

(1) 국내

강만길, 「軍役改革論을 통해 본 實學의 성격」 『동방학지』 22, 연세대학교, 1979.

강석화, 「朝鮮後期 軍役制度의 變化(上·下)」 『軍史』 21·22, 전사편찬위원회, 1990·1991.

강성문, 「朝鮮時代 女眞征伐에 관한 연구」 『軍史』 18, 국방부 전사편찬위원회, 1989.

강성문, 「조선전기의 關防論 연구」 『육사논문집』 50, 육군사관학교, 1996.

강성문, 「幸州大捷에서의 權慄의 전략과 전술」 『임진왜란과 권율장군』, 전쟁기념관, 1999.

강세구, 「安鼎福의 國防論」 『實學思想研究』 2, 母岳實學會, 1991.

강신엽, 「南九萬의 國防思想」 『民族文化』 14, 민족문화추진회, 1991.

권정의, 「申櫶의 軍制改革論」, 전남대 석사학위논문, 1987.

김기섭, 「京畿地域의 關防文化」 『京畿地域의 鄕土文化』, 한국정신문화연구원, 1997.

김양수, 「朝鮮肅宗時代의 國防問題」 『白山學報』 25, 백산학회, 1979.

김용덕, 「貞蕤朴齊家研究」 『中央大學校論文集』 5, 중앙대학교, 1961.

김우철, 「朝鮮後期 地方軍의 變遷에 관한 研究」 『國史館論叢』 93, 국사편찬위원회, 2000.

김인숙, 「朴齊家의 北學思想 研究-《北學議》를 중심으로」, 단국대 석사학위논문, 1994.

김종원, 「初期 明·淸關係에 대한 一考察-丙子胡亂時 被擄人 問題를 中心으로」 『歷史學報』 71, 1976.

김종원, 「丁卯胡亂」 『韓國史』 29, 국사편찬위원회, 1995.

김준석, 「柳馨遠의 政治·國防體制 개혁론」 『東方學誌』 77·78·79합집, 연세대학교, 1993.

김준석, 「조선후기 國防意識의 전환과 都城防

衛策」『典農史論』2, 서울시립대학교, 1996.

김진봉·차용걸·양기석, 「朝鮮時代 軍役資源의 變動에 관한 研究」『호서문화연구』3, 충북대학교, 1983.

나동욱, 「경남지역 關防遺蹟의 연구 현황과 과제」『學藝誌』8, 육군사관학교 육군박물관, 2001.

노영구, 「조선후기 城制 변화와 華城의 城郭史的 의미」『震檀學報』88, 진단학회, 1999.

노영구, 「正祖代 兵書 刊行의 背景과 推移」『藏書閣』3, 한국정신문화연구원, 2000.

노영구, 「조선후기 短兵 戰術의 추이와《武藝圖譜通志》의 성격-兵書로서의 의미를 중심으로」『震檀學報』91, 진단학회, 2001.

민덕식, 「조선 肅宗代 都城 修築工事에 관한 考察-성곽사적 측면을 중심으로」『白山學報』44, 백산학회, 1993.

반윤홍, 「順菴 安鼎福의 鄕村自衛論 研究」『軍史』5, 국방부 전사편찬위원회, 1982.

박성수, 「朝鮮後期 實學의 國防論」『道山學報』5, 도산학회, 1996.

박성순, 「李恒老의 學統과 學問目標」『朝鮮時代史學報』19, 조선시대사학회, 2001.

박성식, 「癸巳 晉州城戰鬪 小考」『慶北史學』4, 경북대학교, 1982.

박석황, 「壬辰倭亂期 朝鮮軍의 火藥兵器에 대한 一考察」『軍史』30, 국방군사연구소, 1995.

박석황, 「壬辰倭亂期 火藥兵器의 導入과 戰術의 變化」『學藝誌』4, 육군사관학교 육군박물관, 1995.

박석황, 「壬辰倭亂期 韓·日 양국의 武器體系에 대한 一考察-火藥兵器를 중심으로」『韓日關係史研究』6, 한일관계사연구회, 1996.

박석황, 「壬亂 초기전투에서 관군의 활동과 권율」『임진왜란과 권율장군』, 전쟁기념관, 1999.

박 주, 「병자호란과 이혼」『朝鮮史研究』10, 조선사연구회, 2001.

박준병, 「壬亂中 火藥兵器技術의 開發-鳥銃·火藥·毒矢를 中心으로」, 국민대 석사학위논문, 1984.

박찬식, 「申櫶의 國防論」『歷史學報』117, 역사학회, 1988.

방상현, 「朝鮮前期 城郭機能考」『史學志』16, 단국대학교, 1982.

방상현, 「朝鮮初期 浦鎭 研究」『朴性鳳敎授回甲記念論叢』, 경희대학교 사학회, 1987.

배우성, 「正祖年間 武班軍營大將과 軍營政策」『韓國史論』24, 서울대학교., 1991.

배우성, 「正祖의 軍事政策과《武藝圖譜通志》편찬의 배경」『震檀學報』91, 진단학회, 2001.

백기인, 「18세기 북벌론과 대청방어전략」『軍史』41, 국방부 군사편찬연구소, 2000.

서태원, 「朝鮮後期 地方軍 運用과 營將制」『東西史學』6·7합집, 117~118쪽, 한국동서사학회, 2000.

서인한, 「19세기 후반 朝鮮 都城防衛部隊의 編成과 運用」『軍史』44, 국방부 군사편찬연구소, 2001.

손승철, 「정조시대 『風泉遺響』의 도성방위책」 『향토서울』 54, 서울시사편찬위원회, 1994.

송정현, 「實學派의 軍制改革案에 대하여-磻溪隨錄을 중심으로」 『湖南文化研究』 5, 전남대학교, 1973.

신대진, 「朝鮮後期 實學者의 武器 및 軍事施設 改善論」 『東國史學』 29, 동국대학교, 1995.

신영우, 「영남 북서부 보수지배층의 민보군」 『東方學誌』 77·78합집, 연세대학교, 1993.

신채식, 「北兵鄕兵考-河北·河東地方을 中心으로」 『歷史敎育』 11·12 합집, 역사교육연구회, 1969.

안대회, 「朴齊家 시의 사물·인간·사회」 『18세기 조선지식인의 문화의식』, 한양대학교출판부, 2001.

연갑수, 「병인양요 이후 수도권 방비의 강화」 『서울학연구』 8, 서울시립대학교 서울학연구소, 1997.

오종록, 「朝鮮後期 首都防衛體制에 대한 一考察-五軍營의 三手兵制와 守城戰」 『史叢』 33, 고대사학회, 1988.

원경렬, 「朝鮮後期 地圖製作技術 및 形態에 관한 研究」 『國史館論叢』 76, 국사편찬위원회, 1997.

유봉학, 「正祖의 華城 건설과 산업진흥책」 『韓國實學研究』 2, 한국실학연구회, 2000.

유승주, 「朝鮮後期 軍需鑛工業의 發展-鳥銃問題를 中心으로」 『史學志』 3, 단국대학교, 1969.

유승주, 「朝鮮後期 軍需工業에 관한 一研究-軍營門의 火藥製造實態를 中心으로」 『軍史』 3, 국방부 전사편찬위원회, 1981.

유승주, 「朝鮮後期 銃砲類 研究」 『軍史』 33, 국방군사연구소, 1996.

유재춘, 「朝鮮前期 城郭研究-『新增東國輿地勝覽』의 기록을 중심으로」 『軍史』 33, 국방군사연구소, 1996.

유재호, 「선현의 국방사상」 『軍史』 12, 국방부 전사편찬위원회, 1986.

유재호, 「선현의 국방사상」 『軍史』 13, 국방부 전사편찬위원회, 1986.

유재호, 「선현의 국방사상」 『軍史』 15, 국방부 전사편찬위원회, 1987.

유재호, 「선현의 국방사상」 『軍史』 16, 국방부 전사편찬위원회, 1988.

유홍렬, 『增補韓國天主敎會史(上·下)』, 가톨릭출판사, 1984

이강칠, 「朝鮮 孝宗朝 羅禪征伐과 彼我 鳥銃에 대한 小考」 『古文化』 20, 한국대학박물관협회, 1982.

이겸주, 「지방군제의 개편」 『한국사』 30, 국사편찬위원회, 1998.

이경찬, 「朝鮮 孝宗朝의 北伐運動」 『淸溪史學』 5, 한국정신문화연구원 청계사학회, 1988.

이상구, 「조선중기의 읍성에 관한 연구」, 서울대 석사학위논문, 1984.

이성무, 「朴齊家의 北學議」 『實學研究入門』, 일조각, 1973.

이현수, 「18세기 北漢山城의 축조와 經理廳」 『淸溪史學』 8, 한국정신문화연구원 청계사학회, 1991.

이현수, 「朝鮮末期의 軍籍-陸軍博物館 所藏 軍

籍文書의 分析」『學藝誌』3, 육군사관학교 육군박물관, 1993.

이원순, 「壬辰·丁酉再亂時의 朝鮮俘虜奴隷問題-倭亂性格貌-」『邊太燮博士華甲紀念史學論叢』, 삼영사, 1985.

이이화, 「北伐論의 思想史的 檢討」『창작과 비평』겨울호, 창작과비평사, 1975.

이왕무, 「朝鮮後期 鳥銃製造에 關한 研究-17~18세기를 중심으로-」『京畿史論』2, 경기대학교, 1998.

이원순, 「壬辰·丁酉再亂時의 朝鮮俘虜奴隷問題-倭亂性格貌-」『邊太燮博士華甲紀念史學論叢』, 삼영사, 1985.

이익성, 「解題」『農圃問答』(을유문고 125), 을유문화사, 1973.

이장희, 「壬亂中 山城修築과 堅壁淸野에 대하여」『卓村申廷澈敎授停年退任紀念 史學論叢』, 1995.

이장희, 「병자호란」『韓國史』29, 국사편찬위원회, 1995.

이재범, 「宋奎斌의 생애와 그의 군사실학사상」『군사사연구자료집』4, 국방군사연구소, 1977.

이재범, 「朝鮮後期 關防施設의 變化過程」『韓國史論』9, 국사편찬위원회, 1981.

이재호, 「壬辰倭亂과 柳西厓의 自主國防策」『歷史敎育論集』11, 역사교육학회, 1987.

이종호, 「李漢의 國防觀」『馬山大學論文集』6권 2호, 마산대학교, 1984.

이태진, 「壬辰倭亂에 대한 이해의 몇 가지 문제」『朝鮮儒敎社會史論』, 지식산업사 1989.

이태진, 「장기적인 자연 재해와 전란의 피해」『한국사』30, 국사편찬위원회, 1998.

이해준, 「存齋 魏伯珪의 社會改善論」『韓國史論』5, 서울대학교, 1979.

장필기, 「17世紀 前半期 束伍軍의 性格과 位相」『史學研究』42, 한국사학회., 1990

장학근, 「군사실학자 宋奎斌의 해양방위론」『한국해양활동사』, 육군사관학교, 1994.

장학근, 「宋奎斌의 국토방위론」『東西史學』4, 한국동서사학회, 1998.

정경현, 「19세기의 새로운 國土防衛論-茶山의 『民堡議』를 중심으로-」『韓國史論』4, 서울대학교, 1978.

정구복, 「1596년 平安道 鎭管官兵編伍冊」『古文書研究』5, 한국고문서학회, 1994.

정만조, 「肅宗朝 良役變通論의 展開와 良役對策」『國史館論叢』17, 국사편찬위원회, 1996.

정만조, 「良役變通論과 均役法의 施行」『한국사』32, 국사편찬위원회, 1997.

정연식, 「17,18세기 良役均一化政策의 推移」『韓國史論』13, 서울대학교, 1985.

정연식, 「화성의 방어시설과 총포」『震檀學報』91, 진단학회, 2001.

정연식, 「화성 공심돈의 유래와 기능」『歷史學報』169, 역사학회, 2001.

정청주, 「전라좌수영의 역사」『전라좌수영의 역사와 문화』, 순천대학교 박물관, 1993.

정하명, 「柳成龍의 軍事觀의 一般」『陸士論文集』4, 육군사관학교, 1966.

정하명, 「한국의 화기 발달과정」『軍史』13, 국방부 전사편찬위원회, 1986.

정하명·이충진, 「丁若鏞의 軍事防衛體制觀과 '民堡議'」『軍史』 3, 국방부 전사편찬위원회, 1981.

정해은, 「藏書閣 所藏의 조선후기 軍制 관련 자료에 대한 검토」, 『한국학대학원논문집』 11, 한국정신문화연구원 한국학대학원, 1996.

정해은, 「藏書閣 소장 軍營謄錄類 자료에 관한 기초적 검토」『藏書閣』 4, 한국정신문화연구원, 2000.

조 광, 「丁若鏞의 民權意識研究」『亞細亞研究』 56, 고려대학교, 1976.

조 광, 「實學者의 國防意識」『韓國史論』 9, 국사편찬위원회, 1981.

조 광, 「조선후기의 邊境意識」『朝鮮時代 北方關係史論攷(2)』, 백산자료원, 1995.

조성윤, 「19세기 서울의 상비군 제도와 하급군병」『연세사회학』 10·11, 연세대학교, 1990.

조성을, 「丁若鏞의 軍事制度 改革論」『京畿史學』 2, 경기사학회, 1998.

조정기, 「農圃子 鄭尙驥의 國防論」『釜山史學』 7, 동아대학교, 1983.

조정기, 「星湖의 軍政論」『論文集』 6권 2호, 마산대학교, 1984.

조정기, 「茶山의 軍政論」『論文集』 9권 2호, 창원대학교, 1987.

조정기, 「湛軒 洪大容의 國防論」『慶南史學』 3, 경남사학회, 1986.

조정기, 「西厓柳成龍의 軍政思想 Ⅰ」『釜山史學』 14·15합집, 동아대학교, 1988.

조정기, 「西厓柳成龍의 軍政思想 Ⅱ」『창원대논문집』 11권 1호, 창원대학교, 1988.

조정기, 「西厓柳成龍의 城郭論」『車文燮敎授華甲紀念論叢』, 1989.

진덕규, 「韓末 支配層의 對外 認識에 대한 批判的 認識」『國史館論叢』 60, 국사편찬위원회, 1994.

차문섭, 「守禦廳研究(上·下)」『東洋學』 6·9, 단국대학교 동양학연구소, 1976·1979.

차문섭, 「朝鮮後期 中央軍制의 再編」『韓國史論』 9, 국사편찬위원회, 1981.

차용걸, 「兩江地帶의 關防體制 研究試論」『軍史』 1, 국방부 전사편찬위원회, 1980.

차용걸, 「행성·읍성·진성의 축조」『한국사』 22, 국사편찬위원회, 1995.

채연석, 「火藥兵器의 위력」『한국사시민강좌』 16, 일조각, 1995.

최석우, 「전근대 傳統 知識人의 對西洋 인식」『國史館論叢』 76, 국사편찬위원회, 1997.

최진욱, 「申櫶의 內修禦洋策 研究」, 고려대 석사학위논문, 1997.

최홍규, 「朝鮮後期 華城築造와 鄕村社會의 諸 樣相-正祖代의 水原地方問題와 『觀水漫錄』을 중심으로」『國史館論叢』 30, 국사편찬위원회, 1991.

최효식, 「초려 이유태의 군사개혁론」『朝鮮後期軍制史研究』, 신서원, 1995.

최효식, 「朝鮮顯宗代의 軍事政策」『慶州史學』 11, 동국대학교 경주대학, 1992.

하우봉, 「實學派의 對外認識」『國史館論叢』 76, 국사편찬위원회, 1997.

하우봉, 「일본과의 관계」『한국사 22』, 국사편찬위원회, 1995.

허선도, 「制勝方略研究(上‧下)-壬辰倭亂 直前 防衛體制의 實相」『震檀學報』36‧37, 진단학회, 1973‧1974.

허선도, 「鎭管官兵編伍册(上‧中‧完)」『국회 도서관보』제10권 4, 5, 6호, 국회도서 관, 1973.

허선도, 「鎭管體制 復舊論 研究-柳成龍의 군정 개혁의 기본시책-」『論文集』, 국민대 학교, 1974.

허선도, 「朝鮮前期 火藥兵器의 發達과 그 禁秘 策 : 國防과의 關聯을 中心으로」『東洋 學』14, 단국대학교, 1984.

홍종필, 「三藩亂을 前後한 顯宗‧肅宗年間의 北 伐論」『史學研究』27, 한국사학회, 1977.

(2) 국외

石原道博, 「壬辰丁酉倭亂と戚繼光の新法」『朝 鮮學報』37‧38, 朝鮮學會, 1966.

井上秀雄, 「朝鮮城郭一覽」『朝鮮學報』103~ 107. 朝鮮學會, 1982.

찾아보기

大

『한국군사사』권별 집필진

구분	집필진		구분	집필진	
고대 I	이 태 진	국사편찬위원장	조선 후기 II	송 양 섭	충남대 교수
	송 호 정	한국교원대 교수		남 상 호	경기대 교수
	임 기 환	서울교대 교수		이 민 웅	해군사관학교 교수
	서 영 교	중원대 박물관장		이 왕 무	한국학중앙연구원 연구원
	김 태 식	홍익대 교수	근현대 I	이 헌 주	국사편찬위원회 편사연구사
	이 문 기	경북대 교수		조 재 곤	동국대 연구교수
고대 II	임 기 환	서울교대 교수	근현대 II	윤 대 원	서울대 규장각 HK교수
	서 영 교	중원대 박물관장	강역	박 영 길	한국해양수산개발원 책임연구원
	이 문 기	경북대 교수		송 호 정	한국교원대 교수
	임 상 선	동북아역사재단 연구위원		임 상 선	동북아역사재단 연구위원
	강 성 봉	한국미래문제연구원 연구원		신 안 식	숙명여대 연구교수
고려 I	최 종 석	동덕여대 교수		이 왕 무	한국학중앙연구원 연구원
	김 인 호	광운대 교수		김 병 렬	국방대 교수
	임 용 한	충북대 연구교수	군사 사상	임 기 환	서울교대 교수
고려 II	김 인 호	광운대 교수		정 해 은	한국학중앙연구원 선임연구원
	홍 영 의	숙명여대 연구교수		윤 대 원	서울대 규장각 HK교수
조선 전기 I	윤 훈 표	연세대 연구교수	군사 통신·무기	조 병 로	경기대 교수
	김 순 남	고려대 초빙교수		남 상 호	경기대 교수
	이 민 웅	해군사관학교 교수		박 재 광	전쟁기념관 학예연구관
	임 용 한	충북대 연구교수	성곽	서 영 일	단국대 교수
조선 전기 II	윤 훈 표	연세대 연구교수		여 호 규	한국외국어대 교수
	임 용 한	충북대 연구교수		박 성 현	연세대 국학연구원
	김 순 남	고려대 초빙교수		최 종 석	동덕여대 교수
	김 일 환	순천향대 연구교수		유 재 춘	강원대 교수
조선 후기 I	노 영 구	국방대 교수	연표		한국미래문제연구원
	이 민 웅	해군사관학교 교수	개설	이 태 진	국사편찬위원장
	이 근 호	국민대 강사		이 현 수	육군사관학교 명예교수
	이 왕 무	한국학중앙연구원 연구원		이 영 화	한국학중앙연구원 연구원

『한국군사사』 간행위원

1. 주간
    준장 오상택 (현 육군 군사연구소장)
    준장 이필헌 (62대 육군 군사연구소장)
    준장 정대현 (61대 육군 군사연구소장)
    준장 신석현 (60대 육군 군사연구소장)
    준장 이웅희 (59대 육군 군사연구소장)

2. 사업관리
    대령 하보철 (현 한국전쟁연구과장)
    대령 신기철 (전 한국전쟁연구과장)
    대령 김규빈 (전 군사관리과장)
    대령 이동욱 (전 군사관리과장)
    대령 임방순 (전 군사관리과장)
    대령 유인운 (전 군사관리과장)
    대령 김상원 (전 세계전쟁연구과장)
    중령 김재종 (전 군사기획장교)
    소령 조상현 (전 세계현대전사연구장교)
    연구원 조진열 (현 한국고대전사연구사)
    연구원 박재용 (현 역사편찬사)
    연구원 이재훈 (전 한국고대전사연구사)
    연구원 김자현 (전 한국고대전사연구사)

3. 연구용역기관
    사단법인 한국미래문제연구 (원장 안주섭)
    편찬위원장 이태진 (국사편찬위원장)
    교열 감수위원 채웅석 (가톨릭대 교수)
    책임연구원 임용한 (충북대 연구교수)
    연구원 오정섭, 이창섭, 심철기, 강성봉

4. 평가위원

김태준 (국방대 교수)

김　홍 (3사관학교 교수)

민현구 (고려대 교수)

백기인 (국방부 군사편찬연구소 선임연구원)

서인한 (국방부 군사편찬연구소 부장)

석영준 (육군대학 교수)

안병우 (한신대 교수)

오수창 (서울대 교수)

이기동 (동국대 교수)

임재찬 (위덕대 교수)

한명기 (명지대 교수)

허남성 (국방대 교수)

5. 자문위원

강석화 (경인교대 교수)

권영국 (숭실대 교수)

김우철 (한중대 교수)

노중국 (계명대 교수)

박경철 (강남대 교수)

배우성 (서울시립대 교수)

배항섭 (성균관대 교수)

서태원 (목원대 교수)

오종록 (성신여대 교수)

이민원 (동아역사연구소 소장)

이진한 (고려대 교수)

장득진 (국사편찬위원회 편사연구관)

한희숙 (숙명여대 교수)

집 필 자

- 임기환(서울교대 교수) 고대의 군사사상
- 정해은(한국학중앙연구원 선임연구원) 고려시대의 군사사상, 조선시대의 군사사상
- 윤대원(서울대 규장각 HK교수) 근대의 군사사상

한국군사사 12 **군사사상**

초판 인쇄 2012년 10월 15일
초판 발행 2012년 10월 31일

발 행 처 육군본부(군사연구소)
주   소 충청남도 계룡시 신도안면 부남리 계룡대로 663 사서함 501-22호
전   화 042) 550 - 3630~4
홈페이지 http://www.army.mil.kr

출   판 경인문화사
등록번호 제10-18호(1973년 11월 8일)
주   소 서울시 마포구 마포대로4다길 8 경인빌딩(마포동 324-3)
대표전화 02-718-4831~2   팩스 02-703-9711
홈페이지 http://www.kyunginp.co.kr
이 메 일 kyunginp@chol.com

ISBN 978-89-499-0874-8 94910 세트
     978-89-499-0887-8 94910
육군발간등록번호 36-1580001-008412-01
값 42,000원